高等职业教育校企合作"互联网+"创新型教材

企业财务会计

主　编　韩延龄

副主编　郭　橙　鞠学松　万良永

参　编　张　颖　陈希琴　吕　娟　苏吉余

U0331239

机 械 工 业 出 版 社

"企业财务会计"是高职高专会计专业的核心课程之一。本书以会计报表项目（会计科目）—会计核算—会计报表为主线组织内容，共分为16章，包括：总论、货币资金、交易性金融资产、应收及预付款项、存货、固定资产、无形资产与长期待摊费用、短期借款与长期借款、应付及预收款项、应付职工薪酬、应交税费、所有者权益、收入、费用、利润及利润分配、财务报告。

　　本书的编写结合高职高专会计专业教学的特点，充分考虑了相关行业的职业资格认证需求。本书适用于高等职业院校、高等专科学校、成人高校、民办高校及本科院校的二级职业技术学院会计专业及其相关专业的教学，同时对接与初级会计资格、中级会计资格等认证有关的课程。

　　为方便教学，本书配备电子课件、习题答案等教学资源。凡选用本书作为教材的教师均可登录机械工业出版社教育服务网 www.cmpedu.com 下载。咨询电话：010-88379375；服务 QQ：945379158。

图书在版编目（CIP）数据

企业财务会计/韩延龄主编. —北京：机械工业出版社，2021.2（2022.1重印）

高等职业教育校企合作"互联网+"创新型教材

ISBN 978-7-111-67481-8

Ⅰ. ①企… Ⅱ. ①韩… Ⅲ. ①企业管理—财务会计—高等职业教育—教材

Ⅳ. ①F275.2

中国版本图书馆CIP数据核字（2021）第023899号

机械工业出版社（北京市百万庄大街22号　邮政编码100037）

策划编辑：孔文梅　　　　责任编辑：孔文梅　乔　晨

责任校对：张莎莎　史静怡　封面设计：鞠　杨

责任印制：单爱军

北京虎彩文化传播有限公司印刷

2022年1月第1版第2次印刷

184mm×260mm·19.75印张·488千字

标准书号：ISBN 978-7-111-67481-8

定价：49.50元

电话服务　　　　　　　网络服务

客服电话：010-88361066　机　工　官　网：www.cmpbook.com

　　　　　010-88379833　机　工　官　博：weibo.com/cmp1952

　　　　　010-68326294　金　书　网：www.golden-book.com

封底无防伪标均为盗版　机工教育服务网：www.cmpedu.com

前言
Preface

本书严格依据最新修订的《企业会计准则》、2019年4月1日起开始执行的增值税税率以及相关税收法律法规和制度编写而成。为了帮助广大会计专业学生、会计实务人员全面理解会计准则的内容，了解会计准则的最新动态，并在此基础上规范地进行经济业务的会计处理，尤其是在高职会计专业学情分析的基础上，以初级会计专业技术资格考试大纲为依据，适应专业教学和广大会计从业人员会计专业职称考试需要，我们编写了此书。

本书适合学生在完成"会计基础"课程的学习，掌握会计基本理论、基本方法之后，对企业经济业务核算进一步深化和理解使用。本书在结构和内容上力图做到去伪存真、简洁明了。设计出从全面、系统地阐述企业经济业务会计实务的基本理论、基本方法到账务处理具体案例这样一套符合学生学习习惯的编排体系，对企业的货币资金、交易性金融资产、存货、固定资产、无形资产、负债、所有者权益、收入、费用和利润等业务核算和财务报告等实务性操作做了详尽的介绍。在每个章节后都附有同步强化训练，学生可通过反复练习，从不同侧面加深对本书内容的理解和掌握。针对"学生课上能听懂，但自己处理业务又似懂非懂"的问题，本书在每个学习任务后都安排了"本章核算小结"，把会计知识以最简单、明确的方式呈现出来，以便于学生进一步明晰和巩固所需知识。

本书特色：

（1）全面把握最新会计准则。本书紧扣最新颁布的会计准则，确保企业经济业务核算不出现与法规和制度的偏差和失误，提升会计工作的合法合规性。

（2）联系实际，与时俱进。本书案例都是日常会计工作中出现的具有代表性的经济业务，以确保会计知识的更新与实践保持同步。

（3）将会计理论与会计实践紧密结合。对于会计专业学生和没有经验的财务人员来说，本书既有通俗易懂的理论，又有丰富的经典案例，让使用者更容易理解会计知识体系的内在联系，掌握操作方法。

本书的编写人员为高职高专院校长期从事会计专业教学的骨干教师及企业从事实践业务的高级会计师，他们在积累多年的教学经验和实践工作的基础上，深入企业调研，充分听取企业会计实务专家的意见。本书无论是在内容还是在结构安排上，更适合高职高专会计专业学生对会计知识的掌握，也更贴近企业经济业务核算实际。

本书由韩延龄任主编，郭橙、鞠学松、万良永担任副主编，由张颖、陈希琴、吕娟、苏吉余参加编写。具体编写分工如下：第一章由万良永编写；第二章由苏吉余编写；第三章至第八章由韩延龄编写；第九章至第十二章由郭橙编写；第十三章吕娟编写；第十四章至第十六章由鞠学松编写。本书由韩延龄、郭橙、鞠学松进行总纂和定稿，张颖教授和陈希琴教授给予了指导。在此，对上述人员表示衷心的感谢。

在编写本书的过程中，我们依据企业会计准则、国际会计准则的最新发展成果，密切关注国内会计理论与实务的发展动态，并参考了国内外的相关资料，同时得到了山东齐胜工贸股份有限公司高级会计师、会计部长鞠学松同志以及高职高专院校同行宁波广播电视大学计财处吕娟老师的大力支持，在此表示衷心感谢。

另，书中难免会有错漏及不足之处，恳请读者批评指正。

为方便教学，本书配备电子课件、习题答案等教学资源。凡选用本书作为教材的教师均可登录机械工业出版社教育服务网 www.cmpedu.com 下载。咨询电话：010-88379375；服务 QQ：945379158。

编　者

二维码索引

目录
Contents

目录

Contents

第一章

总　　论

扫码观看教学视频

第一节 会计概述

一、会计的定义

会计是以货币为主要计量单位，反映和监督一个单位经济活动的一种经济管理工作。在企业，会计主要提供企业财务状况、经营成果和现金流量信息，并对企业经营活动和财务收支进行监督。随着社会经济活动和现代科学技术的不断革新，会计的核算内容、核算方法等逐步由简单的计量与记录行为发展为主要以货币为主要计量单位，综合反映和监督经济活动过程的一种经济管理工作，并在参与单位经营管理决策、提高资源配置效率、促进经济健康持续发展方面发挥积极作用。

二、会计的作用

会计是现代企业的一项重要的基础性工作，通过一系列会计程序，提供对决策有用的信息，并积极参与企业经营管理决策，提高企业经济效益，服务于市场经济的健康有序发展。会计在社会主义市场经济中的作用主要包括以下几个方面：

（一）提供对决策有用的信息，提高企业透明度，规范企业行为

企业会计的反映职能，能够提供有关企业财务状况、经营成果和现金流量方面的信息，是包括投资者和债权人在内的各方面进行决策的依据。比如：作为企业的投资者，在选择投资对象、衡量投资风险、做出投资决策时，需要了解有关企业经营情况、盈利能力等信息；作为企业债权人的银行，在选择贷款对象、衡量贷款风险、做出贷款决策时，也需要了解企业经营情况、偿债能力等财务信息和其他相关信息；作为社会机构及管理者的政府部门，在制定经济政策、进行宏观调控、配置社会资源时，需要从总体上掌握企业的资产负债结构、损益状况和现金流量等情况，从宏观上把握经济运行的状况和发展变化趋势。综上所述，都需要企业提供有助于会计信息使用者进行决策的信息，通过提高会计信息透明度来规范企业会计行为。

（二）加强经营管理，提高经济效益，促进企业可持续发展

为了满足企业内部经营管理对会计信息的需要，现代会计已经渗透到企业内部经营管理的各个方面。会计通过真实地反映企业的财务状况、经营成果和现金流量的信息，参与经营决策，为处理企业与各方面的关系、考核企业管理人员的经营业绩、落实企业内部管理责任奠定基础，并加强企业经营管理、提高企业经济效益发挥积极作用。

（三）考核企业管理层受托责任的履行情况

企业接受了包括国家在内的投资者和债权人的投资，就有责任按照其预定的发展目标和要求，合理利用资源，加强经营管理，提高经济效益，接受考核和评价。会计信息有助于评价企业的业绩，有助于考核企业管理层受托责任的履行情况。比如：作为企业的投资者，需要了解企业当年经营成果和当年资产保值和增值情况，需要将利润表中的净利润与上年进行比较，反映企业盈利发展趋势；需要将其与同行业进行比较，反映企业在同行业竞争中所处的位置，从

而考核企业管理层受托责任的履行情况。

三、企业会计准则体系

根据《中华人民共和国会计法》（以下简称《会计法》）的规定，我国企业会计准则由财政部制定。

我国现行企业会计准则体系由基本准则、具体准则、应用指南和解释组成。该准则适用于在我国境内设立的企业（包括公司）。

1. 基本准则

我国企业会计基本准则主要规范了以下内容：

（1）财务报告目标。基本准则明确我国财务报告的目标是向财务报告使用者提供决策有用的信息，并反映企业管理层受托责任的履行情况。

（2）会计基本假设。基本准则强调了企业会计确认、计量和报告应当以会计主体、持续经营、会计分期和货币计量为会计基本假设。

（3）会计基础。基本准则要求企业会计确认、计量和报告应当以权责发生制为基础。

（4）会计信息质量要求。基本准则建立了企业会计信息质量要求体系，规定企业财务报告中提供的会计信息应当满足会计信息质量要求。

（5）会计要素分类及其确认、计量原则。基本准则将会计要素分为资产、负债、所有者权益、收入、费用和利润六个要素，同时对各要素进行了严格定义。会计要素在计量时以历史成本为基础，可供选择的计量属性包括历史成本、重置成本、可变现净值、现值和公允价值等。

（6）财务报告。基本准则明确了财务报告的基本概念、应当包括的主要内容和应反映信息的基本要求等。

2. 具体准则

具体准则是在基本准则的指导下，对企业各项资产、负债、所有者权益、收入、费用、利润及相关交易事项的确认、计量和报告进行规范的会计准则。

3. 应用指南

应用指南是对具体准则相关条款的细化和有关重点难点问题提供的操作性指南，以利于企业会计准则的贯彻落实和指导实务操作。

4. 解释

解释是对具体准则实施过程中出现的问题、具体准则条款规定不清楚或者尚未规定的问题做出的补充说明。

第二节 会计基础与会计基本假设

一、会计基础

企业应当以权责发生制为基础进行会计确认、计量和报告。

权责发生制要求，凡是当期已经实现的收入和已经发生或应当负担的费用，无论款项是否收付，都应当作为当期的收入和费用，计入利润表；凡是不属于当期的收入和费用，即使款项已在当期收付，也不应当作为当期的收入和费用。

在实务中，企业交易或事项的发生时间与相关货币收支时间有时并不完全一致。例如，款项已经收到，但销售尚未实现；或者款项已经支付，但并不是为本期生产经营活动而发生的。此时均不能确认为本期的收入或费用。

收付实现制是与权责发生制相对应的一种会计基础，它是以收到或支付的现金及其时点作为确认收入和费用等的依据。

为了更加真实、公允地反映特定会计期间的财务状况和经营成果，基本准则明确规定，企业在会计确认、计量和报告时应当以权责发生制为基础。

权责发生制与收付实现制的主要区别见表 1-1。

表 1-1　权责发生制与收付实现制的主要区别

会计基础	内　涵	举　例
权责发生制	根据权利和责任的实际发生时间确认企业的收入和费用。收入的归属期是创造收入的会计期间；费用的归属期是费用所服务的会计期间	①对于企业本期已向客户发货而尚未收到货款的交易，应作为本期的收入，而不应作为收到货款期间的收入 ②对于本期已发生的费用，虽然本期没有支付款项，仍作为本期的费用处理，而不能作为支付款项期间的费用处理
收付实现制	以款项的实际收付为标准来确认本期收入和费用	①对于企业本期已向客户发货而尚未收到货款的交易，不应作为本期的收入，而应作为收到货款期间的收入 ②对于本期已发生的费用，如果本期没有支付款项，则不能作为本期的费用处理，而应作为支付款项期间的费用处理

目前，我国的行政事业单位会计核算采用收付实现制，事业单位部分经济业务或者事项的核算采用权责发生制，除此之外的业务核算采用收付实现制。

二、会计基本假设

会计基本假设是企业会计确认、计量和报告的前提，是对会计核算所处时间、空间环境等所做的合理假定。会计基本假设包括会计主体、持续经营、会计分期和货币计量，具体见表 1-2。

表 1-2　会计基本假设

会计基本假设	准　则　规　定
会计主体	企业应当对其本身发生的交易或者事项进行确认、计量和报告
持续经营	企业会计确认、计量和报告应当以持续经营为前提
会计分期	企业应当划分会计期间，分期结算账目和编制财务报告。会计期间分为年度和中期；中期是指短于一个完整的会计年度的报告期间
货币计量	企业会计应当以货币计量

1. 会计主体

会计主体是指会计工作服务的特定对象，是企业会计确认、计量和报告的空间范围。为了向财务报告使用者反映企业的财务状况、经营成果和现金流量，提供对其决策有用的信息，会计核算和财务报表的编制应当集中反映特定对象的活动，并将其与其他经济实体区分开来。在会计主体假设前提下，企业应当对其本身发生的交易或事项进行会计确认、计量和报告，反映企业本身所从事的各项生产经营活动及其他相关活动。明确界定会计主体是开展会计确认、计量和报告工作的重要前提。

明确会计主体，才能划定会计所要处理的各项交易或事项的范围。在会计工作中，只有那些影响企业本身经济利益的各项交易或事项才能加以确认、计量和报告。会计工作中通常所讲的资产、负债的确认，收入的实现，费用的发生等，都是针对特定会计主体而言的。比如：我们说到某企业的资产，就是指权属归于该企业的资产，而不能是其他企业的资产；说到某企业的负债，就只能是该企业所应承担的债务。

明确会计主体，才能将会计主体的交易或事项与会计主体所有者的交易或事项以及其他会计主体的交易或事项区分开来。例如：滨海公司的投资人自己家庭所购车辆就不能作为滨海公司的资产进行核算；滨海公司从乙企业购入钢材，滨海公司的会计就只能核算滨海公司的采购业务，至于乙企业如何核算销售钢材的业务，就不属于滨海公司会计所要考虑的问题。

会计主体不同于法律主体。一般来说，法律主体必然是一个会计主体，而会计主体未必一定是法律主体。例如，一个企业作为一个法律主体，应当建立财务会计系统，独立反映其财务状况、经营成果和现金流量。但是，会计主体不一定是法律主体。例如，对企业集团而言，虽然母子公司是不同的法律主体，但是母公司拥有子公司的控制权，子公司不对外提供财务报表。为了全面反映企业集团的财务状况、经营成果和现金流量，由母公司编制合并报表，这时企业集团作为一个会计主体。

2. 持续经营

持续经营是指在可以预见的将来，企业将会按当前的规模和状况继续经营下去，不会停业，也不会大规模削减业务。在持续经营前提下，会计确认、计量和报告应当以企业持续的、正常的生产经营活动为前提。

企业会计准则体系是以企业持续经营为前提加以制定和规范的，涵盖了企业从成立到清算（包括破产）的整个期间的交易或者事项的会计处理。如果一个企业在不能持续经营时仍按持续经营假设选择会计确认、计量和报告的原则和方法，就不能客观地反映企业的财务状况、经营成果和现金流量，会误导会计信息使用者的经济决策。

一般情况下，企业在可预见的将来不会进行清算，这样企业拥有的各项资产就可以在正常的生产经营过程中耗用、出售或转换，承担的债务也在正常的经营过程中清偿，经营成果就会不断地形成。明确了这个基本前提，会计人员就可以选择适用的会计准则和会计方法，进行资产计价和收益确认。例如，某企业购入一台设备，预计使用寿命是 10 年，在持续经营假设下企业就可以按照 10 年计提折旧，而不用考虑这期间可能会出现非正常情况从而改变折旧期限。当然，持续经营只是一个假定，任何企业在经营中都存在破产、清算等不能持续经营的风险。企业一旦进入清算，就应当改按清算进行会计处理。

3. 会计分期

会计分期是指将一个企业持续经营的生产经营活动人为地划分为一个个连续的、长短相同的期间。会计分期的目的在于通过会计期间的划分，将持续经营的生产经营活动划分为连续的、相等的期间，据以结算盈亏，按期编报财务报告，从而及时向财务报告使用者提供有关企业财务状况、经营成果和现金流量的信息。

根据持续经营假设，企业将持续经营下去。但是，无论是企业的生产经营决策，还是投资者、债权人等的决策，都需要及时的信息，需要将企业持续的生产经营活动划分为一个个连续的、长短相同的期间，分期确认、计量和报告企业的财务状况、经营成果和现金流量。

在会计分期假设下，企业应当划分会计期间，分期结算账目和编制财务报告。由于会计分期，才产生了当期与以前期间、以后期间的差别，才使不同类型的会计主体有了记账的基准，进而孕育出折旧、摊销等会计处理方法。会计期间通常分为年度和中期。在我国，会计年度自公历 1 月 1 日起至 12 月 31 日止；中期是指短于一个完整的会计年度的报告期间，通常包括半年度、季度和月度。

4. 货币计量

货币计量是指会计主体在会计确认、计量和报告时以货币计量、反映会计主体的生产经营活动。

在会计的确认、计量和报告过程中之所以选择货币为基础进行计量，是由货币本身的属性决定的。货币是商品的一般等价物，是衡量一般商品价值的共同尺度，具有价值尺度、流通手段、贮藏手段和支付手段等特点。其他计量单位，如重量、长度等，只能从一个侧面反映企业的生产经营情况，无法在量上进行汇总和比较，不便于会计计量和经营管理。只有选择货币尺度进行会计计量，才能充分地反映企业的生产经营情况，因此，《企业会计准则——基本准则》规定，会计确认、计量和报告选择货币作为计量单位。

会计以货币作为统一的计量尺度，但企业的经济活动往往涉及多种货币，这就要求会计核算选择某一种具体的货币作为基本货币单位来统一反映企业的财务状况与经营成果等。这种基本的货币单位叫作记账本位币。我国会计核算以人民币为记账本位币。业务收支以人民币以外的货币为主的单位，也可以选定某一种货币作为记账本位币，但编制的财务报表应当折算为人民币反映。在境外设立的中国企业向国内报送的财务报表，也应当折算为人民币反映。

在特殊情况下，某些影响企业财务状况和经营成果的因素往往难以用货币来计量，但这些信息对于财务报告使用者做出决策也很重要，为此，企业可以在财务报告中补充披露有关非财务信息来弥补这一缺陷。

第三节　会计信息质量要求

会计信息质量要求是对企业财务报告中所提供会计信息质量的基本要求，是使财务报告中所提供的会计信息对投资者等信息使用者决策有用应具备的基本特征。会计信息质量要求主要包括可靠性、相关性、可理解性、可比性、实质重于形式、重要性、谨慎性和及时性。

一、可靠性

可靠性要求企业应当以实际发生的交易或事项为依据进行确认、计量和报告，如实地反映符合确认和计量要求的会计要素及其他相关信息，保证会计信息真实可靠、内容完整。

会计信息要有用，必须以可靠性为基础。如果财务报告所提供的会计信息是不可靠的，就会对投资者等信息使用者的决策产生误导甚至给其带来损失。为了贯彻可靠性要求，企业应当做到：

（1）以实际发生的交易或事项为依据进行确认、计量，将符合会计要素定义及其确认条件的资产、负债、所有者权益、收入、费用和利润等如实反映在财务报表中。

（2）在符合重要性和成本效益原则的前提下，为保证会计信息的完整性，其中包括编报的报表及其附注内容等应当保持完整，不得随意遗漏或者减少应予披露的信息。

（3）包括在财务报告中的会计信息应当是中立的、无偏的。如果企业在财务报告中为了达到事先设定的结果或效果，通过选择或列示有关会计信息以影响决策和判断，则这样的财务报告信息就不是中立的。

二、相关性

相关性要求企业提供的会计信息应当与投资者等财务报告使用者的经济决策需要相关，有助于投资者等财务报告使用者对企业过去、现在或未来情况做出评价或预测。

会计信息是否有用、是否具有价值，关键看其与使用者的决策需要是否相关、是否有助于决策或者提高决策水平。相关的会计信息应当能够有助于使用者评价企业过去的决策，证实或者修正过去的有关预测，因而具有反馈价值。相关的会计信息还应当具有预测价值，有助于使用者根据财务报告所提供的会计信息预测企业未来的财务状况、经营成果和现金流量。例如，区分收入和利得、费用和损失，区分流动资产和非流动资产、流动负债和非流动负债以及适度引入公允价值等，都可以提高会计信息的预测价值，进而提升会计信息的相关性。

会计信息质量的相关性要求，企业在确认、计量和报告会计信息的过程中，要充分考虑使用者的决策模式和信息需要。但是，相关性是以可靠性为基础的，两者之间并不矛盾，不应将两者对立起来。也就是说，会计信息在可靠性前提下，应尽可能地做到相关，以满足投资者等财务报告使用者的决策需要。

三、可理解性

可理解性要求企业提供的会计信息应当清晰明了，便于投资者等财务报告使用者理解和使用。

企业编制财务报告、提供会计信息的目的在于使用，而要想让使用者有效使用会计信息，就应当让其了解会计信息的内涵，弄懂会计信息的内容，这就要求财务报告所提供的会计信息应当清晰明了，易于理解。只有这样，才能提高会计信息的有用性，实现财务报告的目标，满足向投资者等财务报告使用者提供对决策有用的信息的要求。

会计信息是一种专业性较强的信息，在强调会计信息的可理解性要求的同时，还应假定使用者具有一定的有关企业经营活动和会计方面的知识，并且愿意付出努力去研究这些信息。对于某些复杂的信息，如交易本身较为复杂或者会计处理较为复杂，如其与使用者的决策相关，企业就应当在财务报告中充分披露。

四、可比性

可比性要求企业提供的会计信息应当相互可比。可比性包括纵向可比与横向可比，见表1-3。

表 1-3　会计信息的可比性

可比的类型	含义及要求
纵向可比	同一企业不同时期发生的相同或者相似的交易或事项，应当采用一致的会计政策，如果按照规定或者在会计政策变更后可以提供更可靠、更相关的会计信息，可以变更会计政策；有关会计政策变更的情况，应当在附注中予以说明
横向可比	不同企业同一会计期间发生的相同或类似的交易或事项，应当采用规定的会计政策，确保会计信息口径一致、相互可比，以使不同企业按照一致的确认、计量和报告要求提供有关会计信息

五、实质重于形式

实质重于形式要求企业按照交易或者事项的经济实质进行会计确认、计量和报告，不仅仅以交易或者事项的法律形式为依据。

企业发生的交易或者事项在多数情况下，其经济实质和法律形式是一致的，但在有些情况下，会出现不一致。例如，以融资租赁方式租入的资产，虽然从法律形式来讲企业并不拥有其所有权，但是由于租赁合同中规定的租赁期相当长，往往接近于该资产的使用寿命，租赁期间结束时承租企业有优先购买该资产的选择权，在租赁期内承租企业有权支配资产并从中受益等，从其经济实质看，企业能够控制融资租入资产所创造的未来经济利益，因此，在会计确认、计量和报告时就应当将以融资租赁方式租入的资产视为企业自有的资产，列入企业的资产负债表。

六、重要性

重要性要求企业提供的会计信息应当反映与企业财务状况、经营成果和现金流量有关的所有重要交易或者事项。

在实务中，如果某会计信息的省略或者错报会影响投资者等财务报告使用者据此做出决策，该信息就具有重要性。重要性的应用需要依赖职业判断，企业应当根据其所处环境和实际情况，从项目的性质和金额大小两个方面加以判断。例如，企业发生的某些支出，金额较小的，从支出受益期来看，可能需要在若干会计期间进行分摊，但根据重要性要求，可以一次性计入当期损益。

需要注意的是，相同的金额对于规模不同的企业，可能存在不同的重要性理解。

七、谨慎性

谨慎性要求企业对交易或者事项进行会计确认、计量和报告时应当保持应有的谨慎，不应高估资产或者收益、低估负债或者费用。

在市场经济环境下，企业的生产经营活动面临着诸多风险和不确定性，如应收款项的可收回性、固定资产的使用寿命、无形资产的使用寿命、售出存货可能发生的退货或者返修等。会计信息质量的谨慎性要求，需要企业在面临不确定性因素的情况下做出职业判断时，应当保持应有的谨慎，充分估计到各种风险和损失，既不高估资产或收益，也不低估负债或费用。例如，要求企业对可能发生的资产减值损失计提资产减值准备，对售出商品可能发生的保修义务等确认预计负债等，就体现了会计信息质量的谨慎性要求。

需要注意的是，谨慎性的应用并不允许企业设置秘密准备。

八、及时性

及时性要求企业对于已经发生的交易或者事项应当及时确认、计量和报告，不得提前或延后。

会计信息的价值在于帮助使用者或者其他方面做出经济决策，具有时效性。即使是可靠、相关的会计信息，如果不及时提供，就会失去时效性，对于使用者的效用就大大降低，甚至不再具有实际意义。在会计确认、计量和报告过程中贯彻及时性，一是要求及时收集会计信息，即在经济交易或者事项发生后，及时收集、整理各项原始单据或者凭证；二是要求及时处理会计信息，即按照会计准则的规定，及时对经济交易或者事项进行确认或计量，并编制财务报告；三是要求及时传递会计信息，即按照国家规定的有关时限，及时地将编制的财务报告传递给财务报告使用者，便于其及时使用和决策。

在实务中，为了及时提供会计信息，可能需要在有关交易或事项的信息全部获得之前即进行会计处理，从而满足会计信息的及时性要求，但可能会影响会计信息的可靠性；反之，如果企业等到与交易或事项有关的信息全部获得之后再进行会计处理，这样的信息披露可能会由于时效性问题，对于投资者等财务报告使用者决策的有用性大大降低。这需要在及时性和可靠性之间做出权衡，以更好地满足投资者等财务报告使用者的经济决策需要为判断标准。

第四节 会计要素及其确认与计量

会计要素是根据交易或事项的经济特征所确定的财务会计对象和基本分类。会计要素按照其性质分为资产、负债、所有者权益、收入、费用和利润。其中，资产、负债和所有者权益要素侧重于反映企业的财务状况，收入、费用、利润要素侧重于反映企业的经营成果。

一、资产的定义及其确认条件

（一）资产的定义

资产是指企业过去的交易或事项形成的、由企业拥有或控制的、预期会给企业带来经济利益的资源。根据资产的定义，资产具有以下几个方面的特征：

1. 资产预期会给企业带来经济利益

资产预期会给企业带来经济利益，是指资产直接或间接导致现金和现金等价物流入企业的潜力。这种潜力可以来自企业日常的生产经营活动，也可以是非日常活动；带来的经济利益可以是现金或者现金等价物，或者是可以转化为现金或现金等价物的形式，或者是可以减少现金或现金等价物流出的形式。

预期能为企业带来经济利益是资产的重要特征。例如，企业采购的原材料、购置的固定资产等可以用于生产经营过程，制造商品或提供劳务，对外出售后收回货款，货款即为企业所获得的经济利益。如果某一项目预期不能给企业带来经济利益，那么就不能将其确认为企业的资产。前期已经确认为资产的项目，如果不能再为企业带来经济利益，也不能再确认为企业的资产。

2. 资产应为企业拥有或控制的资源

资产作为一项资源，应当由企业拥有或控制，具体是指企业享有某项资源的所有权，或者虽然不享有某项资源的所有权，但该资源能被企业所控制。

企业享有资产的所有权，通常表明企业能够排他性地从资产中获取经济利益。通常在判断资产是否存在时，所有权是首要考虑的因素。在有些情况下，资产虽然不为企业所拥有，即企业并不享有所有权，但企业控制了这些资产，同样表明企业能够从资产中获取经济利益，符合会计上对资产的定义。如果企业既不拥有资产也不能控制资产所能带来的经济利益，就不能将其作为企业的资产予以确认。

3. 资产是由企业过去的交易或事项形成的

资产应当由企业过去的交易或事项所形成，过去的交易或事项包括购买、生产、建造行为或者其他交易或事项。只有过去的交易或事项才能形成资产，预期在未来发生的交易或事项不形成资产。例如，企业有购买某存货的意愿或计划，但是购买行为尚未发生，就不符合资产的定义，不能因此而确认存货资产。

（二）资产的确认条件

将一项资源确认为资产，需要符合资产的定义，还应同时满足以下两个条件：

1. 与该资源有关的经济利益很可能流入企业

从资产的定义可以看出，能带来经济利益是资产的一个本质特征，但在现实生活中，由于经济环境瞬息万变，与资源有关的经济利益能否流入企业或者能够流入多少实际上带有不确定性。因此，资产的确认还应与经济利益流入的不确定性程度的判断结合起来。如果根据编制财务报表时所获取的证据判断，与资源有关的经济利益很可能流入企业，那么就应当将其作为资产予以确认；反之，不能确认为资产。

2. 该资源的成本或者价值能够可靠地计量

财务会计系统是一个确认、计量和报告的系统，其中计量起着枢纽作用，可计量性是所有会计要素的重要前提，资产的确认也是如此。只有当有关资产的成本或价值能够可靠地计量时，资产才能予以确认。在实务中，企业取得的许多资产都是发生了实际成本的。例如，企业购买或者生产的存货、购置的厂房或设备等，对于这些资产，只有实际发生的购买成本或者生产成本能够可靠计量，才能视为符合了资产确认的可计量性。在某些情况下，企业取得的资产没有实际成本或发生的实际成本很小。例如，对于企业持有的某些衍生金融工具形成的资产，尽管它们没有实际成本或发生的实际成本很小，但是如果其公允价值能够可靠地计量的话，也被认为符合资产可计量性的确认条件。

（三）资产的列报

符合资产定义和资产确认条件的项目，应当列入资产负债表；符合资产定义但不符合资产确认条件的项目，不应列入资产负债表。

二、负债的定义及其确认条件

（一）负债的定义

负债是指企业过去的交易或事项形成的，预期会导致经济利益流出企业的现时义务。根据负债的定义，负债具有以下几个方面的特征：

1. 负债是企业承担的现时义务

负债必须是企业承担的现时义务，这里的现时义务是指企业在现行条件下已承担的义务。未发生的交易或事项形成的义务，不属于现时义务，不应当确认为负债。

这里所指的义务可以是法定义务，也可以是推定义务。其中，法定义务是指具有约束力的合同或者法律、法规规定的义务，通常在法律意义上需要强制执行。例如，企业购买原材料形成应付账款、向银行贷入款项形成借款、按照税法规定应当缴纳的税款等，均属于企业承担的法定义务，需要依法予以偿还。推定义务是指根据企业多年来的习惯做法、公开的承诺或者公开宣布的经营政策而导致企业将承担的责任，这些责任也使有关各方形成了企业将履行义务承担责任的合理预期。例如，某企业多年来制定有一项销售政策，对于售出商品提供一定期限内的售后保修服务，预期将为售出商品提供的保修服务就属于推定义务，应当将其确认为一项负债。

2. 负债预期会导致经济利益流出企业

预期会导致经济利益流出企业也是负债的一个本质特征，只有在履行义务时会导致经济利益流出企业的，才符合负债的定义。在履行现时义务清偿负债时，导致经济利益流出企业的形式多种多样。例如：用现金偿还或以实物资产形式偿还；以提供劳务形式偿还；以部分转移资产、部分提供劳务形式偿还；将负债转为资本等。

3. 负债是由企业过去的交易或者事项形成的

负债应当是由企业过去的交易或事项所形成的。换句话说，只有过去的交易或事项才形成负债，企业将在未来发生的承诺、签订的合同等交易或事项，不形成负债。

（二）负债的确认条件

将一项现时义务确认为负债，需要符合负债的定义，还需要同时满足以下两个条件：

1. 与该义务相关的经济利益很可能流出企业

从负债的定义可以看出，预期会导致经济利益流出企业是负债的一个本质特征。在实务中，履行义务所流出的经济利益带有不确定性，尤其是与推定义务相关的经济利益通常需要依赖大量的估计。因此，负债的确认应当与经济利益流出的不确定性程度的判断结合起来。如果有确凿的证据表明，与现时义务有关的经济利益很可能流出企业，就应当将其作为负债予以确认；反之，如果企业承担了现时义务，但是导致经济利益流出企业的可能性很小，就不符合负债的确认条件，不应将其作为负债予以确认。

2. 未来流出的经济利益的金额能够可靠计量

负债的确认在考虑经济利益流出企业的同时，对于未来流出的经济利益的金额应当能够可靠计量。对于与法定义务有关的经济利益流出金额，通常可以根据合同或者法律规定的金额予以确定。考虑到经济利益流出通常是在未来期间，有时未来期间较长，有关金额的计量需要考虑货币时间价值等因素的影响。对于与推定义务有关的经济利益流出金额，企业应当根据履行相关义务所需支出的最佳估计数进行估计，并综合考虑有关货币时间价值、风险等因素的影响。

（三）负债的列报

符合负债定义和负债确认条件的项目，应当列入资产负债表；符合负债定义但不符合负债确认条件的项目，不应列入资产负债表。

三、所有者权益的定义及其确认条件

（一）所有者权益的定义

所有者权益是指企业资产扣除负债后，由所有者享有的剩余权益。公司的所有者权益又称股东权益。所有者权益是所有者对企业资产的剩余索取权，它是企业的资产扣除债权人权益后应由所有者享有的部分，既可反映所有者投入资本的保值与增值情况，又体现了保护债权人权益的理念。

（二）所有者权益的构成

所有者权益包括所有者投入的资本、直接计入所有者权益的利得和损失、留存收益等，通常由股本（或实收资本）、资本公积（含股本溢价或资本溢价、其他资本公积）、其他综合收益、盈余公积和未分配利润等构成，如图 1-1 所示。

图 1-1　所有者权益的构成

所有者投入的资本是指所有者投入企业的资本部分，它既包括构成企业注册资本或股本的金额，也包括投入资本超过注册资本或股本部分的金额，即资本溢价或股本溢价，这部分投入资本作为资本公积反映。

直接计入所有者权益的利得和损失，是指不应计入当期损益、会导致所有者权益发生增减变动的、与所有者投入资本或者向所有者分配利润无关的利得或损失。其中，利得是指由企业非日常经营活动所形成的、会导致所有者权益增加的、与所有者投入资本无关的经济利益的流入。损失是指由企业非日常活动所发生的、会导致所有者权益减少的、与向所有者分配利润无关的经济利益的流出。

留存收益是企业历年实现的净利润留存于企业的部分，主要包括盈余公积和未分配利润。

（三）所有者权益的确认条件

所有者权益体现的是所有者在企业中的剩余权益，因此，所有者权益的确认主要依赖于其他会计要素，尤其是资产和负债的确认，所有者权益金额的确定也主要取决于资产和负债的计量。例如，企业接受投资者投入的资产，在该资产符合资产确认条件时，就相应地符合了所有者权益的条件；当该资产的价值能够可靠地计量时，所有者权益的金额也就可以确定。

（四）所有者权益的列报

所有者权益应当列入资产负债表。

四、收入的定义及其确认条件

（一）收入的定义

收入是指企业在日常活动中形成的、会导致所有者权益增加的、与所有者投入资本无关的经济利益的总流入。根据收入的定义，收入的基本特征见表1-4。

表1-4　收入的基本特征

基 本 特 征	含 义
收入是企业在日常活动中形成的	日常活动是指企业为完成其经营目标所从事的经营性活动以及与之相关的活动。明确界定日常活动是为了将收入与利得相区分，因为企业非日常活动所形成的经济利益的流入不能确认为收入，而应当计入利得
收入是与所有者投入资本无关的经济利益的总流入	收入应当会导致经济利益的流入，从而导致资产的增加或者负债的减少。例如，企业销售商品，应当收到现金或者有权在未来收到现金，才表明该交易符合收入的定义。但是在实务中，经济利益的流入有时是所有者投入资本的增加所导致的，所有者投入资本的增加不应当确认为收入，应当将其直接确认为所有者权益
收入会导致所有者权益的增加	与收入相关的经济利益的流入应当会导致所有者权益的增加，不会导致所有者权益增加的经济利益的流入不符合收入的定义，不应确认为收入。例如，企业向银行借入款项，尽管也导致了企业经济利益的流入，但该流入并不导致所有者权益的增加，反而使企业承担了一项现时义务。企业对于因借入款项所导致的经济利益的增加，不应将其确认为收入，应当确认为一项负债

（二）收入的确认条件

企业收入的来源渠道多种多样，不同收入来源的特征有所不同，其收入确认的条件也往往存在差别。一般而言，收入应当在企业履行了合同中的履约义务，即客户取得相关商品或劳务控制权时确认。企业与客户之间的合同同时满足下列条件时，企业应当在客户取得相关商品或劳务控制权时确认收入：

（1）合同各方已批准该合同并承诺将履行各自义务。

（2）该合同明确了合同各方与所转让商品或提供劳务相关的权利和义务。

（3）该合同有明确的与转让商品或提供劳务相关的支付条款。

（4）该合同具有商业实质，即履行该合同将改变未来现金流量的风险、时间分布或金额。

（5）企业因向客户转让商品或提供劳务而有权取得的对价很可能收回。

（三）收入的列报

符合收入定义和收入确认条件的项目，应当列入利润表。

五、费用的定义及其确认条件

（一）费用的定义

费用是指企业在日常活动中发生的、会导致所有者权益减少的、与向所有者分配利润无关的经济利益的总流出。根据费用的定义，费用具有以下几方面的特征：

1. 费用是企业在日常活动中形成的

费用必须是企业在日常活动中所形成的，这些日常活动的界定与收入定义中涉及的日常活动的界定相一致。日常活动中所产生的费用通常包括销售成本（营业成本）、职工薪酬、折旧费、无形资产摊销等。将费用界定为日常活动中所形成的，目的是将其与损失相区分，企业非日常活动中所形成的经济利益的流出不能确认为费用，而应当计入损失。

2. 费用是与向所有者分配利润无关的经济利益的总流出

费用的发生应当会导致经济利益的流出，从而导致资产的减少或者负债的增加，其表现形式包括现金或者现金等价物的流出，存货、固定资产和无形资产等的流出或者消耗等。企业向所有者分配利润也会导致经济利益的流出，而这种经济利益的流出属于所有者权益的抵减项目，不应确认为费用，应当将其排除在费用的定义之外。

3. 费用会导致所有者权益的减少

与费用相关的经济利益的流出应当会导致所有者权益的减少，不会导致所有者权益减少的经济利益的流出不符合费用的定义，不应确认为费用。

（二）费用的确认条件

费用的确认条件除了应当符合定义外，还应当满足严格的条件，即费用只有在经济利益很可能流出从而导致企业资产减少或者负债增加，且经济利益的流出额能够可靠计量时才予以确认。因此，费用的确认至少需要符合以下条件：①与费用相关的经济利益应当很可能流出企业；②经济利益流出企业的结果会导致资产的减少或者负债的增加；③经济利益的流出额能够可靠地计量。

（三）费用的列报

符合费用的定义和费用确认条件的项目，应当列入利润表。

六、利润的定义及其确认条件

（一）利润的定义

利润是指企业在一定会计期间的经营成果。通常情况下，如果企业实现了利润，表明企业的所有者权益将增加；反之，如果企业发生了亏损（即利润为负数），表明企业的所有者权益将减少。因此，利润往往是评价企业管理层业绩的一项重要指标，也是投资者等财务报告使用者进行决策时的重要参考依据。

（二）利润的确认条件

利润反映的是收入减去费用、利得减去损失后的净额，因此，利润的确认主要依赖于收入和费用以及利得和损失的确认，其金额的确定也主要取决于收入、费用、利得、损失金额的计量。

（三）利润的构成与列报

利润包括收入减去费用后的净额、直接计入当期利润的利得和损失等。其中收入减去费用后的净额反映的是企业日常活动的经营业绩。直接计入当期利润的利得和损失是指应当计入当期损益、最终会引起所有者权益发生增减变动的、与所有者投入资本或者向所有者分配利润无关的利得或损失。企业应当严格区分收入和利得、费用和损失之间的区别，以更加全面地反映企业的经营业绩。

利润项目应当列入利润表。

七、会计要素计量属性

企业在将符合确认条件的会计要素登记入账并列报于会计报表及其附注时，应当按照规定的会计计量属性进行计量，确定其金额。

会计的计量是为了将符合条件的会计要素登记入账并列报于财务报表而确定其金额的过程。会计的计量反映的是会计要素金额的确定基础，主要包括历史成本、重置成本、可变现净值、现值和公允价值等。

（一）历史成本

历史成本又称实际成本，是指取得或制造某项财产物资时所实际支付的现金或者其他等价物。在历史成本计量下，资产按照其购置时所支付的现金或者现金等价物的金额，或者按照购置资产时所付出的对价的公允价值计量；负债按照其因承担现时义务而实际收到的款项或者资产的金额，或者承担现时义务的合同金额，或者按照日常活动中为偿还负债预期需要支付的现金或者现金等价物的金额计量。

（二）重置成本

重置成本又称现行成本，是指按照当前市场条件，重新取得同样一项资产所需支付的现金或者现金等价物金额。在重置成本下，资产按照现在购买相同或者相似资产所需支付的现金或者现金等价物的金额计量；负债按照现在偿付该项负债所需支付的现金或者现金等价物的金额计量。

（三）可变现净值

可变现净值是指在生产经营过程中，以预计售价减去进一步加工成本和销售所必需的预计税金、费用后的净值。在可变现净值计量下，资产按照其正常对外销售所能收到的现金或者现金等价物的金额扣减该项资产至完工时估计将要发生的成本、估计的销售费用以及相关税金后的金额计量。

（四）现值

现值是指对未来现金流量以恰当的折现率进行折现后的价值，是考虑货币时间价值因素等的一种计量属性。在现值计量下，资产按照预计从其持续使用和最终处置中所产生的未来现金流入量的折现金额计量；负债按照预计期限内需要偿还的未来净现金流出量的折现金额计量。

（五）公允价值

公允价值是指市场参与者在计量日发生的有序交易中，出售一项资产所能收到或者转移一项负债所需支付的价格，即脱手价格。企业以公允价值计量相关资产或者负债，应当考虑该资产或者负债的特征以及该资产或者负债是以单项还是以组合的方式进行计量。企业应当假定市场参与者在计量日出售资产或者转移负债的交易，是在当前市场条件下的有序交易。企业应当假定出售资产或者转移负债的有序交易在该资产或者负债的主要市场进行；不存在主要市场的，应当假定该交易在该资产或者负债的最有利市场进行。企业以公允价值计量相关资产或者负债，应当采用市场参与者在对该资产或者负债定价时为实现其经济利益最大化所使用的假设，包括有关风险的假设。企业应当根据交易性质和相关资产或者负债的特征等，判断初始确认时的公允价值是否与交易价格相等。企业以公允价值计量相关资产或者负债，应当使用在当前情况下适用并且有足够可利用数据和其他信息支持的估值技术。企业应当根据估值技术所使用的输入值确定公允价值计量结果所属的层次。

第五节　财务报告简介

一、财务报告的作用

财务会计的目的是为了通过向外部会计信息使用者提供有用的信息，帮助使用者做出相关决策。承担这一信息载体和功能的便是企业编制的财务报告，它是财务会计确认和计量的最终成果，是沟通企业管理层与外部信息使用者之间的桥梁和纽带。

财务报告是指企业对外提供的反映企业某一特定日期财务状况和某一会计期间经营成果、现金流量等会计信息的文件。根据财务报告的定义，财务报告具有以下含义：

（1）财务报告应当是对外报告，其服务对象主要是投资者、债权人等外部使用者，专门为企业内部管理需要的、特定目的的报告不属于财务报告的范畴。

（2）财务报告应当综合反映企业的生产经营状况，包括某一时点的财务状况和某一时期的经营成果和现金流量等信息，反映企业财务的整体和全貌。

（3）财务报告必须形成一个完整的文件，不应是零星的或者不完整的信息。

二、财务报告的构成

财务报告包括财务报表和其他应当在报告中披露的相关信息和资料。其中，财务报表由报表本身及其附注两部分构成，附注是财务报表的组成部分。财务报表至少应当包括资产负债表、利润表和现金流量表等。考虑到小企业规模小，外部信息需求相对较低，因此，小企业编制的报表可以不包括现金流量表。全面执行企业会计准则体系的企业所编制的财务报表，还应包括所有者权益（股东权益）变动表。

（1）资产负债表是反映企业在某一特定日期的财务状况的会计报表。企业编制资产负债表的目的是通过如实反映企业的资产、负债和所有者权益金额及其构成情况，从而有助于使用者评价企业资产的质量及短期偿债能力、长期偿债能力和利润分配能力等。

（2）利润表是反映企业在一定会计期间的经营成果的会计报表。企业编制利润表的目的是通过如实反映企业实现的收入、发生的费用、应当计入当期利润的利得和损失以及其他综合收益等金额及其构成情况，从而有助于使用者分析评价企业的盈利能力及其构成与质量。

（3）现金流量表是反映企业在一定会计期间的现金和现金等价物流入和流出的会计报表。企业编制现金流量表的目的是通过如实反映企业各项活动的现金流入、流出情况，从而有助于使用者评价企业的现金流和资金周转情况。

（4）附注是对在会计报表中列示项目所做的进一步说明，以及对未能在报表中列示的项目的说明等。企业编制附注的目的是通过对财务报表本身作补充说明，以更加全面、系统地反映企业财务状况、经营成果和现金流量的全貌，从而有助于向使用者提供更为有用的信息，做出更加科学合理的决策。

财务报表是财务报告的核心内容。除财务报表外，财务报告还应当包括其他相关信息，具体可根据有关法律法规的规定和外部使用者的信息需求而定。例如，企业可以在财务报告中披露其承担的社会责任、可持续发展能力、对社区的贡献等信息，这些非财务信息无法包括在财务报表中，如果和使用者的决策相关，或企业自愿，也可在财务报告中披露。

同步强化训练

一、单项选择题

1. 下列有关会计主体的表述中，不正确的是（　　）。
   A. 会计主体是指会计所核算和监督的特定单位和组织
   B. 会计主体界定了从事会计工作和提供会计信息的时间范围
   C. 由若干具有法人资格的企业组成的企业集团也是会计主体
   D. 会计主体界定了从事会计工作和提供会计信息的空间范围

2. 下列属于将一个会计主体持续的生产经营活动划分为若干个相等的会计期间的会计核算基本假设是（　　）。
   A. 持续经营　　　　B. 会计年度　　　　C. 会计分期　　　　D. 会计主体

3. 企业提供的会计信息应当清晰明了，便于财务报告使用者理解和使用，体现的是（　　）要求。
   A. 相关性　　　　　B. 可靠性　　　　　C. 及时性　　　　　D. 可理解性

4. 在遵循会计核算的基本原则，评价某些项目的（　　）时，很大程度上取决于会计人员的职业判断。
   A. 真实性　　　　　B. 完整性　　　　　C. 重要性　　　　　D. 可比性

5. 下列关于谨慎性原则的运用正确的是（　　）。
   A. 计提秘密准备
   B. 高估资产或收益
   C. 对可能发生的各项资产损失，按规定计提资产减值准备
   D. 少计负债或费用

6. 下列选项中属于所有者权益的是（   ）。

    A. 交易性金融资产   B. 应付股利

    C. 盈余公积   D. 投资收益

7. 下列各项中，不属于损益类账户的是（   ）。

    A. "制造费用" 账户   B. "销售费用" 账户

    C. "投资收益" 账户   D. "其他业务成本" 账户

8. 在借贷记账法下，"财务费用" 的增加额登记在（   ）。

    A. 借方   B. 贷方   C. 借方和贷方   D. 借方或贷方

9. 下列对资产特征的表述中，不恰当的是（   ）。

    A. 资产是企业拥有或控制的资源

    B. 资产是由过去的交易或事项形成的

    C. 资产是预期会给企业带来经济利益的资源

    D. 资产是企业日常活动形成的资源

10. 如果财务报告能够满足（   ）的会计信息需求，通常情况下也可以满足其他使用者的大部分信息需求。

    A. 投资者   B. 债权人

    C. 政府及其有关部门   D. 社会公众

11. 在可预见的未来，会计主体不会破产清算，所持有的资产将正常营运，所负有的债务将正常偿还，这属于（   ）。

    A. 会计主体假设   B. 持续经营假设

    C. 会计分期假设   D. 货币计量假设

12. 下列关于会计基础的相关说法中，不正确的是（   ）。

    A. 会计基础包括权责发生制和收付实现制

    B. 政府会计中的财务会计，采用权责发生制为记账基础

    C. 企业应当以收付实现制为基础进行会计确认、计量和报告

    D. 根据权责发生制，凡是不属于当期的收入和费用，即使款项已在当期收付，也不应作为当期的收入和费用

13. 下列关于会计信息质量要求的说法中，不正确的是（   ）。

    A. 企业对售出商品可能发生的保修义务确认预计负债，体现了实质重于形式原则

    B. 谨慎性要求企业不应高估资产或者收益、低估负债或者费用

    C. 可比性要求企业提供的会计信息应当相互可比

    D. 会计核算方法前后各期应保持一致，不得随意变更，体现的是可比性

14. 下列关于会计要素的表述中，不正确的是（   ）。

    A. 收入、成本和利润构成利润表的基本框架

    B. 资产、负债和所有者权益属于反映财务状况的会计要素

    C. 会计要素是用于反映特定会计主体财务状况和经营成果的基本单位

    D. 利润反映的是收入减去费用、利得减去损失后净额的概念

15. 下列属于企业资产的是（ ）。

    A. 应付款项   B. 上月购入的生产设备

    C. 预收款项   D. 即将购入的原材料

16. 下列不属于会计计量属性的是（ ）。

    A. 历史成本   B. 可收回金额   C. 公允价值   D. 可变现净值

17. 企业盘盈固定资产，应按其（ ）进行入账。

    A. 历史成本   B. 重置成本   C. 现值   D. 公允价值

18. 某公司资产总额为 25 万元，所有者权益总额为 20 万元。以银行存款 4 万元支付现金股利，并以银行存款 2 万元购买设备（不考虑增值税）。则上述业务入账后该公司的负债总额为（ ）万元。

    A. 23   B. 1   C. 13   D. 2

19. 下列各项中，不会引起会计等式两边同时发生变动的业务是（ ）。

    A. 取得投资者投资款存入银行   B. 收回其他应收款

    C. 向银行取得借款   D. 用现金发放工资

20. 甲公司"应收账款"总分类账户下设"X 公司"和"Y 公司"两个明细账户，"应收账款"总账余额为 500 000 元，"X 公司"明细账户余额为 300 000 元，总账和所属明细账户的余额方向均一致，则"Y 公司"明细账户的余额为（ ）元。

    A. 800 000   B. 200 000   C. 300 000   D. 500 000

二、多项选择题

1. 下列各项中，属于会计的基本职能的有（ ）。

    A. 会计核算职能   B. 会计监督职能

    C. 参与经济决策   D. 预测经济前景

2. 下列各项中，属于会计目标的有（ ）。

    A. 对特定主体的经济活动进行确认、计量和报告

    B. 向财务报告使用者提供会计信息

    C. 对特定主体经济活动和相关会计核算的真实性、合法性和合理性进行审查

    D. 反映企业管理层受托责任的履行情况

3. 下列各项中，属于会计信息质量要求的有（ ）。

    A. 可理解性   B. 及时性   C. 合法性   D. 相关性

4. 企业会计确认、计量、记录和报告的前提包括（ ）。

    A. 货币计量   B. 会计主体   C. 持续经营   D. 会计分期

5. 以权责发生制为核算基础，下列各项不属于本期收入或费用的有（ ）。

    A. 本期支付下期的房租金   B. 本期预收的货款

    C. 本期支付上期的房租金   D. 本期售出商品但尚未收到货款

6. 下列选项中，属于相关性要求的有（ ）。

    A. 满足有关各方面了解企业财务状况和经营成果的需要

    B. 可以根据会计信息预测企业未来的经营成果和现金流量

    C. 能够有助于信息使用者评价企业过去的决策，证实或者修正过去的有关预测

    D. 可以根据会计信息预测企业未来的财务状况

7. 下列关于负债的说法中，正确的有（　　　　）。

　　A. 过去的交易或事项形成的现时义务可能确认为负债

　　B. 未来的交易或事项形成的义务可以确认为负债

　　C. 未来的交易或事项形成的义务不应确认为负债

　　D. 企业的负债都是企业的现时义务

8. 下列各项中，属于成本类科目的有（　　　　）。

　　A. 主营业务成本　　　　　　　　　B. 生产成本

　　C. 研发支出　　　　　　　　　　　D. 制造费用

9. 下列各项中，构成企业完整的财务报表的有（　　　　）。

　　A. 现金流量表　　　B. 利润表　　　　C. 资产负债表　　　D. 附注

10. 下列各项属于损益类的有（　　　　）。

　　A. 投资收益　　　　　　　　　　　B. 主营业务成本

　　C. 所得税费用　　　　　　　　　　D. 制造费用

三、判断题

1. 会计的核算职能是指对特定主体经济活动和相关会计核算的真实性、合法性和合理性进行审查。（　　　）

2. 重要性的应用需要依赖职业判断，企业应当根据其所处环境和实际情况，从项目的金额大小加以判断。（　　　）

3. 仓库中已失效或已毁损的商品，由于企业对其拥有所有权并且能够实际控制，因此应该作为本企业的资产。（　　　）

4. 所有者权益是企业所有者在企业资产中享有的经济利益，其金额为企业的资产总额。（　　　）

5. 企业因自然灾害毁损固定资产发生净损失 2 万元，应将其确认为费用。（　　　）

6. 附注是财务报表不可或缺的组成部分。（　　　）

7. 财务报告包括财务报表和其他应当在财务报告中披露的相关信息和资料。（　　　）

8. 我国财务报告的目标是向财务报告使用者提供对其决策有用的信息，并反映企业管理层受托责任的履行情况。（　　　）

9. 持续经营是指会计主体将会按当前的规模和状态一直持续经营下去，不会停业、破产清算，也不会大规模削减业务。（　　　）

10. 为了保证会计信息能够满足决策的需要，便于比较不同企业的财务状况、经营成果和现金流量，不同企业发生相同或者相似的交易或事项，应当采用国家统一规定的相关会计方法和程序。（　　　）

11. 根据经济实质重于法律形式的会计核算原则，将租入的资产（短期租赁和低值资产租赁除外）作为本企业资产进行核算是正确的。（　　　）

12. 在可变现净值计量下，资产按照预计从其持续使用和最终处置中所产生的未来净现金流入量的折现金额计量。（　　　）

第二章

货币资金

扫码观看教学视频

货币资金是指企业生产经营过程中处于货币形态的资产，包括库存现金、银行存款和其他货币资金。

第一节 库存现金

库存现金是指存放于企业财会部门、由出纳人员经管的货币。库存现金是企业流动性最强的资产，企业应当严格遵守国家有关现金管理制度，正确进行现金收支的核算，监督现金使用的合法性与合理性。

一、现金管理制度

根据国务院发布的《中华人民共和国现金管理暂行条例》的规定，现金管理制度主要包括以下内容：

1. 现金的使用范围

企业可用现金支付的款项有：

（1）职工工资、津贴。

（2）个人劳务报酬。

（3）根据国家规定颁发给个人的科学技术、文化艺术、体育等各种奖金。

（4）各种劳保、福利费用以及国家规定的对个人的其他支出。

（5）向个人收购农副产品和其他物资的价款。

（6）出差人员必须随身携带的差旅费。

（7）结算起点（1 000元）以下的零星支出。

（8）中国人民银行确定需要支付现金的其他支出。

除企业可以现金支付的款项中的第（5）、（6）项外，开户单位支付给个人的款项，超过使用现金限额（即个人劳务报酬）的部分，应当以支票或者银行本票等方式支付；确需全额支付现金的，经开户银行审核后，予以支付现金。

2. 现金的库存限额

现金的库存限额是指为了保障单位日常零星开支的需要，允许单位留存现金的最高数额。这一限额由开户银行根据单位的实际需要核定，一般按照单位3～5天日常零星开支的需要确定。边远地区和交通不便地区的开户单位的库存现金限额，可按多于5天，但不得超过15天的日常零星开支的需要确定。经核定的库存现金限额，开户单位必须严格遵守，超过部分应于当日终了前存入银行。需要增加或者减少库存现金限额的，应当向开户银行提出申请，由开户银行核定。

3. 现金收支的规定

开户单位现金收支应当依照下列规定办理：

（1）开户单位现金收入应当于当日送存开户银行，当日送存确有困难的，由开户银行确定送存时间。

（2）开户单位支付现金，可以从本单位库存现金限额中支付或从开户银行提取，不得从本单位的现金收入中直接支付（即坐支）。因特殊情况需要坐支现金的，应当事先报经开户银行审查批准，由开户银行核定坐支范围和限额。坐支单位应当定期向开户银行报送坐支金额和使用情况。

（3）开户单位从开户银行提取现金时，应当写明用途，由本单位财会部门负责人签字盖章，经开户银行审核后，予以支付。

（4）因采购地点不固定、交通不便、生产或市场急需、抢险救灾以及其他特殊情况必须使用现金的，开户单位应当向开户银行提出申请，由本单位财会部门负责人签字盖章，经开户银行审核后，予以支付现金。

二、库存现金的账务处理

为了反映和监督企业库存现金的收入、支出和结存情况，企业应当设置"库存现金"科目，借方登记企业库存现金的增加，贷方登记企业库存现金的减少，期末借方余额反映期末企业实际持有的库存现金的金额。企业内部各部门周转使用的备用金，可以单独设置"备用金"科目进行核算。

例2-1　2020年5月20日，兴华公司采购员李强因公出差，预借差旅费2 000元，以现金支付，兴华公司应编制如下会计分录：

借：其他应收款——备用金（李强）　　　　　　　　　　2 000
　　贷：库存现金　　　　　　　　　　　　　　　　　　　　　　　2 000

例2-2　沿用【例2-1】的资料，5月25日，李强出差归来报销差旅费1 800元，交回现金200元。兴华公司应编制如下会计分录：

借：管理费用——差旅费　　　　　　　　　　　　　　1 800
　　库存现金　　　　　　　　　　　　　　　　　　　 200
　　贷：其他应收款——备用金（李强）　　　　　　　　　　　　2 000

为了全面、连续地反映和监督库存现金的收支和结存情况，企业应当设置库存现金总账和库存现金日记账，分别进行库存现金的总分类核算和明细分类核算。

库存现金日记账由出纳人员根据收付款凭证，按照业务发生顺序逐笔登记。每日终了，应当在库存现金日记账上计算出当日的现金收入合计额、现金支出合计额和结余额，并将库存现金日记账的余额与实际库存现金余额相核对，保证账实相符。月度终了，库存现金日记账的余额应当与库存现金总账的余额核对，做到账账相符。

三、现金的清查

为了保证现金的安全和完整，企业应当按规定对现金进行定期和不定期的清查，一般采用实地盘点法，对清查的结果应当编制现金盘点报告单。如果存在挪用现金、白条抵库的情况，应及时予以纠正；对于超限额留存的现金应及时送存银行。如果账实不符，发现有待查明原因的现金短缺或溢余，应先通过"待处理财产损溢——待处理流动资产损溢"科目核算。按管理权限经批准后，分别按以下情况处理：

1. 现金短缺

属于应由责任人赔偿的现金短缺，应计入其他应收款，借记"其他应收款——应收现金短缺款（××个人）"或"库存现金"科目，贷记"待处理财产损溢——待处理流动资产损溢"科目；属于应由保险公司赔偿的部分，借记"其他应收款——应收保险赔款"或"库存现金"科目，贷记"待处理财产损溢——待处理流动资产损溢"科目；属于无法查明原因的现金短缺，借记"管理费用——现金短缺"科目，贷记"待处理财产损溢——待处理流动资产损溢"科目。

2. 现金溢余

属于应支付给有关人员或单位的现金溢余，计入其他应付款，借记"待处理财产损溢——待处理流动资产损溢"科目，贷记"其他应付款——应付现金溢余款（××个人或单位）"科目；属于无法查明原因的现金溢余，借记"待处理财产损溢——待处理流动资产损溢"科目，贷记"营业外收入——现金溢余"科目。

例 2-3 兴华公司在 2020 年 6 月 10 日的现金清查中，发现现金短缺 320 元，原因待查，兴华公司应编制如下会计分录：

借：待处理财产损溢——待处理流动资产损溢　　　　　　320

　　贷：库存现金　　　　　　　　　　　　　　　　　　　320

例 2-4 沿用【例 2-3】的资料，在上述的现金短缺中，120 元是出纳员李莉个人原因造成的，由其负责赔偿；剩余 200 元原因无法查明，经批准转作管理费用。兴华公司应编制如下会计分录：

借：其他应收款——应收现金短缺款（李莉）　　　　　120

　　管理费用——现金短缺　　　　　　　　　　　　　　200

　　贷：待处理财产损溢——待处理流动资产损溢　　　　　320

例 2-5 兴华公司在 2020 年 10 月 10 日的现金清查中，发现现金溢余 280 元，原因待查，兴华公司应编制如下会计分录：

借：库存现金　　　　　　　　　　　　　　　　　　　280

　　贷：待处理财产损溢——待处理流动资产损溢　　　　　280

例 2-6 沿用【例 2-5】的资料，上述溢余的现金，原因无法查明，经批准转作营业外收入。兴华公司应编制如下会计分录：

借：待处理财产损溢——待处理流动资产损溢　　　　　280

　　贷：营业外收入——现金溢余　　　　　　　　　　　　280

第二节　银行存款

银行存款是企业存放在银行或其他金融机构的货币资金。企业应当根据业务需要，按照规定在其所在地银行开设账户，运用所开设的账户，进行存款、取款以及各种收支转账业务的结算。银行存款的收付应严格执行银行结算制度的规定。

一、银行存款的账务处理

为了反映和监督企业银行存款的收入、支出和结存情况，企业应当设置"银行存款"科目，借方登记企业银行存款的增加，贷方登记企业银行存款的减少，期末借方余额反映期末企业实际持有的银行存款的金额。

企业应当设置银行存款总账和银行存款日记账，分别进行银行存款的总分类核算和明细分类核算。企业可按开户银行和其他金融机构、存款种类等设置银行存款日记账，根据收付款凭证，按照业务的发生顺序逐笔登记。每日终了，应结出余额。

企业将款项存入银行和其他金融机构时，应借记"银行存款"科目，贷记"应收账款"等科目；提取或支付已存入银行和其他金融机构存款时，借记"应付账款"等科目，贷记"银行存款"科目。

例 2-7　2020 年 10 月 20 日，兴华公司收到万通公司以转账支票偿还前欠的货款 8 000 元，兴华公司应编制如下会计分录：

借：银行存款　　　　　　　　　　　　　　　　　　8 000
　　贷：应收账款——万通公司　　　　　　　　　　　　　8 000

例 2-8　2020 年 10 月 21 日，兴华公司签发转账支票，偿还前欠顺达公司的货款 10 000 元，兴华公司应编制如下会计分录：

借：应付账款——顺达公司　　　　　　　　　　　　10 000
　　贷：银行存款　　　　　　　　　　　　　　　　　　10 000

二、银行存款的核对

银行存款日记账应定期与银行对账单核对，至少每月核对一次。企业银行存款账面余额与银行对账单余额之间如有差额，应编制"银行存款余额调节表"进行调节，如没有记账错误，调节后的双方余额应相等。银行存款余额调节表只是为了核对账目，不能作为调整银行存款账面余额的记账依据。

第三节　其他货币资金

其他货币资金是指企业除库存现金、银行存款以外的其他各种货币资金，主要包括银行汇票存款、银行本票存款、信用卡存款、信用证保证金存款、存出投资款和外埠存款等。这些货币资金的存放地点和用途与库存现金、银行存款不同，因此在管理与核算上也应与库存现金和银行存款有所不同。

为了反映和监督其他货币资金的收支和结存情况，企业应当设置"其他货币资金"科目，借方登记其他货币资金的增加，贷方登记其他货币资金的减少，期末余额在借方，反映企业实际持有的其他货币资金的金额。"其他货币资金"科目应当按照其他货币资金的种类设置明细科目进行核算。

1. 银行汇票存款

银行汇票存款是企业为取得银行汇票按照规定存入银行的款项。

银行汇票是指由出票银行签发的，由其在见票时按照实际结算金额无条件支付给收款人或者持票人的票据。银行汇票的出票银行为银行汇票的付款人。单位和个人各种款项的结算，均可使用银行汇票。银行汇票可以用于转账，填明"现金"字样的银行汇票也可以用于支取现金。

汇款单位（即申请人）使用银行汇票，应向出票银行填写"银行汇票申请书"，填明收款人名称、汇票金额、申请人名称、申请日期等事项并签章，签章是其预留银行的签章。出票银行受理银行汇票申请书，收妥款项后签发银行汇票，并用压数机压印出票金额，将银行汇票和解讫通知一并交给申请人。申请人应将银行汇票和解讫通知一并交付给汇票上记明的收款人。收款人收到申请人交付的银行汇票时，应在出票金额以内，根据实际需要的款项办理结算，并将实际结算的金额和多余金额准确、清晰地填入银行汇票和解讫通知的有关栏内，到银行办理款项入账手续。收款人可以将银行汇票背书转让给被背书人。银行汇票的背书转让以不超过出票金额的实际结算金额为准。未填写实际结算金额或实际结算金额超过出票金额的银行汇票，不得背书转让。银行汇票的提示付款期限为自出票日起一个月，持票人超过付款期限提示付款的，银行将不予受理。持票人向银行提示付款时，必须同时提交银行汇票和解讫通知，缺少任何一联，银行不予受理。

银行汇票丧失，失票人可以凭人民法院出具的其享有票据权利的证明，向出票银行请求付款或退款。

银行汇票流程如图 2-1 所示。

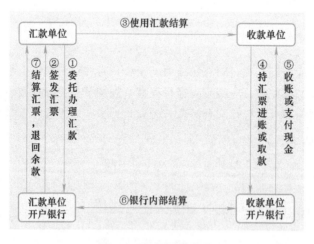

图 2-1　银行汇票流程

购货企业填写"银行汇票申请书"，将款项交存银行时，借记"其他货币资金——银行汇票"科目，贷记"银行存款"科目；企业持银行汇票购货、收到有关发票账单时，借记"材料采购"或"原材料""库存商品""应交税费——应交增值税（进项税额）"等科目，贷记"其他货币资金——银行汇票"科目；采购完毕收回剩余款项时，借记"银行存款"科目，贷记"其他货币资金——银行汇票"科目。

销货企业收到银行汇票、填制进账单到开户银行办理款项入账手续时，根据进账单及销货发票等，借记"银行存款"科目，贷记"主营业务收入""应交税费——应交增值税（销项税额）"等科目。

例 2-9 兴华公司为增值税一般纳税人，2020 年 7 月 2 日向银行申请办理银行汇票用以购买原材料。将款项 500 000 元交存银行转作银行汇票存款。根据银行盖章退回的申请书存根联，兴华公司应编制如下会计分录：

借：其他货币资金——银行汇票　　　　　　　　　　500 000
　　贷：银行存款　　　　　　　　　　　　　　　　　　500 000

例 2-10 沿用【例 2-9】的资料，2020 年 7 月 8 日，兴华公司购入原材料一批已验收入库，取得的增值税专用发票上的价款为 400 000 元、增值税税额为 52 000 元，已用银行汇票办理结算，多余款项 48 000 元退回开户银行，企业已收到开户银行转来的银行汇票第四联（多余款收账通知）。兴华公司应编制如下会计分录：

（1）用银行汇票结算材料价款和增值税税款时：

借：原材料　　　　　　　　　　　　　　　　　　　　400 000
　　应交税费——应交增值税（进项税额）　　　　　　　52 000
　　贷：其他货币资金——银行汇票　　　　　　　　　　452 000

（2）收到退回的银行汇票多余款项时：

借：银行存款　　　　　　　　　　　　　　　　　　　48 000
　　贷：其他货币资金——银行汇票　　　　　　　　　　 48 000

2. 银行本票存款

银行本票存款是企业为取得银行本票按规定存入银行的款项。

银行本票是指银行签发的，承诺自己在见票时无条件支付确定的金额给收款人或持票人的票据。单位和个人在同一票据交换区域需要支付的各种款项，均可使用银行本票。银行本票可以用于转账，注明"现金"字样的银行本票可以用于支取现金。

银行本票分为不定额本票和定额本票两种。定额本票面额为 1 000 元、5 000 元、10 000 元和 50 000 元。银行本票的提示付款期限自出票日起最长不得超过两个月。在有效付款期内，银行见票付款。持票人超过付款期限提示付款的，银行不予受理。

申请人使用银行本票，应向银行填写"银行本票申请书"。申请人或收款人为单位的，不得申请签发现金银行本票。出票银行受理银行本票申请书，收妥款项后签发银行本票，在本票上签章后交给申请人。申请人应将银行本票交付给本票上记明的收款人。收款人可以将银行本票背书转让给被背书人。

申请人因银行本票超过提示付款期限或其他原因要求退款时，应将银行本票提交到出票银行并出具单位证明。根据银行盖章退回的进账单第一联，借记"银行存款"科目，贷记"其他货币资金——银行本票"科目。出票银行对于在本行开立存款账户的申请人，只能将款项转入原申请人账户；对于现金银行本票和未到本行开立存款账户的申请人，才能退付现金。

银行本票丧失，失票人可以凭人民法院出具的其享有票据权利的证明，向出票银行请求付款或退款。

购货企业填写"银行本票申请书",将款项交存银行时,借记"其他货币资金——银行本票"科目,贷记"银行存款"科目;企业持银行本票购货、收到有关发票账单时,借记"材料采购"或"原材料""库存商品""应交税费——应交增值税(进项税额)"等科目,贷记"其他货币资金——银行本票"科目。

销货企业收到银行本票、填制进账单到开户银行办理款项入账手续时,根据进账单及销货发票等,借记"银行存款"科目,贷记"主营业务收入""应交税费——应交增值税(销项税额)"等科目。

例 2-11 兴华公司为增值税一般纳税人,为取得银行本票,向银行填交"银行本票申请书",并将 22 600 元银行存款转作银行本票存款。兴华公司取得银行本票后,应根据银行盖章退回的银行本票申请书存根联填制银行付款凭证。兴华公司应编制如下会计分录:

借:其他货币资金——银行本票　　　　　　　　　　　22 600
　　贷:银行存款　　　　　　　　　　　　　　　　　　　　22 600

例 2-12 沿用【例 2-11】的资料,兴华公司用银行本票购买办公用品,增值税专用发票上注明的办公用品价格为 20 000 元、增值税税额为 2 600 元。根据发票账单等有关凭证,兴华公司应编制如下会计分录:

借:管理费用——办公用品　　　　　　　　　　　　　20 000
　　应交税费——应交增值税(进项税额)　　　　　　　　2 600
　　贷:其他货币资金——银行本票　　　　　　　　　　　22 600

3. 信用卡存款

信用卡存款是指企业为取得信用卡而存入银行信用卡专户的款项。

信用卡是银行卡的一种,是指商业银行向个人和单位发行的,凭以向特约单位购物、消费和向银行存取现金,且具有消费信用的特制载体卡片。信用卡按使用对象分为单位卡和个人卡,按信誉等级分为金卡和普通卡。凡申领单位卡的单位,必须在中国境内金融机构开立基本存款账户,并按规定填制申请表,连同有关资料一并送交发卡银行。该单位符合条件并按银行要求交存一定金额的备用金以后,银行为申领人开立信用卡存款账户,并发给信用卡。单位卡可申领若干张,持卡人资格由申领单位法定代表人或其委托的代理人书面指定和注销。单位卡账户的资金一律从其基本存款账户转账存入,不得交存现金,不得将销货收入的款项存入其账户。持卡人可持信用卡在特约单位购物、消费,但单位卡不得用于 10 万元以上的商品交易、劳务供应款项的结算,不得支取现金。特约单位在每日营业终了,应将当日受理的信用卡签购单汇总,计算手续费和净额,并填写汇(总)计单和进账单,连同签购单一并送交收单银行办理进账。

企业应填制"信用卡申请表",连同支票和有关资料一并送存发卡银行,根据银行盖章退回的进账单第一联,借记"其他货币资金——信用卡"科目,贷记"银行存款"科目;企业用信用卡购物或支付有关费用,收到开户银行转来的信用卡存款的付款凭证及所附发票账单时,借记"管理费用"等科目,贷记"其他货币资金——信用卡"科目;企业信用卡在使用过程中,需要向其账户续存资金的,应借记"其他货币资金——信用卡"科目,贷记"银行存款"科目。企业的持卡人如不需要继续使用信用卡时，应持信用卡主动到发卡银行办理销户。销卡时，信用卡余额转入企业基本存款账户，不得提取现金，借记"银行存款"科目，贷记"其他货币资金——信用卡"科目。

例 2-13 2020 年 2 月 15 日，兴华公司向银行申领信用卡，向银行交存 80 000 元。2020 年 2 月 18 日，该公司用信用卡向新华书店支付购书款 5 000 元，增值税专用发票上注明的增值税税额为 450 元。兴华公司应编制如下会计分录：

（1）兴华公司向银行交存款项申领信用卡时：

借：其他货币资金——信用卡　　　　　　　　　　　　　　80 000
　　贷：银行存款　　　　　　　　　　　　　　　　　　　　　　80 000

（2）兴华公司用信用卡购买图书时：

借：管理费用　　　　　　　　　　　　　　　　　　　　　5 000
　　应交税费——应交增值税（进项税额）　　　　　　　　　450
　　贷：其他货币资金——信用卡　　　　　　　　　　　　　　5 450

4. 信用证保证金存款

信用证包括国际信用证和国内信用证，以下内容专指国内信用证。

信用证是指银行（包括政策性银行、商业银行、农村合作银行、村镇银行和农村信用社）依照申请人的申请开立的、对相符交单予以付款的承诺。它是以人民币计价、不可撤销的跟单信用证。信用证的开立和转让，应当具有真实的贸易背景，适用于银行为国内企事业单位之间货物和服务贸易提供的信用证服务。信用证只限于转账结算，不得支取现金。

信用证保证金存款是指采用信用证结算方式的企业为开具信用证而存入银行信用证保证金专户的款项。企业向银行申请开立信用证，应按规定向银行提交开证申请书、信用证申请人承诺书和购销合同。

企业填写"信用证申请书"，将信用证保证金交存银行时，应根据银行盖章退回的"信用证申请书"回单，借记"其他货币资金——信用证保证金"科目，贷记"银行存款"科目；企业接到开证行通知，根据供货单位信用证结算凭证及所附发票账单，借记"材料采购"或"原材料""库存商品""应交税费——应交增值税（进项税额）"等科目，贷记"其他货币资金——信用证保证金"科目；将未用完的信用证保证金存款余额转回开户银行时，借记"银行存款"科目，贷记"其他货币资金——信用证保证金"科目。

例 2-14 兴华公司向银行申请开具信用证 4 000 000 元，用于支付采购材料价款，公司已向银行缴纳保证金，并收到银行盖章退回的进账单第一联。兴华公司应编制如下会计分录：

借：其他货币资金——信用证保证金　　　　　　　　　　4 000 000
　　贷：银行存款　　　　　　　　　　　　　　　　　　　　4 000 000

例 2-15 沿用【例 2-14】的资料，兴华公司收到银行转来的销货单位信用证结算凭证以及所附发票账单等有关凭证，材料价款为 3 000 000 元，增值税税额为 390 000 元。之后，兴华公司收到银行收款通知，对该销货单位开出的信用证余款 610 000 元已经转回银行账户。兴华公司应编制如下会计分录：

（1）兴华公司收到银行转来的销货单位信用证结算凭证等资料时：

借：原材料　　　　　　　　　　　　　　　　　　　3 000 000

　　应交税费——应交增值税（进项税额）　　　　　　390 000

　　贷：其他货币资金——信用证保证金　　　　　　　　　　3 390 000

（2）兴华公司收到银行收款通知，对销货单位开出的信用证余款转回银行账户时：

借：银行存款　　　　　　　　　　　　　　　　　　610 000

　　贷：其他货币资金——信用证保证金　　　　　　　　　610 000

5. 存出投资款

存出投资款是指企业为购买股票、债券、基金等根据有关规定存入在证券公司指定银行开立的投资款专户的款项。

企业向证券公司划出资金时，应按实际划出的金额，借记"其他货币资金——存出投资款"科目，贷记"银行存款"科目；购买股票、债券、基金等时，借记"交易性金融资产"等科目，贷记"其他货币资金——存出投资款"科目。

6. 外埠存款

外埠存款是指企业为了到外地进行临时或零星采购，而汇往采购地银行开立采购专户的款项。

企业将款项汇往外地时，应填写汇款委托书，委托开户银行办理汇款。汇入地银行以汇款单位名义开立临时采购账户，该账户的存款不计利息、只付不收、付完清户，除了采购人员可从中提取少量现金外，一律采用转账结算。

企业将款项汇往外地开立采购专用账户，根据汇出款项凭证编制付款凭证时，借记"其他货币资金——外埠存款"科目，贷记"银行存款"科目；收到采购人员转来供应单位发票账单等报销凭证时，借记"材料采购"或"原材料""库存商品""应交税费——应交增值税（进项税额）"等科目，贷记"其他货币资金——外埠存款"科目；采购完毕收回剩余款项时，根据银行的收账通知，借记"银行存款"科目，贷记"其他货币资金——外埠存款"科目。

例 2-16　兴华公司派采购员到异地采购原材料，2020 年 11 月 2 日委托开户银行汇款 100 000 元到采购地设立采购专户。11 月 20 日，采购员交来从采购专户付款购入材料的有关凭证，增值税专用发票上注明的原材料价款为 80 000 元、增值税税额为 10 400 元。11 月 28 日，收到开户银行的收款通知，该采购专户中的结余款项已经转回。兴华公司应编制如下会计分录：

（1）11 月 2 日，根据收到的银行汇款凭证回单联：

借：其他货币资金——外埠存款　　　　　　　　　　100 000

　　贷：银行存款　　　　　　　　　　　　　　　　　　100 000

（2）11 月 20 日，根据采购发票账单：

借：原材料　　　　　　　　　　　　　　　　　　　80 000

　　应交税费——应交增值税（进项税额）　　　　　　10 400

　　贷：其他货币资金——外埠存款　　　　　　　　　　90 400

（3）11月28日，收到开户银行的收款通知：

借：银行存款　　　　　　　　　　　　　　　　　　　　　　9 600

　　贷：其他货币资金——外埠存款　　　　　　　　　　　　　　　　9 600

本章核算小结

1. 库存现金业务核算小结见表2-1。

表2-1　库存现金业务核算小结

业务内容		会计处理
收到零星产品销售收入		借：库存现金 　　贷：主营业务收入 　　　　应交税费——应交增值税（销项税额）
从银行提取现金		借：库存现金 　　贷：银行存款
用现金购买办公用品		借：管理费用——办公用品 　　应交税费——应交增值税（进项税额） 　　贷：库存现金
用现金支付预借差旅费		借：其他应收款 　　贷：库存现金
报销差旅费（预借）		借：管理费用/销售费用 　　库存现金〔交回多余现金〕 　　贷：其他应收款 　　　　库存现金〔补还出差人员现金〕
将现金存入银行		借：银行存款 　　贷：库存现金
现金清查	现金短缺	盘点时发现短缺： 借：待处理财产损溢——待处理流动资产损溢 　　贷：库存现金 根据管理层批准处理： 借：其他应收款〔应由责任方赔偿的部分〕 　　管理费用〔无法查明原因的部分〕 　　贷：待处理财产损溢——待处理流动资产损溢
	现金溢余	盘点时发现溢余： 借：库存现金 　　贷：待处理财产损溢——待处理流动资产损溢 根据管理层批准处理： 借：待处理财产损溢 　　贷：其他应付款〔应支付给有关人员或单位的部分〕 　　　　营业外收入等〔无法查明原因的部分〕

2. 银行存款业务核算小结见表2-2。

表 2-2　银行存款业务核算小结

业务内容	会计处理
收到产品销售收入	借：银行存款 　　贷：主营业务收入 　　　　应交税费——应交增值税（销项税额）
购买材料等支付银行存款	借：原材料等 　　应交税费——应交增值税（进项税额） 　　贷：银行存款
收回应收款项	借：银行存款 　　贷：应收账款

3. 其他货币资金业务核算小结见表 2-3。

表 2-3　其他货币资金业务核算小结

业务内容		会计处理
银行本票 / 银行汇票	企业申请银行本票 / 银行汇票	借：其他货币资金——银行本票 / 银行汇票 　　贷：银行存款
	持银行本票 / 银行汇票进行业务结算	借：原材料 / 库存商品等 　　应交税费——应交增值税（进项税额） 　　银行存款〔多余款项退回〕 　　贷：其他货币资金——银行本票 / 银行汇票 　　　　银行存款〔补付不足款项〕
信用卡	企业申请信用卡	借：其他货币资金——信用卡 　　贷：银行存款
	企业持信用卡购物或支付有关费用	借：管理费用等 　　贷：其他货币资金——信用卡
	企业注销信用卡	借：银行存款 　　贷：其他货币资金——信用卡
信用证保证金	企业申请信用证	借：其他货币资金——信用证保证金 　　贷：银行存款
	持信用证办理业务	借：原材料 / 库存商品等 　　应交税费——应交增值税（进项税额） 　　贷：其他货币资金——信用证保证金
	收到信用证余款	借：银行存款 　　贷：其他货币资金——信用证保证金
外埠存款	企业申请异地采购专户	借：其他货币资金——外埠存款 　　贷：银行存款
	异地采购办理结算	借：原材料 / 库存商品等 　　应交税费——应交增值税（进项税额） 　　银行存款〔多余款项退回〕 　　贷：其他货币资金——外埠存款 　　　　银行存款〔补付不足款项〕

同步强化训练

一、单项选择题

1. 企业在现金清查中，发现库存现金较账面余额溢余 200 元，在未经批准前，应贷记的会计科目是（　　　）。

  A. 营业外支出   B. 待处理财产损溢 C. 管理费用   D. 其他应收款

 2. 下列关于其他货币资金业务的表述中，正确的是（　　　）。

  A. 企业单位信用卡存款账户可以存取现金

  B. 企业信用证保证金存款余额不可以转存其开户行结算户存款

  C. 企业银行汇票存款的收款人不得将其收到的银行汇票背书转让

  D. 企业外埠存款除采购人员可从中提取少量现金外，一律采用转账结算

 3. 下列各项中，关于企业无法查明原因的现金溢余，经批准后会计处理结果表述正确的是（　　　）。

  A. 冲减财务费用   B. 计入其他应付款

  C. 冲减管理费用   D. 计入营业外收入

 4. 2020 年 6 月 30 日，乙企业进行财产清查时发现，库存现金短款 200 元，经批准，应由出纳员赔偿 120 元，其余 80 元无法查明原因，由企业承担损失。不考虑其他因素，下列会计处理结果表述不正确的是（　　　）。

  A. 库存现金应采用实地盘点法进行清查

  B. 应计入营业外支出 200 元

  C. 应计入其他应收款 120 元

  D. 盘点结束后，应填制"库存现金盘点报告单"，作为重要的原始凭证

 5. 下列各项中，不会引起其他货币资金发生增减变动的是（　　　）。

  A. 企业销售商品收到商业汇票

  B. 企业用银行本票购买办公用品

  C. 企业将款项汇往外地开立采购专用账户

  D. 企业为购买基金，将资金存入在证券公司指定银行开立的投资款专户

 6. 企业在现金清查的过程中，如果发现应由责任方赔偿的现金短缺，应计入（　　　）。

  A. 管理费用   B. 营业外支出

  C. 其他应收款   D. 以前年度损益调整

 7. 为了保证现金的安全完整，企业应当按规定对库存现金进行定期和不定期的清查，一般采用实地盘点法，对于清查的结果应当编制（　　　）。

  A. 往来款项对账单   B. 银行存款余额调节表

  C. 现金盘点报告单   D. 实存账存对比表

 8. 企业为了到外地进行临时或零星采购，而汇往采购地银行开立采购专户的款项应计入（　　　）。

  A. 银行存款 B. 应付账款 C. 其他货币资金 D. 其他应收款

 9. 银行本票的提示付款期限自出票日起最长不得超过（　　　）。

  A. 一个月   B. 两个月   C. 三个月   D. 六个月

二、多项选择题

 1. 下列各项中，关于银行存款的表述正确的有（　　　）。

  A. 企业核对银行存款，如企业银行存款账面余额与银行对账单余额之间有差额，应编制"银行存款余额调节表"

  B. 企业应当设置银行存款总账和银行存款日记账，分别进行银行存款的总分类核算和序时、明细分类核算

  C. 企业银行存款日记账应定期与银行对账单核对，至少每月核对一次

  D. 银行存款余额调节表应作为调整企业银行存款账面记录的记账依据

2. 下列各项中，属于企业可用现金支付的款项有（   ）。

  A. 职工工资   B. 国家颁发给个人的体育比赛奖金

  C. 向个人收购农副产品   D. 销售人员携带的差旅费 500 元

3. 下列各项中，应记入"银行存款"科目借方的有（   ）。

  A. 将款项存入银行   B. 销售原材料收到转账支票

  C. 将款项汇往外地采购专用账户 D. 提供劳务收到银行承兑汇票

三、判断题

1. "库存现金"科目借方登记企业库存现金的减少，贷方登记企业库存现金的增加，期末贷方余额反映期末企业实际持有的库存现金的金额。   （ ）

2. 银行存款日记账应定期与银行对账单核对，至少每年核对一次。   （ ）

四、不定项选择题

甲企业为增值税一般纳税人，2020 年 12 月份发生如下经济业务：

（1）收到乙公司交来的转账支票一张，金额为 54 000 元，用以归还上月所欠货款，支票已送存银行。

（2）职工刘江出差回来报销差旅费，原预支 1 500 元，实际报销 1 650 元，差额 150 元用现金补付。

（3）委托银行开出银行汇票 50 000 元，有关手续已办妥，采购员李强持票到上海采购材料。

（4）月底，银行对账单上的期末余额为 450 000 元，银行存款日记账上的期末余额为 450 890 元。经核实，企业 8 月份的通信费 890 元已通过银行代扣代缴，企业尚未收到有关结算凭证。

要求：根据上述资料，不考虑其他条件，分析回答下列问题：

（1）根据资料（1），正确的是（   ）。

  A. 银行存款增加 54 000 元   B. 应收账款增加 54 000 元

  C. 应收账款减少 54 000 元   D. 该业务导致资产增加 54 000 元

（2）根据资料（2），正确的是（   ）。

  A. 其他应收款增加 1 500 元   B. 库存现金减少 150 元

  C. 其他应收款减少 1 500 元   D. 计入管理费用 1 650 元

（3）根据资料（3），银行汇票应通过（   ）科目核算。

  A. 银行存款   B. 应收票据   C. 应付票据   D. 其他货币资金

（4）根据资料（4），正确的是（   ）。

  A. 企业如果出现银行存款日记账与银行对账单余额不一致的情况，都是由于未达账项引起的

  B. 企业应编制"银行存款余额调节表"进行调节

  C. 企业应根据银行对账单编制记账凭证，以保证银行存款日记账与银行对账单余额一致

  D. "银行存款余额调节表"只是为了核对账目，不能作为调整银行存款账面余额的记账依据

第三章

交易性金融资产

扫码观看教学视频

在企业的全部资产中，库存现金、银行存款、应收账款、应收票据、贷款、其他应收款、应收利息、债券投资、股票投资、基金投资及衍生金融资产统称为金融资产。根据企业管理金融资产的业务模式和金融资产的合同现金流量特征，将金融资产划分为：①以摊余成本计量的金融资产；②以公允价值计量且其变动计入其他综合收益的金融资产；③以公允价值计量且其变动计入当期损益的金融资产。

企业对金融资产的分类一经确定，不得随意变更。

第一节 交易性金融资产概述

以公允价值计量且其变动计入当期损益的金融资产称为"交易性金融资产"。它是企业为了近期内出售而持有的金融资产，如企业以赚取差价为目的从二级市场购入的股票、债券、基金等。或者是在初始确认时属于集中管理的可辨认金融工具组合的一部分，且有客观证据表明近期实际存在短期获利模式的金融资产等，如企业管理的以公允价值进行行业业绩考核的某项投资组合。

从企业管理金融资产的业务模式（即企业如何管理其金融资产以产生现金流量）来看，企业关键管理人员决定对交易性金融资产进行管理的业务目标是以"交易"为目的，而非为收取合同现金流量（即与基本借贷安排相一致，如本金加利息）而持有，也不是为既以收取合同现金流量为目标又以出售该金融资产为目标而持有，仅仅是通过"交易性"活动，即频繁地购买和出售，从市场价格的短期波动中赚取买卖差价，使得企业的闲置资金能够获得较高的投资回报。

需要说明的是，从金融资产的合同现金流量特征看，尽管交易性金融资产仍将收取合同现金流量，但不是最主要目的，并非为了实现业务模式目标（收取合同现金流量）而不可或缺。

第二节 交易性金融资产的账务处理

一、交易性金融资产核算应设置的会计科目

为了反映和监督交易性金融资产的取得、收取现金股利或利息、出售等情况，企业应当设置"交易性金融资产""公允价值变动损益"和"投资收益"等科目进行核算。

"交易性金融资产"科目核算企业为了交易目的所持有的债券投资、股票投资、基金投资等以公允价值计量且其变动计入当期损益的金融资产的公允价值。"交易性金融资产"科目的借方登记交易性金融资产的取得成本、资产负债表日其公允价值高于账面价值的差额，以及出售交易性金融资产时结转公允价值低于账面余额的变动金额；贷方登记资产负债表日其公允价值低于账面余额的差额，以及企业出售交易性金融资产时结转的成本和公允价值高于账面余额的

变动金额。企业应当按照交易性金融资产的类别和品种分别设置"成本""公允价值变动"等明细科目进行核算。

"公允价值变动损益"科目核算企业交易性金融资产等的公允价值变动形成的应计入当期损益的利得或损失。"公允价值变动损益"科目的借方登记资产负债表日企业持有的交易性金融资产等的公允价值低于账面余额的差额；贷方登记资产负债表日企业持有的交易性金融资产等的公允价值高于账面余额的差额。

"投资收益"科目核算企业持有交易性金融资产等的期间内取得的投资收益以及出售交易性金融资产等实现的投资收益或投资损失。"投资收益"科目借方登记企业取得交易性金融资产时支付的交易费用、出售交易性金融资产等发生的投资损失，贷方登记企业持有交易性金融资产等的期间内取得的投资收益以及出售交易性金融资产等实现的投资收益。"投资收益"科目应当按照投资项目设置明细科目进行核算。

二、交易性金融资产的初始计量

企业取得交易性金融资产时，应当按照该金融资产取得时的公允价值作为其初始入账金额。公允价值是指在公平交易中，熟悉情况的交易双方自愿进行资产交换或者债务清偿的金额。金融资产的公允价值应当以市场交易价格为基础加以确定。

企业取得交易性金融资产所支付价款中包含了已宣告但尚未发放的现金股利或已到付息期但尚未领取的债券利息的，应单独确认为应收款项，而不应当构成交易性金融资产的初始入账金额。

企业取得交易性金融资产所发生的相关交易费用应当在发生时计入当期损益，作为投资收益进行会计处理，发生交易费用取得增值税专用发票的，进项税额经认证后可从当月销项税额中扣除。交易费用是指直接归属于购买、发行或处置金融工具的增量费用。增量费用是指企业没有发生购买、发行或者处置相关金融工具的情形就不会发生的费用，包括支付给代理机构、咨询机构、券商、证券交易所、政府有关部门等的手续费、佣金、相关税费及其他必要支出，不包括债权溢价、折价、融资费用、内部管理成本和持有成本等与交易不直接相关的费用。

企业取得交易性金融资产，应当按照该金融资产取得时的公允价值，借记"交易性金融资产——成本"科目；按照发生的交易费用，借记"投资收益"科目；发生交易费用取得增值税专用发票的，按其注明的增值税税额，借记"应交税费——应交增值税（进项税额）"科目；按照实际支付的金额，贷记"其他货币资金"等科目。

例 3-1　2020 年 3 月 10 日，兴华公司从上海证券交易所购入天马公司股票 2 000 000 股。该笔股票投资在购买日的公允价值为 20 800 000 元（其中包含已宣告但尚未发放的现金股利 800 000 元），另支付相关交易费用 25 000 元，取得增值税专用发票上注明的增值税税额为 1 500 元。兴华公司将其划分为交易性金融资产进行管理和核算。

兴华公司应编制如下会计分录：

借：交易性金融资产——天马公司股票——成本　　　　　　20 000 000
　　　应收股利——天马公司股票　　　　　　　　　　　　　　800 000
　　　投资收益　　　　　　　　　　　　　　　　　　　　　　 25 000
　　　应交税费——应交增值税（进项税额）　　　　　　　　 1 500
　　贷：其他货币资金——存出投资款　　　　　　　　　　　20 826 500

本例中，取得交易性金融资产所发生的相关交易费用 25 000 元应当在发生时记入"投资收益"科目，不记入"交易性金融资产——成本"科目。取得交易性金融资产所支付的价款中包含已宣告但尚未发放的现金股利 800 000 元，应当记入"应收股利"科目，而不将其记入"交易性金融资产——成本"科目。

三、交易性金融资产的后续计量

（1）企业持有交易性金融资产期间，对于被投资单位宣告发放的现金股利或企业在资产负债表日按分期付息、一次还本债券投资的票面利率计算的利息收入，应当确认为应收项目，并计入投资收益。

企业在持有交易性金融资产期间，取得被投资单位宣告发放的现金股利，或在资产负债表日按分期付息、一次还本债券投资的票面利率计算的利息收入，借记"应收股利"或"应收利息"科目，贷记"投资收益"科目。实际收到款项时作为冲减应收项目处理，即借记"其他货币资金"等科目，贷记"应收股利"或"应收利息"科目。

企业只有在同时满足以下三个条件时，才能确认交易性金融资产所取得的股利或利息收入并计入当期损益：①企业收取股利或利息的权利已经确立（如被投资单位已经宣告）；②与股利或利息相关的经济利益很可能流入企业；③股利或利息的金额能够可靠计量。

例 3-2 沿用【例 3-1】的资料，假定 2020 年 5 月 2 日，兴华公司收到天马公司向其发放的现金股利 800 000 元，并存入银行。假定不考虑相关税费。兴华公司应编制如下会计分录：

借：其他货币资金——存出投资款　　　　　　　　800 000
　　贷：应收股利——天马公司股票　　　　　　　　　　800 000

例 3-3 沿用【例 3-1】的资料，假定 2021 年 3 月 30 日，天马公司宣告发放 2020 年现金股利，兴华公司按其持有该公司股份计算确定应分得的现金股利为 600 000 元，假定不考虑相关税费。兴华公司应编制如下会计分录：

借：应收股利——天马公司股票　　　　　　　　　600 000
　　贷：投资收益——天马公司股票　　　　　　　　　　600 000

本例中，兴华公司取得天马公司宣告发放的现金股利同时满足了前述确认股利收入并计入当期损益的三个条件。

例 3-4 2020 年 1 月 1 日，兴华公司购入联德公司发行的公司债券，该笔债券于 2018 年 1 月 1 日发行，面值为 25 000 000 元，票面利率为 4%。上年债券利息于下年年初支付。兴华公司将其划分为交易性金融资产，支付价款为 27 000 000 元（其中包含已宣告发放的债券利息 1 000 000 元），另支付交易费用 300 000 元，取得的增值税专用发票上注明的增值税税额为 18 000 元。2020 年 1 月 10 日，兴华公司收到该笔债券利息 1 000 000 元，2021 年 1 月 10 日，兴华公司收到债券利息 1 000 000 元。兴华公司应编制如下会计分录：

1）2020 年 1 月 1 日，购入联德公司的公司债券：

借：交易性金融资产——联德公司债券——成本　　　　26 000 000
　　应收利息　　　　　　　　　　　　　　　　　　　1 000 000
　　投资收益　　　　　　　　　　　　　　　　　　　　 300 000
　　应交税费——应交增值税（进项税额）　　　　　　　　18 000
　　　贷：其他货币资金——存出投资款　　　　　　　　　　 27 318 000

2）2020年1月10日，收到购买价款中包含已宣告发放的债券利息：

借：其他货币资金——存出投资款　　　　　　　　　　1 000 000
　　　贷：应收利息　　　　　　　　　　　　　　　　　　　 1 000 000

3）2020年12月31日，确认联德公司的债券利息收入：

借：应收利息　　　　　　　　　　　　　　　　　　　1 000 000
　　　贷：投资收益　　　　　　　　　　　　　　　　　　　 1 000 000

4）2021年1月10日，收到持有联德公司的公司债券利息：

借：其他货币资金——存出投资款　　　　　　　　　　1 000 000
　　　贷：应收利息　　　　　　　　　　　　　　　　　　　 1 000 000

本例中，取得交易性金融资产所支付的交易费用300 000元，应记入"投资收益"科目。取得交易性金融资产所支付价款中包含的已到付息期但尚未领取的债券利息1 000 000元，应记入"应收利息"科目，而不将其记入"交易性金融资产——成本"科目。

（2）资产负债表日，交易性金融资产应当按照公允价值计量，公允价值与账面余额之间的差额计入当期损益。

企业应当在资产负债表日按照交易性金融资产公允价值高于其账面余额的差额，借记"交易性金融资产——公允价值变动"科目，贷记"公允价值变动损益"科目；公允价值低于其账面余额的差价做相反的会计分录，借记"公允价值变动损益"科目，贷记"交易性金融资产——公允价值变动"科目。

例3-5　沿用【例3-1】的资料，假定2020年6月30日，兴华公司持有天马公司股票的公允价值为20 800 000元；2020年12月31日，兴华公司持有天马公司股票的公允价值为19 800 000元。兴华公司应编制如下会计分录：

1）2020年6月30日，确认天马公司股票的公允价值变动损益：

借：交易性金融资产——天马公司股票——公允价值变动　　800 000
　　　贷：公允价值变动损益——天马公司股票　　　　　　　　 800 000

2）2020年12月31日，确认天马公司股票的公允价值变动损益：

借：公允价值变动损益——天马公司股票　　　　　　　1 000 000
　　　贷：交易性金融资产——天马公司股票——公允价值变动　1 000 000

例3-6　沿用【例3-4】的资料，假定2020年6月30日，兴华公司购买的该笔债券市价为26 300 000元；2020年12月31日，兴华公司购买的该笔债券市价为25 600 000元。

兴华公司应编制如下会计分录：

1）2020年6月30日，确认该笔债券的公允价值变动损益：

借：交易性金融资产——联德公司债券——公允价值变动　　300 000
　　贷：公允价值变动损益——联德公司债券　　　　　　　　　300 000
2）2020 年 12 月 31 日，确认该笔债券的公允价值变动损益：
借：公允价值变动损益——联德公司债券　　　　　　　　700 000
　　贷：交易性金融资产——联德公司债券——公允价值变动　700 000

本例中，2020 年 6 月 30 日，联德公司债券的公允价值为 26 300 000 元，账面余额为 26 000 000 元，公允价值大于账面余额 300 000 元，应记入"公允价值变动损益"科目的贷方；2020 年 12 月 31 日，联德公司债券的公允价值为 25 600 000 元，账面余额为 26 300 000 元，公允价值小于账面余额 700 000 元，应记入"公允价值变动损益"科目的借方。

四、出售交易性金融资产

企业出售交易性金融资产时，应当将该金融资产出售时的公允价值与账面余额之间的差额作为投资损益进行会计处理。

企业出售交易性金融资产，应当按照实际收到的金额，借记"其他货币资金"等科目；按照该金融资产的账面余额，贷记"交易性金融资产——成本（公允价值变动）"科目；按照其差额，贷记或借记"投资收益"科目。

例 3-7　沿用【例 3-5】的资料，假定 2021 年 4 月 15 日，兴华公司出售了持有的全部天马公司股票，价款 22 000 000 元。兴华公司应编制如下会计分录：

借：其他货币资金——存出投资款　　　　　　　　　　22 000 000
　　交易性金融资产——天马公司股票——公允价值变动　　200 000
　　贷：交易性金融资产——天马公司股票——成本　　　　20 000 000
　　　　投资收益——天马公司股票　　　　　　　　　　　2 200 000

本例中，兴华公司出售持有天马公司全部股票的价款 22 000 000 元与账面价值（2020 年 12 月 31 日的公允价值 19 800 000 元）之间的差额 2 200 000 元应作为投资收益，记入"投资收益"的贷方。

五、转让金融资产应交增值税的处理

转让金融资产按照卖出价扣除买入价（不需要扣除已宣告但尚未发放的现金股利和已到付息期但尚未领取的利息）后的余额作为销售额计算增值税，即转让金融资产按盈亏相抵后的余额为销售额。如果相抵后出现负差，可结转下一纳税期与下期转让金融资产销售额互抵，但年末时仍出现负差的，不得转入下一会计年度。

转让金融资产当月月末，如果产生转让收益，则按应纳税额，借记"投资收益"等科目，贷记"应交税费——转让金融产品应交增值税"科目；如果产生转让损失，则按可结转下月抵扣税额，借记"应交税费——转让金融产品应交增值税"科目，贷记"投资收益"等科目。

年末，如果"应交税费——转让金融产品应交增值税"科目有借方余额，说明本年度的金融资产转让损失无法弥补，且本年度的金融资产转让损失不可以转入下年度继续抵减转让金融资产的收益，因此，应借记"投资收益"等科目，贷记"应交税费——转让金融产品应交增值税"科目，将"应交税费——转让金融产品应交增值税"科目的借方余额转出。

例 3-8 沿用【例 3-7】的资料，计算该项业务转让金融资产应交增值税。

转让金融资产应交增值税 =（22 000 000–20 800 000）÷（1+6%）×6%=67 924.53（元）

兴华公司应编制如下会计分录：

借：投资收益　　　　　　　　　　　　　　　　　　　　　67 924.53
　　贷：应交税费——转让金融产品应交增值税　　　　　　　　　　67 924.53

本章核算小结

交易性金融资产会计业务处理小结见表 3-1。

表 3-1 交易性金融资产会计业务处理小结

业 务 内 容	会 计 处 理
取得交易性金融资产的核算	借：交易性金融资产——成本〔公允价值〕 　　应收股利 / 应收利息〔买价包含的股利或利息〕 　　投资收益〔交易费用〕 　　应交税费——应交增值税（进项税额）〔交易费用增值税〕 　　贷：其他货币资金——存出投资款〔实际支付的价款〕
持有期间现金股利与利息的核算	（1）宣告或计提时： 借：应收股利 / 应收利息 　　贷：投资收益 （2）实际收到时： 借：其他货币资金——存出投资款 　　贷：应收股利 / 应收利息
交易性金融资产期末计价业务的核算	（1）公允价值上升的情况： 借：交易性金融资产——公允价值变动 　　贷：公允价值变动损益 （2）公允价值下降的情况： 借：公允价值变动损益 　　贷：交易性金融资产——公允价值变动
处置交易性金融资产的核算	借：其他货币资金 　　交易性金融资产——公允价值变动〔余额在贷方时〕 　　贷：交易性金融资产——成本 　　　　　　　　　　——公允价值变动〔余额在借方时〕 　　　　投资收益〔差额，也可能在借方〕 转让金融资产按照卖出价扣除买入价（不需要扣除已宣告但尚未发放的现金股利和已到付息期但尚未领取的利息）后的余额作为销售额计算增值税： 借：投资收益 　　贷：应交税费——转让金融产品应交增值税

同步强化训练

一、单项选择题

1. 下列各项关于交易性金融资产的表述中，不正确的是（　　）。

    A. 取得交易性金融资产所发生的相关交易费用应当在发生时计入投资收益

    B. 资产负债表日交易性金融资产公允价值与账面余额的差额计入当期损益

    C. 取得交易性金融资产的购买价款中包含的已到付息期但尚未领取的债券利息计入当期损益

    D. 出售交易性金融资产时应将其公允价值与账面余额之间的差额确认为投资收益

2. 下列各项中，应计入交易性金融资产入账价值的是（　　）。

    A. 购买股票支付的买价（不包含已宣告但尚未发放的现金股利）

    B. 支付的税金、手续费

    C. 支付的买价中包含的已到付息期但尚未领取的利息

    D. 支付的买价中包含的已宣告但尚未发放的现金股利

3. 我国企业会计准则规定，交易性金融资产在资产负债表日计量时应采用的计量属性是（　　）。

    A. 历史成本　　　　　　　　　　B. 公允价值

    C. 成本与市价孰低法　　　　　　D. 可变现净值法

4. 企业通过证券公司购入上市公司股票，收到被投资单位分配的现金股利，贷记"应收股利"科目的同时应借记的会计科目是（　　）。

    A. 银行存款　　　　　　　　　　B. 其他货币资金

    C. 银行汇票存款　　　　　　　　D. 库存现金

5. 甲公司 2020 年 8 月 1 日从证券交易市场购入一项交易性金融资产，支付购买价款 215 万元，其中包含已宣告但尚未发放的现金股利 15 万元。购买时甲公司另支付相关交易费用 3 万元，取得增值税专用发票上注明的增值税税额为 0.18 万元。假定不考虑其他因素，则甲公司购入该项交易性金融资产的入账价值为（　　）万元。

    A. 200　　　　　　B. 203　　　　　　C. 215　　　　　　D. 218

6. 甲公司 2020 年 1 月 5 日购入乙公司同日发行的普通股股票 100 万股，支付银行存款 200 万元，另支付相关交易费用 30 万元。甲公司将其作为交易性金融资产核算。2020 年 6 月 30 日，该股票的公允价值为 205 万元，2020 年 12 月 31 日，该股票的公允价值为 203 万元。假定不考虑增值税及其他因素，则 2020 年甲公司因该事项影响当期损益的金额为（　　）万元。

    A. 0　　　　　　　B. 5　　　　　　　C. –33　　　　　　D. –27

7. 甲公司将其持有的交易性金融资产全部出售，售价为 3 000 万元，该交易性金融资产的账面价值为 2 800 万元（其中成本 2 500 万元，公允价值变动 300 万元）。假定不考虑增值税等其他因素，甲公司对该交易应确认的投资收益总额为（　　）万元。

    A. 200　　　　　　B. –200　　　　　C. 500　　　　　　D. –500

8. 下列关于转让金融资产的表述中，正确的是（　　　）。

    A. 金融资产转让按照卖出价扣除买入价（需要扣除已宣告未发放现金股利和已到付息期未领取的利息）后的余额作为销售额计算增值税

    B. 转让金融资产按盈亏相抵后的余额作为销售额，若相抵后出现负差，可结转到下一纳税期与下期转让金融资产销售额相抵，年末时仍出现负差的，可转入下一会计年度

    C. 转让金融资产当月月末，如产生转让收益或损失，计入投资收益

    D. 年末，如"应交税费——转让金融产品应交增值税"科目有借方余额，说明本年度的金融资产转让损失无法弥补，本年度的金融资产转让损失可以转入下年度继续抵减转让金融资产的收益

9. 企业对交易性金融资产进行管理的业务目标是（　　　）。

    A. 以收取合同现金流量为目的

    B. 以"交易"为目的

    C. 既以收取合同现金流量为目的又以出售该金融资产为目的

    D. 以控制被投资方为目的

二、多项选择题

1. 下列各项中，属于取得交易性金融资产时发生的交易费用的有（　　　）。

    A. 支付给代理机构的手续费

    B. 支付给咨询公司的手续费

    C. 支付给券商的手续费

    D. 可直接归属于购买、发行或处置金融工具新增的外部费用

2. 下列关于应收股利账务处理的说法中正确的有（　　　）。

    A. 应收股利属于资产类科目，借方登记应收股利的增加，贷方登记收到的现金股利或利润

    B. 企业取得交易性金融资产支付的价款中包含的已经宣告但是尚未发放的现金股利应计入应收股利

    C. 企业取得交易性金融资产支付的价款中包含的已经宣告但是尚未发放的现金股利应计入交易性金融资产的初始入账成本

    D. 应收股利期末余额一般在借方，反映企业尚未收到的现金股利或利润

3. 下列关于交易性金融资产的处置的说法中，正确的有（　　　）。

    A. 企业处置交易性金融资产时，要将出售价款与其账面价值的差额计入投资收益

    B. 企业处置交易性金融资产时，要结转已经计提的减值准备

    C. 企业处置交易性金融资产时，要将原计入公允价值变动损益的金额转出，计入投资收益

    D. 企业处置交易性金融资产时，不需要对原计入公允价值变动损益的金额进行处理

三、判断题

1. 企业持有交易性金融资产期间对于被投资单位宣告发放的现金股利，投资企业应确认为投资收益。   （　　　）

2. 交易性金融资产在资产负债表中作为非流动资产列示。 （　　）

3. 企业持有交易性金融资产期间，如果公允价值上升，应该借记"投资收益"科目，贷记"公允价值变动损益"科目。 （　　）

4. 企业转让金融商品应按照卖出价扣除买入价（需要扣除已宣告但尚未发放的现金股利和已到付息期但尚未领取的债券利息）后的余额作为销售额计算增值税。 （　　）

四、不定项选择题

甲公司为增值税一般纳税人，2020 年度至 2021 年度发生如下与交易性金融资产有关的业务：

（1）2020 年 4 月 1 日，从上海证券交易所购入 A 公司股票 4 000 股作为交易性金融资产，每股买入价为 20 元，其中包含已宣告但尚未分派的现金股利 0.5 元。另支付交易费用 360 元，支付增值税 21.6 元，于 4 月 18 日收到该现金股利存入银行。

（2）2020 年 10 月 1 日，向证券公司存出投资款 1 000 000 元。同日，委托证券公司购入 B 公司股票 50 000 股，并准备随时变现，每股买价为 8 元，其中包含已宣告但尚未发放的现金股利 1 元。另支付相关税费 4 000 元，支付增值税 240 元。2020 年 10 月 5 日收到 B 公司发放的现金股利。

（3）2020 年 12 月 18 日，甲公司出售了所持有的 B 公司的股票，售价为 450 000 元，转让该金融商品应交增值税 2 830 元。

（4）2020 年 12 月 31 日，购入的 A 公司的股票的公允价值为每股 21 元。

（5）2021 年 2 月 3 日，出售持有的 A 公司股票 3 000 股，实得价款 65 000 元，转让该金融商品应交增值税 283 元。

（6）2021 年 4 月 15 日，A 公司宣告分派现金股利，每股派发 0.1 元。2021 年 4 月 30 日，收到派发的现金股利。

要求：

根据上述资料，假定该公司取得的增值税专用发票均已经税务机关认证，不考虑其他因素，分析回答下列问题：

（1）根据资料（1），下列各项中，关于甲公司取得 A 公司交易性金融资产的会计处理正确的是（　　）。

  A. 借：投资收益   2 000
    贷：其他货币资金   2 000
  B. 借：交易性金融资产——成本   80 000
    贷：其他货币资金   80 000
  C. 借：交易性金融资产——成本   78 000
    应收股利   2 000
    贷：其他货币资金   80 000
  D. 借：投资收益   360
    应交税费——应交增值税（进项税额）   21.6
    贷：其他货币资金   381.6

（2）根据资料（2），下列各项中，关于甲公司购买 B 公司股票的会计处理正确的是（　　）。

    A．购入 B 公司的股票作为交易性金融资产核算

    B．该股票的入账价值是 400 000 元

    C．价款中包含的现金股利作为应收项目

    D．支付的相关税费计入投资收益

（3）根据资料（3），甲公司 2020 年 12 月因处置 B 公司的股票而确认的处置损益是（　　）元。

    A．100 000   B．97 170   C．2 830   D．43 170

（4）根据资料（4）至（5），甲公司出售 A 公司的股票，应确认的投资收益是（　　）元。

    A．1 717   B．2 000   C．4 783   D．−2 500

（5）根据资料（1）至（6），关于甲公司交易性金融资产的会计处理结果表述正确的是（　　）。

    A．2020 年 4 月 18 日，甲公司的会计分录是借记"应收股利"科目，贷记"投资收益"科目，金额为 2 000 元

    B．2020 年 12 月 31 日，甲公司的会计分录是借记"交易性金融资产"科目，贷记"公允价值变动损益"科目，金额为 6 000 元

    C．2021 年 4 月 15 日，甲公司确认投资收益的金额为 400 元

    D．2021 年 4 月 30 日，甲公司收到的应收股利为 100 元

第四章

应收及预付款项

扫码观看教学视频

应收及预付款项是指企业在日常生产经营过程中发生的各项债权，包括应收款项和预付款项。其中，应收款项包括应收票据、应收账款、应收股利、应收利息和其他应收款等；预付款项是指企业按照合同规定预付的款项，如预付账款等。

第一节　应收票据

一、应收票据概述

应收票据是指企业因销售商品、提供劳务等而收到的商业汇票。商业汇票是一种由出票人签发的、委托付款人在指定日期无条件支付确定金额给收款人或持票人的票据。

商业汇票的付款期限最长不得超过 6 个月。定日付款的汇票付款期限自出票日起计算，并在汇票上记载具体到期日；出票后定期付款的汇票付款期限自出票日起按月计算，并在汇票上记载；见票后定期付款的汇票付款期限自承兑或拒绝承兑日起按月计算，并在汇票上记载。商业汇票的提示付款期限是自汇票到期日起 10 日。根据承兑人不同，商业汇票分为商业承兑汇票和银行承兑汇票。

商业承兑汇票是指付款人签发并承兑，或由收款人签发交由付款人承兑的汇票。商业承兑汇票的付款人收到开户银行的付款通知，应在当日通知银行付款。付款人在接到通知日的次日起 3 日内（遇法定休假日顺延）未通知银行付款的，视同付款人承诺付款。银行将于付款人接到通知日的次日起第四日（遇法定休假日顺延）将票款划给持票人。付款人提前收到由其承兑的商业汇票，应通知银行于汇票到期日付款。银行在办理划款时，付款人存款账户不足支付的，银行应填制付款人未付票款通知书，连同商业承兑汇票邮寄持票人开户银行转交持票人。

银行承兑汇票是指由在承兑银行开立存款账户的存款人签发，由承兑银行承兑的票据。企业申请使用银行承兑汇票，应向其承兑银行按票面金额的万分之五缴纳手续费。银行承兑汇票的出票人应于汇票到期前将票款足额缴存其开户银行，承兑银行应在汇票到期日或到期后的见票当日支付票款。银行承兑汇票的出票人于汇票到期前未足额缴存票款时，承兑银行凭票向持票人无条件付款，对出票人尚未支付的汇票金额按每天万分之五计收利息。

二、应收票据的账务处理

为了反映和监督应收票据的取得和票款回收等情况，企业应当设置"应收票据"科目，借方登记取得的应收票据的面值，贷方登记到期回收票款或到期前向银行贴现的应收票据的票面余额。"应收票据"科目可按照开出、承兑商业汇票的单位进行明细核算，并设置"应收票据备查簿"，逐笔登记商业汇票的种类、号数、出票日、票面金额、交易合同号、付款人、承兑人、背书人的姓名或单位名称、到期日、背书转让日、贴现日、贴现率、贴现净额，以及收款日、收款金额和退票情况等资料。商业汇票到期结清票款或退票后，在备查簿中应予以注销。

1. 取得应收票据和票据到期

应收票据取得的原因不同，其账务处理也有所区别。因债务人抵偿前欠货款而取得的应收票据，借记"应收票据"科目，贷记"应收账款"科目；因企业销售商品、提供劳务等而收到的商业汇票，借记"应收票据"科目，贷记"主营业务收入""应交税费——应交增值税（销项税额）"等科目。商业汇票到期收回款项时，应按实际收到的金额，借记"银行存款"科目，贷记"应收票据"科目。

例 4-1 兴华公司于 2020 年 9 月 1 日向天华公司销售一批商品，增值税专用发票上注明的价款为 2 000 000 元、增值税税额为 260 000 元，款项尚未收到，已办妥托收手续。兴华公司应编制如下会计分录：

借：应收账款 2 260 000
　　贷：主营业务收入 2 000 000
　　　　应交税费——应交增值税（销项税额） 260 000

2020 年 9 月 15 日，兴华公司收到天华公司寄来的一张 3 个月期的银行承兑汇票，面值为 2 260 000 元，抵付商品价款和增值税税款。兴华公司应编制如下会计分录：

借：应收票据 2 260 000
　　贷：应收账款 2 260 000

2020 年 12 月 15 日，兴华公司上述应收票据到期，收回票款 2 260 000 元存入银行。兴华公司应编制如下会计分录：

借：银行存款 2 260 000
　　贷：应收票据 2 260 000

例 4-2 2020 年 7 月 10 日，兴华公司向天华公司销售商品一批，增值税专用发票上注明的售价为 400 000 元、增值税税额为 52 000 元。兴华公司收到天华公司开出的不带息商业承兑汇票一张，票面金额为 452 000 元，期限为 2 个月。该批商品已经发出，该批商品的成本为 340 000 元。兴华公司应编制如下会计分录：

借：应收票据 452 000
　　贷：主营业务收入 400 000
　　　　应交税费——应交增值税（销项税额） 52 000
借：主营业务成本 340 000
　　贷：库存商品 340 000

2020 年 9 月 10 日，票据到期，天华公司的开户银行发现天华公司的银行账户存款不足以支付该笔票款，兴华公司未能收回该笔票款。兴华公司应编制如下会计分录：

借：应收账款 452 000
　　贷：应收票据 452 000

2. 票据转让

在实务中，企业可以将持有的商业汇票背书转让。

背书是指在票据背面或者粘单上记载有关事项并签章的票据行为。票据背书转让的，背书人应当承担票据责任。通常情况下，企业将持有的商业汇票背书转让以取得所需货物时，按应计入取得物资成本的金额，借记"材料采购""原材料""库存商品"等科目；按照增值税专用发票上注明的可抵扣的增值税税额，借记"应交税费——应交增值税（进项税额）"科目；按商业汇票的票面金额，贷记"应付票据"科目；如有差额，借记或贷记"银行存款"等科目。

例 4-3 2020 年 5 月 14 日，兴华公司将持有的一张面值为 2 200 000 元的银行承兑汇票转让，以取得生产经营所需的原材料，增值税专用发票上注明该批材料的价款为 2 000 000 元、增值税税额为 260 000 元。款项不足部分，兴华公司通过银行存款转账支付。兴华公司应编制如下会计分录：

借：原材料 2 000 000

应交税费——应交增值税（进项税额） 260 000

贷：应收票据 2 200 000

银行存款 60 000

3. 票据贴现

票据贴现是指企业以未到期的应收票据向银行融通资金，银行按票据的应收金额扣除一定期间的贴现利息后将余额付给企业的筹资行为。

贴现款的计算公式如下：

$$贴现款 = 票据到期值 - 贴现息$$

$$贴现息 = 票据到期值 \times 贴现率 \times （贴现天数 \div 360）$$

其中，贴现天数是指自贴现日起至票据到期前一日止的实际天数。

企业应根据贴现的商业汇票是否带有追索权分别进行会计处理。

（1）不带追索权的应收票据贴现。

不带追索权的应收票据贴现是指企业在转让票据所有权的同时也将票据到期不能收回票款的风险一并转让给了贴现银行，企业对票据到期无法收回款项不承担连带责任，即符合金融资产终止确认的条件。

企业将不带追索权的商业汇票贴现时，应按实际收到的贴现款，借记"银行存款"科目；按应收票据的票面金额，贷记"应收票据"科目；按其差额，借记或贷记"财务费用"科目。

例 4-4 2020 年 7 月 4 日，兴华公司将持有的应收万盛公司的一张面值为 200 000 元不带息银行承兑汇票向银行申请贴现，贴现协议明确银行无追索权。贴现息为 11 600 元，兴华公司将取得的 188 400 元贴现款存入银行。兴华公司应编制如下会计分录：

借：银行存款 188 400

财务费用 11 600

贷：应收票据——万盛公司 200 000

（2）带追索权的应收票据贴现。

将带有追索权的应收票据贴现，企业并未转移票据到期不能收回票款的风险。因此，将带有追索权的票据贴现，不符合金融资产终止确认的条件。企业应按实际收到的贴现款，借记"银行存款"科目；按应收票据的票面金额，贷记"短期借款"科目；按其差额，借记或贷记"财务费用"科目。

例 4-5 2020 年 7 月 4 日，兴华公司将持有的应收万盛公司的一张面值为 200 000 元不带息银行承兑汇票向银行申请贴现，贴现协议明确银行附有追索权。贴现息为 11 600 元，兴华公司将取得的 188 400 元贴现款存入银行。兴华公司应编制如下会计分录：

    借：银行存款   188 400
        财务费用   11 600
      贷：短期借款   200 000

第二节 应收账款

应收账款是指企业因销售商品、提供劳务等经营活动，应向购货单位或接受劳务单位收取的款项，主要包括企业销售商品或提供劳务等应向有关债务人收取的价款及代购货单位垫付的包装费、运杂费等。

为了反映和监督应收账款的增减变动及结存情况，企业应设置"应收账款"科目，不单独设置"预收账款"科目的企业，预收的款项也在"应收账款"科目核算。"应收账款"科目的借方登记应收账款的增加，贷方登记应收账款的回收以及确认的坏账损失，期末余额一般在借方，反映企业尚未收回的应收账款；如果期末余额在贷方，一般反映企业预收的账款。

企业在销售商品过程中产生的运杂费、包装费等费用，如果由销货企业承担，则应通过销售费用核算；如果由购货单位承担，销货企业在发出商品时代购货单位垫付，则应通过应收账款核算。

例 4-6 兴华公司采用托收承付结算方式向天华公司销售商品一批，增值税专用发票上注明的价款为 400 000 元、增值税税额为 52 000 元，以银行存款垫付运杂费 5 000 元，已办妥托收手续。兴华公司应编制如下会计分录：

    借：应收账款   457 000
      贷：主营业务收入   400 000
          应交税费——应交增值税（销项税额）   52 000
          银行存款   5 000

企业代购货单位垫付的包装物、运费也应计入应收账款。

兴华公司实际收到款项时，应编制如下会计分录：

    借：银行存款   457 000
      贷：应收账款   457 000

假设上述运杂费 5 000 元由兴华公司承担，则兴华公司应编制如下会计分录：

    借：应收账款   452 000
      贷：主营业务收入   400 000
          应交税费——应交增值税（销项税额）   52 000

借：销售费用   5 000
  贷：银行存款   5 000

兴华公司实际收到款项时，应编制如下会计分录：

借：银行存款   452 000
  贷：应收账款   452 000

第三节　预付账款

  预付账款是指企业按照合同规定预付的款项，如预付的材料、商品采购款、在建工程价款等。

  为了反映和监督预付账款的增减变动及其结存情况，企业应当设置"预付账款"科目。"预付账款"科目的借方登记预付的款项及补付的款项，贷方登记收到所购物资时根据有关发票账单计入"原材料"等科目的金额及收回多付款项的金额。如果期末余额在借方，反映企业实际预付的款项；如果期末余额在贷方，则反映企业应付或应补付的款项。预付款项业务不多的企业，可以不设置"预付账款"科目，将预付的款项通过"应付账款"科目核算。

  企业根据购货合同的规定向供应单位预付款项时，借记"预付账款"科目，贷记"银行存款"科目。企业收到所购物资，按应计入购入物资成本的金额，借记"材料采购""原材料""库存商品"科目；按相应的增值税进项税额，借记"应交税费——应交增值税（进项税额）"科目，贷记"预付账款"科目。当预付价款小于采购货物所需支付的款项时，应补付不足部分，借记"预付账款"科目，贷记"银行存款"科目；当预付价款大于采购货物所需支付的款项时，对收回的多余款项，应借记"银行存款"科目，贷记"预付账款"科目。

例 4-7 兴华公司向大宇公司采购材料，所需支付的材料价款总额为 60 000 元。按照合同规定，兴华公司于 2020 年 10 月 20 日需向大宇公司预付货款的 50%，验收货物后补付其余款项。兴华公司应编制如下会计分录：

（1）2020 年 10 月 20 日预付 50% 的货款：

借：预付账款——大宇公司   30 000
  贷：银行存款   30 000

  （2）2020 年 11 月 2 日，收到大宇公司发来的材料，验收无误，增值税专用发票注明的货款为 60 000 元、增值税税额为 7 800 元。兴华公司以银行存款补付所欠 37 800 元款项。兴华公司应编制如下会计分录：

借：原材料   60 000
  应交税费——应交增值税（进项税额）   7 800
    贷：预付账款——大宇公司   67 800
借：预付账款——大宇公司   37 800
    贷：银行存款   37 800

第四节 应收股利、应收利息和其他应收款

一、应收股利

应收股利是指企业应收取的现金股利或应收取其他单位分配的利润。为了反映和监督应收股利的增减变动及其结存情况，企业应设置"应收股利"科目。"应收股利"科目的借方登记应收现金股利或利润的增加，贷方登记收到的现金股利或利润，期末余额一般在借方，反映企业尚未收到的现金股利或利润。"应收股利"科目应当按照被投资单位设置明细科目进行核算。

企业在持有交易性金融资产期间，被投资单位宣告发放现金股利，应按享有的份额确认为当期投资收益，借记"应收股利"科目，贷记"投资收益"科目。

需要说明的是，企业收到被投资单位分配的现金股利或利润，应借记的会计科目，应区别以下两种情况处理：①对于企业通过证券公司购入上市公司股票所形成的股权投资取得的现金股利，应借记"其他货币资金——存出投资款"科目；②对于企业持有的其他股权投资取得的现金股利或利润，应借记"银行存款"科目。

例 4—8 兴华公司持有南信上市公司股票，并将其划分为交易性金融资产进行管理和核算。2020 年 5 月 2 日，南信上市公司宣告发放 2019 年现金股利。兴华公司按其持有该上市公司股份计算确定应分的现金股利为 300 000 元。假定不考虑相关税费，兴华公司应编制如下会计分录：

借：应收股利——南信上市公司 　　　　　　　　300 000
　　贷：投资收益——南信上市公司 　　　　　　　　　　300 000

5 月 30 日，兴华公司收到南信上市公司发放的现金股利 300 000 元，款项已存入银行。假定不考虑相关税费，兴华公司应编制如下会计分录：

借：其他货币资金——存出投资款 　　　　　　　　300 000
　　贷：应收股利——南信上市公司 　　　　　　　　　　300 000

二、应收利息

应收利息是指企业根据合同或协议规定应向债务人收取的利息。为了反映和监督应收利息的增减变动及其结存情况，企业应设置"应收利息"科目。"应收利息"科目的借方登记应收利息的增加，贷方登记收到的利息。期末余额一般在借方，反映企业尚未收到的利息。"应收利息"科目应当按照借款人或被投资单位设置明细科目进行核算。

例 4-9　兴华公司持有国盛公司发行的债券，2020 年 1 月 10 日，国盛公司根据兴华公司持有债券的金额，拟向其支付 2019 年债券利息 200 000 元，款项尚未收到。假定不考虑相关税费，兴华公司应编制如下会计分录：

借：应收利息——国盛公司　　　　　　　　　　　　　　　　　　　200 000

　　贷：投资收益——国盛公司　　　　　　　　　　　　　　　　　　　200 000

三、其他应收款

其他应收款是指企业除应收票据、应收账款、预付账款、应收股利、应收利息以外的其他各种应收及暂付款项。主要包括：应收的各种赔款、罚款；应收的出租包装物租金；应向职工收取的各种垫付款项，如为职工垫付的水电费、应由职工负担的医药费、房租等；存出保证金，如租入包装物支付的押金；其他各种应收、暂付款项。

为了反映和监督其他应收款的增减变动及其结存情况，企业应设置"其他应收款"科目进行核算。"其他应收款"科目借方登记其他应收款项的增加，贷方登记其他应收款项的收回，期末余额一般在借方，反映企业尚未收回的其他应收款项。"其他应收款项"科目应按照对方单位或个人设置明细科目进行核算。

企业发生各种其他应收款项时，应借记"其他应收款"科目，贷记"银行存款""固定资产清理"等科目；收回各种其他应收款时，借记"银行存款""应付职工薪酬"等科目，贷记"其他应收款"科目。

例 4-10　2020 年 7 月 5 日，兴华公司采购材料在运输途中发生事故，所采购的材料发生部分毁损，根据保险合同规定，应由 T 保险公司赔偿损失 50 000 元，赔款尚未收到。兴华公司对原材料采用计划成本进行日常核算。兴华公司应编制如下会计分录：

借：其他应收款——T 保险公司　　　　　　　　　　　　　　　　　50 000

　　贷：材料采购　　　　　　　　　　　　　　　　　　　　　　　　　50 000

7 月 15 日，兴华公司收到上述 T 保险公司的赔款存入银行。兴华公司应编制如下会计分录：

借：银行存款　　　　　　　　　　　　　　　　　　　　　　　　　　50 000

　　贷：其他应收款——T 保险公司　　　　　　　　　　　　　　　　　50 000

例 4-11　2020 年 8 月 2 日，兴华公司员工张某生病就医，兴华公司以银行存款替该职工垫付应由其个人负担的医疗费 10 000 元，拟从其工资中扣回。兴华公司应编制如下会计分录：

借：其他应收款——张某　　　　　　　　　　　　　　　　　　　　　10 000

　　贷：银行存款　　　　　　　　　　　　　　　　　　　　　　　　　10 000

8 月 31 日，发放职工工资时扣回上述款项，兴华公司应编制如下会计分录：

借：应付职工薪酬　　　　　　　　　　　　　　　　　　　　　　　　10 000

　　贷：其他应收款——张某　　　　　　　　　　　　　　　　　　　　10 000

例 4-12　2020 年 8 月 12 日，兴华公司向国盛公司租入包装物一批。开出转账支票向国盛公司支付押金 2 000 元。兴华公司应编制如下会计分录：

借：其他应收款——国盛公司   2 000
  贷：银行存款   2 000

9 月 12 日，兴华公司将上述所租包装物如数退回，收到国盛公司退还的押金 2 000 元存入银行。兴华公司应编制如下会计分录：

借：银行存款   2 000
  贷：其他应收款——国盛公司   2 000

第五节　应收款项减值

一、应收款项减值概述

根据《企业会计准则第 8 号——资产减值》，企业应当在资产负债表日判断资产是否存在可能发生减值的迹象。根据《企业会计准则——基本准则》规定，资产减值是指资产的可回收金额低于其账面价值。企业所有的资产发生减值时，原则上都应当及时加以确认和计量。

企业的各项应收款项可能会因购货人拒付、破产、死亡等原因而无法收回。这类无法收回的应收账款就是坏账。企业因坏账而遭受的损失为坏账损失或减值损失。企业应当在资产负债表日对应收款项的账面价值进行评估，有客观证据表明应收款项发生减值的，应当将减记的金额确认为减值损失，计提坏账准备。应收款项减值有两种方法，即直接转销法和备抵法。我国企业会计准则规定，应收款项的减值只能采用备抵法。

备抵法是采用一定的方法按期估计坏账损失，计入当期损益，同时计提坏账准备，待坏账实际发生时，冲销已计提的坏账准备和相应的应收款项。采用这种方法时，在资产负债表上列示的应收款项是净额，报表使用者能了解企业应收款项预期可回收金额等真实的财务情况。

二、应收款项减值的账务处理

在备抵法下，企业应当设置"坏账准备"科目，核算应收款项的坏账准备计提、转销等情况。企业当期计提的坏账准备应当计入资产减值损失。"坏账准备"科目的贷方登记当期计提的坏账准备金额、收回已转销的应收款项而恢复的坏账准备，借方登记实际发生的坏账损失金额和冲减的坏账准备金额。期末余额在贷方，反映企业已计提但尚未转销的坏账准备。

坏账准备可按以下公式计算：

当期应计提的坏账准备 = 当期按应收款项计算应提坏账准备金额 −
（或 +）"坏账准备"科目的贷方（或借方）余额

企业在计提坏账准备时，按应收款项应减记的金额，借记"信用减值损失——计提的坏账准备"科目，贷记"坏账准备"科目；冲减多计提的坏账准备，借记"坏账准备"科目，贷记"信用减值损失——计提的坏账准备"科目。

例 4-13　2020 年 12 月 31 日，兴华公司对万通公司的应收账款进行减值测试。应收万通公司
账款余额合计为 5 000 000 元，兴华公司之前未对该企业的应收款项计提过坏账准备，
根据企业会计准则确定 2020 年资产负债表日对该公司应计提 500 000 元的坏账准备。
兴华公司应编制如下会计分录：

借：信用减值损失——计提的坏账准备　　　　　　　500 000
　　贷：坏账准备　　　　　　　　　　　　　　　　　　　500 000

企业确实无法收回的应收款项按管理权限报经批准后作为坏账转销时，应冲减已计提的坏
账准备。企业实际发生坏账损失时，借记"坏账准备"科目，贷记"应收账款""其他应收款"
等科目。

例 4-14　沿用【例 4-13】的资料，2021 年 3 月，兴华公司对万通公司的应收账款实际发生坏
账损失 250 000 元，确认坏账损失时，兴华公司应编制如下会计分录：

借：坏账准备　　　　　　　　　　　　　　　　　　250 000
　　贷：应收账款——万通公司　　　　　　　　　　　　　250 000

例 4-15　沿用【例 4-14】的资料，假设兴华公司 2021 年年末对万通公司的应收账款金额为
3 400 000 元，兴华公司对该应收账款应计提 340 000 元坏账准备。兴华公司应编制
如下会计分录：

根据兴华公司的坏账核算方法，其"坏账准备"科目应保持的贷方余额为 340 000 元；
计提坏账准备前，"坏账准备"科目的实际余额为贷方 250 000 元（500 000–250 000），因此，
2021 年年末应计提的坏账准备金额为 90 000 元（340 000–250 000）。

借：信用减值损失——计提的坏账准备　　　　　　　90 000
　　贷：坏账准备　　　　　　　　　　　　　　　　　　　90 000

已确认并转销的应收款项以后又收回的，应当按照实际收到的金额增加坏账准备的账面余
额。已确认并转销的应收款项以后又收回时，借记"应收款项""其他应收款"等科目，贷记"坏
账准备"科目；同时，借记"银行存款"科目，贷记"应收账款""其他应收款"等科目。

例 4-16　2021 年 2 月 20 日，兴华公司收到 2020 年 3 月已转销的坏账 30 000 元，已存入银行。
兴华公司应编制如下会计分录：

借：应收账款——万通公司　　　　　　　　　　　　30 000
　　贷：坏账准备　　　　　　　　　　　　　　　　　　　30 000
借：银行存款　　　　　　　　　　　　　　　　　　30 000
　　贷：应收账款——万通公司　　　　　　　　　　　　　30 000

本章核算小结

1. 应收票据会计业务处理小结见表 4-1。

表4-1　应收票据会计业务处理小结

业 务 内 容		会 计 处 理
取得票据		（1）销售商品、提供劳务： 借：应收票据 　　贷：主营业务收入 　　　　应交税费——应交增值税（销项税额） （2）债务人抵偿前欠货款： 借：应收票据 　　贷：应收账款
票据到期	到期收回票据款	借：银行存款 　　贷：应收票据
	到期，付款人无力支付票据款	借：应收账款 　　贷：应收票据
票据贴现		（1）不附追索权： 借：银行存款 　　财务费用〔贴现息〕 　　贷：应收票据 （2）附追索权： 借：银行存款 　　财务费用〔贴现息〕 　　贷：短期借款
票据背书转让		借：材料采购／原材料／库存商品等 　　应交税费——应交增值税（进项税额） 　　贷：应收票据 　　　　银行存款〔或借方〕

2. 应收账款会计业务处理小结见表4-2。

表4-2　应收账款会计业务处理小结

业 务 内 容		会 计 处 理
因销售商品、提供劳务而确认应收账款		借：应收账款 　　贷：主营业务收入 　　　　应交税费——应交增值税（销项税额） 　　　　银行存款〔代垫包装费、运杂费等〕
应收账款收回		借：银行存款 　　贷：应收账款
改用应收票据结算		借：应收票据 　　贷：应收账款
应收账款减值	计提坏账准备	借：信用减值损失——计提的坏账准备 　　贷：坏账准备
	实际发生坏账损失	借：坏账准备 　　贷：应收账款
	坏账重新收回	借：应收账款 　　贷：坏账准备 借：银行存款 　　贷：应收账款
	冲回多计提的坏账准备	借：坏账准备 　　贷：信用减值损失——计提的坏账准备

3. 预付账款会计业务处理小结见表 4-3。

表 4-3 预付账款会计业务处理小结

业 务 内 容	会 计 处 理
因采购物资或接受劳务而预付款项时	借：预付账款 　　贷：银行存款
收到所购物资或接受劳务时	借：材料采购 / 原材料 / 库存商品 　　应交税费——应交增值税（进项税额） 　　贷：预付账款 借：银行存款〔退回多余〕 　　贷：预付账款 借：预付账款 　　贷：银行存款〔补付不足〕

【提示】预付款项情况不多的企业，可以不设置"预付账款"科目，而将预付的款项通过"应付账款"科目核算，计入应付账款借方。

不设置"预付账款"科目时，使用"应付账款"科目核算预付款项	
因采购物资或接受劳务而预付款项时	借：应付账款 　　贷：银行存款
收到所购物资或接受劳务时	借：原材料、库存商品等 　　应交税费——应交增值税（进项税额） 　　贷：应付账款

4. 应收股利会计业务处理小结见表 4-4。

表 4-4 应收股利会计业务处理小结

业 务 内 容	会 计 处 理
宣告分派现金股利	借：应收股利 　　贷：投资收益
实际收到现金股利	借：其他货币资金——存出投资款〔通过证券公司购买上市公司股票的情形〕 　　银行存款〔其他情形〕 　　贷：应收股利

5. 其他应收款会计业务处理小结见表 4-5。

表 4-5 其他应收款会计业务处理小结

业 务 内 容	会 计 处 理
应收的各种赔款、罚款	借：其他应收款 　　贷：固定资产清理
应收出租包装物的租金	借：其他应收款 　　贷：其他业务收入 　　　　应交税费——应交增值税（销项税额）
应向职工收取的各种垫付款项	（1）企业垫付款项时： 借：其他应收款 　　贷：库存现金 / 银行存款 （2）从工资中扣减时： 借：应付职工薪酬 　　贷：其他应收款
存出的保证金（如租入包装物支付押金）	借：其他应收款 　　贷：银行存款

同步强化训练

一、单项选择题

1. 当企业预付货款小于采购货物所需支付的款项时，应将不足部分补付，此时应借记的会计科目是（　　）。

A. 预付账款　　　　B. 应付账款　　　　C. 其他应付款　　　　D. 其他应收款

2. A企业通过对应收款项的风险进行分析，决定按应收款项余额的一定比例计提坏账准备。"坏账准备"科目的年初贷方余额为4 000元，"应收账款"和"其他应收款"科目的年初借方余额分别为30 000元和10 000元。当年，不能收回的应收账款2 000元确认为坏账损失。"应收账款"和"其他应收款"科目的年末借方余额分别为60 000元和10 000元，假定该企业年末确定的坏账提取比例为10%。该企业年末应提取的坏账准备为（　　）元。

A. 1 000　　　　B. 3 000　　　　C. 5 000　　　　D. 7 000

3. 应收票据贴现时，贴现息计入（　　）。

A. 银行存款　　　　B. 财务费用　　　　C. 原材料　　　　D. 材料采购

4. 甲公司为增值税一般纳税人，2020年6月1日对外销售一批商品，开具增值税专用发票上注明的金额为50万元、增值税税额为6.5万元。代购货单位垫付相关的运费3万元，增值税税额0.27万元。甲公司因销售该批货物收取包装物押金10万元，款项尚未收到。则甲公司因销售该批商品确认的应收账款的金额为（　　）万元。

A. 53　　　　B. 59.77　　　　C. 56.5　　　　D. 59.5

5. 下列各项中，不应通过"其他应收款"科目核算的是（　　）。

A. 租入包装物支付的押金　　　　B. 应向保险公司收取的理赔款
C. 为职工垫付的水电费　　　　D. 为购货方代垫的运杂费

6. 2020年1月初，某企业"坏账准备"科目贷方余额为6万元。12月31日"应收账款"科目借方余额为100万元，经评估应收账款的账面价值为95万元。该企业2020年年末应计提的坏账准备金额为（　　）万元。

A. –1　　　　B. 1　　　　C. 5　　　　D. 11

7. 甲公司为增值税一般纳税人，2020年11月1日，销售商品一批，并于当日收到面值为50 000元、期限为3个月的银行承兑汇票一张。12月10日，甲公司将该票据背书转让给A公司以购买材料，取得的增值税专用发票上注明的价款为45 000元、增值税税额为5 850元。不考虑其他因素，甲公司应补付的银行存款为（　　）元。

A. 5 000　　　　B. 4 500　　　　C. 850　　　　D. 2 850

8. 甲企业为增值税一般纳税人，不单独设置预收账款科目，期初应收账款的余额为0。2020年5月10日向乙企业销售产品一批，销售收入为10 000元，增值税税额为1 300元，款项尚未收到。2020年5月30日，预收丙企业货款10 000元。不考虑其他因素，甲企业2020年5

月 31 日应收账款的余额为（　　　）元。

    A. 10 000　　　　　　　　　　　　　B. 11 300

    C. 21 300　　　　　　　　　　　　　D. 1 300

二、多项选择题

1. 企业因销售商品发生的应收账款，其入账价值包括的内容有（　　　）。

    A. 销售商品的价款　　　　　　　　　B. 增值税销项税额

    C. 代购方垫付的包装费　　　　　　　D. 代购方垫付的运杂费

2. 下列项目中，应通过"其他应收款"科目核算的有（　　　）。

    A. 应向责任人收取的赔款　　　　　　B. 存出保证金

    C. 收取的各种押金　　　　　　　　　D. 租入包装物支付的押金

3. 某企业坏账损失采用备抵法核算，已作为坏账损失处理的应收账款 2 000 元，当期又收回，正确的会计分录有（　　　）。

    A. 借：坏账准备　　　　　　　　　　　　　　　　　　　2 000

        贷：应收账款　　　　　　　　　　　　　　　　　　　　　　2 000

    B. 借：应收账款　　　　　　　　　　　　　　　　　　　2 000

        贷：坏账准备　　　　　　　　　　　　　　　　　　　　　　2 000

    C. 借：银行存款　　　　　　　　　　　　　　　　　　　2 000

        贷：管理费用　　　　　　　　　　　　　　　　　　　　　　2 000

    D. 借：银行存款　　　　　　　　　　　　　　　　　　　2 000

        贷：应收账款　　　　　　　　　　　　　　　　　　　　　　2 000

4. 下列各项中，关于应收款项的相关说法正确的有（　　　）。

    A. 企业的预付账款，如有确凿证据表明因供货单位破产、撤销等原因无望再收到所购货物的，应当按规定计提坏账准备

    B. "应收账款"科目期末余额如果在贷方，一般反映的是企业预收的款项

    C. 企业应当在资产负债表日对应收款项的账面价值进行评估，应收款项发生减值的，应当将减记的金额确认为减值损失，同时计提坏账准备

    D. 我国企业会计准则确定应收款项的减值只能采用备抵法，不得采用直接转销法

5. 当企业的预付款项大于采购货物所需支付的款项时，涉及的会计科目有（　　　）。

    A. 银行存款　　　B. 预付账款　　　C. 预收账款　　　D. 应收账款

6. 甲企业为增值税一般纳税人，适用的增值税税率为 13%。2020 年 5 月 1 日，向乙企业销售一批商品，增值税专用发票注明的价格为 80 万元、增值税税额为 10.4 万元。实际成本为 35 万元。商品已发出，收到客户开具的商业承兑汇票结清全部款项。下列各项中，甲企业向乙企业销售商品会计处理表述正确的有（　　　）。

    A. 确认主营业务收入 80 万元　　　　　B. 结转主营业务成本 35 万元

    C. 确认应收票据 90.4 万元　　　　　　D. 确认应收账款 90.4 万元

7. DA 公司为增值税一般纳税人，适用的增值税税率为 13%。本月发生经济业务事项见表 4-6。

表 4-6　本月发生经济业务事项

日　期	购买价款	结算方式
12 月 10 日	54 万元	银行汇票
12 月 20 日	17 万元	上月已预付材料款 15 万元，余款以银行存款结清

下列各项中，关于 DA 公司购买 M 材料相关科目的会计处理结果正确的有（　　　　）。

　　A. 贷记"其他货币资金"科目 61.02 万元

　　B. 贷记"应付票据"科目 61.02 万元

　　C. 借记"原材料"科目 80.23 万元

　　D. 贷记"银行存款"科目 4.21 万元

8. 下列各项资产中，减值损失一经确认，在以后的会计期间可以转回的有（　　　　）。

　　A. 应收票据　　　　　　　　　　　B. 应收利息

　　C. 交易性金融资产　　　　　　　　D. 其他应收款

三、判断题

1. 对于票据的贴现，企业通常应按票面金额记入"银行存款"科目。　　　　　　（　　）

2. 企业收到的押金应通过"其他应收款"科目核算。　　　　　　　　　　　　　（　　）

3. 根据承兑人不同，"应收票据"科目核算的内容包括银行汇票和商业汇票。　　（　　）

4. "应收账款"科目的期末余额在借方，反映企业尚未收回的应收账款，其期末余额不会出现在贷方。　　　　　　　　　　　　　　　　　　　　　　　　　　　　　　　　　（　　）

5. 应收利息是指企业按照合同约定应支付的利息，包括预提短期借款利息、分期付息到期还本的长期借款、企业债券等应支付的利息。　　　　　　　　　　　　　　　　　　（　　）

四、不定项选择题

甲公司属于增值税一般纳税人，适用的增值税税率为 13%，商品售价和原材料中均不含有增值税，假定销售商品和原材料均符合收入确认条件，成本在确认收入时逐笔结转，甲公司 2020 年 12 月发生如下交易和事项：

（1）12 月 5 日，向乙公司销售商品一批，价款为 150 万元，已办妥托收手续，同日收到乙公司交付的一张 3 个月内到期的银行承兑汇票，面值与应付甲公司款项的金额相同。

（2）12 月 20 日，甲公司为租入某包装物支付给对方押金 5 万元。

（3）12 月 28 日，向丙公司销售原材料一批，价款为 80 万元，以银行存款代垫运杂费 2 万元，为鼓励丙公司及早付清货款，甲公司规定的现金折扣条件为 2/10、1/20、N/30，假定计算现金折扣时不考虑增值税，丙公司于 2 月 3 日付清了货款。

（4）12 月 30 日，甲公司收到丁公司存入的保证金 8 万元。

（5）本月甲公司应收的出租包装物租金为 6 万元。

要求：根据上述资料，不考虑其他条件，分析回答下列问题：

（1）关于商业汇票的下列说法中，正确的是（　　　　）。

　　A. 实务中，企业可以将自己持有的商业汇票背书转让

　　B. 对于票据贴现，应将贴现息计入销售费用

　　C. 商业汇票的付款期限，最长不得超过六个月

D. 商业汇票分为商业承兑汇票和银行承兑汇票

（2）根据事项（1），甲公司的会计处理正确的是（　　　）。

    A. 借：其他货币资金　　　　　　　　　　　　　　　169.5

        贷：主营业务收入　　　　　　　　　　　　　　　　　150

        　　应交税费——应交增值税（销项税额）　　　　　19.5

    B. 借：应收票据　　　　　　　　　　　　　　　　　169.5

        贷：主营业务收入　　　　　　　　　　　　　　　　　150

        　　应交税费——应交增值税（销项税额）　　　　　19.5

    C. 借：应收票据　　　　　　　　　　　　　　　　　150

        贷：主营业务收入　　　　　　　　　　　　　　　　　150

    D. 借：应收账款　　　　　　　　　　　　　　　　　169.5

        贷：主营业务收入　　　　　　　　　　　　　　　　　150

        　　应交税费——应交增值税（销项税额）　　　　　19.5

（3）12月28日，甲公司销售给丙公司原材料应该确认的应收账款为（　　　）万元。

    A. 92.4　　　　　　B. 90.4　　　　　　C. 90.94　　　　　　D. 93.2

（4）甲公司12月份应该计入其他应收款的金额为（　　　）万元。

    A. 5　　　　　　　B. 21　　　　　　　C. 19　　　　　　　D. 11

（5）根据上述事项，甲公司2020年12月应收款项的金额为（　　　）万元。

    A. 261.9　　　　　B. 92.4　　　　　　C. 272.9　　　　　D. 103.4

第五章

存 货

扫码观看教学视频

第一节 存货的确认和初始计量

一、存货的概念

存货是指企业在日常活动中持有的以备出售的产品或商品、处于生产过程中的产品、在生产过程或提供劳务过程中耗用的材料或物料等,包括各类原材料、在产品、半成品、产成品、商品、包装物、低值易耗品、委托代销商品等。

1. 原材料

原材料是指企业在生产过程中经加工改变其形态或性质并构成产品主要实体的各种原料及主要材料、辅助材料、燃料、修理用备件、包装材料、外购半成品等。为构建固定资产等各项工程而储备的各项材料虽然同属于材料,但是由于其是用于建造固定资产的,不符合存货的定义,因此不能作为企业存货。

2. 在产品

在产品是指企业正在制造尚未完工的生产物,包括正在各个生产工序加工的产品和已加工完毕但尚未检验或已检验但未办理入库手续的产品。

3. 半成品

半成品是指经过一定生产过程并已检验合格交付半成品仓库保管,但尚未制造完工成为产成品,仍需进一步加工的中间产品。

4. 产成品

产成品是指工业企业已经完成全部生产过程并已验收入库,可以按照合同规定的条件送交订货单位,或者可以作为商品对外销售的产品。企业接受来料加工制造的代制品和为外单位加工修理的代修品,制造和修理完工验收入库后,应视同企业的产成品。

5. 商品

商品是指商品流通企业外购或委托加工完成验收入库用于销售的各种商品。

6. 周转材料

周转材料是指企业能够多次使用、逐渐转移其价值但仍保持原有形态不确认为固定资产的材料物资,如包装物和低值易耗品等。包装物是指为了包装本企业商品而储备的各种包装容器,如桶、箱、瓶、坛、袋等,其主要作用是盛装、装潢产品或商品。低值易耗品是指不符合固定资产确认条件的各种用具物品,如工具、管理用具、玻璃器皿、劳动保护用品,以及在经营过程中周转使用的容器等和建造承包商的钢模板、木模板、脚手架等其他周转材料。

7. 委托代销商品

委托代销商品是指企业委托其他单位代销的商品。

二、存货的确认条件

存货同时满足下列条件才能予以确认：

1. 与该存货有关的经济利益很可能流入企业

企业在确认存货时，需要判断与该项存货相关的经济利益是否很可能流入企业。在企业实际业务中，主要通过判断与该项存货所有权相关的风险和报酬是否转移到了企业来确定。通常情况下，取得存货的所有权是与存货相关的经济利益很可能流入企业的一个重要标志，但有些情况下还需要结合该项存货所有权的归属情况进行分析确定。

2. 该存货的成本能够可靠地计量

企业要确认一项存货，必须能够对其成本进行可靠的计量。存货的成本能够可靠地计量须以取得确凿、可靠的证据为依据，并且具有可验证性。如果存货成本不能可靠地计量，则不能确认为存货。例如，企业承诺的订货合同，由于尚未实际发生，因此不能确认为购买企业的存货。又如，企业预计发生的制造费用，由于并未实际发生，不能可靠地确定其成本，因此不能计入产品成本。

三、存货的初始计量

存货应当按照成本进行初始计量。存货成本包括采购成本、加工成本和其他成本。

不同存货的成本构成内容不同。原材料、商品、低值易耗品等通过购买而取得的存货的初始成本由采购成本构成；产成品、在产品、半成品、委托加工物资等通过进一步加工而取得的存货的初始成本由采购成本、加工成本以及使存货达到目前场所和状态所发生的其他成本构成。

（一）外购的存货

原材料、商品、低值易耗品等通过购买而取得的存货的初始成本由采购成本构成。存货的采购成本包括购买价款、相关税费、运输费、装卸费、保险费以及其他可归属于存货采购成本的费用。

（1）购买价款是指企业购入的材料或商品的发票账单上列明的价款，但不包括按照规定可以抵扣的增值税税额。

（2）相关税费是指企业购买存货发生的应归属于该存货成本的进口关税、消费税、资源税和不能抵扣的增值税进项税额以及相应的教育费附加等应计入存货采购成本的税费。

（3）其他可归属于存货采购成本的费用是指采购成本中除上述各项以外的可归属于存货采购的费用，如在存货采购过程中发生的仓储费、包装费、运输途中的合理损耗、入库前的挑选整理费用等。运输途中的合理损耗是指商品在运输过程中，因商品性质、自然条件及技术设备等因素，所发生的自然的或不可避免的损耗。例如，汽车在运输煤炭、化肥等过程中的自然散落以及易挥发产品在运输过程中的自然挥发。

商品流通企业在采购商品过程中发生的运输费、装卸费、保险费以及其他可归属于存货采购成本的费用等进货费用，应当计入存货采购成本，也可以先进行归集，期末根据所购商品的存销情况进行分摊。对于已售出商品的进货费用，计入当期损益；对于未售出商品的进货费用，计入期末存货成本。企业采购商品的进货费用金额较小的，可以在实际发生时直接计入当期损益。

（二）通过进一步加工而取得的存货

通过进一步加工而取得的存货的初始成本由采购成本、加工成本以及使存货达到目前场所和状态所发生的其他成本构成。

1. 自行生产的存货

自行生产的存货的初始成本包括投入的原材料或半成品、直接人工和按照一定方法分配的制造费用。直接人工是指企业在生产产品和提供服务过程中发生的直接从事产品生产和服务提供人员的职工薪酬。制造费用是指企业为生产产品和提供服务而发生的各项间接费用，包括企业生产部门（如生产车间）管理人员的薪酬、折旧费、办公费、水电费、机物料消耗、劳动保护费、季节性和修理期间的停工损失等。

2. 委托外单位加工的存货

委托外单位加工的存货，以实际耗用的原材料或者半成品、加工费、装卸费、保险费、委托加工的往返运输费等费用以及按规定应计入成本的税费，作为实际成本。

（三）通过其他方式取得的存货

1. 投资者投入的存货

投资者投入存货的成本，应当按照投资合同或协议约定的价值确定，但合同或协议约定价值不公允的除外。

2. 盘盈的存货

盘盈的存货应按其重置成本作为入账价值，并通过"待处理财产损溢"科目进行会计处理，按管理权限报经批准后冲减当期管理费用。

四、不计入存货成本的相关费用

下列费用不应计入存货成本，而应在其发生时计入当期损益：

（1）非正常消耗的直接材料、直接人工和制造费用，应在发生时计入当期损益，不应计入存货成本。例如，由于自然灾害而发生的直接材料、直接人工和制造费用，由于这些费用的发生无助于使存货达到目前场所和状态，不应计入存货成本，而应确认为当期损益。

（2）仓储费用是指企业在存货采购入库后发生的储存费用，应在发生时计入当期损益。但是，在生产过程中为了达到下一个生产阶段所必需的仓储费用应计入存货成本。例如，某种酒类产品生产企业为了使生产的酒达到规定的产品质量标准而必须发生的仓储费用，应计入酒的成本，而不应计入当期损益。

（3）不归属于使存货达到目前场所和状态的其他支出，应在发生时计入当期损益，不得计入存货成本。

第二节 存货发出的计价方法

企业根据各类存货的实物流转方式、企业管理的要求、存货的性质等实际情况，合理地确定发出存货的计算方法，以及当期发出存货的实际成本。对于性质和用途相同的存货，应当采用相同的成本计算方法确定发出存货的成本。对于不可替代使用的存货、为特定项目专门购入或制造的存货以及提供的劳务，企业通常采用个别计价法确定发出存货的成本。

实务中，企业发出存货可以按实际成本法，也可以按计划成本法核算。如采用计划成本法核算，会计期末应将存货成本调整为实际成本。在实际成本法核算方式下，企业发出存货可以采用的计价方法包括个别计价法、先进先出法、月末一次加权平均法和移动加权平均法等。

1. 个别计价法

个别计价法亦称个别认定法、具体辨认法、分批实际法，其特征是注重所付出存货具体项目的实物流转与成本流转之间的联系，逐一辨认各批发出存货和期末存货所属的购进批别或生产批别，分别按其购入或生产时所确定的单位成本计算各批发出存货和期末存货成本。该方法把每一种存货的实际成本作为计算发出存货成本和期末存货成本的基础。对于不可替代使用的存货、为特定项目专门购入或制造的存货以及提供的劳务，企业通常采用个别计价法确定发出存货的成本。

实务中，越来越多的企业采用计算机信息系统进行会计处理，因此，个别计价法可以广泛应用于发出存货的计价，并且个别计价法确定的存货成本最为准确。但在没有采用计算机信息系统存货收发频繁的情况下，分辨其发出成本的工作量较大。因此，这种方法适用于一般不能替代使用的存货、为特定项目专门购入或制造的存货以及提供的劳务，如珠宝、名画等贵重物品。

例 5-1 兴华公司 2020 年 7 月一批 A 商品的购入、发出及购进单位成本见表 5-1。

表 5-1 A 商品购销明细账　　　　　　　　　　　　金额单位：元

| 2020 年 | | 摘　要 | 购　入 | | | 发　出 | | | 结　存 | | |
月	日		数量	单价	金额	数量	单价	金额	数量	单价	金额
7	1	期初余额							150	100	15 000
	5	购入	100	120	12 000				250		
	11	销售				200			50		
	16	购入	200	140	28 000				250		
	20	销售				100			150		
	23	购入	100	150	15 000				250		
	27	销售				100			150		
	31	本期合计	400	—	55 000	400	—		150		

假设经过具体辨认，本期发出存货的单位成本如下：7 月 11 日发出的 200 件存货中，100 件系期初结存存货，单位成本为 100 元，100 件为 5 日购入存货，单位成本为 120 元；7 月 20 日发出的 100 件存货系 16 日购入，单位成本为 140 元；7 月 27 日

发出的 100 件存货中，50 件为期初结存，单位成本为 100 元，50 件为 23 日购入，单位成本为 150 元。按照个别计价法，兴华公司 7 月份 A 商品购入、发出与结存情况见表 5-2。

表 5-2　A 商品购销明细账（个别计价法）　　　　金额单位：元

2020 年		摘　要	购　入			发　出			结　存		
月	日		数量	单价	金额	数量	单价	金额	数量	单价	金额
7	1	期初余额							150	100	15 000
	5	购入	100	120	12 000				150	100	15 000
									100	120	12 000
	11	销售				100	100	10 000	50	100	5 000
						100	120	12 000			
	16	购入	200	140	28 000				50	100	5 000
									200	140	28 000
	20	销售				100	140	14 000	50	100	5 000
									100	140	14 000
	23	购入	100	150	15 000				50	100	5 000
									100	140	14 000
									100	150	15 000
	27	销售				50	100	5 000	100	140	14 000
						50	150	7 500	50	150	7 500
	31	本期合计	400	—	55 000	400	—	48 500	100	140	14 000
									50	150	7 500

从表 5-2 中可知，兴华公司本期发出存货成本及期末结转存货成本如下：

本期发出 A 商品成本 =100×100+100×120+100×140+50×100+50×150=48 500（元）

期末结存 A 商品成本 = 期初结存存货成本 + 本期购入存货成本 – 本期发出存货成本

$$=150×100+100×120+200×140+100×150–48\ 500=21\ 500（元）$$

2. 先进先出法

先进先出法是指以先购入的存货应先发出（销售或耗用）这样一种存货实物流动假设为前提，对发出存货进行计价的方法。采用这种方法，先购入的存货成本在后购入存货成本之前转出，据此确定发出存货和期末存货的成本。具体方法是：收入存货时，逐笔登记收入存货的数量、单价和金额；发出存货时，按照先进先出的原则逐笔登记存货的发出成本和结存金额。

先进先出法可以随时结转存货发出成本，但较烦琐。如果存货收发业务较多且存货单价不稳定时，工作量较大。在物价持续上涨时，期末存货成本接近于市价，而发出存货成本偏低，会高估企业存货价值和当期利润；反之，会低估企业存货价值和当期利润。

例 5-2　沿用【例 5-1】的资料，假设兴华公司 A 商品本期购入、发出和结存情况见表 5-3。从该表可以看出存货成本的计价顺序，如 7 月 11 日发出的 200 件存货，按先进先出法的流转顺序，应先发出期初库存存货，即 150×100=15 000（元），然后再发出 5 日购入的 50 件，即 50×120=6 000（元），其他以此类推。从表 5-3 可以看出，使用先进先出法得出的发出存货成本和期末存货成本分别为 48 000 元和 22 000 元。

表 5-3　A 商品购销明细账（先进先出法）　　　　　金额单位：元

2020年		摘　要	购　入			发　出			结　存		
月	日		数量	单价	金额	数量	单价	金额	数量	单价	金额
7	1	期初余额							150	100	15 000
	5	购入	100	120	12 000				150	100	15 000
									100	120	12 000
	11	销售				150	100	15 000	50	120	6 000
						50	120	6 000			
	16	购入	200	140	28 000				50	120	6 000
									200	140	28 000
	20	销售				50	120	6 000	150	140	21 000
						50	140	7 000			
	23	购入	100	150	15 000				150	140	21 000
									100	150	15 000
	27	销售				100	140	14 000	50	140	7 000
									100	150	15 000
	31	本期合计	400	—	55 000	400	—	48 000	50	140	7 000
									100	150	15 000

　　兴华公司日常账面记录显示，A 商品期初结存存货为 150×100=15 000（元），本期购入存货三批，按先后顺序分别为：100×120=12 000（元）、200×140=28 000（元）、100×150=15 000（元）。假设经过盘点，发现期末库存 150 件，则本期发出存货为 400 件，发出存货成本为

发出存货 =150×100+50×120+50×120+50×140+100×140=48 000（元）

期末存货成本为

期末存货成本 =50×140+100×150=22 000（元）

3. 月末一次加权平均法

　　月末一次加权平均法是指以本月全部进货数量加上月初存货数量作为权数，去除本月全部进货成本加上月初存货成本，计算出存货的加权平均单位成本，以此为基础计算本月发出存货的成本和月末存货成本的一种方法。计算公式如下：

$$\text{存货单位成本} = \left[\text{月初库存存货成本} + \sum\left(\text{本月各批进货的实际单位成本} \times \text{本月各批进货的数量}\right)\right] \div \left(\text{月初库存存货的数量} + \text{本月各批进货数量之和}\right)$$

本月发出存货的成本 = 本月发出存货的数量 × 存货单位成本

本月月末库存存货成本 = 本月月末库存存货的数量 × 存货单位成本

或：

$$\text{本月月末库存存货成本} = \text{月初库存存货的实际成本} + \text{本月购入库存的实际成本} - \text{本月发出存货的成本}$$

　　采用月末一次加权平均法只在月末一次计算加权平均单价，比较简单，有利于简化成本计算工作，但由于平时无法从账上提供发出和结存存货的单价及金额，因此不利于存货成本的日常管理与控制。

例 5-3 沿用【例 5-1】的资料，假设兴华公司采用月末一次加权平均法计算存货成本，根据表 5-1，则 7 月份 A 商品的平均单位成本为

$$7月份A商品\atop 单位成本 = \left(月初结存\atop 存货成本 + 本月购入\atop 存货成本\right) \div \left(月初存货\atop 结存数量 + 本月购入\atop 存货数量\right)$$

$$= (150×100+100×120+200×140+100×150) \div$$

$$(150+100+200+100) ≈ 127.27（元）$$

7 月份 A 商品的发出存货成本 =400×127.27=50 908（元）

7 月份 A 商品的月末结存成本 =70 000−50 908=19 092（元）

4. 移动加权平均法

移动加权平均法是指每次进货的成本加上原有库存存货的成本的合计额，除以每次进货数量加上原有库存存货的数量的合计数，据以计算加权平均单位成本，作为在下一次进货前计算各次发出存货成本依据的一种方法。计算公式如下：

$$存货单位\atop 成本 = \left(原有库存存货\atop 的实际成本 + 本次进货的\atop 实际成本\right) \div \left(原有库存\atop 存货数量 + 本次进货\atop 数量\right)$$

本次发出存货的成本 = 本次发出存货数量 × 本次发货前存货的单位成本

本月月末库存存货成本 = 本月月末库存存货的数量 × 本月月末存货单位成本

例 5-4 沿用【例 5-1】的资料，假设兴华公司采用移动加权平均法核算企业存货成本，A 商品本期购入、发出和结存情况见表 5-4。

表 5-4 A 商品购销明细账（移动加权平均法） 金额单位：元

2020 年		摘 要	购 入			发 出			结 存		
月	日		数量	单价	金额	数量	单价	金额	数量	单价	金额
7	1	期初余额							150	100	15 000
	5	购入	100	120	12 000				250	108	27 000
	11	销售				200	108	21 600	50	108	5 400
	16	购入	200	140	28 000				250	133.6	33 400
	20	销售				100	133.6	13 360	150	133.6	20 040
	23	购入	100	150	15 000				250	140.16	35 040
	27	销售				100	140.16	14 016	150	140.16	21 024
	31	本期合计	400	—	55 000	400	—	48 976	150	140.16	21 024

从表 5-4 可以看出，A 商品的平均成本从期初的 100 元变为期中的 108 元、133.6 元，再变成期末的 140.16 元。各平均成本计算如下：

7 月 5 日购入 A 商品的单位成本 =（150×10+100×12）÷（150+100）=10.8（元）

7 月 16 日购入 A 商品后的单位成本 =（50×108+200×140）÷（50+200）=133.6（元）

7 月 23 日购入 A 商品后的单位成本 =（150×133.6+100×150）÷（150+100）=140.16（元）

采用加权平均成本法得出的本期发出存货成本和期末结存存货成本分别为 48 976 元和 21 024 元。

第三节 原材料

原材料是指企业在生产过程中经过加工改变其形态或性质并构成产品主要实体的各种原料、主要材料和外购半成品，以及不构成产品实体但有助于产品形成的辅助材料。原材料具体包括原料及主要材料、辅助材料、外购半成品、修理用备件、包装材料、燃料等。

原材料的日常收发及结存可采用实际成本核算，也可以采用计划成本核算。

一、原材料采用实际成本核算

1. 原材料核算应设置的会计科目

原材料采用实际成本核算时，材料的取得、发出及结存，无论总分类核算还是明细分类核算，均应按实际成本计价，需要设置的会计科目有"原材料""在途物资"等。

"原材料"科目用于核算库存各种材料的收发与结存情况。该科目借方登记入库材料的实际成本，贷方登记发出材料的实际成本，期末余额在借方，反映企业库存材料的实际成本。"原材料"科目应按材料的保管地点、材料的类别、品种和规格等设置明细账进行明细核算。

"在途物资"科目用于企业采用实际成本进行材料、商品等物资的日常核算，以及价款已付但尚未验收入库的各种物资的采购成本的核算。"在途物资"科目的借方登记企业购入的在途物资的实际成本，贷方登记验收入库的在途物资的实际成本，期末余额在借方，反映企业在途物资的采购成本。"在途物资"科目应按供应单位和物资品种设置明细账进行明细核算。

"应付账款"科目用于核算企业因购买材料、商品和接受劳务等经营活动应支付的款项。"应付账款"科目的贷方登记企业因采购材料、商品和接受劳务等尚未支付的款项，借方登记支付的应付账款，期末余额一般在贷方，反映企业尚未支付的应付账款。"应付账款"科目应按债权人设置明细科目进行明细核算。

2. 原材料的账务处理

（1）购入原材料。

1）货款已经支付或开出、承兑商业汇票，同时材料已验收入库。

例5-5 兴华公司为增值税一般纳税人，采用实际成本法对原材料进行日常核算。2020年9月2日，兴华公司购入B材料一批，增值税专用发票上注明的材料价款为600 000元、增值税税额为78 000元。全部款项已用银行存款转账付讫，材料已验收入库。

兴华公司应编制如下会计分录：

借：原材料——B材料　　　　　　　　　　　　　　　600 000
　　应交税费——应交增值税（进项税额）　　　　　　78 000
　　贷：银行存款　　　　　　　　　　　　　　　　　　　678 000

该项业务属于发票账单与材料同时到达企业的采购业务，材料已经验收入库，所以通过"原材料"科目核算。

2）货款已经支付或开出、承兑商业汇票，材料尚未到达或尚未验收入库。

例 5-6　兴华公司为增值税一般纳税人，采用实际成本法对原材料进行日常核算。2020 年 9 月 10 日，兴华公司采用汇兑结算方式购入 C 材料一批，发票及账单已收到，增值税专用发票上注明的价款为 30 000 元、增值税税额为 3 900 元，材料尚未到达。兴华公司应编制如下会计分录：

借：在途物资——C 材料　　　　　　　　　　　　　　　　30 000
　　应交税费——应交增值税（进项税额）　　　　　　　　3 900
　　　贷：银行存款　　　　　　　　　　　　　　　　　　33 900

该项业务属于发票账单已到达，但材料尚未到达或尚未验收入库的采购业务，应通过"在途物资"科目核算。待材料验收入库后，再根据收料单，由"在途物资"科目转入"原材料"科目核算。同时，企业负担的保险费应计入采购材料的成本。

例 5-7　沿用【例 5-6】的资料，上述购入的 C 材料已收到，并验收入库。兴华公司应编制如下会计分录：

借：原材料——C 材料　　　　　　　　　　　　　　　　　30 000
　　　贷：在途物资——C 材料　　　　　　　　　　　　　30 000

3）货款尚未支付，发票账单尚未收到，材料已验收入库。

在这种情况下，发票账单尚未收到，无法确定实际成本，如果业务发生在月底之前，则不需要进行账务处理，若月底时仍未收到发票账单，应按照暂估价值入账，但要在下月初用红字冲销原暂估入账的金额，收到发票账单后再按实际金额记账。即对材料已经到达并验收入库，但发票账单等结算凭证未到，货款尚未支付的采购业务，应于月末按材料的暂估价值，借记"原材料"科目，贷记"应付账款——暂估应付账款"科目。下月初用红字予以冲回。下月发票账单到达后，借记"原材料""应交税费——应交增值税（进项税额）"科目，贷记"银行存款"或"应付账款"等科目。

例 5-8　兴华公司为增值税一般纳税人，采用实际成本法对原材料进行日常核算。2020 年 9 月 30 日，兴华公司购入 D 材料一批，材料已经验收入库，月末发票账单尚未收到也无法确定其实际成本，暂估价值为 40 000 元。兴华公司应编制如下会计分录：

借：原材料——D 材料　　　　　　　　　　　　　　　　　40 000
　　　贷：应付账款——暂估应付账款　　　　　　　　　　40 000

例 5-9　沿用【例 5-8】的资料，上述购入的 D 材料于次月收到发票账单，增值税专用发票上注明的材料价款为 42 000 元、增值税税额为 5 460 元，款项已用银行存款付讫。

兴华公司应编制如下会计分录：

将上月暂估材料价值予以冲回：

借：原材料——D 材料　　　　　　　　　　　　　　　　　40 000
　　　贷：应付账款——暂估应付账款　　　　　　　　　　40 000

根据发票账单和入库单：

借：原材料——D 材料　　　　　　　　　　　　　　　　　42 000
　　应交税费——应交增值税（进项税额）　　　　　　　　5 460
　　　贷：银行存款　　　　　　　　　　　　　　　　　　47 460

4）货款已经预付，材料尚未验收入库，发票账单尚未收到。

例 5-10　兴华公司为增值税一般纳税人，采用实际成本法对原材料进行日常核算。2020 年 10 月 10 日，根据购销合同规定，兴华公司为购买 E 材料向国盛公司预付 200 000 元，款项已通过银行转账支付。兴华公司应编制如下会计分录：

借：预付账款——国盛公司　　　　　　　　　　　　　　　200 000
　　贷：银行存款　　　　　　　　　　　　　　　　　　　　　　200 000

例 5-11　沿用【例 5-10】的资料，10 月 25 日，收到国盛公司发运来的 E 材料，已验收入库。取得的增值税专用发票上注明的价款为 400 000 元、增值税税额为 52 000 元，所欠款项已通过银行转账支付。兴华公司应编制如下会计分录：

材料验收入库时：

借：原材料——E 材料　　　　　　　　　　　　　　　　　400 000
　　应交税费——应交增值税（进项税额）　　　　　　　　　52 000
　　贷：预付账款　　　　　　　　　　　　　　　　　　　　　452 000

补付货款时：

借：预付账款　　　　　　　　　　　　　　　　　　　　　252 000
　　贷：银行存款　　　　　　　　　　　　　　　　　　　　　252 000

（2）发出原材料。

企业各生产单位及有关部门的材料具有种类多、收发业务频繁等特点。为了简化核算，企业在月末根据"领料单"或"限额领料单"中有关领料单位、部门等加以归类，编制"发料汇总表"，据以编制记账凭证，应遵循"谁领料就记谁的账"的原则登记账簿。发出材料实际成本的确定，可以由企业从上述的个别计价法、先进先出法、月末一次加权平均法、移动加权平均法等方法中选择。计价方法一经确定，不得随意变更。如需变更，应在财务报表附注中予以说明。

企业发出原材料主要有以下几种情形：①生产经营领用原材料，企业按领用材料的用途，借记"生产成本""制造费用""管理费用"等科目，贷记"原材料"科目；②出售材料结转成本，借记"其他业务成本"科目，贷记"原材料"科目；③发出委托外单位加工的材料，借记"委托加工物资"科目，贷记"原材料"科目。

原材料发出的核算通过图 5-1 所示原则进行账务处理。

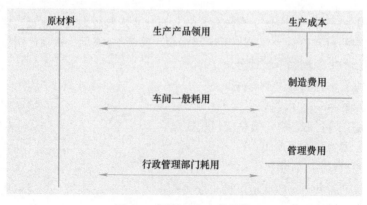

图 5-1　原材料发出的核算

例 5-12　兴华公司为增值税一般纳税人，采用实际成本法对原材料进行日常核算。根据"F材料发料凭证汇总表"的记录得知，兴华公司 12 月份基本生产车间领用 F 材料500 000 元，辅助生产车间领用 F 材料 40 000 元，车间管理部门领用 F 材料 5 000 元，企业行政管理部门领用 F 材料 4 000 元，销售机构领用 F 材料 2 000 元，计 551 000 元。

兴华公司应编制如下会计分录：

借：生产成本——基本生产成本　　　　　　　　　　　　　　500 000
　　　　　　——辅助生产成本　　　　　　　　　　　　　　　40 000
　　制造费用　　　　　　　　　　　　　　　　　　　　　　　5 000
　　管理费用　　　　　　　　　　　　　　　　　　　　　　　4 000
　　销售费用　　　　　　　　　　　　　　　　　　　　　　　2 000
　　贷：原材料——F 材料　　　　　　　　　　　　　　　　551 000

二、原材料采用计划成本核算

原材料按计划成本计价是指企业首先设定计划价格，而后企业日常收发存货均采用计划价格来进行核算的方法。对于材料收发业务较多并且计划成本资料较为健全、准确的企业，一般采用计划成本进行存货收发的核算。存货采用计划成本计价的企业，存货的收入、发出均采用计划成本进行日常核算，月末计算发出存货和结存存货应分摊的成本差异。

（一）原材料核算应设置的会计科目

原材料采用计划成本核算时，对于材料的收发及结存，无论是总分类核算还是明细分类核算，均按照计划成本计价，需要设置的会计科目有"原材料""材料采购""材料成本差异"等。材料实际成本与计划成本的差异，通过"材料成本差异"科目核算。月末，计算本月发出材料应负担的成本差异并进行分摊，根据领用材料的用途计入相关资产的成本或者当期损益，从而将发出材料的计划成本调整为实际成本。

"原材料"科目用于核算库存各种材料的收发与结存情况。该科目借方登记入库材料的计划成本，贷方登记发出材料的计划成本，期末余额在借方，反映企业库存材料的计划成本。

"材料采购"科目借方登记采购材料的实际成本，贷方登记入库材料的计划成本。借方金额大于贷方金额表示超支，差额从"材料采购"科目贷方转入"材料成本差异"科目的借方；贷方金额大于借方金额表示节约，差额从"材料采购"科目借方转入"材料成本差异"科目贷方；期末借方余额，反映企业在途材料的采购成本。

"材料成本差异"科目反映企业已入库各种材料的实际成本与计划成本的差额，借方登记超支差异及发出材料应负担的节约差异，贷方登记节约差异及发出材料应负担的超支差异。期末如为借方余额，反映企业库存材料的实际成本大于计划成本的差异，即超支差异；如为贷方余额，反映企业库存材料的实际成本小于计划成本的差异，即节约差异。

（二）原材料的账务处理

（1）购入原材料。

1）货款已经支付，同时材料验收入库。

例 5-13 | 兴华公司为增值税一般纳税人，采用计划成本法对原材料进行日常核算。2020 年 11 月 10 日，兴华公司购入 G 材料一批，增值税专用发票上注明的货款为 4 000 000 元、增值税税额为 520 000 元，发票账单已收到，该批材料的计划成本为 4 200 000 元，已验收入库，全部款项以银行存款支付。兴华公司应编制如下会计分录：

采购材料时：

借：材料采购——G 材料   4 000 000

    应交税费——应交增值税（进项税额）   520 000

    贷：银行存款   4 520 000

在计划成本法下，购入的材料无论是否验收入库，都要先通过"材料采购"科目进行核算，以反映企业所购材料的实际成本，从而与"原材料"科目相比较，计算确定材料成本差异。

材料验收入库时：

借：原材料——G 材料   4 200 000

    贷：材料采购——G 材料   4 000 000

        材料成本差异——G 材料   200 000

上述入库材料的实际成本为 4 000 000 元，入库材料的成本差异为节约 200 000 元（4 200 000-4 000 000）。

2）货款已经支付，材料尚未验收入库。

例 5-14 | 兴华公司为增值税一般纳税人，采用计划成本法对原材料进行日常核算。2020 年 12 月 12 日，兴华公司购入 H 材料一批，增值税专用发票上注明的货款为 300 000 元、增值税税额为 39 000 元，发票账单已收到，该批材料的计划成本为 280 000 元，材料尚未入库，款项已用银行存款支付。兴华公司应编制如下会计分录：

借：材料采购——H 材料   300 000

    应交税费——应交增值税（进项税额）   39 000

    贷：银行存款   339 000

3）款项未付，发票账单未到，材料已验收入库。

在这种情况下，对于尚未收到发票账单的收料凭证，月末应按计划成本暂估入账，借记"原材料"等科目，贷记"应付账款——暂估应付账款"科目，下月初用红字冲销原暂估入账金额，借记"应付账款——暂估应付账款"科目，贷记"原材料"等科目。

例 5-15 | 兴华公司为增值税一般纳税人，采用计划成本法对原材料进行日常核算。2020 年 12 月 30 日购入 J 材料一批，材料已验收入库，发票账单未到，月末应按照计划成本 600 000 元估价入账。兴华公司应编制如下会计分录：

借：原材料——J 材料   600 000

    贷：应付账款——暂估应付账款   600 000

下月初做相反的会计分录予以冲回：

借：原材料——J 材料   600 000

    贷：应付账款——暂估应付账款   600 000

例 5-16　沿用【例 5-15】的资料，假设该批 J 材料的发票账单于 2021 年 1 月 5 日到达兴华公司，增值税专用发票上注明的材料价款为 610 000 元、增值税税额为 79 300 元，全部款项已通过银行转账支付。兴华公司应编制如下会计分录：

借：材料采购——J 材料　　　　　　　　　　　　　　610 000
　　应交税费——应交增值税（进项税额）　　　　　　79 300
　　贷：银行存款　　　　　　　　　　　　　　　　　　689 300
借：原材料——J 材料　　　　　　　　　　　　　　　600 000
　　材料成本差异——J 材料　　　　　　　　　　　　10 000
　　贷：材料采购——J 材料　　　　　　　　　　　　　610 000

（2）发出原材料的账务处理。

企业发出原材料主要有以下几种情形：①生产经营领用原材料，企业按领用材料的用途，借记"生产成本""制造费用""管理费用"等科目，贷记"原材料"科目；②出售材料结转成本，借记"其他业务成本"科目，贷记"原材料"科目；③发出委托外单位加工的材料，借记"委托加工物资"科目，贷记"原材料"科目。

实务中，企业可以逐笔结转"材料成本差异"科目，也可以月末一次性结转。

为了简化核算，企业平时发出原材料不编制会计分录，通常在月末，根据领料单等编制"发料凭证汇总表"结转发出材料的计划成本，应根据所发出材料的用途，按计划成本分别记入"生产成本""制造费用""销售费用""管理费用""其他业务成本""委托加工物资"等科目，贷记"原材料"科目，同时结转材料成本差异。

例 5-17　兴华公司为增值税一般纳税人，采用计划成本法对原材料进行日常核算。根据"发料凭证汇总表"的记录，兴华公司 12 月 H 材料的领用记录（计划成本）为：基本生产车间领用 3 000 000 元，辅助生产车间领用 500 000 元，车间管理部门领用 250 000 元，企业行政管理部门领用 50 000 元，合计 3 800 000 元。兴华公司应编制如下会计分录：

借：生产成本——基本生产成本　　　　　　　　　　3 000 000
　　　　　　　——辅助生产成本　　　　　　　　　　500 000
　　制造费用　　　　　　　　　　　　　　　　　　250 000
　　管理费用　　　　　　　　　　　　　　　　　　50 000
　　贷：原材料——H 材料　　　　　　　　　　　　　3 800 000

根据《企业会计准则第 1 号——存货》的规定，企业日常采用计划成本核算的，月末发出的材料成本应由计划成本调整为实际成本，通过"材料成本差异"科目进行结转，按照所发出材料的用途，分别记入"生产成本""制造费用""销售费用""管理费用""其他业务成本""委托加工物资"等科目。发出材料应负担的成本差异应按期（月）分摊，不得在季末或年末一次计算。计算公式如下：

$$\frac{\text{本期材料}}{\text{成本差异率}} = \frac{\text{期初结存材料的成本差异} + \text{本期验收入库材料的成本差异}}{\text{期初结存材料的计划成本} + \text{本期验收入库材料的计划成本}} \times 100\%$$

发出材料应负担的成本差异 = 发出材料的计划成本 × 本期材料成本差异率

如果企业的材料成本差异率在各期之间是比较均衡的，也可以采用期初材料成本差异率分摊本期的材料成本差异。年度终了，应对材料成本差异率进行核实调整。计算公式如下：

$$\frac{\text{期初材料}}{\text{成本差异率}} = \frac{\text{期初结存材料的成本差异}}{\text{期初结存材料的计划成本}} \times 100\%$$

发出材料应负担的成本差异 = 发出材料的计划成本 × 期初材料成本差异率

例 5-18 沿用【例 5-17】的资料，兴华公司 2020 年 12 月初结存 H 材料的计划成本为 1 000 000 元，材料成本差异为超支 30 000 元；当月入库 H 材料的计划成本为 4 000 000 元，材料成本差异为节约 230 000 元，则：

材料成本差异率 =（30 000–230 000）÷（1 000 000+4 000 000）×100%

　　　　　　　=-4%

结转发出材料的成本差异，兴华公司应编制如下会计分录：

借：材料成本差异——H 材料　　　　　　　　　　152 000
　　贷：生产成本——基本生产成本　　　　　　　　120 000
　　　　　　　　——辅助生产成本　　　　　　　　 20 000
　　　　制造费用　　　　　　　　　　　　　　　 10 000
　　　　管理费用　　　　　　　　　　　　　　　　2 000

本例中，基本生产成本应分摊的成本差异节约额为 120 000 元（3 000 000×4%），辅助生产成本应分摊的成本差异节约额为 20 000 元（500 000×4%），制造费用应分摊的成本差异节约额为 10 000 元（250 000×4%），管理费用应分摊的成本差异节约额为 2 000 元（50 000×4%）。

第四节　周转材料

周转材料是指企业能够多次使用、逐渐转移其价值但仍保持原有形态，不确认为固定资产的材料物资。企业的周转材料包括包装物和低值易耗品等。

一、包装物

（一）包装物的内容

包装物是指为了包装本企业商品而储备的各种包装容器，如桶、箱、瓶、坛、袋等，其主要作用是盛装、装潢产品或商品。

包装物一般有以下用途：

（1）生产过程中用于包装产品作为产品组成部分的包装物。

（2）随同商品出售而不单独计价的包装物。

（3）随同商品出售单独计价的包装物。

（4）出租或出借给购买单位使用的包装物。

（二）包装物的账务处理

为了反映和监督包装物的增减变动及价值损耗、结存等情况，企业应当设置"周转材料——包装物"科目，借方登记包装物的增加，贷方登记包装物的减少，期末余额在借方，通常反映企业期末结存包装物的金额。

企业购入、自制、委托外单位加工完成验收入库的包装物的核算，与原材料的核算基本相似，应于收到包装物并验收入库时，借记"材料采购"（包装物采用计划成本核算时采用）、"周转材料——包装物"等科目，取得增值税专用发票的，根据发票上注明的增值税税额，借记"应交税费——应交增值税（进项税额）"科目，贷记"银行存款""委托加工物资"等科目。

例 5-19　兴华公司为增值税一般纳税人，对包装物采用计划成本核算，2020 年 11 月，从达利公司采购一批包装物，增值税专用发票上注明的包装物价格为 200 000 元、增值税税额为 26 000 元，企业签发一张面值为 226 000 元，期限为 3 个月的不带息商业承兑汇票交付给达利公司，包装物已验收入库。该批包装物的计划成本为 210 000 元。

兴华公司应编制如下会计分录：

采购包装物时：

借：材料采购——包装物 　　　　　　　　　　　　　　　　　　200 000

　　应交税费——应交增值税（进项税额） 　　　　　　　　　　 26 000

　　　贷：应付票据——达利公司 　　　　　　　　　　　　　　　　226 000

包装物验收入库时：

借：周转材料——包装物 　　　　　　　　　　　　　　　　　　210 000

　　　贷：材料采购——包装物 　　　　　　　　　　　　　　　　200 000

　　　　　材料成本差异 　　　　　　　　　　　　　　　　　　　 10 000

对于生产领用包装物，根据领用包装物的实际成本或计划成本，借记"生产成本"科目，贷记"周转材料——包装物""材料成本差异"（包装物采用计划成本核算时采用）等科目。随同商品出售而不单独计价的包装物和出借给购买单位的包装物，应于包装物发出时，按其实际成本计入销售费用。随同商品出售而单独计价的包装物，一方面应反映其销售收入，计入其他业务收入；另一方面应反映其实际成本，计入其他业务成本。多次使用的包装物应当根据使用次数分次进行摊销。

1. 生产领用包装物

生产领用包装物，根据领用包装物的实际成本，借记"生产成本"科目，贷记"周转材料——包装物"科目。包装物采用计划成本核算时，借记或贷记"材料成本差异"科目。

例 5-20　兴华公司为增值税一般纳税人，对包装物采用计划成本法核算。2020 年 11 月，生产产品领用包装物的实际成本为 100 000 元，材料成本差异率为 –2%。兴华公司应编制如下会计分录：

借：生产成本	98 000	
材料成本差异	2 000	
贷：周转材料——包装物		100 000

该项业务，借记"生产成本"科目，反映生产领用包装物而增加的生产成本，其金额为生产领用包装物的实际成本。由于包装物采用计划成本进行日常核算，贷记"周转材料——包装物"科目反映由于生产领用包装物而减少的包装物计划成本。包装物的计划成本与实际成本之间的差异即"材料成本差异"，为节约差，因此，生产领用包装物时借记"材料成本差异"科目。

2. 随同商品出售的包装物

随同商品出售包装物包括：①随同商品出售而不单独计价的情形；②随同商品出售而单独计价的情形。

（1）随同商品出售而不单独计价的包装物，应于包装物发出时，按其实际成本计入销售费用，借记"销售费用"科目，贷记"周转材料——包装物"科目。包装物采用计划成本核算时，借记或贷记"材料成本差异"科目。

例 5-21　兴华公司为增值税一般纳税人，对包装物采用计划成本法核算。2020 年 12 月销售商品领用不单独计价包装物的计划成本为 50 000 元，材料成本差异率为 2%。兴华公司应编制如下会计分录：

借：销售费用	51 000	
贷：周转材料——包装物		50 000
材料成本差异		1 000

（2）随同商品出售而单独计价的包装物，按照实际取得的金额，借记"银行存款"等科目；按其销售收入，贷记"其他业务收入"科目；按增值税专用发票上注明的增值税销项税额，贷记"应交税费——应交增值税（销项税额）"科目；同时，结转所销售包装物的成本，按其实际成本借记"其他业务成本"科目，贷记"周转材料——包装物"科目。包装物采用计划成本核算时，借记或贷记"材料成本差异"科目。

例 5-22　兴华公司为增值税一般纳税人，对包装物采用计划成本法核算。2020 年 12 月销售商品领用单独计价包装物的计划成本为 80 000 元，开出的增值税专用发票上注明的包装物价款为 100 000 元、增值税税额为 13 000 元，款项已存入银行。该包装物的材料成本差异率为 –1%。兴华公司应编制如下会计分录：

借：银行存款	113 000	
贷：其他业务收入		100 000
应交税费——应交增值税（销项税额）		13 000

结转所售单独计价包装物的成本：

借：其他业务成本	79 200	
材料成本差异	800	
贷：周转材料——包装物		80 000

3. 出租或出借的包装物

企业因销售产品或商品，可能会将包装物租给或借给客户暂时使用，并与客户约定一定时间内收回包装物。

企业出租或出借包装物时，应根据包装物出库凭证列明的金额，借记"周转材料——包装物——出租包装物（或出借包装物）"科目，贷记"周转材料——包装物——库存包装物"科目。包装物采用计划成本核算的，还应同时结转材料成本差异。

为了保证客户及时返还和承担妥善保管包装物的责任，企业出租或出借包装物时，一般要向客户收取一定金额的押金，即存入保证金，归还包装物时应将押金退还给客户。收取包装物押金时，借记"银行存款"等科目，贷记"其他应付款——存入保证金"科目；退还押金时，借记"其他应付款——存入保证金"科目，贷记"银行存款"等科目。

出租包装物是企业（专门经营包装物租赁除外）的一项其他业务活动。出租期间，企业按约定收取的租金，借记"银行存款""其他应收款"等科目，贷记"其他业务收入"科目。

出租或出借包装物，企业按规定的摊销方法对包装物进行摊销。企业可以采用一次转销法、五五摊销法或者分次摊销法进行摊销。

（1）一次转销法是指周转材料在领用时就将其全部账面价值计入相关资产成本或当期损益的方法。

（2）五五摊销法是指周转材料在领用时或出租、出借时先摊销其成本的一半，在报废时再摊销其成本的另一半，即两次各按50%进行摊销的方法。

（3）分次摊销法是指周转材料的成本应当按使用次数分次摊入相关资产成本或当期损益的方法。

对包装物进行摊销时，借记"其他业务成本"（出租包装物）、"销售费用"（出借包装物）科目，贷记"周转材料——包装物——包装物摊销"科目。

包装物在出租或出借期间发生维修费用的，企业确认应由其负担的包装物修理费用等支出时，借记"其他业务成本"（出租包装物）、"销售费用"（出借包装物）科目，贷记"银行存款""原材料""应付职工薪酬"等科目。

例 5-23　兴华公司为增值税一般纳税人，对包装物采用计划成本法核算。2020年12月1日，将一批库存未用包装物出借给万通公司，同时收取万通公司支付的存入保证金20 000元存入银行。该包装物的计划成本为50 000元，材料成本差异率为4%。包装物采用五五摊销法进行摊销。兴华公司应编制如下会计分录：

借：周转材料——包装物——出借包装物　　　　　　　　　　50 000
　　贷：周转材料——包装物——库存包装物　　　　　　　　　　　50 000
借：银行存款　　　　　　　　　　　　　　　　　　　　　　20 000
　　贷：其他应付款——万通公司　　　　　　　　　　　　　　　　20 000
借：销售费用　　　　　　　　　　　　　　　　　　　　　　26 000
　　贷：周转材料——包装物——包装物摊销　　　　　　　　　　　25 000
　　　　材料成本差异　　　　　　　　　　　　　　　　　　　　　1 000

二、低值易耗品

（一）低值易耗品的内容

低值易耗品是指不符合固定资产确认条件的各种用具物品，如工具、管理用具、玻璃器皿、劳动保护用品，以及在经营过程中周转使用的容器等和建造承包商的钢模板、木模板、脚手架等其他周转材料。

（二）低值易耗品的账务处理

为了反映和监督低值易耗品的增减变动及其价值损耗、结存等情况，企业应当设置"周转材料——低值易耗品"科目，借方登记低值易耗品的增加，贷方登记低值易耗品的减少，期末余额在借方，通常反映企业期末结存低值易耗品的金额。

企业购入、自制、委托外单位加工完成验收入库的低值易耗品的核算，与原材料的核算基本相似，应于收到低值易耗品并验收入库时，借记"周转材料——低值易耗品"科目，取得增值税专用发票的，根据发票上注明的增值税税额，借记"应交税费——应交增值税（进项税额）"科目，贷记"银行存款""委托加工物资"等科目。

低值易耗品在领用时，按照使用次数分次计入成本费用。金额较小的，可在领用时一次计入成本费用，以简化核算，但为了加强实物管理，应当在备查簿中进行登记。

采用分次摊销法摊销低值易耗品，低值易耗品在领用时摊销其账面价值的单次平均摊销额。分次摊销法适用于可供多次反复使用的低值易耗品。在采用分次摊销法的情况下，需要单独设置"周转材料——低值易耗品——在用""周转材料——低值易耗品——在库""周转材料——低值易耗品——摊销"明细科目。

例5-24 兴华公司为增值税一般纳税人，对低值易耗品采用实际成本法核算。2020年12月，兴华公司的基本生产车间领用专用工具一批，实际成本为80 000元，不符合固定资产定义，采用分次摊销法进行摊销。该专用工具的估计使用次数为2次。兴华公司应编制如下会计分录：

（1）领用专用工具：

借：周转材料——低值易耗品——在用　　　　　　　　　　80 000
　　贷：周转材料——低值易耗品——在库　　　　　　　　　　　80 000

（2）第一次领用时摊销其价值的一半：

借：制造费用　　　　　　　　　　　　　　　　　　　　　40 000
　　贷：周转材料——低值易耗品——摊销　　　　　　　　　　　40 000

（3）第二次领用摊销其价值的一半：

借：制造费用　　　　　　　　　　　　　　　　　　　　　40 000
　　贷：周转材料——低值易耗品——摊销　　　　　　　　　　　40 000

同时：

借：周转材料——低值易耗品——摊销　　　　　　　　　　80 000
　　贷：周转材料——低值易耗品——在用　　　　　　　　　　　80 000

第五节 委托加工物资

委托加工物资是指企业委托外单位加工的各种材料、商品等物资。经过加工，材料或商品不仅实物形态、性能和使用价值等可能发生变化，加工过程中需要消耗其他材料，发生加工费、税费，会导致被加工材料或商品的成本增加，因此，委托加工物资的成本包括加工中实际耗用材料物资的成本、支付给受托方的加工费、应负担的运输费和装卸费以及按规定应计入成本的税金等。

为了反映和监督委托加工物资的增减变动及结存情况，企业应当设置"委托加工物资"科目，借方登记委托加工物资的实际成本，贷方登记加工完成验收入库的物资的实际成本和剩余物资的实际成本，期末余额在借方，反映企业尚未完工的委托加工物资的实际成本等。委托加工物资也可以采用计划成本或售价进行核算。

委托加工物资在会计处理上主要包括拨付加工物资、支付加工费和税金、收回加工物资和剩余物资等几个环节。

例 5-25 兴华公司为增值税一般纳税人，对委托加工物资采用计划成本法核算。2020 年 12 月 1 日，兴华公司委托万华公司加工一批防护服，原材料计划成本为 20 000 元，材料成本差异率为 4%。发生加工费 6 000 元（不含增值税），并取得增值税专用发票，发票上注明增值税税额为 780 元；发生应由兴华公司承担的运输费 1 000 元，增值税专用发票上注明的增值税税额为 90 元。12 月 20 日，防护服加工完成，运费 1 500 元，增值税专用发票上注明的增值税税额为 135 元。加工费、运输费、增值税税额均已通过银行存款支付，该批防护服已验收入库，计划成本为 30 000 元。

兴华公司应编制如下会计分录：

（1）发出委托加工材料时：

借：委托加工物资 　　　　　　　　　　　　　20 800

　　贷：原材料 　　　　　　　　　　　　　　　　　20 000

　　　　材料成本差异 　　　　　　　　　　　　　　　800

（2）支付运输费及税金时：

借：委托加工物资 　　　　　　　　　　　　　 1 000

　　应交税费——应交增值税（进项税额）　　　　90

　　贷：银行存款 　　　　　　　　　　　　　　　　1 090

（3）支付加工费及税金时：

借：委托加工物资 　　　　　　　　　　　　　 6 000

　　应交税费——应交增值税（进项税额）　　　780

　　贷：银行存款 　　　　　　　　　　　　　　　　6 780

（4）支付运输费及税金时：

借：委托加工物资 　　　　　　　　　　　　　 1 500

　　应交税费——应交增值税（进项税额）　　　135

　　贷：银行存款 　　　　　　　　　　　　　　　　1 635

（5）防护服加工完成验收入库时：

借：周转材料——低值易耗品　　　　　　　　　　　　30 000

　　贷：委托加工物资　　　　　　　　　　　　　　　　29 300

　　　　材料成本差异——防护服　　　　　　　　　　　　700

需要注意的是，企业委托外单位加工的物资如属于应税消费品的，委托方负担的消费税应由受托方代收代缴。委托方收回委托加工物资用于直接销售的，其在委托加工环节负担的消费税，记入"委托加工物资"科目；委托方收回委托加工物资用于继续生产应税消费品的，其在委托加工环节负担的消费税，记入"应交税费——应交消费税"科目。

第六节　库存商品

一、库存商品的内容

库存商品是指企业完成全部生产过程并验收入库、符合标准规格和技术条件，可以按照合同规定的条件送交订货单位，或者可以作为商品对外销售的产品以及外购或者委托加工完成验收入库用于销售的各种商品。

库存商品包括库存产成品、外购商品、存放在门市部准备出售的商品、发出展览的商品、寄存在外的商品、接受来料加工制造的代制品和为外单位加工修理的待修品等。已完成销售手续但购买单位在月末尚未提取的商品，不应作为企业的库存商品，而应作为代管商品，单独设置"代管商品"备查簿进行登记。

为了反映和监督库存商品的增减变动及结存情况，企业应当设置"库存商品"科目，借方登记验收入库的库存商品成本，贷方登记发出的库存商品成本，期末余额在借方，反映各种库存商品的实际成本。"库存商品"应按库存商品的种类、品种和规格设置明细科目进行明细核算。

二、库存商品的账务处理

库存商品在会计处理上主要包括商品验收入库、发出库存商品等几个环节。

对于库存商品采用实际成本核算的企业，当产品生产完工并验收入库时，按其实际成本，借记"库存商品"科目，贷记"生产成本——基本生产成本"科目。

例 5-26　2020 年 10 月 31 日，兴华公司"商品入库汇总表"的数据显示，当月验收入库产成品 X 产品 1000 件，实际单位成本 500 元，共计 500 000 元；验收入库 Y 产品 2000 件，实际单位成本 200 元，共计 400 000 元。兴华公司应编制如下会计分录：

借：库存商品——X 产品　　　　　　　　　　　　　　500 000

　　　　　　——Y 产品　　　　　　　　　　　　　　400 000

　　贷：生产成本——基本生产成本——X 产品　　　　　　500 000

　　　　　　　　　　　　　　　　——Y 产品　　　　　　400 000

企业销售商品符合收入确认原则确认收入的同时，应计算、结转与收入相关的产品成本。产品销售成本的计算与结转通常在本期（月）进行。采用实际成本进行库存商品日常核算的，应根据本期（月）销售产品数量及相应的单位成本（按加权平均法、先进先出法或个别计价法）计算确定本期产品销售成本总额，借记"主营业务成本"等科目，贷记"库存商品"科目。

例 5-27　兴华公司采用加权平均法计算产品单位成本，2020 年 10 月 31 日，根据月末汇总的发出商品资料，当月销售 X 产品 900 件，单位成本 500 元，销售 Y 产品 1 800 件，单位成本 200 元。兴华公司应编制如下会计分录：

借：主营业务成本　　　　　　　　　　　　　　　　　　810 000
　　贷：库存商品——X 产品　　　　　　　　　　　　　　450 000
　　　　　　——Y 产品　　　　　　　　　　　　　　360 000

商品流通企业发出商品的核算，除采用实际成本进行日常核算外，还可以采用以下方法：

1. 毛利率法

毛利率法是指根据销售净额乘以上期实际（或本期计划）毛利率匡算本期销售毛利，并据以计算发出存货和期末存货成本的方法。其计算公式如下：

$$毛利率 = \frac{销售毛利}{销售额} \times 100\%$$

$$销售净额 = 商品销售收入 - 销售退回与折让$$

$$销售毛利 = 销售额 \times 毛利率$$

$$销售成本 = 销售额 - 销售毛利$$

$$期末存货成本 = 期初存货成本 + 本期购货成本 - 本期销售成本$$

毛利率法是商品流通企业，尤其是商业批发企业常用的计算本期商品销售成本和期末库存商品成本的方法。商品流通企业由于其所经营的商品品种繁多，如果分品种计算商品成本，工作量将大大增加。一般来讲，商品流通企业同类商品的毛利率大致相同，采用毛利率法作为存货计价方法既能减轻工作量，也能满足对存货管理的需要。

例 5-28　友好商场采用毛利率法作为存货的计价方法，2020 年 6 月 1 日 A 商品库存余额 18 000 000 元，本月购进 30 000 000 元，本月确认 A 商品销售收入 34 000 000 元。上季度该类商品毛利率为 25%。友好商城本月已销售商品和月末库存商品成本的计算如下：

销售毛利 =34 000 000×25%=8 500 000（元）

本月销售成本 =34 000 000-8 500 000=25 500 000（元）

月末库存商品成本 =18 000 000+30 000 000-25 500 000=22 500 000（元）

2. 售价金额核算法

售价金额核算法是指平时商品的购入、加工收回、销售均按售价记账，售价与进价的差额通过"商品进销差价"科目核算，期末计算进销差价率和本期已销售商品应分摊的进销差价，并据以调整本期销售成本的一种方法。其计算公式如下：

$$商品进销差价率 = \frac{期初库存商品进销差价 + 本期购入商品进销差价}{期初库存商品售价 + 本期购入商品售价} \times 100\%$$

$$本期销售商品应分摊的商品进销差价 = 本期商品销售收入 \times 商品进销差价率$$

$$本期销售商品的成本 = 本期销售收入 - 本期销售商品应分摊的商品进销差价$$

$$期末结存商品的成本 = 期初库存商品的进价成本 + 本期购进商品的$$
$$进价成本 - 本期销售商品的成本$$

如果企业的商品进销差价率各期之间比较均衡，也可采用上期商品的进销差价率分摊本期的商品进销差价。年度终了，应对商品进销差价进行核算调整。

企业购入商品采用售价金额核算，按验收入库商品的售价，借记"库存商品"科目；按商品进价，贷记"银行存款""在途物资""委托加工物资"等科目；按商品售价与进价之间的差额，贷记"商品进销差价"科目。

对外销售发出商品时，按售价结转销售成本，借记"主营业务成本"科目，贷记"库存商品"科目；期（月）末分摊已销售商品的进销差价，借记"商品进销差价"科目，贷记"主营业务成本"科目。

对于从事商业零售业务的企业，由于经营的商品种类、品种、规格等繁多，且要求按商品零售价格标价，广泛采用售价金额核算法。

例 5-29 万利商场采用售价金额核算法对存货计价核算，2020 年 7 月期初库存商品的进价成本总额为 2 000 000 元，售价总额为 2 200 000 元；本月购进商品的进价成本总额为 1 500 000 元，售价总额为 1 800 000 元；本月销售收入共计 2 400 000 元。万利商场本月已销售商品和月末库存商品成本的计算如下：

商品进销差价率 =（200 000+300 000）/(2 200 000+1 800 000)×100%=12.5%

已销售商品应分摊的商品进销差价 =2 400 000×12.5%=300 000（元）

本月销售成本 =2 400 000-300 000=2 100 000（元）

月末库存商品成本 =2 000 000+1 500 000-2 100 000=1 400 000（元）

第七节 存货清查与期末计价

一、存货清查

存货清查是指通过对存货的实地盘点，确定存货的实有数量，并与账面结存数核对，从而确定存货实存数与账面结存数是否相符的一种专门方法。

由于存货种类繁多、收发频繁，在日常收发过程中可能发生计量错误、计算错误、自然损耗，还可能发生损坏变质以及贪污、盗窃等情况，造成账实不符，形成存货的盘盈、盘亏。对于存货的盘盈、盘亏，应填写存货盘点报告，如实存账存对比表，并及时查明原因，按照规定程序报批处理。

为了反映和监督企业在财产清查中查明的各种存货的盘盈、盘亏和毁损情况，企业应当设置"待处理财产损溢"科目，借方登记存货的盘亏、毁损金额及盘盈的转销金额，贷方登记存货的盘盈金额及盘亏的转销金额。企业清查的各种存货损溢，应在期末结账前处理完毕，期末处理后，"待处理财产损溢"科目应无余额。

1. 存货盘盈的账务处理

企业发生存货盘盈时，借记"原材料""库存商品"等科目，贷记"待处理财产损溢"科目；在按管理权限报经批准后，借记"待处理财产损溢"科目，贷记"管理费用"等科目。

例 5-30　兴华公司在财产清查中盘盈 H 材料 1 000 千克，实际单位成本为 85 元 / 千克。经查属于材料收发计量方面的错误。兴华公司应编制如下会计分录：

（1）批准处理前：

借：原材料——H 材料	85 000
贷：待处理财产损溢——待处理流动资产损溢	85 000

（2）批准处理后：

借：待处理财产损溢——待处理流动资产损溢	85 000
贷：管理费用	85 000

2. 存货盘亏及毁损的账务处理

企业发生存货盘亏及毁损时，借记"待处理财产损溢"科目，贷记"原材料""库存商品"等科目。在按管理权限报经批准后应做如下账务处理：对于入库的残料价值，记入"原材料"等科目；对于由保险公司或过失人赔偿的赔款，记入"其他应收款"科目；扣除残料和应由保险公司、过失人赔偿后的净损失，属于一般经营损失的部分，记入"管理费用"科目，属于非常损失的部分，记入"营业外支出"科目。

例 5-31　兴华公司在财产清查中发现盘亏 K 材料 500 千克，实际单位成本为 100 元 / 千克，增值税专用发票上注明的增值税税额为 6 500 元。经查属于材料保管员黄刚的过失造成的，按规定由其个人赔偿 30 000 元，残料价值 2 000 元，已办理入库手续。兴华公司应编制如下会计分录：

（1）批准处理前：

借：待处理财产损溢——待处理流动资产损溢	56 500
贷：原材料——K 材料	50 000
应交税费——应交增值税（进项税额转出）	6 500

（2）批准处理后：

1）由过失人赔偿部分：

借：其他应收款——黄刚	30 000
贷：待处理财产损溢——待处理流动资产损溢	30 000

2）残料入库：

借：原材料——K 材料	2 000
贷：待处理财产损溢——待处理流动资产损溢	2 000

3）材料毁损净损失：

借：管理费用　　　　　　　　　　　　　　　　　　　24 500
　　贷：待处理财产损溢——待处理流动资产损溢　　　　　　　24 500

例 5-32　兴华公司为增值税一般纳税人，2020 年 8 月 5 日，因台风造成一批库存 M 材料毁损，该批材料实际成本 100 000 元，增值税专用发票上注明的增值税税额为 13 000 元。根据保险责任范围及保险合同规定，应由保险公司赔偿 80 000 元。兴华公司应编制如下会计分录：

（1）批准处理前：

借：待处理财产损溢——待处理流动资产损溢　　　　　　　100 000
　　贷：原材料——M 材料　　　　　　　　　　　　　　　　100 000

（2）批准处理后：

借：其他应收款——应收保险公司赔偿款　　　　　　　　　80 000
　　营业外支出——非常损失　　　　　　　　　　　　　　　20 000
　　贷：待处理财产损溢——待处理流动资产损溢　　　　　　　100 000

需特别说明的是，在存货的清查过程中，如果因贪污、盗窃等管理不善造成的存货毁损的，则取得该存货时的进项税额不允许抵扣，需要转出；如果因地震、台风等不可抗力造成存货毁损的，则取得该存货时的进项税额允许抵扣，不需要转出。

二、存货的减值

（一）存货期末计量原则

资产负债表日，存货应当按照成本与可变现净值孰低计量。即资产负债表日，当存货成本高于其可变现净值的，应当计提存货跌价准备，计入当期损益；当存货成本低于其可变现净值的，按其成本计量，不计提存货跌价准备，但原已计提存货跌价准备的，应在已计提存货跌价准备金额的范围内转回。

可变现净值是指在日常活动中，存货的估计售价减去至完工时估计将要发生的成本、估计的销售费用以及相关税费后的金额。存货成本是指期末存货的实际成本。如果企业在存货成本的日常核算中采用计划成本法、售价金额核算法等简化核算方法，则成本为经调整后的实际成本。

存货存在下列情形之一的，通常表明存货的可变现净值低于成本：

（1）该存货的市场价格持续下跌，且在可预见的未来无回升的希望。

（2）企业使用该项原材料生产的产品成本大于产品的销售价格。

（3）企业因产品更新换代，原有库存原材料已不适应新产品的需要，而该原材料的市场价格又低于其账面成本。

（4）因企业所提供的商品或劳务过时或消费者偏好改变而使市场的需求发生变化，导致市场价格逐渐下跌。

（5）其他足以证明该项存货实质上已经发生减值的情形。

存货存在下列情形之一的，通常表明存货的可变现净值为零：

（1）已腐烂变质的存货。

（2）已过期且无转让价值的存货。

（3）生产中已不再需要，且已无使用价值和转让价值的存货。

（4）其他足以证明已无使用价值和转让价值的存货。

（二）存货跌价准备的计提和转回

1. 存货跌价准备的计提

在资产负债表日，存货的可变现净值低于成本，企业应当计提存货跌价准备。

企业通常应当按单个存货项目计提存货跌价准备。即资产负债表日，企业将每个存货项目的成本与可变现净值逐一进行比较，按较低者计量存货。其中，可变现净值低于成本的，两者的差额即为应计提的存货跌价准备。企业计提的存货跌价准备应当计入当期损益。

对于数量繁多、单价较低的存货，可以按照存货类别计提存货跌价准备。与在同一地区生产和销售的产品系列相关、具有相同或类似最终用途或目的，且难以与其他项目分开计量的存货，可以合并计提存货跌价准备。存货具有相同或类似最终用途或目的，并在同一地区生产和销售，意味着存货所处的经济环境、法律环境、市场环境等相同，具有相同的风险和报酬，因此可以对其进行合并计提存货跌价准备。

为了反映和监督存货跌价准备的计提、转回和转销情况，企业应当设置"存货跌价准备"科目，贷方登记计提的存货跌价准备金额，借方登记实际发生的存货跌价损失金额和转回的存货跌价准备金额，期末余额一般在贷方，反映企业已计提但尚未转销的存货跌价准备。

当存货成本高于其可变现净值时，企业应当按照存货可变现净值低于成本的差额，借记"资产减值损失——计提的存货跌价准备"科目，贷记"存货跌价准备"科目。

例 5-33 2020 年 12 月 31 日，兴华公司 T 商品的账面金额为 200 000 元。由于市场价格下跌，预计可变现净值为 180 000 元，由此应计提的存货跌价准备为 20 000 元。假定 T 商品之前未计提存货跌价准备，即"存货跌价准备"科目余额为 0。兴华公司应编制如下会计分录：

借：资产减值损失——计提的存货跌价准备 20 000

　　贷：存货跌价准备 20 000

本例中，T 商品的账面实际成本为 200 000 元，T 商品的预计可变现净值为 180 000 元，则计提存货跌价准备的金额为 20 000 元（200 000-180 000），即"存货跌价准备"科目的贷方余额为 20 000 元。

2. 存货跌价准备的转回

以前减记存货价值的影响因素已经消失的，减记的金额应当予以恢复，并在原已计提的存货跌价准备金额内转回，转回的金额计入当期损益。

在核算存货跌价准备转回时，转回的存货跌价准备与计提该准备的存货项目或类别应当存在直接对应关系。在原已计提的存货跌价准备金额内转回，意味着转回的金额以将存货跌价准备的余额冲减至零为限。

转回已计提的存货跌价准备金额时,按恢复增加的金额,借记"存货跌价准备"科目,贷记"资产减值损失——计提的存货跌价准备"科目。

例 5-34 沿用【例 5-33】的资料,假设 2021 年 12 月 31 日,T 商品的种类、数量、账面成本和已计提的存货跌价准备均未发生变化,但自 2021 年以来,T 商品市场价格持续上升,市场前景明细转好,至 2021 年年末根据当时状态确定的 T 商品预计可变现净值为 215 000 元。兴华公司应编制如下会计分录:

借:存货跌价准备 20 000
　　贷:资产减值损失——计提的存货跌价准备 20 000

T 商品的预计可变现净值为 215 000 元,存货价值较 2020 年年末回升金额为 35 000 元(215 000-180 000),"存货跌价准备"科目的贷方余额为 20 000 元,转回的金额以将存货跌价准备的余额冲减至零为限,因此,应转回的存货跌价准备为 20 000 元。

需要注意的是,导致存货跌价准备转回的是以前减记存货价值的影响因素消失,而不是在当期造成存货可变现净值高于其成本的其他影响因素。如果本期导致存货可变现净值高于成本的影响因素不是以前减记该存货价值的影响因素,则不允许将该存货跌价准备转回。

3. 存货跌价准备的结转

企业计提了存货跌价准备,如果其中部分存货已经销售,则企业在结转销售成本时,应同时结转对其已计提的存货跌价准备。如果按存货类别计提存货跌价准备的,应当按照发生销售等而转出存货的成本占该存货未转出前该类存货成本的比例结转相应的存货跌价准备。

企业结转存货销售成本时,对于已计提存货跌价准备的,借记"存货跌价准备"科目,贷记"主营业务成本""其他业务成本"科目。

例 5-35 兴华公司为增值税一般纳税人,2020 年,兴华公司库存 M 商品 10 件,单位成本为 50 000 元,已计提的存货跌价准备金额为 60 000 元。同年,兴华公司将库存的 M 商品 10 件全部以每件 60 000 元的价格售出,适用的增值税税率为 13%,货款尚未收到。

兴华公司应编制如下会计分录:

借:应收账款 678 000
　　贷:主营业务收入——M 商品 600 000
　　　　应交税费——应交增值税(销项税额) 78 000
借:主营业务成本 440 000
　　存货跌价准备 60 000
　　贷:库存商品——M 商品 500 000

根据《企业会计准则第 1 号——存货》的规定,在资产负债表日,为生产而持有的材料物资等,用其生产的产成品的可变现净值高于成本的,该材料仍旧应当按照成本计量;材料价格的下降表明产成品的可变现净值低于成本的,该材料应当按照可变现净值计量。也就是说,材料存货在期末通常按照成本计量,除非企业用其生产的产品发生了跌价,并且该跌价是由材料本身价格下跌所引发的,才需要考虑计算材料存货的可变现净值,将该材料的可变现净值与其成本进行比较，从而确定材料存货是否需要计提跌价准备。

本章核算小结

1. 原材料业务处理小结（实际成本法）见表5-5。

表5-5 原材料业务处理小结（实际成本法）

业 务 内 容		会 计 处 理
单货同时到		借：原材料 　　应交税费——应交增值税（进项税额） 　贷：银行存款 / 应付票据 / 其他货币资金 / 应付账款等
单到货未到	单到时	借：在途物资 　　应交税费——应交增值税（进项税额） 　贷：银行存款 / 应付票据 / 其他货币资金 / 应付账款等
	货物运达并验收合格入库	借：原材料 　贷：在途物资
货到单未到	月底仍未收到结算凭证	（1）按材料合同或计划价暂估入账： 借：原材料 　贷：应付账款——暂估应付账款 （2）下月初，用红字冲回： 借：原材料 　贷：应付账款——暂估应付账款 （3）结算凭证到达，办理付款手续后： 借：原材料 　　应交税费——应交增值税（进项税额） 　贷：银行存款 / 应付票据等
先付款后收料（未收到发票）		按合同规定预付货款： 借：预付账款 　贷：银行存款
领用原材料		借：生产成本〔车间生产产品耗用〕 　　制造费用〔车间一般消耗〕 　　管理费用〔企业管理部门耗用〕 　　销售费用〔销售过程中耗用〕 　贷：原材料

2. 原材料业务处理小结（计划成本法）见表5-6。

表5-6 原材料业务处理小结（计划成本法）

业 务 内 容	会 计 处 理
购买材料时 （单到）	借：材料采购〔实际成本〕 　　应交税费——应交增值税（进项税额） 　贷：银行存款 / 应付账款等 【提示】不论是否已经验收入库，必须要先通过"材料采购"科目核算
验收入库时 （货到）	借：原材料〔计划成本〕 　　材料成本差异〔超支差异〕 　贷：材料采购〔实际成本〕 　　材料成本差异〔节约差异〕

（续）

业 务 内 容	会 计 处 理
货到单未到	按计划成本暂估入账： 借：原材料〔计划成本〕 　　贷：应付账款——暂估应付账款〔计划成本〕 下月初红字冲回： 借：原材料 　　贷：应付账款——暂估应付账款 单到时，再重复正常的"单到货到"处理。
领用原材料	（1）按计划成本结转： 借：生产成本〔车间生产产品耗用〕 　　制造费用〔车间一般消耗〕 　　管理费用〔企业管理部门耗用〕 　　销售费用〔销售过程中耗用〕 　　贷：原材料 （2）同时结转材料成本差异： 本期材料成本差异率 =（期初结存材料的成本差异 + 本期验收入库材料的成本差异）÷（期初结存材料的计划成本 + 本期验收入库材料的计划成本）×100% 发出材料应负担的成本差异 = 发出材料的计划成本 × 本期材料成本差异率

3. 委托加工物资和库存商品核算业务处理小结见表5-7。

表5-7　委托加工物资和库存商品核算业务处理小结

业 务 内 容	会 计 处 理
委托加工物资的核算	（1）发出委托加工材料时： 借：委托加工物资 　　贷：原材料 （2）支付运输费及税金时： 借：委托加工物资 　　应交税费——应交增值税（进项税额） 　　贷：银行存款 （3）支付加工费及税金时： 借：委托加工物资 　　应交税费——应交增值税（进项税额） 　　贷：银行存款 （4）材料加工完成验收入库时： 借：原材料 　　贷：委托加工物资
库存商品的核算	（1）根据"商品入库汇总表"等资料： 借：库存商品 　　贷：生产成本——基本生产成本 （2）根据汇总实现销售发出产品资料： 借：主营业务成本 　　贷：库存商品

4. 存货产清查和期末计价业务处理小结见表5-8。

表 5-8 存货产清查和期末计价业务处理小结

业 务 内 容		会 计 处 理
存货清查	存货盘盈	批准前： 借：原材料 / 库存商品等 　　贷：待处理财产损溢——待处理流动资产损溢 批准后： 借：待处理财产损溢——待处理流动资产损溢 　　贷：管理费用等
	存货盘亏	批准前： 借：待处理财产损溢——待处理流动资产损溢 　　贷：原材料 　　　　应交税费——应交增值税（进项税额转出） 【提示】自然灾害等非常损失不需要转出进项税额；管理不善造成损失，需要转出进项税额 批准后： 借：原材料〔残料〕 　　其他应收款〔赔款〕 　　管理费用〔一般经营损失〕 　　营业外支出〔非常损失〕 　　贷：待处理财产损溢——待处理流动资产损溢
存货期末计价	计提存货跌价准备	借：资产减值损失——计提的存货跌价准备 　　贷：存货跌价准备
	转回存货跌价准备	借：存货跌价准备 　　贷：资产减值损失——计提的存货跌价准备
	结转存货跌价准备	借：主营业务成本 　　存货跌价准备 　　贷：库存商品

同步强化训练

一、单项选择题

1. 某企业原材料按实际成本进行日常核算。2021 年 3 月 1 日结存甲材料 300 千克，每千克实际成本为 15 元；3 月 15 日购入甲材料 280 千克，每千克实际成本为 25 元；3 月 20 日购入甲材料 200 千克，每千克实际成本为 30 元；3 月 31 日发出甲材料 200 千克（该批材料为 3 月 15 日购进材料）。按个别计价法计算 3 月份发出甲材料的实际成本为（　　）元。

　　A．3 000　　　　　　　B．4 000　　　　　　　C．5 000　　　　　　　D．6 000

2. 某企业采用先进先出法计算发出材料的成本。2021 年 3 月 1 日结存 A 材料 200 吨，每吨实际成本为 200 元；3 月 4 日和 3 月 17 日分别购进 A 材料 300 吨和 400 吨，每吨实际成本分别为 180 元和 220 元；3 月 10 日和 3 月 27 日分别发出 A 材料 400 吨和 350 吨。A 材料月末账面余额为（　　）元。

  A. 30 000   B. 30 333   C. 32 040   D. 33 000

  3. 某企业采用月末一次加权平均法计算发出原材料的成本。2021 年 2 月 1 日，甲材料结存 200 千克，每千克实际成本为 100 元；2 月 10 日购入甲材料 300 千克，每千克实际成本为 110 元；2 月 25 日发出甲材料 400 千克。2 月末，甲材料的库存余额为（　　）元。

  A. 10 000   B. 10 500   C. 10 600   D. 11 000

  4. 某企业材料采用计划成本法核算。月初结存材料的计划成本为 130 万元，材料成本差异为节约 20 万元。当月入库材料一批，实际成本为 110 万元，计划成本为 120 万元，领用材料的计划成本为 100 万元。该企业当月领用材料的实际成本为（　　）万元。

  A. 88   B. 96   C. 100   D. 112

  5. 某企业采用计划成本法核算原材料，2021 年 4 月初结存原材料计划成本为 56 000 元，材料成本差异为超支差 8 400 元，本月入库原材料计划成本为 60 000 元，材料成本差异为节约差异 2 600 元，本月发出材料计划成本为 60 000 元。不考虑其他因素，该企业本月结存材料实际成本为（　　）元。

  A. 58 800   B. 63 000   C. 98 400   D. 53 000

  6. 企业销售产品领用不单独计价包装物一批，其计划成本为 8 000 元，材料成本差异率为 1%。对于该项业务，不考虑其他因素，下列说法中正确的是（　　）。

  A. 应计入其他业务成本的金额为 8 080 元

  B. 应计入其他业务成本的金额为 7 920 元

  C. 应计入销售费用的金额为 8 080 元

  D. 应计入销售费用的金额为 7 920 元

  7. 一般纳税人委托其他单位加工材料收回后直接对外销售的，其发生的下列支出中，不应计入委托加工物资成本的是（　　）。

  A. 发出材料的实际成本   B. 支付给受托方的加工费

  C. 支付给受托方的增值税   D. 受托方代收代缴的消费税

  8. 企业销售一批库存商品，收到价款 200 万元，该商品的成本为 170 万元，已提存货跌价准备 35 万元。不考虑其他因素，销售该批商品应结转的销售成本为（　　）万元。

  A. 135   B. 165   C. 205   D. 170

  9. 下列各项中，不会引起企业期末存货账面价值变动的是（　　）。

  A. 已发出商品但尚未确认销售收入

  B. 已确认销售收入但尚未发出商品

  C. 已收到材料但尚未收到发票账单

  D. 已收到发票账单并付款但尚未收到材料

  10. A 企业为增值税一般纳税人，原材料的核算采用计划成本法，原材料计划单位成本为每吨为 20 元。本期购进原材料 6 000 吨，但并未取得增值税专用发票，只取得了普通发票，发票上注明的价款总额为 119 340 元。另发生运杂费 1 400 元，途中保险费 359 元。原材料运抵企业后验收入库 5 995 吨，运输途中合理损耗 5 吨。不考虑其他因素，购进材料的成本差异（超支）为（　　）元。

  A. 1 099   B. 1 199   C. 16 141   D. 16 241

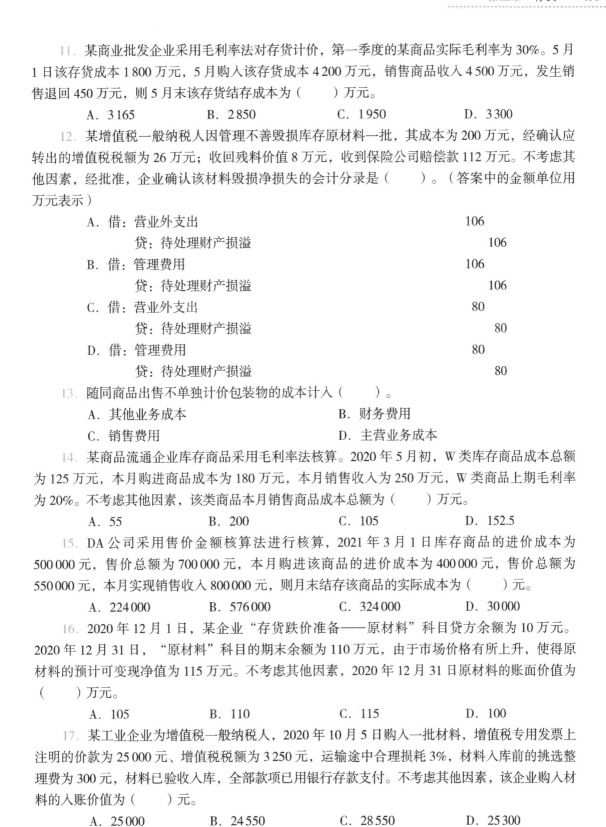

11. 某商业批发企业采用毛利率法对存货计价，第一季度的某商品实际毛利率为30%。5月1日该存货成本1 800万元，5月购入该存货成本4 200万元，销售商品收入4 500万元，发生销售退回450万元，则5月末该存货结存成本为（　　）万元。

　　　A. 3 165　　　　　　B. 2 850　　　　　　C. 1 950　　　　　　D. 3 300

12. 某增值税一般纳税人因管理不善毁损库存原材料一批，其成本为200万元，经确认应转出的增值税税额为26万元；收回残料价值8万元，收到保险公司赔偿款112万元。不考虑其他因素，经批准，企业确认该材料毁损净损失的会计分录是（　　）。（答案中的金额单位用万元表示）

　　　A. 借：营业外支出　　　　　　　　　　　　　　　　　　　106
　　　　　　贷：待处理财产损溢　　　　　　　　　　　　　　　　　　106
　　　B. 借：管理费用　　　　　　　　　　　　　　　　　　　　106
　　　　　　贷：待处理财产损溢　　　　　　　　　　　　　　　　　　106
　　　C. 借：营业外支出　　　　　　　　　　　　　　　　　　　80
　　　　　　贷：待处理财产损溢　　　　　　　　　　　　　　　　　　80
　　　D. 借：管理费用　　　　　　　　　　　　　　　　　　　　80
　　　　　　贷：待处理财产损溢　　　　　　　　　　　　　　　　　　80

13. 随同商品出售不单独计价包装物的成本计入（　　）。

　　　A. 其他业务成本　　　　　　　　　　B. 财务费用
　　　C. 销售费用　　　　　　　　　　　　D. 主营业务成本

14. 某商品流通企业库存商品采用毛利率法核算。2020年5月初，W类库存商品成本总额为125万元，本月购进商品成本为180万元，本月销售收入为250万元，W类商品上期毛利率为20%。不考虑其他因素，该类商品本月销售商品成本总额为（　　）万元。

　　　A. 55　　　　　　　B. 200　　　　　　　C. 105　　　　　　　D. 152.5

15. DA公司采用售价金额核算法进行核算，2021年3月1日库存商品的进价成本为500 000元，售价总额为700 000元，本月购进该商品的进价成本为400 000元，售价总额为550 000元，本月实现销售收入800 000元，则月末结存该商品的实际成本为（　　）元。

　　　A. 224 000　　　　　B. 576 000　　　　　C. 324 000　　　　　D. 30 000

16. 2020年12月1日，某企业"存货跌价准备——原材料"科目贷方余额为10万元。2020年12月31日，"原材料"科目的期末余额为110万元，由于市场价格有所上升，使得原材料的预计可变现净值为115万元。不考虑其他因素，2020年12月31日原材料的账面价值为（　　）万元。

　　　A. 105　　　　　　　B. 110　　　　　　　C. 115　　　　　　　D. 100

17. 某工业企业为增值税一般纳税人，2020年10月5日购入一批材料，增值税专用发票上注明的价款为25 000元、增值税税额为3 250元，运输途中合理损耗3%，材料入库前的挑选整理费为300元，材料已验收入库，全部款项已用银行存款支付。不考虑其他因素，该企业购入材料的入账价值为（　　）元。

　　　A. 25 000　　　　　B. 24 550　　　　　C. 28 550　　　　　D. 25 300

18. 甲公司在财产清查中发现毁损L材料一批，实际成本50 000元，相关增值税专用发票上注明的增值税税额为 6 500 元。经查发现系管理不善造成的,应由个人赔偿 20 000 元。不考虑其他因素,毁损 L 材料对甲公司营业利润金额的影响为(   )。

    A. 增加 30 000 元   B. 减少 30 000 元

    C. 减少 36 500 元   D. 增加 36 500 元

二、多项选择题

1. 下列各种物资中,应当作为企业存货核算的有(   )。

    A. 委托加工材料   B. 在途的材料

    C. 包装物   D. 受托代销商品

2. "材料成本差异"账户贷方登记的内容有(   )。

    A. 购进材料实际成本小于计划成本的差额

    B. 发出材料应负担的超支差异

    C. 发出材料应负担的节约差异

    D. 购进材料实际成本大于计划成本的差额

3. 下列各项中,低值易耗品在车间部门采用分次摊销法涉及的科目有(   )。

    A. 周转材料——低值易耗品——在用

    B. 周转材料——低值易耗品——在库

    C. 周转材料——低值易耗品——摊销

    D. 制造费用

4. 下列各项中,属于企业库存商品的有(   )。

    A. 寄存在外的商品   B. 存放在门市部准备出售的商品

    C. 接受来料加工制造的代制品   D. 为外单位加工修理的代修品

5. 下列关于存货盘盈盘亏说法正确的有(   )。

    A. 存货盘盈时,经批准后,存在记入"管理费用"科目的情况

    B. 存货盘亏时,经批准后,存在记入"管理费用"科目的情况

    C. 企业发生存货盘盈盘亏,会涉及"待处理财产损溢"科目

    D. 企业发生存货盘盈盘亏,不会涉及"其他应收款"科目

6. 下列各项中,会引起企业期末存货账面价值变动的有(   )。

    A. 已发出商品但尚未确认销售收入   B. 委托外单位加工发出的材料

    C. 发生的存货盘亏   D. 冲回多计提的存货跌价准备

7. 下列各项中,关于周转材料会计处理表述正确的有(   )。

    A. 多次使用的包装物应根据使用次数分次进行摊销

    B. 金额较小的低值易耗品可在领用时一次计入成本费用

    C. 出借的包装物的摊销额应计入管理费用

    D. 随同商品出售单独计价的包装物取得的收入应计入其他业务收入

8. 甲公司属于增值税一般纳税人,2020 年 5 月 5 日持银行汇票购入 A 材料一批,增值税专用发票上注明的价款为 100 万元、增值税税额为 13 万元,对方代垫包装费为 0.3 万元,运费为 0.5 万元,取得运费增值税专用发票上注明的进项税额为 0.045 万元,材料已验收入库,则以

下说法中正确的有（　　　　）。

    A．购入该材料可以抵扣的增值税进项税额为 13.045 万元

    B．对方代垫的包装费 0.3 万元也应该计入 A 材料的成本中

    C．购入 A 材料开出的银行汇票应该计入应付票据中

    D．购入 A 材料的成本为 100.8 万元

  9. 某公司 2020 年 12 月末结存材料 100 件，总成本为 225 万元。期末材料的市场售价为 2.5 万元 / 件，预计发生的销售费用及相关税费为 0.2 万元 / 件。月初存货跌价准备科目的余额为 20 万元。假定不考虑其他因素，则下列说法中正确的有（　　　　）。

    A．该批材料的可变现净值为 230 万元

    B．本期期末应该转回的存货跌价准备为 5 万元

    C．本期期末应该计提的存货跌价准备为 5 万元

    D．本期期末应该转回的存货跌价准备为 20 万元

  10. 下列关于存货减值的说法中，正确的有（　　　　）。

    A．资产负债表日，存货应当按照成本与可变现净值孰低计量

    B．当存货成本高于可变现净值时，企业应当计提存货跌价准备

    C．"存货跌价准备"科目的期末余额一般在借方，反映企业已计提但尚未转销的存货跌价准备

    D．企业计提的存货跌价准备在存货持有期间不可以进行转回

三、判断题

  1. 个别计价法适用于一般不能替代使用的存货、为特定项目专门购入或制造的存货以及提供的劳务，如珠宝、名画等贵重物品。（　　）

  2. 日常工作中，企业发出的存货，必须按照实际成本进行核算。（　　）

  3. 企业结转存货销售成本时，对于已计提存货跌价准备的存货，应借记"存货跌价准备"科目，贷记"主营业务成本"或"其他业务成本"等科目。（　　）

  4. 商品流通企业在采购商品过程中发生的运杂费等进货费用，应当计入存货采购成本。进货费用数额较小的，也可以在发生时直接计入当期费用。（　　）

  5. 低值易耗品在摊销完毕时，"周转材料——低值易耗品"明细科目的余额应为 0。（　　）

  6. 采用售价金额核算法核算库存商品时，期末结存商品的实际成本为本期商品销售收入乘以商品进销差价率。（　　）

  7. 低值易耗品应按照使用次数分次计入成本费用，金额较小的，也可以在领用时一次计入成本费用。（　　）

  8. 企业委托外单位加工材料时发生的加工费、消费税、运杂费等都应该计入委托加工物资的成本。（　　）

  9. 如果企业的商品进销差价率各期之间比较均衡，也可以采用上期商品进销差价率分摊本期的商品进销差价，年度终了，应对商品进销差价进行核实调整。（　　）

  10. 企业发生存货盘盈，按照管理权限报经批准后，记入"营业外收入"科目。（　　）

四、不定项选择题

甲公司为增值税一般纳税人,适用的增值税税率为13%,该企业生产主要耗用一种原材料A,该材料按计划成本进行日常核算,A材料计划单位成本为每千克10元。2020年6月1日,该"原材料"账户余额为40 000元,"材料成本差异"账户借方余额为5 200元。甲公司6月份发生的有关业务如下:

(1)5日,从乙公司购入A材料5 000千克,增值税专用发票上注明的销售价格为45 000元、增值税税额为5 850元,全部款项以银行存款付清,材料尚未到达。

(2)10日,从乙公司购入的A材料到达,验收入库时发现短缺80千克,经查明,短缺为运输中合理损耗,按实际数量入库。

(3)20日,从丙公司购入A材料4 000千克,增值税专用发票上注明的销售价格为44 000元、增值税税额为5 720元,材料已验收入库,款项尚未支付。

(4)6月份,甲公司共领用A材料6 000千克用于生产产品。

要求:

根据上述资料,不考虑其他因素,分析回答下列问题:

(1)根据资料(1),下列关于甲公司购入A材料的会计处理结果表述正确的是( )。

　　A. 借记"材料成本差异"科目45 000元

　　B. 借记"在途物资"科目45 000元

　　C. 借记"材料采购"科目45 000元

　　D. 借记"原材料"科目45 000元

(2)根据资料(2),下列关于A材料验收入库时会计处理结果表述正确的是( )。

　　A. 超支差异为4 200元　　　　　　　　B. 节约差异为4 200元

　　C. 超支差异为5 000元　　　　　　　　D. 节约差异为5 000元

(3)根据资料(1)至(3),本月材料成本差异率是( )。

　　A. 0.041 5　　　　　B. −0.038 7　　　　　C. 0.038 7　　　　　D. −0.041 5

(4)根据资料(1)至(4),本月发出材料应负担的成本差异是( )元。

　　A. 2 490　　　　　B. −2 322　　　　　C. 2 322　　　　　D. −2 490

(5)根据资料(1)至(4),下列关于月末库存材料成本的表述中正确的是( )。

　　A. 结存材料为超支差异

　　B. 结存材料的实际成本为71 878元

　　C. 结存材料为节约差异

　　D. 结存材料的实际成本为76 522元

第六章

固定资产

扫码观看教学视频

第一节 固定资产的确认和初始计量

一、固定资产的确认

（一）固定资产的定义及特征

固定资产是指同时具有以下特征的有形资产：①为生产商品、提供劳务、出租或经营管理而持有；②使用寿命超过一个会计年度。

从这一定义可以看出，作为企业的固定资产应具备以下三个特征：

（1）企业持有固定资产的目的是满足生产商品、提供劳务、出租或经营管理的需要，而不像存货为了对外出售。这就意味着企业持有的固定资产是企业的劳动工具或手段，这一特征是固定资产区别于商品等流动资产的重要标志。

（2）固定资产的使用寿命一般超过一个会计年度。这一特征表明企业固定资产的收益期超过一年，能在一年以上的时间里为企业创造经济利益。固定资产的使用寿命是指企业使用固定资产的预计期间，或者该固定资产所能生产产品或者提供劳务的数量。通常情况下，固定资产的使用寿命是指使用固定资产的预计使用期间，如自用房屋建筑物的使用寿命按使用年限表示。对于某些机器设备或运输设备等固定资产，其使用寿命往往以该固定资产所能生产产品或提供劳务的数量表示，如发电设备可按其预计发电量估计使用寿命。

（3）固定资产为有形资产。该特征将固定资产与无形资产区别开来。有些无形资产可能具备固定资产的某些特征，如企业为生产商品、提供劳务而持有的无形资产的使用寿命超过一个会计年度，但由于其没有实物形态，所以不属于固定资产。

工业企业对于自身所持有的工具、用具、备用备件、维修设备等资产，尽管上述资产具有固定资产的某些特征，如使用寿命超过一年，也能够带来经济利益，但由于数量多、单价低、考虑到成本效益原则，在实务中，通常被确认为存货。

（二）固定资产的分类

企业的固定资产种类繁多、规格不一，为加强管理，便于组织会计核算，有必要对其进行科学、合理的分类。根据不同的管理需要和核算要求以及不同的分类标准，可以对固定资产进行不同的分类，主要有以下几种分类方法：

1. 按经济用途分类

按固定资产的经济用途分类，可将固定资产分为生产经营用固定资产和非生产经营用固定资产。

（1）生产经营用固定资产是指直接服务于企业生产、经营过程的各种固定资产，如生产经营用的房屋、建筑物、机器、设备、器具、工具等。

（2）非生产经营用固定资产是指不直接服务于生产、经营过程的各种固定资产，如职工宿舍等房屋、设备和其他固定资产等。

按照固定资产的经济用途分类，可以归类反映和监督企业生产经营用固定资产和非生产经营用固定资产之间，以及生产经营用各类固定资产之间的组成和变化情况，借以考核和分析企业固定资产的使用情况，促使企业合理地配备固定资产，充分发挥其效用。

2. 综合分类

按固定资产的经济用途和使用情况等综合分类，可把固定资产划分为七大类：

（1）生产经营用固定资产。

（2）非生产经营用固定资产。

（3）租出固定资产（指企业在经营租赁方式下出租给外单位使用的固定资产）。

（4）不需用固定资产。

（5）未使用固定资产。

（6）土地（指过去已经估价单独入账的土地，因征地而支付的补偿费，应计入与土地有关的房屋、建筑物的价值内，不单独作为土地价值入账，企业取得的土地使用权应作为无形资产管理，不作为固定资产管理）。

（7）租入固定资产（指企业除短期租赁和低价值资产租赁租入的固定资产，在租赁期内，应视同自有固定资产进行管理）。

由于企业的经营性质不同，经营规模各异，对固定资产的分类不可能完全一致。但实际工作中，企业大多采用综合分类的方法作为编制固定资产目录、进行固定资产核算的依据。

（三）固定资产的确认条件

确认一项资产是否属于固定资产，首先要符合固定资产的定义，其次还要符合固定资产的确认条件，即：与该固定资产相关的经济利益很可能流入企业，同时，该固定资产的成本能够可靠地计量。

1. 与该固定资产有关的经济利益很可能流入企业

企业在确认固定资产时，需要判断与该项固定资产相关的经济利益是否可能流入企业。在实务中，主要通过判断与该项固定资产相关的风险和报酬是否转移到了企业来确定。

通常情况下，取得固定资产所有权是判断与固定资产所有权相关的风险和报酬是否转移到企业的一个重要标志。凡是所有权已属于企业，无论企业是否收到或者拥有该项固定资产，均可作为企业的固定资产；反之，如果企业没有取得资产的所有权，即使存放在企业，也不能作为企业的固定资产。但是，所有权转移不是判断该项资产是否属于企业固定资产的唯一标准。例如，企业以融资租赁方式租入的固定资产，承租人虽然没有取得该项固定资产的所有权，但企业能够控制与该固定资产有关的经济利益流入企业，因此，符合固定资产确认的第一个条件。

2. 该固定资产的成本能够可靠地计量

成本能够可靠地计量是资产确认的一项基本条件。要确认固定资产，企业取得该固定资产所发生的支出必须能够可靠地计量。企业在确定固定资产成本时，有些情况下需要根据所获得的最新资料信息，对固定资产的成本进行合理的估计，如果企业能够合理估计出固定资产的成本，则视同固定资产的成本能够可靠计量。

二、固定资产的初始计量

固定资产应当按照成本进行初始计量。固定资产的成本是指企业构建某项固定资产达到预定可使用状态前所发生的一切合理、必要的支出，包括直接发生的价款、相关税费、运杂费、包装费和安装费等，也包括间接发生的费用，如应承担的借款利息、外币借款折算差额以及应分摊的其他间接费用。

（一）固定资产初始计量应设置的会计科目

企业取得固定资产的方式一般包括购买、自行建造等，取得方式不同，初始计量的方法也各不相同。企业一般需要设置"固定资产""在建工程""工程物资"等科目对固定资产取得业务进行核算。

"固定资产"科目核算企业固定资产的原价，借方登记企业增加的固定资产原价，贷方登记企业减少的固定资产原价，期末借方余额，反映企业期末固定资产的账面原价。企业应当设置"固定资产登记簿"和"固定资产卡片"，按固定资产类别、使用部门和每项固定资产进行明细核算。

"在建工程"科目核算企业基建、更新改造等在建工程发生的支出，借方登记企业各项在建工程的实际支出，贷方登记完工工程转出的成本，期末借方余额，反映企业尚未达到预定可使用状态的在建工程的成本。

"工程物资"科目核算企业为在建工程而准备的各种物资的实际成本，借方登记企业购入工程物资的成本，贷方登记领用工程物资的成本，期末借方余额，反映企业为在建工程准备的各种物资的成本。

（二）取得固定资产

1. 外购固定资产

企业外购的固定资产的成本，包括实际支付的购买价款，相关税费，使固定资产达到预定可使用状态前所发生的可归属于该项资产的运输费、装卸费、安装费和专业人员服务费等。其中，相关税费不包括按照现行增值税制度规定，可以从销项税额中抵扣的增值税进项税额。

固定资产是否达到预定可使用状态，需要根据具体情况进行判断。如果购入不需要安装的固定资产，购入后即可发挥作用，则购入后即可达到预定可使用状态。如果购入需要安装的固定资产，只有在安装调试后达到设计要求或者合同规定的标准，才能达到预定可使用状态。

企业作为一般纳税人，购入不需要安装的机器设备、管理设备等动产时，应按实际支付的购买价款、相关税费以及使固定资产达到预定可使用状态前所发生的可归属于该项资产的运输费、装卸费和专业人员服务费等，作为固定资产成本，借记"固定资产"科目。取得增值税专用发票、海关完税证明或者公路发票等增值税扣税凭证，并经税务机关认证可以抵扣的，应按增值税专用发票上注明的增值税进项税额，借记"应交税费——应交增值税（进项税额）"科目，贷记"银行存款""应付账款"等科目。

企业作为增值税一般纳税人，购入需要安装的机器设备、管理设备等动产时，应在购入的固定资产取得成本的基础上加上安装调试成本等，作为购入固定资产的成本，先通过"在建工程"科目核算，待安装完毕达到预定可使用状态时，再由"在建工程"科目转入"固定资产"科目。

企业购入需安装的固定资产时，按实际支付的购买价款、运输费、装卸费和其他相关税费等，借记"在建工程"科目，贷记"银行存款"等科目；按购入固定资产时可抵扣的增值税进项税额，借记"应交税费——应交增值税（进项税额）"科目，贷记"银行存款"等科目；按发生的安装调试成本，借记"在建工程"科目；按取得的外部单位提供的增值税专用发票上注明的增值税进项税额，借记"应交税费——应交增值税（进项税额）"科目，贷记"银行存款"等科目；固定资产安装过程中耗用了本企业的材料和人工的，应按其所承担的成本金额，借记"在建工程"科目，贷记"原材料""库存商品""应付职工薪酬"等科目。安装完毕达到预定可使用状态时，按其实际成本，借记"固定资产"科目，贷记"在建工程"科目。

　　企业以一笔款项购入多项没有单独标价的固定资产，应将各项资产单独确认为固定资产，并按各项固定资产公允价值的比例对总成本进行分配，分别确定各项固定资产的成本。

　　企业作为小规模纳税人，购入固定资产时取得增值税专用发票的，增值税进项税额应计入固定资产成本，借记"固定资产"或"在建工程"科目，不通过"应交税费——应交增值税"科目核算。

例 6-1　兴华公司是增值税一般纳税人，2020 年 7 月 20 日，兴华公司购入一台不需要安装即可投入使用的设备，取得的增值税专用发票上注明的设备价款为 600 000 元、增值税税额为 78 000 元，另外发生运输费 1 000 元，增值税专用发票上注明的增值税税额为 90 元，包装费 400 元，增值税税额 24 元，款项均以银行存款支付。兴华公司应编制如下会计分录：

固定资产的成本 =600 000+1 000+400=601 400（元）

借：固定资产　　　　　　　　　　　　　　　　　　　　　601 400
　　应交税费——应交增值税（进项税额）　　　　　　　　　78 114
　　　贷：银行存款　　　　　　　　　　　　　　　　　　　　679 514

例 6-2　兴华公司为增值税一般纳税人，2020 年 8 月 15 日，用银行存款购入一台需要安装的设备，取得的增值税专用发票上注明的设备买价为 1 000 000 元、增值税税额为 130 000 元。支付运输费并取得增值税专用发票，注明运输费 5 000 元、增值税税额 450 元；支付安装费并取得增值税专用发票，注明安装费 10 000 元、增值税税额 900 元。兴华公司应编制如下会计分录：

（1）购入设备进行安装时：

借：在建工程　　　　　　　　　　　　　　　　　　　　　1 005 000
　　应交税费——应交增值税（进项税额）　　　　　　　　　130 450
　　　贷：银行存款　　　　　　　　　　　　　　　　　　　1 135 450

（2）支付安装费时：

借：在建工程　　　　　　　　　　　　　　　　　　　　　　10 000
　　应交税费——应交增值税（进项税额）　　　　　　　　　　900
　　　贷：银行存款　　　　　　　　　　　　　　　　　　　　10 900

（3）设备安装完毕交付使用时：

确定的固定资产成本 =1 005 000+10 000=1 015 000（元）

借：固定资产　　　　　　　　　　　　　　　　　　　　　1 015 000
　　　贷：在建工程　　　　　　　　　　　　　　　　　　　1 015 000

例 6-3　兴华公司是增值税一般纳税人，2020 年 9 月 20 日，兴华公司一次购进了三台不同种类且具有不同生产能力的设备——A 设备、B 设备、C 设备，取得的增值税专用发票上注明的设备总价款为 5 000 000 元、增值税税额为 650 000 元；另外，支付装卸费并取得的增值税专用发票上注明的装卸费为 20 000 元、增值税税额为 1 200 元，均以银行存款转账支付；假定 A 设备、B 设备、C 设备均满足固定资产的定义及确认条件，其公允价值分别为 1 560 000 元、2 340 000 元、1 300 000 元；不考虑其他相关税费。兴华公司的账务处理如下：

（1）确定应计入固定资产成本的金额，包括购买价款、装卸费，即：

计入固定资产成本的金额 =5 000 000+20 000=5 020 000（元）

（2）确定 A 设备、B 设备、C 设备的价值分配比例：

$$A\ 设备应分配的固定资产价值比例 = \frac{1\ 560\ 000}{1\ 560\ 000+2\ 340\ 000+1\ 300\ 000} \times 100\%=30\%$$

$$B\ 设备应分配的固定资产价值比例 = \frac{2\ 340\ 000}{1\ 560\ 000+2\ 340\ 000+1\ 300\ 000} \times 100\%=45\%$$

$$C\ 设备应分配的固定资产价值比例 = \frac{1\ 300\ 000}{1\ 560\ 000+2\ 340\ 000+1\ 300\ 000} \times 100\%=25\%$$

（3）确定 A 设备、B 设备、C 设备各自的成本：

A 设备 =5 020 000 × 30%=1 506 000（元）

B 设备 =5 020 000 × 45%=2 259 000（元）

C 设备 =5 020 000 × 25%=1 255 000（元）

（4）兴华公司应做如下会计处理：

借：固定资产——A 设备	1 506 000
——B 设备	2 259 000
——C 设备	1 255 000
应交税费——应交增值税（进项税额）	651 200
贷：银行存款	5 671 200

2. 自行建造的固定资产

企业自行建造的固定资产，其成本由建造该项资产达到预定可使用状态前所发生的必要支出构成，包括工程用物资成本、人工成本、相关税费、应予以资本化的借款费用以及应分摊的间接费用等。企业为建造固定资产通过出让方式取得土地使用权而支付的土地出让金不计入在建工程成本，应确认为无形资产（土地使用权）。

企业自行建造固定资产应先通过"在建工程"科目核算，工程达到预定可使用状态时，再从"在建工程"科目转入"固定资产"科目。企业自行建造固定资产，主要有自营建造和出包建造两种方式，由于采用的建设方式不同，其会计处理也不同。

（1）自营方式建造固定资产。

企业以自营方式建造固定资产，是指企业自行组织工程物资采购、自行组织施工人员从事工程施工完成固定资产建造。其成本应按实际发生的材料、人工、机械施工费等计量。企业为建造固定资产准备的各种物资，包括工程用材料、尚未安装的设备以及为生产准备的工器具等，通过"工程物资"科目进行核算。

　　购入工程物资时，借记"工程物资"科目，贷记"银行存款"等科目。领用工程物资时，借记"在建工程"科目，贷记"工程物资"科目；在建工程领用本企业原材料时，借记"在建工程"科目，贷记"原材料"等科目；在建工程领用本企业生产的商品时，借记"在建工程"科目，贷记"库存商品"科目；自营工程发生的其他费用，如工程人员的工资薪酬等，借记"在建工程"科目，贷记"银行存款""应付职工薪酬"等科目；自营工程达到预定可使用状态时，按其成本，借记"固定资产"科目，贷记"在建工程"科目。

例 6-4　兴华公司为增值税一般纳税人，2020 年 11 月 30 日，自建厂房一幢，购入为工程准备的各种物资 1 000 000 元，增值税专用发票上注明的增值税税额为 130 000 元，全部用于工程建设。领用本企业生产的水泥一批，实际成本为 96 000 元；应计工程人员薪酬 200 000 元，用银行存款支付安装费并取得增值税专用发票，注明的安装费为 50 000 元、增值税税额为 4 500 元。工程完工并达到预定可使用状态。兴华公司应编制如下会计分录：

1）购入工程物资时：

借：工程物资　　　　　　　　　　　　　　　　　1 000 000

　　应交税费——应交增值税（进项税额）　　　　 130 000

　　　贷：银行存款　　　　　　　　　　　　　　　　　 1 130 000

2）工程领用工程物资时：

借：在建工程　　　　　　　　　　　　　　　　　1 000 000

　　　贷：工程物资　　　　　　　　　　　　　　　　　 1 000 000

3）工程领用本企业生产的水泥时：

借：在建工程　　　　　　　　　　　　　　　　　　 96 000

　　　贷：库存商品　　　　　　　　　　　　　　　　　　 96 000

4）分配工程人员薪酬时：

借：在建工程　　　　　　　　　　　　　　　　　　200 000

　　　贷：应付职工薪酬　　　　　　　　　　　　　　　　200 000

5）支付安装费用时：

借：在建工程　　　　　　　　　　　　　　　　　　 50 000

　　应交税费——应交增值税（进项税额）　　　　　 4 500

　　　贷：银行存款　　　　　　　　　　　　　　　　　　 54 500

6）工程完工时：

工程完工转入固定资产成本 =1 000 000+96 000+200 000+50 000=1 346 000（元）

借：固定资产　　　　　　　　　　　　　　　　　1 346 000

　　　贷：在建工程　　　　　　　　　　　　　　　　　 1 346 000

（2）出包方式建造的固定资产。

企业以出包方式建造的固定资产，是指企业通过招标方式将工程项目发包给建造承包商，由建造承包商组织施工的建筑工程和安装工程。企业采用出包方式进行的固定资产工程，其工程的具体支出主要由建造承包商核算，在这种方式下，"在建工程"科目主要反映企业与建造承包商办理工程价款结算的情况，企业支付给建造承包商的工程价款作为工程成本，通过"在建工程"科目核算。

企业按合理估计的发包工程进度和合同规定向建造承包商结算的进度款，借记"在建工程"科目，贷记"银行存款"等科目；工程完成时，按合同规定补付的工程款，借记"在建工程"科目，贷记"银行存款"等科目；工程达到预定可使用状态时，按其成本，借记"固定资产"科目，贷记"在建工程"科目。

例 6-5 兴华公司为增值税一般纳税人，2020 年 12 月 2 日，将一幢厂房的建造工程出包给一建公司（为增值税一般纳税人）承建，按合理估计的发包工程进度和合同规定向一建公司结算进度款并取得增值税专用发票，注明的工程款为 800 000 元、增值税税额为 72 000 元；工程完工后，收到一建公司有关工程结算单据，补付工程款并取得增值税专用发票，注明的工程款为 200 000 元、增值税税额为 18 000 元，工程完工并达到预定可使用状态。兴华公司应编制如下会计分录：

1）按合理估计的发包工程进度和合同规定向一建公司结算进度款时：

借：在建工程	800 000
应交税费——应交增值税（进项税额）	72 000
贷：银行存款	872 000

2）补付工程款时：

借：在建工程	200 000
应交税费——应交增值税（进项税额）	18 000
贷：银行存款	218 000

3）工程完工并达到预定可使用状态时：

借：固定资产	1 000 000
贷：在建工程	1 000 000

3. 其他方式取得的固定资产

投资者投入的固定资产的成本，应当按照投资合同或协议约定的价值确定，但合同或协议约定价值不公允的除外。

第二节　固定资产的后续计量

一、固定资产折旧

（一）固定资产折旧概述

固定资产折旧是指在固定资产的使用寿命内，按照确定的方法对应计折旧额进行系统分摊。其中，应计折旧额是指应当计提折旧的固定资产原价扣除其预计净残值后的金额，已计提减值准备的固定资产，还应当扣除已计提的固定资产减值准备累计金额。预计净残值是指假定固定资产预计使用寿命已满并处于使用寿命终了时的预期状态，企业目前从该项资产处置中获得的扣除预计处置费用后的金额。企业应当根据固定资产的性质和使用情况，合理确定固定资产的使用寿命和预计净残值。固定资产的使用寿命、预计净残值一经确定，不得随意变更，但是符合《企业会计准则第 4 号——固定资产》第十九条规定的除外。上述事项在报经股东大会或董事会、经理（厂长）会议或类似机构批准后，作为计提折旧的依据，并按照法律、行政法规等的规定报送有关各方备案。

1. 影响折旧的因素

（1）固定资产原价，是指固定资产的成本。

（2）预计净残值，是指假定固定资产预计使用寿命已满并处于使用寿命终了时的预期状态，企业目前从该项资产处置中获得的扣除预计处置费用后的金额。

（3）固定资产减值准备，是指已计提的固定资产减值准备累计金额。

（4）固定资产的使用寿命，是指企业使用固定资产的预计期间，或者该固定资产所能生产产品或提供劳务的数量。企业确定固定资产使用寿命时，应当考虑下列因素：该项资产的预计生产能力或实物产量；该项资产的预计有形损耗，如设备使用中发生磨损、房屋建筑物受到自然侵蚀等；该项资产的预计无形损耗，如因新技术的出现而使现有的资产技术水平相对陈旧、市场需求变化使产品过时等；法律或者类似规定对该项资产使用的限制。

2. 固定资产折旧范围

除以下情况外，企业应当对所有固定资产计提折旧：

（1）已提足折旧仍继续使用的固定资产。

（2）单独计价入账的土地。

在确定计提折旧的范围时，还应注意以下几点：

（1）固定资产应当按月计提折旧，当月增加的固定资产，当月不计提折旧，从下月起计提折旧；当月减少的固定资产，当月仍计提折旧，从下月起不计提折旧。

（2）固定资产提足折旧后，不论能否继续使用，均不再计提折旧；提前报废的固定资产，也不再补提折旧。所谓提足折旧，是指已经提足该项固定资产的应计折旧额。

（3）已达到预定可使用状态但尚未办理竣工决算的固定资产，应当按照估计价值确定其成本，并计提折旧；待办理竣工决算后，再按实际成本调整原来的暂估价值，但不需要调整原已计提的折旧额。

企业至少应当于每年年度终了，对固定资产的使用寿命、预计净残值和折旧方法进行复核。使用寿命预计数与原先估计数有差异的，应当调整固定资产使用寿命。预计净残值预计数与原先估计数有差异的，应当调整预计净残值。与固定资产有关的经济利益预期实现方式有重大改变的，应当改变固定资产折旧方法。固定资产使用寿命、预计净残值和折旧方法的改变应当作为会计估计变更进行会计处理。

（二）固定资产的折旧方法

企业应当根据与固定资产有关的经济利益的预期消耗方式，合理选择固定资产折旧方法。

可选用的折旧方法包括年限平均法（又称直线法）、工作量法、双倍余额递减法和年数总和法等。

1. 年限平均法

采用年限平均法计提固定资产折旧，其特点是将固定资产的应计折旧额均衡地分摊到固定资产预计使用寿命内，采用这种方法计算的每期折旧额是相等的。

年限平均法的计算公式如下：

$$年折旧率 =（1- 预计净残值率）÷ 预计使用寿命（年）$$
$$月折旧率 = 年折旧率 ÷ 12$$
$$月折旧额 = 固定资产原价 × 月折旧率$$

例 6-6 兴华公司有一幢厂房，原价为 10 000 000 元，预计可使用 20 年，预计报废时的净残值率为 2%。该厂房的折旧率和折旧额的计算如下：

年折旧率 =（1-2%）÷ 20=4.9%

月折旧率 =4.9% ÷ 12=0.41%

月折旧额 =10 000 000 × 0.41%=41 000（元）

2. 工作量法

工作量法是指根据实际工作量计算每期应提折旧额的一种方法。

工作量法的基本计算公式如下：

$$单位工作量折旧额 = 固定资产原价 ×（1- 预计净残值率）÷ 预计总工作量$$
$$某项固定资产月折旧额 = 该项固定资产当月工作量 × 单位工作量折旧额$$

例 6-7 兴华公司的一辆运货卡车的原价为 600 000 元，预计总行驶里程为 500 000 千米，预计报废时的净残值率为 5%，本月行驶 3 000 千米。该辆汽车的月折旧额计算如下：

单位工作量折旧额 =600 000 ×（1-5%）÷ 500 000=1.14

本月折旧额 =3 000 × 1.14=3 420（元）

3. 双倍余额递减法

双倍余额递减法是指在不考虑固定资产预计净残值的情况下，根据每期期初固定资产原价减去累计折旧后的余额和双倍的直线法折旧率计算固定资产折旧的一种方法。采用双倍余额递减法计提固定资产折旧，一般应在固定资产使用寿命到期前两年内，将固定资产账面净值扣除预计净残值后的余额平均摊销。

双倍余额递减法的计算公式如下：

$$年折旧率 =2 ÷ 预计使用寿命（年）× 100\%$$
$$月折旧率 = 年折旧率 ÷ 12$$
$$月折旧额 = 每月月初固定资产账面净值 × 月折旧率$$

例 6-8 兴华公司的一台生产线的原价为 1 000 000 元，预计使用年限为 5 年，预计净残值为 4 000 元。按双倍余额递减法计提折旧，每年的折旧额计算如下：

年折旧率 =2 ÷ 5 × 100%=40%

第 1 年应提的折旧额 =1 000 000 × 40%=400 000（元）

第 2 年应提的折旧额 =（1 000 000-400 000）× 40%=240 000（元）

第 3 年应提的折旧额 =（600 000–240 000）× 40%=144 000（元）

从第 4 年起改用年限平均法（直线法）计提折旧。

第 4、5 年的折旧额 =（1 000 000–400 000–240 000–144 000–4 000）÷2=106 000（元）

4. 年数总和法

年数总和法又称年限合计法，是指将固定资产的原值减去预计净残值后的余额，乘以一个逐年递减的分数计算固定资产折旧额的一种方法。这个分数的分子代表固定资产尚可使用的年数，分母代表固定资产预计使用年数的逐年数字之和。

年数总和法的计算方法如下：

$$年折旧率 = \frac{尚可使用年数}{预计使用年限的年数总和} \times 100\%$$

$$年折旧额 = （固定资产原值 - 预计净残值）\times 年折旧率$$

$$月折旧率 = 年折旧率 \div 12$$

$$月折旧额 = （固定资产原值 - 预计净残值）\times 月折旧率$$

例 6–9　兴华公司拥有一台生产经营用设备，其原价为 1 000 000 元，预计使用年限为 5 年，预计净残值为 4 000 元。采用年数总和法计算的各年折旧额见表 6–1。

表 6–1　各年折旧额计算表　　金额单位：元

年　　份	尚可使用年限	原价 – 净残值	变动折旧率	年 折 旧 额	累 计 折 旧
1	5	996 000	5/15	332 000	332 000
2	4	996 000	4/15	265 600	597 600
3	3	996 000	3/15	199 200	796 800
4	2	996 000	2/15	132 800	929 600
5	1	996 000	1/15	66 400	996 000

（三）固定资产折旧的账务处理

固定资产应当按月计提折旧，计提的折旧应当记入"累计折旧"科目，并根据用途计入相关资产的成本或当期损益。

"累计折旧"科目属于"固定资产"科目的调整科目，核算企业固定资产的累计折旧，贷方登记企业计提的固定资产折旧，借方登记处置固定资产转出的累计折旧，期末贷方余额，反映企业固定资产的累计折旧额。

企业自行建造固定资产过程中使用的固定资产，其计提的折旧应计入在建工程成本；基本生产车间所使用的固定资产，其计提的折旧应计入制造费用；管理部门使用的固定资产，其计提的折旧应计入管理费用；销售部门所使用的固定资产，其计提的折旧应计入销售费用；经营租出的固定资产，其计提的折旧额应计入其他业务成本。企业计提固定资产折旧时，借记"制造费用""管理费用""销售费用""其他业务成本"等科目，贷记"累计折旧"科目。

例 6–10　兴华公司采用年限平均法对固定资产计提折旧。2020 年 11 月份根据"固定资产折旧计算表"确定的各车间及厂部管理部门应分配的折旧额为：一车间 1 600 000 元，二车间 2 200 000 元，三车间 3 500 000 元，厂部管理部门 610 000 元。兴华公司应编制如下会计分录：

```
借：制造费用——一车间                    1 600 000
        ——二车间                    2 200 000
        ——三车间                    3 500 000
    管理费用                          610 000
    贷：累计折旧                               7 910 000
```

例 6-11　兴华公司 2020 年 12 月份固定资产计提折旧情况如下：一车间厂房计提折旧
3 600 000 元，机器设备计提折旧 4 500 000 元；管理部门房屋建筑物计提折旧
6 600 000 元，运输工具计提折旧 2 400 000 元；销售部门房屋建筑物计提折旧
3 200 000 元，运输工具计提折旧 2 630 000 元。当月新购置机器设备一台，价值为
5 800 000 元，预计使用寿命为 8 年，该企业同类设备计提折旧采用年限平均法。
兴华公司应编制如下会计分录：

```
借：制造费用——一车间                    8 100 000
    管理费用                          9 000 000
    销售费用                          5 830 000
    贷：累计折旧                              22 930 000
```

本例中，新购置的机器设备本月不计提折旧。本月计提的折旧费用中，车间使用的
固定资产计提的折旧费用计入制造费用，管理部门使用的固定资产计提的折旧费用
计入管理费用，销售部门使用的固定资产计提的折旧费用计入销售费用。

二、固定资产的后续支出

固定资产的后续支出是指固定资产在使用过程中发生的更新改造支出、修理费用等。企业
的固定资产投入使用后，为了适应新技术发展的需要，或者为了维护或提高固定资产的使用效能，
往往需要对现有固定资产进行维护、改建或者改良等。固定资产的后续支出通常包括固定资产
在使用过程中发生的日常维修费、大修理费用、更新改造支出、房屋装修费用等。

固定资产后续支出的处理原则为：固定资产发生的更新改造支出、房屋装修费用等后续支
出，符合固定资产确认条件的，应当计入固定资产成本，如有被替换的部分，应同时将被替换
部分的账面价值从该固定资产原账面价值中扣除；不满足固定资产确认条件的固定资产修理费
用等，应当在发生时计入当期损益；固定资产的大修理费用和日常修理费用，通常不符合固定
资产确认条件，应当在发生时计入当期损益，不得采用预提或摊销方式处理。

（一）资本化的后续支出

固定资产发生可资本化的后续支出时，企业一般应将固定资产的原价、已计提的累计折旧和减
值准备转销，将固定资产的账面价值转入在建工程，并停止计提折旧。固定资产发生的资本化的后
续支出，应当通过"在建工程"科目核算。在固定资产发生的后续支出完工并达到预定可使用状态时，
再从在建工程转为固定资产，并按重新确定的使用寿命、预计净残值和折旧方法计提折旧。

固定资产发生可资本化的后续支出时，借记"在建工程""累计折旧""固定资产减值准备"
等科目，贷记"固定资产"科目；发生的可资本化的后续支出，借记"在建工程"科目，贷记"银
行存款"等科目。在固定资产发生的后续支出完工并达到预定可使用状态时，借记"固定资产"

科目，贷记"在建工程"科目。

例 6-12 兴华公司为增值税一般纳税人，2011 年 12 月购入一条汽车生产线，该生产线原值
为 80 000 000 元（含发动机），发动机当时的购买价为 5 000 000 元。兴华公司未将
发动机作为一项单独的固定资产进行核算，未计提减值准备。2020 年 6 月末，为扩
大产能，兴华公司决定更换一部性能更为先进的发动机，以银行存款购入新发动机
一台，增值税专用发票上注明的发动机购价为 7 000 000 元、增值税税额为 910 000 元，
另需支付安装费并取得增值税专用发票，注明的安装费为 100 000 元、增值税税额
为 9 000 元。假设生产线的年折旧率为 3%，不考虑预计净残值和相关税费的影响，
替换下的旧发动机报废且无残值收入。兴华公司应编制如下会计分录：

（1）2012 年 1 月 1 日至 2020 年 6 月末，累计计提固定资产折旧：

累计折旧金额 =80 000 000 × 3% × 8.5=20 400 000（元），

借：制造费用   20 400 000
    贷：累计折旧   20 400 000

（2）2020 年 6 月末，将固定资产转入在建工程：

借：在建工程   59 600 000
    累计折旧   20 400 000
    贷：固定资产   80 000 000

（3）购入并安装新发动机：

借：工程物资   7 000 000
    应交税费——应交增值税（进项税额）   910 000
    贷：银行存款   7 910 000

借：在建工程   7 000 000
    贷：工程物资   7 000 000

（4）支付安装费：

借：在建工程   100 000
    应交税费——应交增值税（进项税额）   9 000
    贷：银行存款   109 000

（5）2020 年 6 月旧发动机的账面价值 =5 000 000–5 000 000 × 3% × 8.5=3 725 000（元），
终止确认旧发动机的账面价值：

借：营业外支出——非流动资产处置损失   3 725 000
    贷：在建工程   3 725 000

（6）发动机安装完毕，投入使用，固定资产的入账价值 =59 600 000+7 000 000+100 000–
3 725 000=62 975 000（元）：

借：固定资产   62 975 000
    贷：在建工程   62 975 000

（二）费用化的后续支出

一般情况下，固定资产投入使用后，由于固定资产磨损、各组成部分耐用程度不同，可能

导致固定资产的局部损坏，为了维护固定资产的正常运转和使用，充分发挥其实际使用效能，企业会对固定资产进行必要的维护。固定资产的日常修理费用、大修理费用等支出只是确保固定资产的正常工作状态，一般不会产生未来的经济利益，因此，这些支出通常不符合固定资产的确认条件，在发生时应直接计入当期损益。

企业生产车间和行政管理部门发生的不可资本化的后续支出，如发生的固定资产日常修理费用，借记"管理费用"科目，贷记"银行存款"等科目；企业专设销售机构发生的不可资本化的后续支出，如发生的固定资产日常修理费用，借记"销售费用"科目，贷记"银行存款"等科目。

例 6-13 2020 年 12 月 1 日，兴华公司对现有的一台管理用设备进行日常修理，修理过程中领用本公司原材料一批，价值为 94 000 元，以银行存款支付维修费并取得增值税专用发票，注明的维修费为 5 000 元、增值税税额为 650 元。兴华公司应编制如下会计分录：

借：管理费用　　　　　　　　　　　　　　　　　　99 000
　　应交税费——应交增值税（进项税额）　　　　　　650
　　贷：原材料　　　　　　　　　　　　　　　　　　94 000
　　　　银行存款　　　　　　　　　　　　　　　　　5 650

修理过程中应支付的维修费用等后续支出，不符合资本化条件的，应记入"管理费用"等科目，而不是"制造费用"科目。

第三节　固定资产的清查与减值

一、固定资产的清查

为了保证固定资产的真实性、安全性和完整性，充分挖掘企业现有固定资产的使用价值，企业应当定期或者至少于每年年末对固定资产进行清查盘点。在固定资产清查过程中，如果发现盘盈、盘亏的固定资产，应当填制固定资产盘盈盘亏报告表。清查发现的固定资产的损溢，应当及时查明原因，并按照规定程序报批处理。

（一）固定资产的盘盈

企业在财产清查中盘盈的固定资产，应作为重要的前期差错进行会计处理。企业在按管理权限报经批准处理前应先通过"以前年度损益调整"科目核算。盘盈的固定资产应按重置成本确定其入账价值，借记"固定资产"科目，贷记"以前年度损益调整"科目；由于以前年度调整而增加的所得税费用，借记"以前年度损益调整"科目，贷记"应交税费——应交所得税"科目；将以前年度损益调整科目余额转入留存收益时，借记"以前年度损益调整"科目，贷记"盈余公积""利润分配——未分配利润"科目。

例6-14 兴华公司为增值税一般纳税人，2020年12月31日，在财产清查过程中发现2019年12月购入的一台机器设备尚未入账，重置成本为60 000元（假定与其计税基础不存在差异），该盘盈固定资产作为前期差错处理，假设兴华公司按净利润的10%计提法定盈余公积。不考虑相关税费及其他因素的影响，兴华公司应编制如下会计分录：

（1）盘盈固定资产时：

借：固定资产　　　　　　　　　　　　　　　　　　　　　　　60 000
　　贷：以前年度损益调整　　　　　　　　　　　　　　　　　　　60 000

（2）结转为留存收益时：

借：以前年度损益调整　　　　　　　　　　　　　　　　　　　60 000
　　贷：盈余公积——法定盈余公积　　　　　　　　　　　　　　　6 000
　　　　利润分配——未分配利润　　　　　　　　　　　　　　　54 000

根据《企业会计准则第28号——会计政策、会计估计变更和差错更正》的规定，本例中盘盈固定资产作为前期差错处理，应通过"以前年度损益调整"科目进行核算。

（二）固定资产的盘亏

企业在财产清查中盘亏的固定资产，按照盘亏固定资产的账面价值，借记"待处理财产损溢"科目；按照已计提的累计折旧，借记"累计折旧"科目；按照已计提的减值准备，借记"固定资产减值准备"科目；按照固定资产的原价，贷记"固定资产"科目。企业按照管理权限报经批准后，按照可收回的保险赔偿或过失人赔偿金额，借记"其他应收款"科目，按照应计入营业外支出的金额，借记"营业外支出——盘亏损失"科目，贷记"待处理财产损溢"科目。

例6-15 兴华公司为增值税一般纳税人，2020年12月31日，在财产清查过程中发现短缺一台笔记本电脑，原价为10 000元，已计提折旧5 000元，购入时增值税税额为1 300元。兴华公司应编制如下会计分录：

（1）盘亏固定资产时：

借：待处理财产损溢——待处理非流动资产损溢　　　　　　　　5 000
　　累计折旧　　　　　　　　　　　　　　　　　　　　　　　　5 000
　　贷：固定资产——笔记本电脑　　　　　　　　　　　　　　　10 000

（2）转出不可抵扣的进项税额时：

借：待处理财产损溢——待处理非流动资产损溢　　　　　　　　　650
　　贷：应交税费——应交增值（进项税额转出）　　　　　　　　　650

（3）报经批准转销时：

借：营业外支出——盘亏损失　　　　　　　　　　　　　　　　5 650
　　贷：待处理财产损溢——待处理非流动资产损溢　　　　　　　5 650

根据现行增值税制度的有关规定，企业购进货物及不动产发生非常损失（除不可抗力），其负担的进项税额不得抵扣。据此，盘亏的固定资产应按其账面净值（即固定资产原值－累计折旧额）乘以适用税率计算不可抵扣的进项税额。在本例中，该盘亏的固定资产购入时的增值税进项税额中不可从销项税额中抵扣的金额为（10 000-5 000）×13%=650（元）。

二、固定资产的减值

固定资产的初始入账价值是历史成本，由于固定资产使用年限较长、市场条件和经营环境的变化、科学技术的进步以及企业经营管理不善等原因，都可能导致固定资产创造未来经济利益的能力大大下降，因此，固定资产的真实价值有可能低于账面价值，在期末需确认固定资产减值损失。

固定资产在资产负债表日存在可能发生减值的迹象时，其可收回金额低于账面价值的，企业应当将该固定资产的账面价值减记至可收回金额，将减记的金额确认为减值损失，计入当期损益，同时计提相应的资产减值准备，借记"资产减值损失——计提的固定资产减值准备"科目，贷记"固定资产减值准备"科目。

考虑到固定资产等发生减值后，一方面价值回升的可能性比较小，通常属于永久性减值；另一方面根据会计信息谨慎性要求，为了避免确认资产重估增值等因素，根据《企业会计准则第8号——资产减值》的规定，固定资产减值损失一经确认，在以后会计期间不得转回。

 2020年12月31日，兴华公司的一条生产线存在可能发生减值的迹象，经计算，该生产线的可收回金额合计为1 200 000元，该生产线的原值为2 000 000元，累计折旧金额为500 000元。以前年度未对该生产线计提过减值准备。兴华公司应编制如下会计分录：

借：资产减值损失——计提的固定资产减值准备　　　　　300 000
　　贷：固定资产减值准备　　　　　　　　　　　　　　　　　300 000

由于该生产线的可收回金额为1 200 000元，账面价值为1 500 000元（2 000 000-500 000）。可收回金额低于账面价值，应按两者之间的差额300 000元（1 500 000-1 200 000）计提固定资产减值准备。

第四节　固定资产的处置

一、固定资产终止确认的条件

固定资产处置，即固定资产的终止确认，包括固定资产的出售、报废、毁损、对外投资等。固定资产满足下列条件之一的，应当予以终止确认：

1. 固定资产处于处置状态

处于处置状态的固定资产不再用于生产商品、提供劳务、出租或者经营管理。因此，不再符合固定资产的定义，应予以终止确认。

2. 固定资产预期通过使用或者处置不能产生经济利益

固定资产的确认条件之一是"与该固定资产有关的经济利益很有可能流入企业"，如果一项固定资产预期通过使用或者处置不能产生经济利益，就不再符合固定资产的定义和确认条件，应予以终止确认。

二、固定资产处置的账务处理

企业出售、转让、报废固定资产或发生固定资产毁损，应当将处置收入扣除账面价值和相关税费（不包括确认的增值税销项税额）后的余额计入当期损益。固定资产的账面价值是固定资产成本扣减累计折旧和累计固定资产减值准备后的金额。固定资产处置一般通过"固定资产清理"科目进行核算。

"固定资产清理"科目核算企业因出售、报废、毁损、对外投资、非货币性资产交换、债务重组等原因转出的固定资产价值以及在清理过程中发生的费用等，借方登记转出的固定资产账面价值、清理过程中应支付的相关税费及其他费用，贷方登记出售固定资产取得的价款、残料价值和变价收入。期末如为借方余额，表示清理的净损失；期末如为贷方余额，表示清理的净收益。企业应当按照被清理的固定资产项目设置明细账，进行明细核算。

企业在生产经营过程中，可能将不适用或不需用的固定资产对外出售转让，或因磨损、技术进步等原因对固定资产进行报废，或因遭受自然灾害而对毁损的固定资产进行处理。对于上述事项在进行会计处理时，应当按照规定程序办理有关手续，结转固定资产的账面价值，计算有关的清理收入、清理费用及残料价值等。

企业处置固定资产通常包括以下环节：

（一）固定资产转入清理

企业因出售、报废、毁损、对外投资、非货币性资产交换、债务重组等转出的固定资产，按该项固定资产的账面价值，借记"固定资产清理"科目；按已计提的累计折旧，借记"累计折旧"科目；按已计提的减值准备，借记"固定资产减值准备"科目；按其账面原价，贷记"固定资产"科目。

（二）发生的清理费用

固定资产清理过程中应支付的相关税费及其他费用，借记"固定资产清理"科目，贷记"银行存款""应交税费——应交增值税（进项税额）"等科目。

（三）出售收入、残料等的处理

企业收回出售固定资产的价款和税款，借记"银行存款"科目；按增值税专用发票上注明的价款，贷记"固定资产清理"科目；按增值税专用发票上注明的增值税税额，贷记"应交税费——应交增值税（销项税额）"科目。残料入库，按材料价值，借记"原材料"等科目，贷记"固定资产清理"科目。

（四）保险赔偿等的处理

企业收到的应由保险公司或过失人赔偿的损失，借记"其他应收款"等科目，贷记"固定资产清理"科目。

（五）清理净损益的处理

固定资产清理完成后产生的清理净损益，依据固定资产处置方式的不同，分别适用不同的处理方法：

（1）因固定资产已丧失使用功能或因自然灾害发生毁损等原因而报废清理所产生的利得或损失，应计入营业外收支。属于生产经营期间正常报废清理所产生的处理净损失，借记"营业外支出——非流动资产处置损失"科目，贷记"固定资产清理"科目；属于生产经营期间由于自然灾害等非正常原因造成的处理净损失，借记"营业外支出——非常损失"科目，贷记"固定资产清理"科目；如为净收益，借记"固定资产清理"科目，贷记"营业外收入——非流动资产处置利得"科目。

（2）因出售、转让等原因产生的固定资产处置利得或损失，应计入资产处置损益。产生处置净损失的，借记"资产处置损益"科目，贷记"固定资产清理"科目；如为处置净收益的，借记"固定资产清理"科目，贷记"资产处置损益"科目。

例 6–17　兴华公司为增值税一般纳税人。2020 年 12 月 10 日，出售一台生产经营用设备，原价为 200 000 元，已计提折旧 110 000 元，未计提减值准备，增值税专用发票上注明的价款为 120 000 元、增值税税额为 15 600 元，款项已通过银行收回。兴华公司应编制如下会计分录：

1）将出售的固定资产转入清理时：

借：固定资产清理	90 000
累计折旧	110 000
贷：固定资产	200 000

2）收回出售固定资产的价款时：

借：银行存款	135 600
贷：固定资产清理	120 000
应交税费——应交增值税（销项税额）	15 600

3）结转出售固定资产实现的利得时：

借：固定资产清理	30 000
贷：资产处置损益	30 000

本例中，固定资产清理完毕，"固定资产清理"科目余额为贷方余额 30 000 元，属于处置净收益，应结转至"资产处置损益"科目的贷方，结转后"固定资产清理"科目无余额。

例 6–18　兴华公司是增值税一般纳税人。现有一台生产设备，由于其所生产的产品退出市场，决定提前报废，原价 500 000 元，已计提折旧 450 000 元，未计提减值准备，报废时的残料变价收入 50 000 元、增值税税额为 6 500 元。报废清理过程中发生清理费用 4 000 元。有关收入、支出均通过银行办理结算。兴华公司应编制如下会计分录：

1）将报废的固定资产转入清理时：

借：固定资产清理	50 000
累计折旧	450 000
贷：固定资产	500 000

2）收回残料变价收入时：

借：银行存款   56 500

  贷：固定资产清理   50 000

    应交税费——应交增值税（销项税额） 6 500

3）支付清理费用时：

借：固定资产清理   4 000

  贷：银行存款   4 000

4）结转报废固定资产发生的净损失时：

借：营业外支出——非流动资产处置损失   4 000

  贷：固定资产清理   4 000

本例中，固定资产清理完毕，"固定资产清理"科目余额为借方余额 4 000 元，属于处置净损失，应结转至"营业外支出——非流动资产处置损失"科目的借方，结转后"固定资产清理"科目无余额。

例 6-19 兴华公司是增值税一般纳税人。2020 年 11 月 25 日，因遭受火灾而毁损一条生产线，该生产线原价 4 000 000 元，已计提折旧 1 000 000 元，未计提减值准备，其残料估计价值 50 000 元，残料已办理入库，以银行存款支付清理费用并取得增值税专用发票，注明的清理费为 30 000 元、增值税税额为 2 700 元。经保险公司核定应赔偿损失 1 500 000 元，尚未收到赔款。兴华公司应编制如下会计分录：

1）将毁损的生产线转入清理时：

借：固定资产清理   3 000 000

  累计折旧   1 000 000

    贷：固定资产   4 000 000

2）残料入库时：

借：原材料   50 000

  贷：固定资产清理   50 000

3）支付清理费用时：

借：固定资产清理   30 000

  应交税费——应交增值税（进项税额） 2 700

    贷：银行存款   32 700

4）确定应由保险公司理赔的损失时：

借：其他应收款   1 500 000

  贷：固定资产清理   1 500 000

5）结转毁损固定资产发生的损失时：

借：营业外支出——非常损失   1 480 000

  贷：固定资产清理   1 480 000

本例中，固定资产清理完毕，"固定资产清理"科目余额为借方余额 1 480 000 元，属于非正常原因造成的处置净损失，应结转至"营业外支出——非常损失"科目的借方，结转后"固定资产清理"科目无余额。

本章核算小结

固定资产会计业务核算小结见表6-2。

表6-2 固定资产会计业务核算小结

业 务 内 容				会 计 处 理
取得固定资产	外购不需要安装固定资产			借：固定资产 　　应交税费——应交增值税（进项税额） 　贷：银行存款
	外购需要安装固定资产	支付购买价款		借：在建工程 　　应交税费——应交增值税（进项税额） 　贷：银行存款
		支付安装费		借：在建工程 　贷：银行存款
		安装完毕，交付使用		借：固定资产 　贷：在建工程〔结转为零〕
	自行建造固定资产	自营工程	购入工程物资	借：工程物资 　　应交税费——应交增值税（进项税额） 　贷：银行存款
			工程领用工程物资	借：在建工程 　贷：工程物资
			工程建设期间计提工程人员工资薪酬	借：在建工程 　贷：应付职工薪酬
			工程达到预定可使用状态	借：固定资产 　贷：在建工程〔结转为零〕
		出包工程	支付工程款	借：在建工程 　贷：银行存款
			工程达到预定可使用状态	借：固定资产 　贷：在建工程〔结转为零〕
计提固定资产折旧				借：制造费用 　　管理费用 　　销售费用 　贷：累计折旧
固定资产后续支出	固定资产改良、扩建、改建（资本化支出）	将固定资产转入改良、改建、扩建工程		借：在建工程 　　累计折旧 　　固定资产减值准备 　贷：固定资产
		发生改扩建支出		借：在建工程 　贷：银行存款／原材料／应付职工薪酬等 【提示】领用生产用原材料或自产产品时，不涉及增值税视同销售，也不涉及增值税进项税额转出问题，直接结转账面成本即可
		工程达到预定可使用状态		借：固定资产 　贷：在建工程〔结转为零〕
	固定资产维修保养（费用化支出）			借：管理费用 　　应交税费——应交增值税（进项税额） 　贷：银行存款等

（续）

业 务 内 容			会 计 处 理
处置固定资产业务	将处置的固定资产转入清理		借：固定资产清理 　　累计折旧 　　固定资产减值准备 　贷：固定资产
	支付清理费用		借：固定资产清理 　贷：银行存款
	处置固定资产取得清理收入		借：银行存款 　贷：固定资产清理 　　　应交税费——应交增值税（销项税额）
	结转固定资产清理净损益		因出售、转让等原因产生的固定资产处置利得或损失： 净收益： 借：固定资产清理〔结转为零〕 　贷：资产处置损益 净损失： 借：资产处置损益 　贷：固定资产清理〔结转为零〕 因已丧失使用功能或因自然灾害发生毁损等原因而报废清理所产生的利得或损失： 净收益： 借：固定资产清理〔结转为零〕 　贷：营业外收入 净损失： 借：营业外支出——非常损失 　贷：固定资产清理〔结转为零〕
固定资产清查	固定资产盘点业务	固定资产盘盈	盘盈固定资产时： 借：固定资产 　贷：以前年度损益调整 结转为留存收益时： 借：以前年度损益调整 　贷：盈余公积——法定盈余公积 　　　利润分配——未分配利润
		固定资产盘亏	盘亏固定资产时： 借：待处理财产损溢——待处理非流动资产损溢 　　累计折旧 　贷：固定资产 批准后： 借：营业外支出等 　贷：待处理财产损溢——待处理非流动资产损溢
固定资产减值	固定资产期末计价业务	计提固定资产减值准备	借：资产减值损失——计提的固定资产减值准备 　贷：固定资产减值准备
		固定资产价值回升	不得转回

同步强化训练

一、单项选择题

1. 甲公司有货车1辆，采用工作量法计提折旧。原值为200 000元，预计使用10年，每年行驶里程60 000公里，净残值率为5%，当月行驶里程4 000公里，该货车的当月折旧额为（   ）元。

    A. 1 266.67　　　　　B. 12 666.67　　　　　C. 1 333.33　　　　　D. 3 000

2. 2020年12月15日，某企业购入不需要安装生产设备一台，原值为350万元，预计使用年限为5年，预计净残值率为5%，采用双倍余额递减法计提折旧。不考虑其他因素，该生产设备5年内计提折旧总额为（   ）万元。

    A. 350　　　　　B. 332.5　　　　　C. 140　　　　　D. 287

3. 下列关于企业计提固定资产折旧会计处理的表述中，不正确的是（   ）。

    A. 对管理部门使用的固定资产计提的折旧额应计入管理费用

    B. 对财务部门使用的固定资产计提的折旧额应计入财务费用

    C. 对生产车间使用的固定资产计提的折旧额应计入制造费用

    D. 对专设销售机构使用的固定资产计提的折旧额应计入销售费用

4. 甲公司因新产品生产需要，2020年10月1日开始对一生产设备进行改良，12月底改良完成，估计能使设备延长使用寿命3年。改良时发生相关支出共计72万元，符合固定资产确认条件。根据2020年9月末的账面记录，该设备的账面原值为800万元，采用年限平均法计提折旧，使用年限为5年，预计净残值为0，已使用2年，已计提折旧320万元，已计提减值准备120万元。若被替换部分的账面原值为200万元。不考虑其他因素，2020年12月甲公司改良后的固定资产价值为（   ）万元。

    A. 342　　　　　B. 368　　　　　C. 376　　　　　D. 72

5. 下列各项中，关于企业固定资产会计处理的表述正确的是（   ）。

    A. 盘盈的固定资产应计入营业外收入

    B. 已提足折旧仍继续使用的固定资产不再计提折旧

    C. 固定资产发生的符合资本化条件的后续支出应计入当期损益

    D. 已确认的固定资产减值损失在以后会计期间可以转回

6. 企业购入三项没有单独标价的不需要安装的固定资产A、B、C，实际支付的不含税价款总额为100万元。其中，固定资产A的公允价值为60万元，固定资产B的公允价值为40万元，固定资产C的公允价值为20万元。不考虑其他因素，固定资产A的入账价值为（   ）万元。

    A. 60　　　　　B. 50　　　　　C. 100　　　　　D. 120

7. 2020年3月31日，甲公司采用出包方式对某固定资产进行改良，该固定资产账面原价为3 600万元，预计使用年限为5年，已使用3年，预计净残值为0，采用年限平均法计提折旧。甲公司支付出包工程款96万元。2020年8月31日，改良工程达到预定可使用状态并投入使用，预计尚可使用4年，预计净残值为0，采用年限平均法计提折旧。2020年度该固定资产应计提的折旧为（   ）万元。

    A. 128　　　　　B. 180　　　　　C. 308　　　　　D. 384

8. 2020 年 6 月 20 日，某企业自行建造的一条生产线投入使用，该生产线建造成本为 740 万元，预计使用年限为 5 年，预计净残值为 20 万元。采用年数总和法计提折旧，不考虑其他因素，2021 年度该设备应计提的折旧额为（　　　）万元。

    A. 240　　　　　　　B. 216　　　　　　　C. 196　　　　　　　D. 192

9. 下列各项中，关于企业固定资产清查的会计处理的表述不正确的是（　　　）。

    A. 盘盈固定资产应作为前期差错处理

    B. 盘盈的固定资产，应按重置成本确定入账价值

    C. 盘盈的固定资产应通过"以前年度损益调整"科目进行核算

    D. 盘亏的固定资产应通过"固定资产清理"科目进行核算

10. 某企业出售一台旧设备，原价为 23 万元，已计提折旧 5 万元。出售该设备开具的增值税专用发票上注明的价款为 20 万元、增值税税额为 2.6 万元，发生的清理费用为 1.5 万元。不考虑其他因素，该企业出售设备应确认的净收益为（　　　）万元。

    A. –2.9　　　　　　　B. 0.5　　　　　　　C. 20　　　　　　　D. 2

二、多项选择题

1. 下列各项中，属于加速折旧的方法有（　　　）。

    A. 双倍余额递减法　　　　　　　　B. 工作量法

    C. 平均年限法　　　　　　　　　　D. 年数总和法

2. 企业结转固定资产清理净损益时，可能涉及的会计科目有（　　　）。

    A. 资产处置损益　　　　　　　　　B. 营业外收入

    C. 营业外支出　　　　　　　　　　D. 长期待摊费用

3. 下列各项中，应通过"固定资产清理"科目核算的有（　　　）。

    A. 报废的固定资产　　　　　　　　B. 毁损的固定资产

    C. 改扩建的固定资产　　　　　　　D. 盘亏的固定资产

4. 下列各项属于固定资产特征的有（　　　）。

    A. 为生产商品、提供劳务而持有　　B. 使用寿命超过一个会计年度

    C. 单位价值比较大　　　　　　　　D. 给企业带来的收益期超过一年

5. 在采用自营方式建造房屋建筑物时，下列项目中应计入固定资产成本的有（　　　）。

    A. 工程项目耗用的工程物资

    B. 工程领用本企业商品涉及的消费税

    C. 生产车间为工程提供的水、电等费用

    D. 企业行政管理部门为组织和管理生产经营活动而发生的费用

6. 下列关于固定资产的后续支出说法正确的有（　　　）。

    A. 固定资产的后续支出是指固定资产在使用过程中发生的更新改造支出、修理费用等

    B. 固定资产的更新改造中，如有被替换的部分，应同时将被替换部分的账面余额从该固定资产原账面价值中扣除

    C. 企业生产车间发生的固定资产日常修理费用，记入"制造费用"科目

    D. 企业专设销售机构发生的不可资本化的后续支出，记入"销售费用"科目

7. DA 公司为增值税一般纳税人，2020 年 5 月 1 日，从甲公司一次购进了三台不同型号且具有

不同生产能力的设备甲、乙、丙，取得的增值税专用发票上注明的价款为 925 万元、增值税税额为 120.25 万元，另支付包装费 75 万元（不考虑增值税），全部以银行存款转账支付。假设设备甲、乙、丙的公允价值分别为 300 万元、480 万元和 420 万元，则下列有关 DA 公司的表述正确的有（　　　）。

    A．甲设备的入账成本为 250 万元

    B．乙设备应分配的固定资产价值比率为 40%

    C．丙设备的入账成本为 420 万元

    D．购进三台设备应确认的增值税进项税额为 72.15 万元

8．下列各项中，关于固定资产计提折旧的表述错误的有（　　　）。

    A．承租方短期租入的房屋应计提折旧

    B．提前报废的固定资产应补提折旧

    C．已提足折旧继续使用的房屋应计提折旧

    D．暂时闲置的库房应计提折旧

9．甲公司有一台生产用设备，原价为 7.5 万元，预计可以使用 5 年，预计净残值为 0.6 万元。该生产用设备于 2020 年 6 月 30 日购入，采用年数总和法计提折旧。假定不考虑其他因素，则下列有关固定资产折旧的说法中正确的有（　　　）。

    A．计提固定资产的年折旧率为 40%

    B．2020 年该项固定资产计提的折旧额为 1.15 万元

    C．2021 年该项固定资产计提的折旧额为 2.07 万元

    D．至 2021 年年末，该项固定资产累计计提的折旧额为 2.5 万元

10．2020 年 12 月 1 日甲公司将其持有的一幢建筑物进行出售，该建筑物原价为 1 000 万元，已计提折旧 700 万元、减值准备 120 万元；取得出售价款为 155 万元，增值税税率为 9%。在出售时，发生固定资产清理费用 3 万元，残料变价收入 0.8 万元。假定不考虑相关税费，则下列有关说法中正确的有（　　　）。

    A．发生的清理费用计入固定资产清理

    B．出售时固定资产的账面价值为 300 万元

    C．此业务影响企业当期损益的金额为 27.2 万元

    D．此业务影响企业当期损益的金额为 28 万元

三、判断题

1．已达到预定可使用状态暂按估计价值确定成本的固定资产在办理竣工决算后，应按实际成本调整原来的暂估价值，但不需调整原已计提的折旧额。（　　　）

2．固定资产减值损失一经计提，以后会计期间不得转回。（　　　）

3．企业管理部门租入一辆汽车进行使用，租赁期为 18 年。该汽车使用寿命为 20 年，企业对该固定资产应计提折旧，折旧计提金额应记入"管理费用"科目。（　　　）

4．专门用于生产某产品的固定资产，其所包含的经济利益通过所生产的产品实现的，该固定资产的折旧额应计入产品成本。（　　　）

5．企业购入固定资产达到预定可使用状态前所发生的运输费、装卸费、安装费等在发生时计入固定资产的成本核算。（　　　）

6. 固定资产的使用寿命、预计净残值一经确定，不得随意变更。（　　）

7. 固定资产更新改造期间发生的符合资本化的后续支出应通过"在建工程"科目进行核算。（　　）

8. 生产车间用的固定资产发生的不符合固定资产后续支出资本化条件的日常修理费用，记入"制造费用"科目。（　　）

9. 固定资产生产经营期间因转让出售等原因产生的处置损失，计入营业外支出。（　　）

10. 固定资产盘亏时应按照固定资产的账面价值转入"固定资产清理"科目。（　　）

四、不定项选择题

1. 甲公司为增值税一般纳税人，有关经济业务如下：

（1）2020年5月1日，以银行存款购入一台需要安装的生产线，买价234万元，支付的运费、包装费共6万元（均不含税）。安装过程中，领用外购原材料20万元，增值税进项税额为2.6万元；领用本企业生产的商品一批，成本为80万元，税务部门确定的计税价格为100万元；应付未付工程人员的工资为15万元，用银行存款支付其他费用为5万元。

（2）2020年5月10日，该生产线安装完成，并投入第一基本生产车间使用。该生产线预计使用年限为5年，预计净残值率为5%，采用双倍余额递减法计提折旧。

（3）2020年9月1日，甲公司将该生产线出租，每月租金收入20万元（不含增值税），租入方于每月月末支付租金，租期4个月。

（4）2021年6月30日，甲公司将该生产线对外出售，获得价款260万元，增值税税额为33.8万元，款项已存入银行。

要求：

根据上述资料，不考虑其他因素，分析回答下列问题：

（1）根据资料（1），下列各项中，关于安装生产线的会计处理结果表述正确的是（　　）。

　　A. 领用外购原材料用于在建工程，视同销售确认销项税额

　　B. 领用本公司生产的产品用于在建工程，视同销售确认销项税额

　　C. 工程人员工资通过"应付职工薪酬"科目核算

　　D. 用银行存款支付的其他费用通过"在建工程"科目核算

（2）根据资料（1）和（2），甲公司购入生产线的入账价值为（　　）万元。

　　A. 380　　　　　　B. 340　　　　　　C. 360　　　　　　D. 362.6

（3）根据资料（1）和（2），2020年度该生产线应计提的折旧金额为（　　）万元。

　　A. 84　　　　　　　　　　　　　B. 96

　　C. 79.8　　　　　　　　　　　　D. 91.2

（4）根据资料（1）～（3），下列各项中，关于生产线的会计处理结果表述不正确的是（　　）。

　　A. 出租前，计提的折旧额应记入"制造费用"科目

　　B. 2020年计提的折旧额应记入"制造费用"科目

　　C. 收到的租金应确认为营业外收入

　　D. 出租期间，计提的折旧额应记入"其他业务成本"科目

（5）根据资料（1）～（4），出售生产线时确认的损益金额为（　　）万元。

    A．–29.6　　　　　　B．–51.2　　　　　　C．29.6　　　　　　D．51.2

2．甲公司为增值税一般纳税人，与固定资产相关的资料如下：

（1）2020年3月5日，甲公司开始建造一条生产线，为建造该生产线领用自产产品100万元，这部分自产产品的市场售价为200万元，同时领用以前外购的原材料一批，该批原材料的实际购入成本为50万元，购入时的增值税为6.5万元，领用时该批原材料市价为100万元。

（2）2020年3月至6月，应付建造该条生产线的工程人员工资40万元，用银行存款支付其他费用10万元。

（3）2020年6月30日，该条生产线达到预定可使用状态。该条生产线的预计使用年限为5年，预计净残值为0，采用双倍余额递减法计提折旧。

（4）2022年6月30日，甲公司对该生产线的某一重要部件进行更换，合计发生支出100万元（改造支出符合准则规定的固定资产确认条件），已用银行存款付清，已知该部件的账面原值为80万元，被替换部件的变价收入为10万，2022年10月31日，达到预定可使用状态，更新改造后的生产线预计使用年限和计提折旧的方法并未发生改变，预计净残值为0。

要求：根据上述资料，不考虑其他因素，分析回答下列问题：

（1）下列固定资产中，需要计提折旧的是（　　）。

    A．经营租出的机器设备　　　　　　　　B．单独估价入账的土地

    C．已提足折旧的生产设备　　　　　　　　D．闲置不用的厂房

（2）根据资料（1），关于领用自产产品用于在建工程的相关说法中，正确的是（　　）。

    A．应计入在建工程的金额为200万元

    B．应计入在建工程的金额为100万元

    C．应计入在建工程的金额为226万元

    D．应计入在建工程的金额为113万元

（3）根据资料（1），关于领用外购的材料用于在建工程的相关说法中，正确的是（　　）。

    A．应计入在建工程的金额为50万元

    B．应计入在建工程的金额为56.5万元

    C．应计入在建工程的金额为113万元

    D．应计入在建工程的金额为100万元

（4）根据资料（1）～（3），该条生产线的入账价值为（　　）万元。

    A．217　　　　　　B．200　　　　　　C．225.5　　　　　　D．334

（5）该条生产线在更换重要部件后，重新达到预定可使用状态时的入账价值为（　　）万元。

    A．153.2　　　　　　B．123.2　　　　　　C．138.2　　　　　　D．143.2

第七章

无形资产与长期待摊费用

扫码观看教学视频

本章根据财政部发布的《企业会计准则——基本准则》以及《企业会计准则第 6 号——无形资产》、《企业会计准则第 8 号——资产减值》等为基础介绍企业的无形资产有关内容。

第一节　无形资产的确认和初始计量

一、无形资产概述

无形资产是指企业拥有或者控制的没有实物形态的可辨认非货币性资产，通常包括专利权、非专利技术、商标权、著作权、特许权、土地使用权等。

无形资产具有以下特征：

（一）由企业拥有或者控制并能为其带来未来经济利益的资源

无形资产作为一项资产，具有一般资产的本质特征，即由企业拥有或者控制并预期能为其带来未来经济利益。通常情况下，企业拥有或者控制的无形资产应当拥有其所有权并预期能够为企业带来经济利益。但某些情况下，如果企业有权获得某项无形资产产生的未来经济利益，并能约束其他方获得这些经济利益，即使企业没有拥有其所有权，也可认为企业控制了该无形资产。例如，对于会产生经济利益的技术知识，若其受到版权、贸易协议等的保护，那么说明该企业控制了相关利益。

客户关系、人力资源等，由于企业无法控制其带来的未来经济利益，不符合无形资产的定义，不应将其确认为无形资产。

（二）无形资产不具有实物形态

无形资产通常表现为某种权利、某项技术或是某种获取超额利润的综合能力。例如，土地使用权、非专利技术等，不具有实物形态。

（三）无形资产具有可辨认性

作为无形资产核算的资产必须是能够区别于其他资产可单独辨认的，如企业持有的专利权、非专利技术、商标权、土地使用权、特许权等。满足下列条件之一的，符合无形资产定义中的可辨认性标准：

（1）能够从企业中分离或者划分出来，并能单独或者与相关合同、资产或负债一起，用于出售、转让、授予许可、租赁或者交换。

（2）源自合同性权利或其他法定权利，无论这些权利是否可以从企业或其他权利和义务中转移或者分离。例如，一方通过另一方签订特许权合同而获得的特许使用权，通过法律程序申请获得的商标权和专利权等。

商誉通常是与企业整体价值联系在一起的，无法与企业自身相分离而存在，不具有可辨认性，不属于无形资产。

（四）无形资产属于非货币性资产

非货币性资产是指除企业持有的货币资金和将以固定或可确定的金额收取的资产以外的其他资产。无形资产在持有过程中为企业带来未来经济利益的情况不确定，不属于固定或可确定的金额收取的资产，属于非货币性资产。

二、无形资产的确认条件

无形资产应在符合定义的前提下，同时满足下列两个确认条件时，才能予以确认：

（一）与该无形资产有关的经济利益很可能流入企业

作为无形资产确认的项目，必须满足其所产生的经济利益很可能流入企业这一条件。通常情况下，无形资产产生的未来经济利益可能包括在销售商品、提供劳务的收入当中，或者企业使用该项无形资产而减少或节约了成本，或者体现在获得的其他利益当中。例如，生产加工企业在生产工序中使用了某种知识产权，使其降低了未来生产成本。

（二）该无形资产的成本能够可靠地计量

成本能够可靠地计量是确认资产的一项基本条件。例如，企业内部产生的品牌、报刊名、刊头、客户名单和实质上类似项目的支出，由于不能与整个业务开发成本区分开来，成本无法可靠计量，不应确认为无形资产。

三、无形资产的内容

无形资产主要包括专利权、非专利技术、商标权、著作权、土地使用权和特许权等。

1. 专利权

专利权是指国家专利主管机关依法授予发明创造专利申请人对其发明创造在法定期限内所享有的专有权利，包括发明专利权、实用新型专利权和外观设计专利权。它给予持有者独家使用或控制某项发明的特殊权利。《中华人民共和国专利法》明确规定，专利人拥有的专利权受到国家法律保护。专利权是允许其持有者独家使用或控制的特权，但它并不保证一定能给持有者带来经济效益，如有的专利可能会被其他更有经济价值的专利所淘汰等。因此，企业不应将其所拥有的一切专利权都予以资本化，作为无形资产管理和核算。一般而言，从外单位购入的专利或者自行开发并按法律程序申请取得的专利，才能作为无形资产管理和核算。这种专利可以降低成本，或者可以提高产品质量，或者将其转让出去能获得转让收入。

企业从外单位购入的专利权，应按实际支付的价款作为专利权的成本，企业自行开发并按法律程序申请取得的专利权，应按照《企业会计准则第6号——无形资产》确定的金额作为成本。

2. 非专利技术

非专利技术又称专有技术，是指不为外界所知、在生产经营活动中已采用了的、不享有法律保护的、可以带来经济效益的各种技术和诀窍。非专利技术主要包括：①工业专有技术，即在生产上已经采用，仅限于少数人知道，不享有专利权或发明权的生产、装配、修理、工艺或加工方法的技术知识；②商业贸易专有技术，即具有保密性质的市场情报、原材料价格情报以及用户、竞争对象的情况和有关知识；③管理专有技术，即生产组织的经营方式、管理方式、培训职工方法等保密知识。非专利技术并不是专利法的保护对象，非专利技术所有人依靠自我保密的方式来维持其独占权，可以用于转让和投资。

企业的非专利技术，有些是自己开发研究的，有些是根据合同规定从外部购入的。如果是企业自己开发研究的非专利技术，应将符合《企业会计准则第 6 号——无形资产》规定的开发支出资本化条件的，确认为无形资产。对于从外部购入的非专利技术，应将实际发生的支出予以资本化，作为无形资产入账。

3. 商标权

商标权是指专门在某类指定的商品或产品上使用特定的名称或图案的权利。《中华人民共和国商标法》明确规定，经商标局核准注册的商标为注册商标，商标注册人享有商标专用权，受法律的保护。商标权的内容包括独占使用权和禁止使用权两个方面。

注册登记企业自创的商标，所花费用一般不大，是否将其资本化并不重要。能够给企业带来获利能力的商标，往往是通过多年的广告宣传和其他传播商标名称的手段，以及客户的信赖等树立起来的。广告费一般不作为商标权的成本入账，而是在发生时直接计入当期损益。

按照《中华人民共和国商标法》的规定，商标可以转让，但受让人应保证使用该注册商标的产品质量。如果企业购买他人的商标，一次性支出费用较大的，可以将其资本化，作为无形资产管理。这时，应根据购入商标的买价、支付的手续费及有关费用记账。投资者投入的商标权应按投资各方确认的价值入账。

4. 著作权

著作权又称版权，是指作者对其创作的文学、科学和艺术作品依法享有的某些特殊权利。著作权包括两方面的权利，即精神权利（人身权利）和经济权利（财产权利）。前者指作品署名、发表作品、确认作者身份、保护作品的完整性、修改已经发表的作品等各项权利，包括作品署名权、发表权、修改权和保护作品完整权；后者指以出版、表演、广播、展览、录制唱片、摄制影片等方式使用作品以及因授权他人使用作品而获得经济利益的权利。

5. 土地使用权

土地使用权是指国家准许某一企业或单位在一定期间内对国有土地享有开发、利用、经营的权利。根据《中华人民共和国土地管理法》的规定，我国实行土地的社会主义公有制，即全民所有制和劳动群众集体所有制。任何单位和个人不得侵占、买卖或者以其他形式非法转让土地。土地使用权可以依法转让。企业取得土地使用权，应将取得时发生的支出资本化，作为土地使用权的成本，记入"无形资产"科目核算。

6. 特许权

特许权又称经营特许权、专营权，是指企业在某一地区经营或销售某种特定商品的权利或是一家企业接受另一家企业使用其商标、商号、技术秘密等的权利。前者一般是由政府机构授权，准许企业使用或在一定地区享有经营某种业务的特权，如水、电、邮电通信等专营权，烟草专卖权等；后者指企业间依照签订的合同，有限期或无限期使用另一家企业的某些权利，如连锁店分店使用总店的名称等。

四、无形资产的初始计量

无形资产通常按实际成本进行初始计量，即以取得无形资产并使之达到预定用途而发生的全部支出作为无形资产的成本。对于不同来源取得的无形资产，其成本构成不尽相同。

为了反映和监督无形资产的取得和处置等情况，企业应当设置"无形资产"科目进行核算。

"无形资产"科目核算企业持有的无形资产成本，借方登记取得无形资产的成本，贷方登记出售无形资产时转出的无形资产账面余额，期末借方余额，反映企业无形资产的成本。"无形资产"科目应当按照无形资产的项目设置明细科目进行明细核算。

（一）外购的无形资产

外购无形资产的成本包括购买价款、相关税费以及直接归属于使该项资产达到预定用途所发生的其他支出。其中，直接归属于使该项资产达到预定用途所发生的其他支出，包括使无形资产达到预定用途所发生的专业服务费、测试无形资产是否能够正常发挥作用的费用等，但不包括为引入新产品进行宣传所发生的广告费、管理费等其他间接费用，也不包括在无形资产已经达到预定用途以后发生的费用。

例 7-1 兴华公司为增值税一般纳税人，2020 年 1 月 2 日，因生产经营需要，购入一项专利权，取得的增值税专用发票上注明的价款为 700 000 元、增值税税额为 42 000 元，均以银行存款支付。兴华公司应编制如下会计分录：

借：无形资产——专利权　　　　　　　　　　　　　700 000
　　应交税费——应交增值税（进项税额）　　　　　42 000
　　贷：银行存款　　　　　　　　　　　　　　　　　742 000

（二）投资者投入无形资产

投资者投入无形资产的成本，应当按照投资合同或者协议约定的价值确定，但合同或者协议约定价值不公允的，应当按照无形资产的公允价值入账。

第二节　内部研究开发支出的确认和计量

一、研究与开发阶段的区分

对于企业自行进行的研究开发项目，应当区分研究阶段与开发阶段分别进行核算。在企业实务中，关于研究与开发阶段的具体划分，企业应当根据自身实际情况以及相关信息加以判断区分。

（一）研究阶段

研究是指为获取并理解新的科学或技术知识而进行的独创性的有计划的调查。研究阶段基本是探索性的，是为了进一步的开发活动进行资料及相关方面的准备，已经进行的研究活动将来是否转入开发，以及开发后是否会形成无形资产等具有较大的不确定性。在这一阶段一般不会形成阶段性成果。

（二）开发阶段

开发是指在进行商业性生产或使用前，将研究成果或其他知识应用于某项计划或设计，以生产出新的或具有实质性改进的材料、装置、产品等。相对于研究阶段而言，开发阶段应当是已经完成研究阶段的工作，在很大程度上具备了形成一项新产品或者新技术的基本条件。

二、研究与开发阶段支出的确认

（一）研究阶段支出

考虑到研究阶段的探索性及其成果的不确定性，企业无法证明其能够带来未来经济利益的无形资产的存在，因此，对于企业内部研究开发项目，研究阶段的支出应当在发生时全部费用化，计入当期损益（管理费用）。

（二）开发阶段支出

考虑到进入开发阶段的研发项目往往形成成果的可能性较大，如果企业能够证明开发阶段的支出符合无形资产定义及相关确认条件，则可将其确认为无形资产。具体来讲，对于企业内部研究开发项目，开发阶段的支出只有满足资本化条件的，才可计入无形资产成本，否则应当计入当期损益（管理费用）。

如果无法可靠区分研究阶段的支出和开发阶段的支出，应将其所发生的研发支出全部费用化，计入当期损益（管理费用）。

企业应当设置"研发支出"科目，核算企业进行研究与开发无形资产过程中发生的各项支出，按照研究开发项目，分别"费用化支出"与"资本化支出"进行明细核算。

企业自行开发无形资产发生的研发支出，不满足资本化条件的，借记"研发支出——费用化支出"科目，满足资本化条件的，借记"研发支出——资本化支出"科目，贷记"原材料""银行存款""应付职工薪酬"等科目。研究开发项目达到预定用途形成无形资产的，应按"研发支出——资本化支出"科目的余额，借记"无形资产"科目，贷记"研发支出——资本化支出"科目。期（月）末，应将"研发支出——费用化支出"科目归集的金额转入"管理费用"科目，借记"管理费用"科目，贷记"研发支出——费用化支出"科目。按依法取得时发生的注册费、聘请律师费等费用，借记"无形资产"科目，贷记"银行存款"等科目。

例 7-2　兴华公司为增值税一般纳税人，2020 年 10 月，经董事会批准研发某项新型技术。截至 2020 年 12 月 31 日，发生研发支出合计 1 000 000 元，其中，人工费 900 000 元，用银行存款支付其他费用 100 000 元。经测试该项研发活动完成了研究阶段，从 2021 年 1 月 1 日开始进入开发阶段。

2021 年发生开发支出 4 500 000 元，其中，人工费 3 000 000 元，计提专用设备折旧费 600 000 元，材料费 400 000 元，用银行存款支付其他费用 500 000 元。开发阶段的支出，符合《企业会计准则第 6 号——无形资产》规定的开发支出资本化条件的支出为 4 000 000 元。2021 年 5 月 30 日，该项研发活动结束，该项新型技术达到预定用途。兴华公司应编制如下会计分录：

（1）2020 年发生的研发支出：

借：研发支出——××新型技术——费用化支出　　　　　1 000 000

　　贷：应付职工薪酬　　　　　　　　　　　　　　　　　　900 000

　　　　银行存款　　　　　　　　　　　　　　　　　　　　100 000

（2）2020 年 12 月 31 日，将研究阶段的费用化支出转入当期管理费用：

借：管理费用　　　　　　　　　　　　　　　　　　　1 000 000

　　贷：研发支出——××新型技术——费用化支出　　　　1 000 000

（3）2021 年，发生研发支出：

借：研发支出——××新型技术——资本化支出　　　　　4 000 000

　　　　　　　　　　　　　　　——费用化支出　　　　　500 000

　　贷：应付职工薪酬　　　　　　　　　　　　　　　　3 000 000

　　　　原材料　　　　　　　　　　　　　　　　　　　　400 000

　　　　累计折旧　　　　　　　　　　　　　　　　　　　600 000

　　　　银行存款　　　　　　　　　　　　　　　　　　　500 000

（4）2021 年 5 月 30 日，该项新型技术达到预定用途：

借：管理费用　　　　　　　　　　　　　　　　　　　　500 000

　　贷：研发支出——××新型技术——费用化支出　　　　　500 000

借：无形资产——××新型技术　　　　　　　　　　　　4 000 000

　　贷：研发支出——××新型技术——资本化支出　　　　4 000 000

第三节　无形资产的后续计量

一、无形资产的使用寿命

无形资产的后续计量以其使用寿命为基础。企业应当于取得无形资产时分析判断其使用寿命，无形资产的使用寿命是有限的，应当估计该使用寿命的年限或者构成使用寿命的产量等类似计量单位数量；无法预见无形资产为企业带来未来经济利益期限的，应当视为使用寿命不确定的无形资产。

无形资产的使用寿命包括法定寿命和经济寿命。无形资产的法定寿命是指无形资产的使用寿命受法律、规章和合同的限制。无形资产的经济寿命是指无形资产可以为企业带来经济利益的年限。

企业至少应当于每年年末，对使用寿命有限的无形资产的使用寿命进行复核。如果有证据表明无形资产的使用寿命与以前估计不同的，应当改变其摊销年限，并按照会计估计变更进行处理。

企业至少应当于每年年末，对使用寿命不确定的无形资产的使用寿命进行复核。如果有证据表明无形资产的使用寿命是有限的，应当按照会计估计变更进行处理，并按照使用寿命有限的无形资产的处理原则进行会计处理。

二、使用寿命有限的无形资产摊销

使用寿命有限的无形资产，应当在其预计的使用寿命内采用系统、合理的方法对其应摊销额进行摊销。

无形资产应摊销金额是指其成本扣除预计残值后的金额，已计提减值准备的无形资产，还应当扣除已计提的无形资产减值准备金额。无形资产的残值一般为 0。对于使用寿命有限的无形资产应当自可供使用（即其达到预定用途）当月起开始摊销，处置当月不再摊销。

无形资产的摊销方法包括年限平均法（即直线法）、生产总量法等。企业选择的无形资产的摊销方法，应当反映与该项无形资产有关的经济利益的预期消耗方式。受技术陈旧因素影响较大的专利权和专有技术等无形资产，可采用类似固定资产加速折旧的方法进行摊销；有特定产量限制的特许经营权或专利权，应当采用产量法进行摊销；无法可靠确定经济利益的预期消耗方式的，应当采用直线法摊销。

企业应当按月对无形资产进行摊销。无形资产的摊销额一般应当计入当期损益。但如果某项无形资产是专门用于生产某种产品或者其他资产的，其所包含的经济利益是通过转入所产的产品或者其他资产中实现的，则该无形资产的摊销金额应当计入相关资产的成本。出租的无形资产，其摊销金额计入其他业务成本。

企业对无形资产进行摊销时，借记"管理费用""其他业务成本""生产成本""制造费用"等科目，贷记"累计摊销"科目。

例 7-3　兴华公司为增值税一般纳税人，2020 年 1 月 10 日，购入一项特许权，成本为 2 400 000 元，合同规定收益年限为 10 年，兴华公司每月应摊销 20 000 元。每月摊销时，兴华公司应编制如下会计分录：

借：管理费用　　　　　　　　　　　　　　　　　　　　20 000
　　贷：累计摊销　　　　　　　　　　　　　　　　　　　　20 000

例 7-4　兴华公司为增值税一般纳税人，2020 年 3 月 5 日，从外单位购得一项专利技术用于产品生产。该专利技术的成本为 750 000 元，法律保护期间为 15 年，公司预计运用该专利技术生产的产品在未来 10 年内会为公司带来经济利益。假定该项无形资产的净残值为 0，并按年采用直线法进行摊销。兴华公司按年摊销时应做如下会计分录：

借：制造费用——专利权摊销　　　　　　　　　　　　　75 000
　　贷：累计摊销　　　　　　　　　　　　　　　　　　　　75 000

本例中，兴华公司外购的专利技术的预计使用期限为 10 年，短于法律保护年限，则应当按照公司预计使用期限确定其使用寿命。

例 7-5　2020 年 1 月 1 日，兴华公司将其自行开发完成的非专利技术出租给三合公司。该非专利技术成本为 2 400 000 元，双方约定的租赁期限为 10 年，兴华公司每月应摊销 20 000 元。每月摊销时，兴华公司应做如下会计分录：

借：其他业务成本　　　　　　　　　　　　　　　　　　20 000
　　　贷：累计摊销　　　　　　　　　　　　　　　　　　　20 000

三、使用寿命不确定的无形资产

如有确凿证据表明无形资产使用寿命无法合理估计，才能作为使用寿命不确定的无形资产。对于使用寿命不确定的无形资产，在持有期间不需要进行摊销，但应当至少在每个会计期末根据《企业会计准则第 8 号——资产减值》的有关规定进行减值测试。如经减值测试表明已发生减值，则需要计提相应的减值准备，并进行相应的账务处理：借记"资产减值损失"科目，贷记"无形资产减值准备"科目。

四、无形资产的减值

资产减值是指资产的可回收金额低于其账面价值。如果无形资产为企业带来的未来经济利益不足以补偿无形资产成本（摊余成本），则说明无形资产发生了减值，即无形资产的可回收金额低于其账面价值。

无形资产发生减值时，原则上应当及时予以确认和计量。无形资产在资产负债表日存在可能发生减值的迹象时，其可收回金额低于账面价值的，企业应当将该无形资产的账面价值减记至可收回金额，将减记的金额确认为减值损失，计入当期损益，同时计提相应的资产减值准备，按照应减记的金额，借记"资产减值损失——计提的无形资产减值准备"科目，贷记"无形资产减值准备"科目。

根据《企业会计准则第 8 号——资产减值》的规定，无形资产减值损失一经确认，在以后会计期间不得转回。

例 7-6　2020 年 12 月 31 日，市场上某项技术生产的产品销售势头较好，已对兴华公司产品的销售产生重大不利影响。兴华公司的某项专利技术的账面价值为 900 000 元，剩余摊销年限为 4 年，经减值测试，该专利技术的可收回金额为 850 000 元。兴华公司应编制如下会计分录：

借：资产减值损失——无形资产减值损失　　　　　　　　50 000
　　　贷：无形资产减值准备　　　　　　　　　　　　　　　50 000

本例中，由于该专利技术在资产负债表日的账面价值（摊余成本）为 900 000 元，可收回金额为 850 000 元，可收回金额低于其账面价值，应按其差额 50 000 元（900 000-850 000）计提减值准备。

第四节　无形资产的处置

无形资产的处置主要是指无形资产对外出租、出售、对外捐赠，或者无法为企业带来未来经济利益时，应当予以转销并终止确认。

根据《企业会计准则第6号——无形资产》中，与无形资产处置相关的规定如下：

（1）企业出售无形资产，应当将取得的价款与该无形资产账面价值的差额计入当期损益。

（2）无形资产预期不能为企业带来经济利益的，应当将该无形资产的账面价值予以转销。

一、出售无形资产

企业出售无形资产，表明企业放弃该无形资产的所有权，应将所取得的价款与该无形资产账面价值的差额作为资产处置利得或者损失，计入当期损益。值得注意的是，企业出售无形资产确认其利得的时点，应当按照收入中的相关原则进行确定。

出售无形资产时，应按照实际收到的金额等，借记"银行存款"等科目；按已计提的累计摊销金额，借记"累计摊销"科目；原已计提减值准备的，借记"无形资产减值准备"科目；按应支付的相关税费及其他费用，贷记"应交税费""银行存款"等科目；按其账面余额，贷记"无形资产"科目；按其差额，贷记或者借记"资产处置损益"科目。

例 7-7   兴华公司为增值税一般纳税人，2020年12月5日，将其购买的一项专利权的所有权转让给通达公司，开具增值税专用发票，注明的价款为600 000元、增值税税额为36 000元，全部款项存入银行。该专利权的成本为800 000元，已摊销520 000元。

兴华公司应编制如下会计分录：

借：银行存款   636 000

累计摊销   520 000

贷：无形资产——专利权   800 000

应交税费——应交增值税（销项税额）   36 000

资产处置损益   320 000

二、报废无形资产

如果无形资产预期不能为企业带来未来经济利益，如某项无形资产已被其他新技术所替代或者超过法律保护期限，不能再为企业带来经济利益，则不再符合无形资产的定义，应将其报废并予以转销，其账面价值转入当期损益（营业外支出）。

企业报废并转销无形资产时，应按已计提的累计摊销，借记"累计摊销"科目；如果已计提减值准备的，还应同时结转减值准备，借记"无形资产减值准备"科目，贷记"无形资产"科目；按其差额，借记"营业外支出——非流动资产处置损失"科目。

例 7-8   兴华公司为增值税一般纳税人，经过市场调查，原拥有的一项M非专利技术已被新技术所替代，用该非专利技术生产的产品已经没有市场需求，预期不能再为企业带来任何经济利益，2020年12月20日，经批准将其转销。该项非专利技术成本为8 000 000元，转销时已摊销金额为4 000 000元，未计提减值准备，该项非专利技术的净残值为0。假设不考虑其他相关因素，兴华公司应编制如下会计分录：

借：累计摊销   4 000 000

营业外支出——非流动资产处置损失   4 000 000

贷：无形资产——M非专利技术   8 000 000

第五节　长期待摊费用

长期待摊费用是指企业已经发生但应由本期和以后各期负担的、分摊期限在一年以上的各项费用，如以租赁方式租入的使用权资产发生改良支出等。

为了反映长期待摊费用的发生、摊销情况，企业应设置"长期待摊费用"科目。该科目借方登记发生的长期待摊费用，贷方登记摊销的长期待摊费用，期末余额在借方，反映企业尚未摊销完毕的长期待摊费用。"长期待摊费用"科目可按待摊费用项目进行明细核算。

企业发生的长期待摊费用，借记"长期待摊费用"科目，确认当期可抵扣的增值税进项税额，借记"应交税费——应交增值税（进项税额）"科目，贷记"原材料""银行存款"等科目。摊销长期待摊费用时，借记"管理费用""销售费用"等科目，贷记"长期待摊费用"科目。

例 7-9　兴华公司为增值税一般纳税人，2020 年 6 月 1 日，对其一租赁方式租入的办公楼进行装修。装修过程中领用生产用材料 100 000 元，发生有关工程人员薪酬 900 000 元。用银行存款支付其他费用并取得增值税专用发票，注明的款项为 500 000 元、增值税税额为 65 000 元。2020 年 11 月 30 日，该办公楼装修完毕，达到预定可使用状态并交付使用。该办公楼的租赁期为 10 年。假定不考虑其他因素，兴华公司应编制如下会计分录：

（1）装修办公楼发生领用生产用材料时：

借：长期待摊费用　　　　　　　　　　　　　　　　100 000

　　贷：原材料　　　　　　　　　　　　　　　　　　　100 000

（2）分配工程人员工资时：

借：长期待摊费用　　　　　　　　　　　　　　　　900 000

　　贷：应付职工薪酬　　　　　　　　　　　　　　　　900 000

（3）支付其他费用时：

借：长期待摊费用　　　　　　　　　　　　　　　　500 000

　　应交税费——应交增值税（进项税额）　　　　　65 000

　　贷：银行存款　　　　　　　　　　　　　　　　　565 000

（4）2020 年 12 月，摊销装修支出时：

借：管理费用　　　　　　　　　　　　　　　　　　12 500

　　贷：长期待摊费用　　　　　　　　　　　　　　　　12 500

本例中，兴华公司发生的办公楼装修支出合计为 1 500 000 元，2020 年 12 月应摊销的装修支出为 12 500 元（1 500 000 ÷ 10 ÷ 12）。

本章核算小结

1. 无形资产业务核算小结见表 7-1。

表 7-1　无形资产业务核算小结

业　务　内　容			会　计　处　理
取得无形资产的核算	外购无形资产		借：无形资产 　　应交税费——应交增值税（进项税额） 　贷：银行存款
	自行研发的无形资产	研究阶段	借：研发支出——费用化支出 　　应交税费——应交增值税（进项税额） 　贷：银行存款 / 原材料 / 应付职工薪酬 月末： 借：管理费用 　贷：研发支出——费用化支出
		开发阶段　不符合资本化条件	借：研发支出——费用化支出 　　应交税费——应交增值税（进项税额） 　贷：银行存款 / 原材料 / 应付职工薪酬 月末： 借：管理费用 　贷：研发支出——费用化支出
		符合资本化条件	借：研发支出——资本化支出 　　应交税费——应交增值税（进项税额） 　贷：银行存款 / 原材料 / 应付职工薪酬 月末不结转，保留在该账户中，在资产负债表中"开发支出"项目列示
	【提示】企业如果无法可靠区分研究阶段的支出和开发阶段的支出，应将发生的研发支出全部费用化，计入当期损益（管理费用）		
	达到预定用途		借：无形资产 　贷：研发支出——资本化支出
无形资产摊销			借：管理费用 / 制造费用等 　贷：累计摊销
无形资产转让	转让无形资产所有权		借：银行存款 　　累计摊销 　　无形资产减值准备 　　应交税费——应交增值税（进项税额）〔实际支付的相关税费可抵扣的进项税额〕 　贷：无形资产 　　　应交税费——应交增值税（销项税额） 　　　资产处置损益〔倒挤差额，也可能在借方〕
	报废无形资产		借：累计摊销 　　无形资产减值准备 　　营业外支出——非流动资产处置损失 　贷：无形资产

2. 长期待摊费用业务核算小结见表 7-2。

表 7-2 长期待摊费用业务核算小结

业 务 内 容	会 计 处 理
发生长期待摊费用	借：长期待摊费用 　　应交税费——应交增值税（进项税额） 　　贷：银行存款 　　　　原材料 　　　　应付职工薪酬
摊销长期待摊费用	借：管理费用〔管理部门使用〕 　　销售费用〔销售部门使用〕 　　贷：长期待摊费用

同步强化训练

一、单项选择题

1. 企业自行开发无形资产的研发支出，在实际发生时应借记的会计科目是（　　）。

A. 无形资产　　　　B. 管理费用　　　　C. 研发支出　　　　D. 累计摊销

2. 企业出售无形资产取得的净收益，应当记入的会计科目是（　　）。

A. 主营业务收入　　B. 营业外收入　　　C. 投资收益　　　　D. 资产处置损益

3. 2020 年 12 月 1 日，甲公司一项无形资产的账面原值为 1 600 万元，摊销年限为 10 年，预计净残值为 0，采用直线法摊销，已摊销年限为 5 年。2020 年 12 月 31 日经减值测试，该项无形资产的可收回金额为 750 万元。不考虑其他因素，2020 年 12 月 31 日该项无形资产应计提的减值准备金额为（　　）万元。

A. 800　　　　　　B. 50　　　　　　　C. 750　　　　　　D. 1 550

4. 下列各项中，通过"长期待摊费用"科目核算的是（　　）。

A. 行政管理部门发生的固定资产日常修理费用支出

B. 生产车间发生的固定资产日常修理费用支出

C. 租入使用权资产发生的改良支出

D. 外购固定资产发生的改良支出

5. 甲公司出售一项无形资产，开具的增值税专用发票上注明的价款为 500 万元、增值税税额为 30 万元，全部款项已存入银行。该无形资产取得时实际成本为 350 万元，已摊销 70 万元，已计提减值准备 20 万元。甲公司出售该项无形资产应计入当期损益的金额为（　　）万元。

A. –100　　　　　B. 240　　　　　　C. 160　　　　　　D. 155

6. 甲公司购入一项专利技术，购买价款 1 000 万元、相关税费 20 万元，为使无形资产达到预定用途所发生的专业服务费用 70 万元、测试无形资产是否能够正常发挥作用的费用 10 万元。不考虑其他因素，该专利技术的入账价值为（　　）万元。

A. 1 020　　　　　B. 1 090　　　　　C. 1 080　　　　　D. 1 100

7. 某企业研制成功一项新技术，该企业在此项新技术研究过程中支付调研费 30 000 元，支付人工费 40 000 元。在开发过程中支付材料费 60 000 元、人工费 30 000 元、其他费用 50 000 元。假设开发过程中发生的支出均可资本化。不考虑其他因素，该项专利权的入账价值为（　　　　）元。

  A. 90 000   B. 140 000   C. 160 000   D. 170 000

  8. 2021 年 2 月，某制造业企业转让一项专利权，开具增值税专用发票上注明的价款为 100 万元、增值税税额为 6 万元，全部款项已存入银行。该专利权成本为 200 万元，已摊销 150 万元，不考虑其他因素，该企业转让专利权对利润总额的影响金额为（　　　　）万元。

  A. −94   B. 56   C. −100   D. 50

  9. 2020 年 3 月 1 日，某企业对以租赁方式租入的办公楼进行装修，发生职工薪酬 15 万元，其他费用 45 万元。2020 年 10 月 31 日，该办公楼装修完工，达到预定可使用状态并交付使用，至租赁到期还有 5 年。假定不考虑其他因素，该企业发生的装修费用对 2020 年度损益的影响金额为（　　　　）万元。

  A. 45   B. 12   C. 2   D. 60

二、多项选择题

  1. 下列各项中，企业应确认为无形资产的有（　　　　）。

  A. 烟草专卖权   B. 企业无偿取得的商标权

  C. 为扩大商标知名度而支付的广告费 D. 无偿划拨取得的土地使用权

  2. 企业对使用寿命有限的无形资产进行摊销时，其摊销额应根据不同情况分别计入（　　　　）。

  A. 管理费用   B. 制造费用   C. 主营业务成本   D. 其他业务成本

  3. 下列各项中，能够引起无形资产账面价值发生增减变动的有（　　　　）。

  A. 转让无形资产所有权   B. 计提无形资产摊销

  C. 对无形资产进行日常维护   D. 转让无形资产使用权

  4. 下列各项中，属于无形资产的特征的有（　　　　）。

  A. 不具有实物形态   B. 具有可辨认性

  C. 不具有可辨认性   D. 属于非货币性长期资产

  5. 2018 年 1 月 1 日，某企业购入一项专利技术，当日投入使用，初始入账价值为 500 万元，摊销年限为 10 年，采用直线法进行摊销。2021 年 12 月 31 日该专利技术预计可收回金额为 270 万元。假定不考虑其他因素，2021 年 12 月 31 日关于该项专利技术的会计处理结果表述正确的是（　　　　）。

  A. 2021 年 12 月 31 日该项专利技术的账面价值为 270 万元

  B. 2021 年度的摊销总额为 45 万元

  C. 2021 年度的摊销总额为 50 万元

  D. 2021 年 12 月 31 日该项专利技术的账面价值为 300 万元

  6. 甲公司属于增值税一般纳税人，只生产一种产品。甲公司 2020 年 4 月 5 日以 3 900 万元购入一项专利权用于生产产品，另支付相关费用 100 万元。为推广由该专利权生产的产品，甲公司发生广告宣传费 25 万元。该专利权预计使用 10 年，预计净残值为 0，采用直线法摊销。不考虑其他因素，2020 年 12 月 31 日关于该专利权会计处理结果表述正确的有（　　　　）。

　　A．广告宣传费 25 万元计入"销售费用"科目

　　B．2020 年专利权的摊销额为 300 万元

　　C．2020 年专利权的摊销额计入"制造费用"科目

　　D．2020 年年末专利权的账面价值为 3 700 万元

　　7．2020 年 5 月 1 日，丙公司对其以租赁方式新租入的办公楼进行装修，发生以下有关支出：领用生产用材料 50 万元，购进该批原材料时支付的增值税进项税额为 6.5 万元；辅助生产车间为该装修工程提供的劳务支出为 18 万元；有关人员工资等职工薪酬为 52 万元。2020 年 11 月 30 日，该办公楼装修完工，达到预定可使用状态并交付使用，同时按租赁期 10 年开始进行摊销。假定不考虑其他因素，下列关于丙公司会计处理的表述正确的有（　　　　）。

　　A．装修完工时计入长期待摊费用的金额为 120 万元

　　B．装修完工时计入长期待摊费用的金额为 111.5 万元

　　C．2020 年的摊销额为 1 万元

　　D．2020 年的摊销额为 0.93 万元

　　8．下列各项中，应计入专利权入账价值的有（　　　　）。

　　A．无法区分研究阶段和开发阶段的设备折旧费

　　B．研究阶段支付的研发人员薪酬

　　C．依法取得专利权发生的注册费

　　D．开发阶段满足资本化条件的材料支出

　　9．甲公司为增值税一般纳税人，2020 年 12 月 31 日，收到乙公司支付的非专利技术使用权当年使用费收入，开具的增值税专用发票上注明的价款为 10 万元、增值税税额为 0.6 万元，款项已存入银行。本年非专利技术应计提的摊销额为 6 万元。甲公司出租非专利技术使用权的会计处理结果正确的有（　　　　）。

　　A．其他业务收入增加 10 万元　　　　　　B．累计摊销增加 6 万元

　　C．其他业务收入增加 10.6 万元　　　　　D．其他业务成本增加 6 万元

　　10．企业对以租赁方式租入的生产设备进行改良，下列有关说法中，不正确的有（　　　　）。

　　A．改良过程中发生的材料费、人工费先通过长期待摊费用进行归集

　　B．改良过程中发生的费用直接计入生产设备成本

　　C．长期待摊费用属于负债类会计科目

　　D．企业对以租赁方式租入的生产设备应作为自有资产进行核算

三、判断题

　　1．企业外购无形资产发生的相关税费不应计入其成本当中。　　　　　　　　　　（　　　）

　　2．对于企业取得的所有无形资产，均应当按期摊销。　　　　　　　　　　　　　（　　　）

四、不定项选择题

　　2020 年 6 月初，某企业无形资产账面价值为 1 000 万元，采用直线法摊销。6 月份发生相关业务如下：

　　（1）1 日，该企业自行研发某项非专利技术，当月研发成功并投入使用，其中研究阶段支出

150万元，开发阶段符合资本化支出为200万元，不符合资本化支出为100万元。该项无形资产无法确定其预计使用年限。

（2）5日，出租一项特许权，账面余额为500万元，已摊销150万元，本月应摊销5万元。月末，收到本月租金10万元，增值税税额为0.6万元，款项已存入银行。

（3）29日，出售一项专利权，该专利权账面余额为400万元，已摊销80万元，未计提减值准备。取得收入300万元，增值税税额为18万元，款项已收存银行。

（4）30日，企业自行研发的非专利技术的可收回金额为180万元。

要求：

根据上述资料，不考虑其他因素，分析回答下列问题：

（1）根据资料（1），下列各项中，关于非专利技术相关会计处理结果表述正确的是（　　　）。

    A. 该项非专利技术的入账价值为350万元

    B. 研究阶段的支出应计入管理费用

    C. 该项非专利技术应按照10年进行摊销

    D. 该项非专利技术不应计提摊销

（2）根据资料（2），下列各项中，关于6月出租特许权的会计处理不正确的是（　　　）。

    A. 收取租金：

        借：银行存款　　　　　　　　　　　　　　　　　　10

          贷：营业外收入　　　　　　　　　　　　　　　　　　　　10

    B. 收取租金：

        借：银行存款　　　　　　　　　　　　　　　　　　10.6

          贷：其他业务收入　　　　　　　　　　　　　　　　　　　10

            应交税费——应交增值税（销项税额）　　　　　　0.6

    C. 计提特许权摊销：

        借：其他业务成本　　　　　　　　　　　　　　　　5

          贷：累计摊销　　　　　　　　　　　　　　　　　　　　　5

    D. 计提特许权摊销：

        借：营业外支出　　　　　　　　　　　　　　　　　5

          贷：累计摊销　　　　　　　　　　　　　　　　　　　　　5

（3）根据资料（3），出售专利权对于利润总额的影响金额为（　　　）万元。

    A. 115   B. 0   C. 35   D. -20

（4）根据资料（1）～（4），6月末无形资产的账面价值为（　　　）万元。

    A. 855   B. 875   C. 860   D. 880

第八章

短期借款与长期借款

扫码观看教学视频

第一节　短期借款

一、短期借款概述

短期借款是指企业向银行或其他金融机构等借入的期限在一年以下（含一年）的各种款项。短期借款一般是为了满足正常生产经营所需的资金或者为了抵偿某项债务而借入的。短期借款的债权人不仅是银行，还包括其他非银行金融机构或其他单位和个人。

二、短期借款的财务处理

企业通过"短期借款"科目核算短期借款的发生、偿还等情况。该科目的贷方登记取得借款本金的数额，借方登记偿还借款本金的数额，余额在贷方，反映企业尚未偿还的短期借款。该科目可按借款种类、贷款人和币种设置明细科目进行明细核算。

企业从银行或其他金融机构取得短期借款时，借记"银行存款"科目，贷记"短期借款"科目。

企业借入短期借款应支付利息。在实际工作中，如果短期借款利息是按期支付的，如按季度支付利息，或者利息是在借款到期时连同本金一起归还，并且其数额较大的，企业应采用月末预提方式进行短期借款利息的核算。短期借款利息属于筹资费用，应当于发生时直接计入当期财务费用。在资产负债表日，企业应当按照计算确定的短期借款利息费用，借记"财务费用"科目，贷记"应付利息"科目；实际支付利息时，借记"应付利息"科目，贷记"银行存款"科目。短期借款到期偿还本金时，企业应借记"短期借款"科目，贷记"银行存款"科目。

例 8-1　兴华公司于2020年3月31日向工商银行借入一笔生产经营用短期借款，共计240 000元，期限为9个月，年利率为4%。根据与银行签署的借款协议，该项借款的本金到期后一次归还，利息按季支付。兴华公司应编制如下会计分录：

（1）3月31日借入短期借款时：

借：银行存款	240 000
贷：短期借款——工商银行	240 000

（2）4月末，计提4月份应付利息时：

本月应计提的利息金额 $=240\,000 \times 4\% \div 12 = 800$（元）

借：财务费用	800
贷：应付利息	800

5月末计提5月份利息费用的处理与4月份相同。

（3）6月末，支付第二季度银行借款利息时：

借：财务费用	800
应付利息	1600
贷：银行存款	2 400

第三、第四季度的会计处理同上。

（4）12 月 31 日偿还银行借款本金时：

借：短期借款——工商银行　　　　　　　　　　　　　　240 000

　　贷：银行存款　　　　　　　　　　　　　　　　　　　　240 000

如果上述借款期限是 8 个月，则借款到期日为 11 月 30 日。

10 月末，计提 10 月份应付利息时：

本月应计提的利息金额 =240 000×4%÷12=800（元）

借：财务费用　　　　　　　　　　　　　　　　　　　　800

　　贷：应付利息　　　　　　　　　　　　　　　　　　　　800

11 月 30 日，偿还银行借款本金，同时支付 10 月已提未付利息和 11 月未提利息：

借：短期借款　　　　　　　　　　　　　　　　　　　240 000

　　应付利息　　　　　　　　　　　　　　　　　　　　800

　　财务费用　　　　　　　　　　　　　　　　　　　　800

　　贷：银行存款　　　　　　　　　　　　　　　　　　　241 600

如果企业的短期借款利息是按月支付的，或者利息是在借款到期时连同本金一起归还，但数额不大的，可以不采用预提的方法，而在实际支付或收到银行的计息通知时，直接计入当期损益，借记"财务费用"科目，贷记"银行存款"科目。

第二节　长期借款

一、长期借款概述

长期借款是指企业向银行或其他金融机构借入的期限在一年以上（不含一年）的各项借款。就长期借款的用途来讲，企业一般用于固定资产的购建、改扩建工程、大修理工程、对外投资以及为了保持长期经营能力等方面的需要。与短期借款相比，长期借款除数额大、偿还期限较长外，其借款费用需要根据权责发生制的要求，按期预提计入所购建资产的成本或直接计入当期财务费用。

由于长期借款的使用关系到企业的生产经营规模和效益，因此，必须加强管理与核算。企业除了要遵守有关的贷款规定、编制借款计划并要有不同形式的担保外，还应监督借款的使用、按期支付长期借款的利息以及按规定的期限归还借款本金等。因此，长期借款会计处理的基本要求是反映和监督长期借款的借入、借款利息的结算和借款本息的归还情况，促使企业遵守信贷纪律，提高信用等级，同时也要确保长期借款发挥效益。

二、长期借款的账务处理

企业通过"长期借款"科目核算长期借款的借入、归还等情况。该科目贷方登记长期借款本息的增加额，借方登记借款本息的减少额，期末贷方余额，表示企业尚未归还的长期借款本息。

该科目可按照贷款单位和贷款种类设置明细账，分"本金""利息调整"等进行明细核算。

长期借款账务处理的内容主要包括长期借款取得与使用、利息的确认以及归还长期借款的核算。

（一）长期借款取得与使用

企业借入各种长期借款时，按实际收到的款项，借记"银行存款"科目，贷记"长期借款——本金"科目；按借贷双方之间的差额，借记"长期借款——利息调整"科目。

例 8-2 兴华公司为增值税一般纳税人，2020 年 11 月 30 日从银行借入资金 3 000 000 元，借款期限为 3 年，合同规定的借款年利率为 6.9%，到期一次还本付息，不计复利，所借款项存入银行。12 月 1 日，兴华公司用该笔借款购入一台不需要安装的机器设备，取得的增值税专用发票上注明的设备价款为 2 600 000 元、增值税税额为 338 000 元，设备已于当日投入使用。兴华公司应编制如下会计分录：

（1）取得借款时：

借：银行存款   3 000 000

    贷：长期借款——本金   3 000 000

（2）支付设备价款时：

借：固定资产   2 600 000

    应交税费——应交增值税（进项税额）   338 000

    贷：银行存款   2 938 000

（二）长期借款利息的确认

长期借款计算确定的利息费用，应当按以下原则计入有关成本、费用：属于筹建期间的，计入管理费用；属于生产经营期间的，如果长期借款用于购建固定资产等符合资本化条件的资产，在资产尚未达到预定可使用状态前，所发生的利息支出应当资本化，计入在建工程等相关资产成本；资产达到预定可使用状态后发生的利息支出，以及按规定不予资本化的利息支出，计入财务费用。

资产负债表日，企业按长期借款的摊余成本和实际利率计算确定的长期借款利息费用，借记"在建工程""制造费用""财务费用""研发支出"等科目；长期借款按合同利率计算确定的应付未付利息，如果属于分期付息的，记入"应付利息"科目，如果属于到期一次还本付息的，记入"长期借款——应计利息"科目。

例 8-3 沿用【例 8-2】的资料，兴华公司于 2020 年 12 月 31 日计提长期借款利息，兴华公司应编制如下会计分录：

2020 年 12 月 31 日计提的长期借款利息 =3 000 000×6.9%÷12=17 250（元）

借：财务费用   17 250

    贷：长期借款——应计利息   17 250

2021 年 1 月至 2023 年 10 月末每月预提利息分录同上。

（三）归还长期借款

企业归还长期借款的本金时，应按归还的金额，借记"长期借款——本金"科目；按转销的利息调整金额，贷记"长期借款——利息调整"科目；按实际归还的金额，贷记"银行存款"科目；按归还的利息，借记"应付利息"或"长期借款——应计利息"科目，贷记"银行存款"科目；按借贷双方之间的差额，借记"在建工程""制造费用""财务费用""研发支出"等科目。

例 8-4 沿用【例 8-3】的资料，兴华公司于 2023 年 11 月 30 日偿还该笔银行借款本息。兴华企业应编制如下会计分录：

应计利息 =3 000 000×6.9%÷12×35= 603 750（元）

借：长期借款——本金	3 000 000
——应计利息	603 750
财务费用	17 250
贷：银行存款	3 621 000

本章核算小结

1. 短期借款业务核算小结见表 8-1。

表 8-1　短期借款业务核算小结

业 务 内 容	会 计 处 理
借入短期借款	借：银行存款 　　贷：短期借款〔短期借款本金〕
按月计提短期借款利息	借：财务费用〔借款本金×适用利率〕 　　贷：应付利息
实际支付短期借款利息	借：应付利息 　　贷：银行存款
如果企业的短期借款利息是按月支付的，或者利息是在借款到期时连同本金一起归还，但是数额不大的可以不采用预提的方法，而在实际支付或收到银行的计息通知时	借：财务费用 　　贷：银行存款
归还短期借款本金	借：短期借款 　　贷：银行存款

2. 长期借款业务核算小结见表 8-2。

表 8-2　长期借款业务核算小结

业 务 内 容	会 计 处 理
向银行借入长期借款	借：银行存款 　　贷：长期借款——本金
按月计提长期借款利息	借：财务费用、在建工程等科目 　　贷：应付利息 或　贷：长期借款——应计利息
按规定日期支付长期借款利息	借：应付利息 　　贷：银行存款
归还长期借款本金、利息（到期一次还本付息的长期借款）	借：长期借款——本金 　　　　——应计利息 　　贷：银行存款

同步强化训练

一、单项选择题

1. 企业计提短期借款利息时贷方应计入的会计科目是（   ）。

    A. 财务费用   B. 短期借款

    C. 应收利息   D. 应付利息

2. 2020 年 9 月 1 日，某企业向银行借入一笔期限 2 个月、到期一次还本付息的生产经营周转借款 200 000 元，年利率 6%。借款利息采用预提方式，月末确认。11 月 1 日，企业以银行存款偿还借款本息的会计处理正确的是（   ）。

    A. 借：短期借款   200 000

            贷：银行存款   200 000

    B. 借：短期借款   200 000

            应付利息   2 000

            贷：银行存款   202 000

    C. 借：短期借款   200 000

            财务费用   2 000

            贷：银行存款   202 000

    D. 借：短期借款   202 000

            贷：银行存款   202 000

3. 2020 年 1 月 1 日，某企业向银行借入资金 600 000 元，期限为 6 个月，年利率为 5%，借款利息分月计提，季末交付，本金到期一次归还。下列各项中，2020 年 6 月 30 日，该企业交付借款利息的会计处理正确的是（   ）。

    A. 借：财务费用   5 000

            应付利息   2 500

            贷：银行存款   7 500

    B. 借：财务费用   7 500

            贷：银行存款   7 500

    C. 借：应付利息   5 000

            贷：银行存款   5 000

    D. 借：财务费用   2 500

            应付利息   5 000

            贷：银行存款   7 500

4. 如果企业的短期借款利息是按月支付的，应在实际支付或收到银行的计息通知时，直接计入当期损益，则下列账务处理中，正确的是（   ）。

    A. 贷记"财务费用"科目   B. 借记"管理费用"科目

    C. 贷记"应付利息"科目   D. 贷记"银行存款"科目

5. 2020 年 9 月 1 日，某企业向银行借入资金 350 万元用于生产经营，借款期限为 3 个月，年利率为 6%，到期一次还本付息，利息按月计提。下列各项中，关于该借款相关的会计处理结果正确的是（　　　）。

　　A. 借入款项时，借记"短期借款"科目 350 万元

　　B. 每月计提借款利息时，贷记"财务费用"科目 5.25 万元

　　C. 每月计提借款利息时，借记"应付利息"科目 1.75 万元

　　D. 借款到期归还本息时，贷记"银行存款"科目 355.25 万元

二、多项选择题

1. 2021 年 4 月 1 日，甲公司因急需流动资金，从银行取得期限为 5 个月的借款 200 000 元，年利率为 6%，按月计提利息，8 月 31 日到期偿还本息。假定不考虑其他因素，下列会计处理不正确的有（　　　）。

　　A. 取得短期借款：

借：银行存款	200 000	
贷：短期借款		200 000

　　B. 每月计提利息：

借：财务费用	1 000	
贷：短期借款——应计利息		1 000

　　C. 到期还本付息：

借：短期借款	200 000	
应付利息	4 000	
财务费用	1 000	
贷：银行存款		205 000

　　D. 到期还本付息：

借：短期借款——本金	200 000	
——应计利息	5 000	
贷：银行存款		205 000

2. 下列有关短期借款的说法中，正确的有（　　　）。

A. 企业经营期间的短期借款利息属于筹资费用，应当于发生时直接计入当期财务费用

B. 短期借款属于企业的非流动负债

C. 企业从银行取得短期借款时，借记"银行存款"科目，贷记"短期借款"科目

D. 短期借款到期偿还本金时，借记"短期借款"科目，贷记"银行存款"科目

3. 长期借款发生的利息费用，根据长期借款的使用方向，可以将其直接计入的项目有（　　　）。

　　A. 财务费用　　　　　　　　　　B. 在建工程

　　C. 管理费用　　　　　　　　　　D. 研发支出

4. 下列关于应付利息的说法中，正确的有（　　　）。

　　A. 应付利息核算企业按照合同约定支付的利息，包括短期借款、分期付息到期还本的长期借款的利息

  B．企业采用合同约定的名义利率计算确定短期借款的利息费用时，应按合同约定的名义利率计算确定的应付利息的金额记入"应付利息"科目

  C．企业在实际支付利息时，借记"财务费用"科目，贷记"应付利息"科目

  D．该科目期末贷方余额，反映企业按照合同约定应支付但尚未支付的利息

三、判断题

1．短期借款是指企业向银行或其他金融机构等借入的期限在一年以下、但不含一年的各种款项。 （ ）

2．短期借款预提利息通过"短期借款"科目核算，影响短期借款的账面价值。 （ ）

3．短期借款到期偿还本金时，企业应借记"短期借款"科目，贷记"银行存款"科目。

 （ ）

4．企业举借长期借款，不会影响企业原有的股权结构。 （ ）

四、不定项选择题

甲企业 2020 年第二季度发生下列有关短期借款的经济业务：

（1）4 月 1 日，短期借款账面余额 350 万元，年利率均为 3.6%；同日，从工商银行借入为期 5 个月、年利率为 3.6% 的借款 40 万元，存入银行存款户。

（2）5 月 31 日，以银行存款偿还到期的短期借款 50 万元；同日，又从建设银行借入为期 3 个月、年利率为 3.6% 的借款 30 万元，存入银行存款户。

（3）6 月 30 日，归还到期短期借款本金 200 万元。

要求：根据上述资料，不考虑其他因素，分析回答下列问题：

（1）根据资料（1），企业 4 月末"短期借款"账户余额为（ ）万元。

  A．350   B．390   C．391.17   D．390.12

（2）根据资料（2），下列说法正确的有（ ）。

  A．5 月末，企业"短期借款"账户余额为 340 万元

  B．5 月末，企业"短期借款"账户余额为 370 万元

  C．5 月末，企业应付短期借款利息金额为 1.17 万元

  D．5 月末，企业应付短期借款利息金额为 1.11 万元

（3）根据资料（1）～（3），下列说法正确的有（ ）。

  A．6 月末，企业"短期借款"账户余额为 170 万元

  B．6 月末，企业归还短期借款业务，会导致企业资产减少

  C．6 月末，企业应付短期借款利息金额为 0.51 万元

  D．6 月末，企业应付短期借款利息金额为 1.11 万元

第九章

应付及预收款项

扫码观看教学视频

第一节 应付票据

一、应付票据概述

应付票据是指企业购买材料、商品和接受劳务供应等而开出、承兑的商业汇票。商业汇票结算方式是一种延期付款的结算方式。企业采用商业汇票结算方式购买材料、商品和接受劳务供应，应向供应单位签发已经承兑的商业汇票。商业汇票根据承兑人分类，分为商业承兑汇票和银行承兑汇票。

企业应通过"应付票据"科目核算应付票据的发生、偿还等情况。该科目贷方登记开出、承兑汇票的面值，借方登记支付票据的金额，余额在贷方，反映企业尚未到期的商业汇票的金额。

企业应当设置"应付票据备查簿"，逐笔登记商业汇票的种类、号数、出票日、票面金额、交易合同号和收款人姓名或单位名称及付款日期等资料。商业汇票到期结清票款时，上述内容应在备查簿中予以注销。

由于商业汇票的付款期限不超过 6 个月，因此，企业应将应付票据作为流动负债管理和核算。同时，由于应付票据的偿还时间较短，在会计实务中，一般均按开出、承兑的应付票据面值入账。

二、应付票据的账务处理

企业因购买材料、商品和接受劳务供应等而开出、承兑的商业汇票，应当按其票面金额作为应付票据的入账金额，借记"材料采购""原材料""库存商品""应付账款"及"应交税费——应交增值税（进项税额）"等科目，贷记"应付票据"科目。

企业开出银行承兑汇票而支付银行的承兑手续费，应计入当期财务费用。支付手续费时，按照确认的手续费，借记"财务费用"科目，取得增值税专用发票的，按增值税专用发票上注明的进项税额，借记"应交税费——应交增值税（进项税额）"科目，按照实际支付的金额，贷记"银行存款"科目。

例 9-1 兴华公司为增值税一般纳税人，原材料按计划成本核算。2020 年 9 月 16 日从华美公司购入一批原材料，增值税专用发票上注明的材料价款为 70 000 元、增值税税额为 9 100 元，材料已验收入库，该批原材料的计划成本为 65 000 元。兴华公司开出并承兑一张面值为 79 100 元、期限 3 个月的不带息银行承兑汇票，缴纳银行承兑手续费并取得增值税专用发票，注明手续费 30 元，增值税税额为 1.8 元。12 月 16 日，银行承兑汇票到期，兴华公司通知其开户银行以银行存款支付票款。兴华公司应编制如下会计分录：

（1）开出银行承兑汇票购入材料：

借：材料采购   70 000

      应交税费——应交增值税（进项税额）   9 100

        贷：应付票据——华美公司   79 100

（2）支付银行承兑汇票手续费：

借：财务费用　　　　　　　　　　　　　　　　　　30
　　应交税费——应交增值税（进项税额）　　　　　1.8
　　　贷：银行存款　　　　　　　　　　　　　　　　　31.8

（3）材料验收入库：

借：原材料　　　　　　　　　　　　　　　　65 000
　　材料成本差异　　　　　　　　　　　　　　5 000
　　　贷：材料采购　　　　　　　　　　　　　　　70 000

（4）12月16日，银行承兑汇票到期，支付票款：

借：应付票据——华美公司　　　　　　　　　79 100
　　　贷：银行存款　　　　　　　　　　　　　　　79 100

三、应付票据转销

应付商业承兑汇票到期，如企业无力支付票款，由于商业汇票已经失效，企业应将应付票据按账面余额转作应付账款，借记"应付票据"科目，贷记"应付账款"科目。

应付银行承兑汇票到期，如企业无力支付票款，则应由承兑银行代为支付并作为付款企业的贷款处理，应将应付票据的账面余额转作短期借款，借记"应付票据"科目，贷记"短期借款"科目。

例9-2　沿用【例9-1】的资料，假设上述银行承兑汇票到期时兴华公司无力支付票款。兴华公司应编制如下会计分录：

借：应付票据——华美公司　　　　　　　　　79 100
　　　贷：短期借款　　　　　　　　　　　　　　　79 100

假设上述应付票据为商业承兑汇票，该汇票到期时兴华公司无力支付票款。兴华公司应编制如下会计分录：

借：应付票据——华美公司　　　　　　　　　79 100
　　　贷：应付账款——华美公司　　　　　　　　　79 100

第二节　应付账款

一、应付账款概述

应付账款是指企业因购买材料、商品或接受劳务供应等经营活动而应付给供应单位的款项。应付账款一般应在与所购买物资所有权相关的主要风险和报酬已经转移，或者所购买的劳务已经接受时确认。实务中，为了使所购入物资的金额、品种、数量和质量等与合同规定的条款相符，避免因验收时发现所购物资的数量或质量存在问题而对入账的物资或应付账款金额进行改动，在物资和发票账单同时到达企业的情况下，一般在所购物资验收入库后，根据发票账单登记入账，确认应付账款。在所购物资已经验收入库，但发票账单未能同时到达的情况下，企业应付物资供应单位的债务已经成立。在会计期末，为了反映企业的负债情况，需要将所购物资和相关的应付账款暂估入账，待下月初做相反的分录，将上月暂估入账的应付账款予以冲销。

企业通过"应付账款"科目核算应付账款的发生、偿还、转销等情况。该科目贷方登记企业购买材料、商品和接受劳务供应等而发生的应付账款，借方登记偿还的应付账款，或开出商业汇票抵付应付账款的款项，或冲销无法支付的应付账款。余额一般在贷方，反映企业尚未支付的应付账款余额。本科目应按照债权人设置明细科目进行明细核算。

二、应付账款的账务处理

企业购入材料、商品或接受劳务供应等所产生的应付账款，应按应付金额入账。购入材料、商品等验收入库，但货款尚未支付，根据有关凭证，借记"材料采购""在途物资"等科目，按照可抵扣的增值税进项税额，借记"应交税费——应交增值税（进项税额）"科目，按应付的款项，贷记"应付账款"科目。企业接受供应单位提供劳务而发生的应付未付款项，根据供应单位的发票账单等有关凭证，借记"生产成本""管理费用"等科目，按照增值税专用发票上注明的可抵扣的增值税进项税额，借记"应交税费——应交增值税（进项税额）"科目，贷记"应付账款"科目。

企业偿还应付账款或开出商业汇票抵付应付账款时，借记"应付账款"科目，贷记"银行存款""应付票据"等科目。

例 9-3　兴华公司为增值税一般纳税人，原材料采用计划成本法核算。2020 年 11 月 1 日，兴华公司从大宇公司购入一批材料，增值税专用发票上注明的价款为 200 000 元、增值税税额 26 000 元；同时，对方代垫运杂费 1 000 元，增值税税额 90 元，材料已运到并验收入库，款项尚未支付，该批材料的计划成本为 220 000 元。12 月 15 日，兴华公司以银行存款支付购入材料相关款项 227 090 元。兴华公司应编制如下会计分录：

（1）购入材料确认应付账款：

借：材料采购　　　　　　　　　　　　　　　　　　201 000
　　应交税费——应交增值税（进项税额）　　　　　 26 090
　　　贷：应付账款——大宇公司　　　　　　　　　　　　 227 090

（2）材料验收入库：

借：原材料　　　　　　　　　　　　　　　　　　　220 000
　　　贷：材料采购　　　　　　　　　　　　　　　　　　 201 000
　　　　　材料成本差异　　　　　　　　　　　　　　　　　19 000

（3）12 月 15 日，偿还应付账款：

借：应付账款——大宇公司　　　　　　　　　　　　227 090
　　　贷：银行存款　　　　　　　　　　　　　　　　　　 227 090

应付账款附有现金折扣的，应按扣除现金折扣前的应付账款总额入账。

现金折扣是指债权人为鼓励债务人在规定的期限内付款而向债务人提供的债务扣除。

现金折扣一般用"折扣率/付款期限"表示，例如"2/10、1/20、N/30"表示：销货方允许客户最长的付款期限是30天，如果客户在10天内付款，销货方可按商品售价给予客户2%的折扣；如果客户在11天至20天内付款，销货方可按商品售价给予客户1%的折扣；如果客户在21天至30天内付款，将不能享受现金折扣。

现金折扣发生在企业因购买材料、商品而支付款项之前，企业支付应付账款前现金折扣是否发生以及发生多少要视付款情况而定，企业在确认应付账款金额时不能确定现金折扣金额。因此，企业采购材料、商品涉及现金折扣的，应当按照扣除现金折扣前的金额确定应付账款金额，应在实际发生时冲减当期财务费用。

在计算现金折扣时，还应注意销售方式是按不包含增值税的价款提供现金折扣的，还是按包含增值税的价款提供现金折扣的，两种情况下购买方享有的折扣金额不同。

例 9-4 兴华公司为增值税一般纳税人，2020年12月2日从海达电器公司购入一批家电产品并已验收入库。增值税专用发票上列明的该批家电的价款为2 000 000元、增值税税额为260 000元。按照购货协议的规定，兴华公司如在15天内付清货款，将获得1%的现金折扣（假定计算现金折扣时不考虑增值税税额）。2020年12月16日，兴华公司按照扣除现金折扣后的金额以银行存款付清所欠海达电器公司货款，兴华公司应编制如下会计分录：

（1）12月2日确认应付账款：

借：库存商品　　　　　　　　　　　　　　　　　　2 000 000

　　应交税费——应交增值税（进项税额）　　　　　　260 000

　　　贷：应付账款——海达电器公司　　　　　　　　　　2 260 000

（2）12月16日付清货款：

借：应付账款——海达电器公司　　　　　　　　　　2 260 000

　　　贷：银行存款　　　　　　　　　　　　　　　　　　2 240 000

　　　　　财务费用　　　　　　　　　　　　　　　　　　　20 000

如果客户在15天以后付款，将不能享受现金折扣。企业在超过现金折扣期付款时，应按债务账面价值付款，借记"应付账款"科目，贷记"银行存款"科目。

假设兴华公司于2020年12月30日以银行存款付清所欠海达电器公司货款，兴华公司应编制如下会计分录：

借：应付账款——海达电器公司　　　　　　　　　　2 260 000

　　　贷：银行存款　　　　　　　　　　　　　　　　　　2 260 000

在实务中，企业外购电力、燃气等动力，一般通过"应付账款"科目核算，即在每月付款时先作暂付款处理，按照增值税专用发票上注明的价款和可抵扣的增值税进项税额，借记"应付账款""应交税费——应交增值税（进项税额）"科目，贷记"银行存款"等科目；月末根据外购动力的用途，借记"生产成本""制造费用"和"管理费用"等科目，贷记"应付账款"科目。

例 9-5 兴华公司为增值税一般纳税人，2020 年 6 月 2 日，收到银行转来的滨海电力公司开具的增值税专用发票，发票上注明的电费为 50 000 元、增值税税额 6 500 元，企业以银行存款付讫。月末，根据供电部门通知，兴华公司本月应支付电费 50 000 元。其中，生产车间电费 35 000 元，企业行政管理部门电费 15 000 元。兴华公司应编制如下会计分录：

（1）支付外购电费：

借：应付账款——滨海电力公司   50 000

  应交税费——应交增值税（进项税额）   6 500

   贷：银行存款   56 500

（2）月末分配外购电费：

借：制造费用   35 000

  管理费用   15 000

   贷：应付账款——滨海电力公司   50 000

三、应付账款转销

应付账款一般在较短期限内支付，但有时由于债权人单位撤销或其他原因而使应付账款无法偿还。企业应将确实无法支付的应付账款予以转销，按其账面价值计入营业外收入，借记"应付账款"科目，贷记"营业外收入"科目。

例 9-6 2020 年 12 月 31 日，兴华公司确定一笔应付通达公司的货款 79 100 元为无法支付的款项，应予以转销。兴华公司应编制如下会计分录：

借：应付账款——通达公司   79 100

   贷：营业外收入   79 100

第三节 预收账款

预收账款是指企业按照合同规定向客户预收的款项。

企业应设置"预收账款"科目核算预收账款的取得、偿付等情况。该科目贷方登记发生的预收账款金额和购货单位补付账款的金额，借方登记企业向客户发货后冲销的预收账款金额和退回客户多付账款的金额；期末贷方余额，反映企业预收的款项，如为借方余额，反映企业尚未转销的预收款项。该科目一般应按照客户设置明细科目进行明细核算。

企业预收款项时，按实际收到的全部预收款，借记"银行存款"等科目，涉及增值税的，按照预收款项计算的应交增值税，贷记"应交税费——应交增值税（销项税额）"科目，全部预收款金额扣除应交增值税的差额，贷记"预收账款"科目。

企业分期确认有关收入时，按照实现的收入，借记"预收账款"科目，贷记"主营业务收入"或者"其他业务收入"科目。

企业收到客户补付的款项时，借记"银行存款"等科目，贷记"预收账款""应交税费——应交增值税（销项税额）"科目；退回客户多预付的款项时，借记"预收账款"科目，贷记"银行存款"等科目。

预收款项业务不多的企业，可以不单独设置"预收账款"科目，其所发生的预收款项，可通过"应收账款"科目核算。

例 9-7　兴华公司为增值税一般纳税人，适用的增值税税率为 13%。2020 年 9 月 1 日，兴华公司与邦泰公司签订经营租赁（非主营业务）合同，向邦泰公司出租挖掘机三台，期限为 3 个月，三台挖掘机租金（含税）共计 50 850 元。合同约定，合同签订日预付租金（含税）33 900 元，合同到期结清全部租金余款。合同签订日，兴华公司收到租金并存入银行，开具的增值税专用发票注明租金 30 000 元、增值税 3 900 元。2020 年 12 月 1 日，租赁期满日，兴华公司收到租金余款及相应的增值税。兴华公司应编制如下会计分录：

（1）收到邦泰公司预付租金：

借：银行存款	33 900
贷：预收账款——邦泰公司	30 000
应交税费——应交增值税（销项税额）	3 900

（2）每月末确认租金收入：

借：预收账款——邦泰公司	15 000
贷：其他业务收入	15 000

（3）租赁期满收到租金余款及增值税：

借：银行存款	16 950
贷：预收账款——邦泰公司	15 000
应交税费——应交增值税（销项税额）	1 950

第四节　应付利息、应付股利及其他应付款

一、应付利息

应付利息是指企业按照合同约定应支付的利息，包括预提短期借款利息、分期付息到期还本的长期借款及企业债券等应支付的利息。

企业应设置"应付利息"科目核算应付利息的发生、支付情况。该科目贷方登记按照合同约定计算的应付利息，借方登记实际支付的利息，期末贷方余额反映企业应付未付的利息。该科目一般应按照债权人设置明细科目进行明细核算。

企业采用合同约定的利率计算确定利息费用时，按应付合同利息金额，借记"财务费用"等科目，贷记"应付利息"科目；实际支付利息时，借记"应付利息"科目，贷记"银行存款"等科目。

例 9-8　兴华公司 2020 年 1 月 1 日借入 3 年期到期还本、每年付息的长期借款 5 000 000 元，合同约定年利率为 5%。兴华公司应编制如下有关借款利息的会计分录：

（1）2020 年年末，计算该笔借款应支付的利息金额 =5 000 000×5%=250 000（元）。

借：财务费用　　　　　　　　　　　　　　　　250 000
　　贷：应付利息　　　　　　　　　　　　　　　　　　250 000

（2）实际支付利息：

借：应付利息　　　　　　　　　　　　　　　　250 000
　　贷：银行存款　　　　　　　　　　　　　　　　　　250 000

二、应付股利

应付股利是指企业根据股东大会或类似机构审议批准的利润分配方案，确定分配给投资者的现金股利或利润。

企业应设置"应付股利"科目核算企业确定或宣告发放但尚未实际支付的现金股利或利润。该科目贷方登记应支付的现金股利或利润；借方登记实际支付的现金股利或利润；期末贷方余额，反映企业应付未付的现金股利或利润。该科目应按照投资者设置明细科目进行明细核算。

企业根据股东大会或类似机构审议批准的利润分配方案，确定应付给投资者的现金股利或利润时，借记"利润分配——应付现金股利或利润"科目，贷记"应付股利"科目；向投资者实际支付现金股利或利润时，借记"应付股利"科目，贷记"银行存款"等科目。

例 9-9　兴华公司由 A、B、C 三个股东投资组建，其出资额分别为 40%、30% 和 30%。2020 年度该公司实现净利润 8 000 000 元。2021 年 4 月 20 日，经公司股东大会批准，决定从 2020 年实现的净利润中分配现金股利 2 000 000 元。5 月 10 日，股利已通过银行存款支付。兴华公司应编制如下会计分录：

（1）确认应付投资者利润：

A 股东应分配的股利 =2 000 000×40%=800 000（元）

B 股东应分配的股利 =2 000 000×30%=600 000（元）

C 股东应分配的股利 =2 000 000×30%=600 000（元）

借：利润分配——应付股利　　　　　　　　　　2 000 000
　　贷：应付股利——A 股东　　　　　　　　　　　　800 000
　　　　　　　　——B 股东　　　　　　　　　　　　600 000
　　　　　　　　——C 股东　　　　　　　　　　　　600 000

（2）支付投资者股利：

借：应付股利——A 股东　　　　　　　　　　　800 000
　　　　　　——B 股东　　　　　　　　　　　600 000
　　　　　　——C 股东　　　　　　　　　　　600 000
　　贷：银行存款　　　　　　　　　　　　　　　　2 000 000

需要说明的是，企业董事会或类似机构通过的利润分配方案中拟分配的现金股利或利润，不需要进行账务处理，但应在附注中披露。

企业分配的股票股利不通过"应付股利"科目核算。企业宣告分配股票股利时，被投资方企业会计上不做账务处理，只做备查登记。企业分配股票股利时，借记"利润分配——转作股本的普通股股利"科目，贷记"股本"等科目。

三、其他应付款

其他应付款是指企业除应付票据、应付账款、预收账款、应付职工薪酬、应交税费、应付利息、应付股利等经营活动以外的其他各项应付、暂收的款项，如应付短期租赁固定资产租金、租入包装物租金、存入保证金等。

企业应设置"其他应付款"科目核算其他应付款的增减变动及其结存情况。该科目贷方登记发生的各项应付、暂收款项；借方登记偿还或转销的各种应付、暂收款项；期末贷方余额，反映企业应付未付的其他应付款项。该科目应按照其他应付款的项目和对方单位（或个人）设置明细科目进行明细核算。

企业发生其他各项应付、暂收款项时，借记"管理费用"等科目，贷记"其他应付款"科目；支付或退回其他各项应付、暂收款项时，借记"其他应付款"科目，按照增值税专用发票上注明的可抵扣的增值税税额，借记"应交税费——应交增值税（进项税额）"科目，贷记"银行存款"等科目。

例 9-10　兴华公司为增值税一般纳税人，自 2020 年 7 月 1 日起，以短期租赁方式租入仓库一间以备临时物资仓储，每月租金 5 000 元，按季支付。9 月 30 日，兴华公司以银行存款支付租金及税金并取得增值税专用发票，注明租金 15 000 元，增值税税额为 1 950 元。兴华公司应编制如下会计分录：

（1）7 月 31 日计提应付短期租入固定资产租金：

借：管理费用	5 000
贷：其他应付款	5 000

8 月 31 日计提应付短期租入固定资产租金的会计处理同上。

（2）9 月 30 日，以银行存款支付租金及税金：

借：其他应付款	10 000
管理费用	5 000
应交税费——应交增值税（进项税额）	1 950
贷：银行存款	16 950

本章核算小结

1. 应付票据业务核算小结见表 9-1。

表 9-1　应付票据业务核算小结

业 务 内 容		会 计 处 理
商业承兑汇票	开出商业承兑汇票	借：材料采购／在途物资／原材料／库存商品等 　　应交税费——应交增值税（进项税额） 　贷：应付票据
	票据到期支付票款	借：应付票据 　贷：银行存款
	票据到期无力支付票款	借：应付票据 　贷：应付账款
银行承兑汇票	开出银行承兑汇票	借：材料采购／在途物资／原材料／库存商品等 　　应交税费——应交增值税（进项税额） 　贷：应付票据
	支付承兑手续费	借：财务费用 　　应交税费——应交增值税（进项税额） 　贷：银行存款
	票据到期支付票款	借：应付票据 　贷：银行存款
	票据到期无力支付票款	借：应付票据 　贷：短期借款

2. 应付账款业务核算小结见表 9-2。

表 9-2　应付账款业务核算小结

业 务 内 容		会 计 处 理
不存在现金折扣的情况	确认应付账款	借：材料采购／在途物资／原材料／库存商品等 　　应交税费——应交增值税（进项税额） 　贷：应付账款
	偿还应付账款	借：应付账款 　贷：银行存款
存在现金折扣的情况	确认应付账款	借：材料采购／在途物资／原材料／库存商品等 　　应交税费——应交增值税（进项税额） 　贷：应付账款
	现金折扣期内偿还应付账款	借：应付账款 　贷：银行存款 　　财务费用〔现金折扣金额〕
	超过现金折扣期偿还应付账款	借：应付账款 　贷：银行存款
转销应付账款		借：应付账款 　贷：营业外收入

3. 预收账款业务核算小结见表 9-3。

表 9-3　预收账款业务核算小结

业 务 内 容	会 计 处 理
预收款项	借：银行存款 　　贷：预收账款
收入实现	借：预收账款 　　贷：其他业务收入 　　　　应交税费——应交增值税（销项税额）
多退少补	借：银行存款 　　贷：预收账款 或 借：预收账款 　　贷：银行存款

同步强化训练

一、单项选择题

1. 企业发生赊购商品业务，下列各项中不影响应付账款入账金额的是（　　）。

　　A. 商品价款　　　　　　　　　　B. 增值税进项税额

　　C. 现金折扣　　　　　　　　　　D. 销货方代垫的运杂费

2. 预收货款业务不多的企业，可以不设置"预收账款"科目，其所发生的预收货款，可以通过（　　）核算。

　　A. "应收账款"科目借方　　　　　B. "应付账款"科目借方

　　C. "应收账款"科目贷方　　　　　D. "应付账款"科目贷方

3. 应通过"其他应付款"科目核算的是（　　）。

　　A. 应付租入包装物的租金　　　　B. 应付现金股利

　　C. 应交教育费附加　　　　　　　D. 应付的购货款

4. 下列关于应付票据会计处理的说法中，不正确的是（　　）。

　　A. 企业到期无力支付的商业承兑汇票，应按账面余额转入"短期借款"科目

　　B. 企业支付的银行承兑汇票手续费，记入当期"财务费用"科目

　　C. 企业到期无力支付的银行承兑汇票，应按账面余额转入"短期借款"科目

　　D. 企业开出商业汇票，应当按其票面金额作为应付票据的入账金额

5. 下列各项经济业务，应通过应付利息借方进行核算的是（　　）。

　　A. 甲企业 2020 年 9 月 1 日，支付 7 月、8 月已计提的短期借款利息

　　B. 2020 年 12 月 31 日董事会通过利润分配方案拟分配现金股利

　　C. 2020 年 1 月 1 日甲公司借入一笔短期借款，1 月末计提 1 月份应付利息

　　D. 2020 年 3 月，公司计提带息应付票据利息

6. 某企业为增值税一般纳税人，于 2020 年 9 月 2 日从甲公司购入一批产品并已验收入库。

增值税专用发票上注明该批产品的价款为 150 万元、增值税税额为 19.5 万元，合同中规定的现金折扣条件为 2/10、1/20、N/30，假定计算现金折扣时不考虑增值税。该企业在 2020 年 9 月 11 日付清货款，企业购买产品时该应付账款的入账价值为（   ）万元。

    A. 147   B. 150   C. 165   D. 169.5

7. 企业应付票据到期，无力支付票款时，相关账务处理可能会涉及的会计科目不包括（   ）。

    A. 应付票据   B. 应付账款   C. 短期借款   D. 其他应付款

8. 乙商场于 2020 年 5 月 25 日外购一批商品，取得增值税专用发票注明的价款 500 万元，增值税税额 65 万元。购买协议约定的现金折扣条件为 2/10、1/20、N/30（计算现金折扣不考虑增值税）。乙商场于 2020 年 6 月 1 日支付了上述款项，则下列会计表述中不正确的是（   ）。

    A. 应付账款入账金额为 565 万元   B. 支付款项时应冲减财务费用 10 万元

    C. 乙商场实际支付货款为 560 万元   D. 应付账款入账时不考虑现金折扣

9. 2020 年 8 月 31 日，某企业负债总额为 500 万元，9 月份收回应收账款 60 万元，以银行存款归还短期借款 40 万元，预收客户租金 20 万元。不考虑其他因素，2020 年 9 月 30 日该企业负债总额为（   ）万元。

    A. 480   B. 380   C. 440   D. 460

10. 下列关于企业根据股东大会或类似机构审议批准的利润分配方案，确认应付给投资者的现金股利或利润的会计处理中，正确的是（   ）。

    A. 借：应付股利

        贷：银行存款

    B. 借：应付股利

        贷：利润分配——应付现金股利或利润

    C. 不进行任何账务处理

    D. 借：利润分配——应付现金股利或利润

        贷：应付股利

二、多项选择题

1. 下列各项中，企业发生的利息支出，可能计入财务费用的有（   ）。

    A. 应付债券的利息   B. 短期借款的利息

    C. 带息应付票据的利息   D. 筹建期间的长期借款利息

2. 下列关于应付账款说法正确的有（   ）。

    A. 企业预付账款业务不多时，可以不设置"预付账款"科目，直接通过"应付账款"科目核算企业的预付账款

    B. 在所购货物已经验收入库，但发票账单尚未到达，待月末暂估入账时应该贷记"应付账款"科目

    C. 企业在购入资产时形成的应付账款账面价值是已经扣除了商业折扣和现金折扣后的金额

    D. 确实无法支付的应付账款，直接转入"营业外收入"科目

3. 下列关于应付票据、应付利息、预收账款的表述，不正确的有（   ）。

    A. 企业支付银行承兑汇票手续费，记入"财务费用"的借方

B. 应付银行承兑汇票到期，如企业无力支付票款

借：应付票据

贷：应付账款

C. 计提借款利息时，贷记"应付利息"，借记可能是"在建工程、财务费用、研发支出"

D. 如果企业不设"预收账款"科目，将预收的款项计入"应收账款"的借方

4. 关于应付股利，下列说法正确的有（   ）。

A. 应付股利是指企业根据股东大会或类似机构审议批准的利润分配方案确定分配给投资者的现金股利或利润

B. 应付股利是指企业董事会或类似机构通过的利润分配方案中拟分配的现金股利或利润

C. 企业董事会或类似机构通过的利润分配方案中拟分配的现金股利或利润，需要进行账务处理

D. 企业董事会或类似机构通过的利润分配方案中拟分配的现金股利或利润，需要在附注中进行披露

5. 下列各项中，应计入其他应付款的有（   ）。

A. 存入保证金   B. 应付销货方代垫的运杂费

C. 应付租入包装物租金   D. 到期无力支付的商业承兑汇票

6. 下列各项中，通过"应付票据"科目核算的有（   ）。

A. 商业承兑汇票   B. 银行本票

C. 银行汇票   D. 银行承兑汇票

7. 下列有关商业汇票的说法中正确的有（   ）。

A. 因购货业务而开出的商业承兑汇票通过"应付票据"科目核算

B. 商业承兑汇票到期，企业无力支付票款的，需转作应付账款

C. 企业开具的商业汇票到期支付票据款时，根据开户银行的付款通知，借记"应付票据"科目，贷记"银行存款"科目

D. 企业因开出银行承兑汇票而支付银行的承兑汇票手续费，应当计入当期财务费用

8. 下列各项中，关于"应付利息"科目表述正确的有（   ）。

A. 企业开出银行承兑汇票支付银行手续费，应记入"应付利息"科目借方

B. "应付利息"科目期末贷方余额反映企业应付未付的利息

C. 按照短期借款合同约定计算的应付利息，应记入"应付利息"科目借方

D. 企业支付已经预提的利息，应记入"应付利息"科目借方

9. 下列关于应付股利的说法中，正确的有（   ）。

A. 根据股东大会或类似机构审议批准的利润分配方案，应确认为应付股利

B. 贷方登记应支付的现金股利或利润

C. 董事会或类似机构通过的利润分配方案，应确认为应付股利

D. 借方登记实际支付的现金股利或利润

10. A 企业与 B 企业签订经营租赁（非主营业务）厂房合同，向 B 企业出租一栋厂房，期限为 3 个月，含税租金共计 33 900 元。双方约定，合同签订日预付两个月租金，合同到期结清

全部租金余款。合同签订日，A 企业收到租金 22 600 元并存入银行，开具的增值税专用发票注明租金 20 000，增值税 2 600 元。租赁期满日，A 企业收到租金余款及相应的增值税。根据资料，下列说法不正确的有（　　　　）。

    A. 收到 B 企业预付租金时应确认为预收账款

    B. 租赁期内 A 企业每月末确认收入 10 000 元

    C. 收到 B 企业预付租金时应确认收入 20 000 元

    D. 租赁期内 A 企业确认租金收入，计入营业外收入

三、判断题

1. 购买商品支付货款取得的现金折扣应列入利润表"财务费用"项目。（　　）

2. 应付股利是指企业根据股东大会或类似机构审议尚未批准的利润分配方案确定分配给投资者的现金股利或利润。（　　）

3. 应付商业承兑汇票到期，企业无力支付票款的，应将应付票据按账面余额转入应付账款。（　　）

4. 企业已向股东宣告的现金股利，在尚未支付之前，应作为企业所有者权益的组成部分。（　　）

5. 企业支付的银行承兑汇票手续费应当计入当期管理费用。（　　）

6. 企业应偿还的银行承兑汇票到期，无力支付票款，应将应付票据账面余额转作短期借款。（　　）

7. "应付账款"科目贷方登记企业购买材料、商品和接受劳务等而发生的应付账款；借方登记偿还的应付账款，或开出商业汇票抵付应付账款的款项，或冲销无法支付的应付账款。（　　）

8. 企业在确定附有现金折扣条件的应付账款时，应按照扣除现金折扣后的应付款总额入账。（　　）

9. 存出保证金应通过"其他应付款"科目核算，存入保证金应通过"其他应收款"科目核算。（　　）

10. "其他应付款"科目贷方登记发生的各种应付、暂收款项；借方登记偿还或转销的各种应付、暂收款项；该科目期末贷方余额，反映企业应付未付的其他应付款项。（　　）

四、不定项选择题

某企业为一般纳税人，增值税税率 13%，主要生产和销售 A、B、C 产品，销售价不含增值税，销售的同时结转销售成本，2020 年 12 月发生如下业务：

（1）1 日，向乙企业销售 A 产品，售价为 80 万元，成本 60 万元，货已发出，已开出增值税专用发票，货款尚未收到，合同注明现金折扣条件为 2/10、1/20、N/30，计算现金折扣不考虑增值税。8 日，乙企业付清货款，款项已收存银行。

（2）6 日，用银行存款支付管理部门业务招待费 0.5 万元，银行承兑手续费 2.2 万元。

（3）15 日，向丙企业销售 B 产品，售价为 350 万元，由于成批销售，给予 4% 商业折扣并开出增值税专用发票，货款尚未收到，该批产品成本 240 万元。

（4）20 日，由于发货错误，丁公司要求退回上月 25 日其购买的 20 件 C 产品，销售单价 2 万元，

单位成本 1 万元, 销售收入 40 万元已确认入账, 成本上月已结转。该企业同意退货, 开具红字发票, 退回产品已入库且手续已办清。

（5）30 日, 销售材料, 售价为 160 万元, 款项已收存银行, 该材料成本 145 万元, 已计提跌价准备 2 万元。

（6）30 日, 实际收到经营租出生产设备本月租金 30 万元, 月折旧额 20 万元。

要求: 根据上述资料, 不考虑其他因素, 分析回答下列问题:

（1）根据资料（1）和（6）, 会计处理正确的是（　　）。

    A. 30 日, 确认其他业务收入 10 万元

    B. 30 日, 确认其他业务收入 30 万元

    C. 1 日, 确认主营业务收入 80 万元

    D. 8 日, 确认财务费用 1.6 万元

（2）根据资料（2）, 会计处理正确的是（　　）。

    A. 支付业务招待费计入管理费用

    B. 支付银行承兑手续费计入财务费用

    C. 支付业务招待费计入销售费用

    D. 支付银行承兑手续费计入管理费用

（3）根据资料（3）, 会计处理正确的是（　　）。

    A. 确认主营业务收入 350 万元

    B. 确认增值税销项税额 43.68 万元

    C. 确认主营业务收入 336 万元

    D. 确认增值税销项税额 45.5 万元

（4）根据资料（4）, 会计处理正确的是（　　）。

    A. 冲减销项税额 5.2 万元

    B. 冲减主营业务成本 20 万元

    C. 冲减主营业务收入 40 万元

    D. 冲减库存商品 20 万元

（5）根据资料（5）, 会计处理正确的是（　　）。

    A. 借: 银行存款   180.8

        贷: 其他业务收入   160

            应交税费——应交增值税（销项税额）   20.8

    B. 借: 主营业务成本   145

        贷: 原材料   145

    C. 借: 其他业务成本   143

            存货跌价准备   2

        贷: 原材料   145

    D. 借: 银行存款   180.8

        贷: 主营业务收入   160

            应交税费——应交增值税（销项税额）   20.8

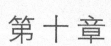

第十章

应付职工薪酬

扫码观看教学视频

第一节 职工薪酬的概念及分类

一、职工薪酬的概念

职工薪酬是指企业为获得职工提供的服务或解除劳动关系而给予的各种形式的报酬或补偿。职工薪酬包括短期薪酬、离职后福利、辞退福利和其他长期职工福利。企业提供给职工配偶、子女或其他被赡养人的福利等，也属于职工薪酬。

这里所称的"职工"主要包括以下三类人员：

（1）与企业订立劳动合同的所有人员，含全职、兼职人员和临时职工。

根据《中华人民共和国劳动法》和《中华人民共和国合同法》的有关规定，企业作为用人单位与劳动者应当订立劳动合同，职工首先包括这部分人员，即与企业订立了固定期限、无固定期限和以完成一定的工作作为期限的劳动合同的所有人员。

（2）未与企业订立劳动合同，但由企业正式任命的企业治理层和管理层人员，如董事会成员、监事会成员等。

企业设立董事会和监事会的，对其支付的津贴、补贴等报酬从性质上属于职工薪酬。

（3）在企业的计划和控制下，虽未与企业订立劳动合同或未由企业正式任命，但向企业所提供服务与职工所提供服务类似的人员，包括通过企业与劳务中介公司签订用工合同而向企业提供服务的人员。

二、职工薪酬的分类

职工薪酬主要包括短期薪酬、离职后福利、辞退福利和其他长期职工福利。

（一）短期薪酬

短期薪酬是指企业在职工提供相关服务的年度报告期间结束后 12 个月内需要全部予以支付的职工薪酬，因解除与职工的劳务关系给予的补偿除外。短期薪酬具体包括：

1. 职工工资、奖金、津贴和补贴

职工工资、奖金、津贴和补贴是指构成工资总额的计时工资、计件工资、支付给职工的超额劳动报酬和增收节支的劳动报酬、为补偿职工特殊或额外的劳动消耗和因其他特殊原因支付给职工的津贴，以及为保证职工工资水平不受物价影响支付给职工的物价补贴等。其中，企业按照短期奖金计划向职工发放的奖金属于短期薪酬，按照长期奖金计划向职工发放的奖金属于其他长期职工福利。

2. 职工福利费

职工福利费是指企业向职工提供的生活困难补助、丧葬补助费、抚恤费、职工异地安家费、防暑降温费等职工福利支出。

3. 社会保险费

社会保险费是指企业按照国家规定的基准和比例计算，向社会保险经办机构缴纳的养老保险费、医疗保险费、失业保险费、工伤保险费及生育保险费。企业承担的社会保险费，除养老保险费和失业保险费按规定确认为离职后福利，其他的社会保险作为企业的短期薪酬。

4. 住房公积金

住房公积金是指企业按照国家规定的基准和比例计算，向住房公积金管理机构缴存的住房公积金。

5. 工会经费和职工教育经费

工会经费和职工教育经费是指企业为了改善职工文化生活、为职工学习先进技术和提高文化水平及业务素质，用于开展工会活动和职工教育及职工技能培训等的相关支出。

6. 短期带薪缺勤

短期带薪缺勤是指职工虽然缺勤但企业仍向其支付报酬的安排，包括年休假、病假、婚假、产假、丧假、探亲假等。长期带薪缺勤属于其他长期职工福利。

7. 短期利润分享计划

短期利润分享计划是指因职工提供服务而与职工达成的基于利润或其他经营成果提供薪酬的协议。长期利润分享计划属于其他长期职工福利。

8. 非货币性福利

非货币性福利是指企业以非货币性资产支付给职工的薪酬，主要包括企业以自产产品发放给职工作为福利、将企业拥有的资产无偿提供给职工使用、为职工无偿提供医疗保健服务等。

9. 其他短期薪酬

其他短期薪酬是指除上述薪酬以外的其他为获得职工提供的服务而给予的短期薪酬。

（二）离职后福利

离职后福利是指企业为了获得职工提供的服务而在职工退休或与企业解除劳动关系后，提供的各种形式的报酬和福利，短期薪酬和辞退福利除外。企业应当将离职后福利计划分类为设定提存计划和设定受益计划。离职后福利计划是指企业与职工就离职后福利达成的协议，或者企业为了向职工提供离职后福利制定的规章或办法等。其中，设定提存计划是指向独立的基金缴存固定费用后，企业不再承担进一步支付义务的离职后福利计划；设定受益计划是指除设定提存计划以外的离职后福利计划。

（三）辞退福利

辞退福利是指企业在职工劳动合同到期之前解除与职工的劳动关系，或者为鼓励职工自愿接受裁减而给予职工的补偿。辞退福利主要包括以下内容：

（1）在职工劳动合同尚未到期前，不论职工本人是否愿意，企业决定解除与职工的劳动关系而给予的补偿。

（2）在职工劳动合同尚未到期前，为鼓励职工自愿接受裁减而给予的补偿，职工有权选择继续在职或接受补偿离职。

辞退福利通常采取解除劳动关系时一次性支付补偿的方式。

（四）其他长期职工福利

其他长期职工福利是指除短期薪酬、离职后福利、辞退福利之外的所有职工薪酬，包括长期带薪缺勤、长期残疾福利、长期利润分享计划等。

第二节 职工薪酬的确认和计量

一、应付职工薪酬的科目设置

企业应当设置"应付职工薪酬"科目，核算应付职工薪酬的计提、结算、使用等情况。该科目的贷方登记已分配计入有关成本费用项目的职工薪酬的数额；借方登记实际发放的职工薪酬的数额，包括扣还的款项等；该科目期末贷方余额，反映企业应付未付的职工薪酬。

"应付职工薪酬"科目应当按照"工资、奖金、津贴和补贴""职工福利费""非货币性福利""社会保险费""住房公积金""工会经费和职工教育经费""短期带薪缺勤""利润分享计划""设定提存计划""设定受益计划义务"及"辞退福利"等职工薪酬项目设置明细账进行明细核算。

二、短期薪酬的核算

企业应当在职工为其提供服务的会计期间，将实际发生的短期薪酬确认为负债，并计入当期损益，其他会计准则要求或允许计入资产成本的除外。

（一）货币性职工薪酬的核算

职工的工资、奖金、津贴和补贴，大部分的职工福利费、医疗保险费、工伤保险费和生育保险费等社会保险，住房公积金、工会经费和职工教育经费等一般属于货币性短期薪酬。

1. 工资、奖金、津贴和补贴

对于职工工资、奖金、津贴和补贴等货币性职工薪酬，企业应当在职工为其提供服务的会计期间，将实际发生的职工工资、奖金、津贴和补贴等，根据职工提供服务的受益对象，按应确认的职工薪酬，借记"生产成本""制造费用""劳务成本"等科目，贷记"应付职工薪酬——工资、奖金、津贴和补贴"科目。

 例 10-1　兴华公司 2020 年 11 月应付职工薪酬总额 4 620 000 元，"工资费用分配汇总表"中列示的产品生产人员工资为 3 200 000 元、车间管理人员工资为 700 000 元、企业行政管理人员工资为 604 000 元、销售人员工资为 116 000 元。兴华公司应编制如下会计分录：

借：生产成本——基本生产成本   3 200 000

  制造费用   700 000

  管理费用   604 000

  销售费用   116 000

  贷：应付职工薪酬——工资、奖金、津贴和补贴   4 620 000

2. 国家规定计提标准的职工薪酬

对于国家规定了计提基数和计提比例的医疗保险费、工伤保险费、生育保险费等社会保险费和住房公积金，以及按规定提取的工会经费和职工教育经费，企业应当在职工为其提供服务的会计期间，根据规定的计提基数和计提比例计算确定相应的职工薪酬金额，并确认相关负债，按照受益对象计入当期损益或相关资产成本，借记"生产成本""制造费用""管理费用"及"销售费用"等科目，贷记"应付职工薪酬"科目。具体如下：

（1）医疗保险费、工伤保险费、生育保险费和住房公积金。

企业承担的医疗保险费、工伤保险费、生育保险费应当按照国家规定的标准，在职工提供服务期间根据受益对象计入当期损益或相关资产成本，并确认相应的应付职工薪酬金额，借记"生产成本""制造费用""管理费用""销售费用""在建工程""研发支出"等科目，贷记"应付职工薪酬——社会保险费"科目；实际上缴时，借记"应付职工薪酬——社会保险费"科目，贷记"银行存款"等科目。

企业承担的住房公积金分为职工所在单位为职工缴存和职工个人缴存两部分，但其全部属于职工个人所有。对于职工个人承担的住房公积金，由职工所在企业每月从其工资中代扣代缴，借记"应付职工薪酬——住房公积金"科目，贷记"其他应付款——住房公积金"科目；实际上缴时，借记"应付职工薪酬——住房公积金""其他应付款——住房公积金"科目，贷记"银行存款"等科目。

例 10-2 沿用【例 10-1】的资料，2020 年 11 月份，兴华公司根据国家规定的计提标准，计算应由企业负担的医疗保险费、工伤保险费、生育保险费为工资总额的 12%，共计 554 400 元；按照规定标准计提住房公积金为工资总额的 11%，共计 508 200 元。兴华公司应编制如下会计分录：

借：生产成本——基本生产成本   736 000

  制造费用   161 000

  管理费用   138 920

  销售费用   26 680

  贷：应付职工薪酬——社会保险费   554 400

        ——住房公积金   508 200

（2）工会经费和职工教育经费。

企业应当按照国家相关规定，按照职工工资总额的 2% 计量应付职工薪酬（工会经费）义务金额，并在成本费用中列示，主要用于为职工服务和工会活动；从业人员技术要求高、培训任务重、经济效益好的企业，可根据国家有关规定，按照职工工资总额的 2.5% 计量应计入成本费用的职工教育经费，主要用于职工接受岗位培训、继续教育等方面的支出。

期末，企业根据规定的集体基础和比例确定应付工会经费、职工教育经费，借记"生产成本""制造费用""管理费用""销售费用""在建工程""研发支出"等科目，贷记"应付职工薪酬——工会经费、职工教育经费"科目；实际上缴或发生实际开支时，借记"应付职工薪酬——工会经费、职工教育经费"科目，贷记"银行存款"等科目。

例 10-3 沿用【例 10-1】的资料，2020 年 11 月份，兴华公司按照职工工资总额的 2% 确认应付工会经费，计 92 400 元；按照职工工资总额的 2.5% 确认职工教育经费，计 115 500 元。兴华公司应编制如下会计分录：

借：生产成本——基本生产成本　　　　　　　　　　144 000
　　制造费用　　　　　　　　　　　　　　　　　　 31 500
　　管理费用　　　　　　　　　　　　　　　　　　 27 180
　　销售费用　　　　　　　　　　　　　　　　　　　5 220
　　贷：应付职工薪酬——工会经费、职工教育经费——工会经费
　　　　　　　　　　　　　　　　　　　　　　　　 92 400
　　　　　　——工会经费、职工教育经费——职工教育经费
　　　　　　　　　　　　　　　　　　　　　　　　115 500

实务中，企业一般在每月发放工资时，根据"工资费用分配汇总表"中的"实发金额"栏的合计数，通过开户银行支付给职工，或从开户银行提取现金，然后再向职工发放。

企业按照有关规定支付工资、奖金、津贴和补贴等，借记"应付职工薪酬——工资、奖金、津贴和补贴"科目，从应付职工薪酬中扣除应由职工个人承担的各项款项，贷记"其他应付款——社会保险费或住房公积金""应交税费——应交个人所得税""其他应收款"等科目，贷记"银行存款""库存现金"等科目。

例 10-4 沿用【例 10-2】【例 10-3】的资料，假定兴华公司从应付职工薪酬中按 3% 代扣个人应缴纳的医疗保险费，计 138 600 元；从应付职工薪酬中按 11% 代扣个人应缴纳的住房公积金，计 508 200 元；公司代扣个人所得税 400 000 元，代扣职工房租 20 000 元。2020 年 12 月 5 日，以银行存款支付职工工资、奖金、津贴和补贴 3 973 200 元；同时，以银行存款缴纳企业负担的社会保险费和住房公积金，连同从工资中代扣的由职工个人承担的社会保险费和住房公积金支付给社会保险经办机构和公积金管理部门，并以银行存款支付房租和缴纳个人所得税。兴华公司应编制如下会计分录：

1）确认应由职工个人承担的医疗保险费和住房公积金：

借：应付职工薪酬——工资、奖金、津贴和补贴　　　646 800
　　贷：其他应付款——社会保险费　　　　　　　　138 600
　　　　　　　　　　——住房公积金　　　　　　　508 200

2）发放工资：

借：应付职工薪酬——工资、奖金、津贴和补贴　　3 973 200
　　贷：应交税费——应交个人所得税　　　　　　　400 000
　　　　其他应付款　　　　　　　　　　　　　　　 20 000
　　　　银行存款　　　　　　　　　　　　　　　3 553 200

本例中，企业从应付职工薪酬中代扣职工房租 20 000 元，应当借记"应付职工薪酬"科目，贷记"其他应付款"科目。借记"应付职工薪酬——工资、奖金、津贴和补贴"3 973 200 元（4 620 000–646 800）。

3）以银行存款缴纳企业负担和职工个人承担的社会保险和住房公积金：

借：应付职工薪酬——社会保险费	554 400
——住房公积金	508 200
其他应付款——社会保险费	138 600
——住房公积金	508 200
贷：银行存款	1 709 400

4）支付房租、上缴个人所得税：

借：其他应付款——职工房租	20 000
应交税费——应交个人所得税	400 000
贷：银行存款	420 000

3. 职工福利费

对于职工福利费，企业应当在实际发生时根据实际发生额计入当期损益或相关资产成本，借记"生产成本""制造费用""管理费用"和"销售费用"等科目，贷记"应付职工薪酬——职工福利费"科目。

例 10-5 兴华公司下设一职工食堂，每月根据在岗职工数量及岗位分布情况、相关历史数据等计算需要补贴食堂的金额，从而确定企业每期职工食堂需要承担的福利费金额。2020 年 11 月，企业在岗职工共计 2 000 人，其中管理部门 400 人，生产车间 1 600 人，企业的历史数据表明，每个职工每月需补贴食堂 120 元。兴华公司应编制如下会计分录：

兴华公司应当提取的职工福利费 =120×2 000=240 000（元）

借：生产成本	192 000
管理费用	48 000
贷：应付职工薪酬——职工福利费	240 000

例 10-6 沿用【例 10-5】的资料，2020 年 12 月，兴华公司支付 240 000 元补贴给食堂。兴华公司应编制如下会计分录：

借：应付职工薪酬——职工福利费	240 000
贷：银行存款	240 000

4. 短期带薪缺勤

企业对各种原因产生的缺勤进行补偿，如年休假、病假、短期伤残假、婚假、产假、探亲假等。

对于职工带薪缺勤，企业应当根据其性质及职工享有的权利，分为累积带薪缺勤和非累积带薪缺勤两类。企业应当对累积带薪缺勤和非累积带薪缺勤分别进行会计处理。如果带薪缺勤属于长期带薪缺勤的，企业应当将其作为其他长期职工福利处理。

（1）累积带薪缺勤是指带薪权利可以结转下期的带薪缺勤，本期尚未用完的带薪缺勤权利可以在未来期间使用。企业应当在职工提供了服务而增加了其未来享有的带薪缺勤权利时，确认与累积带薪缺勤相关的职工薪酬，并以累积未行使权利而增加的预期支付金额计量。确认累积带薪缺勤时，借记"管理费用"等科目，贷记"应付职工薪酬——带薪缺勤——短期带薪缺勤——累积带薪缺勤"科目。

例 10-7　兴华公司共有 2 000 名职工，从 2020 年 1 月 1 日起，该企业实行累积带薪缺勤制度。该制度规定，每位职工每年可享受 5 个工作日带薪年休假，未使用的年休假只能向后结转一个日历年度，超过 1 年未使用的权利作废，在职工离开企业时也无权获得现金支付。职工休年假时，首先使用当年可享受的权利，再从上年结转的带薪年休假中扣除。

2020 年 12 月 31 日，兴华公司预计 2021 年有 1 900 位职工将享受不超过 5 天的带薪年休假，剩余 100 位职工每人将平均享受 6 天半年休假，假设这 100 位职工全部为总部各部门经理，该企业平均每位职工每个工作日工资为 300 元，不考虑其他相关因素。2020 年 12 月 31 日，兴华公司应编制如下会计分录：

借：管理费用　　　　　　　　　　　　　　　　　　　　　45 000
　　贷：应付职工薪酬——带薪缺勤——短期带薪缺勤——累积带薪缺勤
　　　　　　　　　　　　　　　　　　　　　　　　　　　　45 000

兴华公司在 2020 年 12 月 31 日应当预计由于职工累积未使用的带薪年休假权利而导致的预期支付的金额，即年休假工资金额为 45 000 元（100×1.5×300）。

（2）非累积带薪缺勤是指带薪权利不能结转下期的带薪缺勤，本期尚未使用完的带薪缺勤权利将予以取消，并且职工离开企业时也无权获得现金支付。我国企业职工休婚假、产假、丧假、探亲假、病假期间的工资通常属于非累积带薪缺勤。由于职工提供服务本身不能增加其能够享受的福利金额，企业在职工未缺勤时不应当计提相关费用和负债，为此，企业应当在职工实际发生缺勤的会计期间确认与非累积带薪缺勤相关的职工薪酬。

企业确认职工享有的非累积带薪缺勤权利相关的薪酬，视同职工出勤确认的当期损益或相关资产成本。通常情况下，与非累积带薪缺勤相关的职工薪酬已经包括在企业每期向职工发放的工资等薪酬中，因此，不必额外做相应的账务处理。

（二）非货币性职工薪酬的核算

企业以其自产产品作为非货币性福利发放给职工的，应当根据受益对象，按照该产品的公允价值计入相关资产成本或当期损益，同时确认应付职工薪酬，借记"生产成本""制造费用""管理费用"及"销售费用"等科目，贷记"应付职工薪酬——非货币性福利"科目。

例 10-8　兴华公司为增值税一般纳税人，共有职工 2 000 名，其中 1 600 名为直接参加生产的职工，400 名为总部管理人员。2020 年 12 月，兴华公司以其生产的每台成本为 500 元的电饭煲作为春节福利发放给公司职工。该型号的电饭煲市场售价为每台 1 000 元。兴华公司应编制如下会计分录：

应确认的应付职工薪酬 =2 000×1 000+2 000×1 000×13%=2 260 000（元）
应记入"生产成本"科目的金额 =1 600×1 000+1 600×1 000×13%=1 808 000（元）
应记入"管理费用"科目的金额 =400×1 000+400×1 000×13%=452 000（元）

借：生产成本   1 808 000

  管理费用   452 000

  贷：应付职工薪酬——非货币性福利   2 260 000

企业以自产产品作为职工薪酬发放给职工时，应确认主营业务收入，借记"应付职工薪酬——非货币性福利"科目，贷记"主营业务收入"科目，同时结转相关成本，涉及增值税销项税额的，还应进行相应的会计处理。

例 10-9 沿用【例10-8】的资料，兴华公司向职工发放电饭煲作为福利，同时要根据相关税收规定，视同销售计算增值税销项税额。兴华公司应编制如下会计分录：

借：应付职工薪酬——非货币性福利   2 260 000

  贷：主营业务收入   2 000 000

    应交税费——应交增值税（销项税额）   260 000

借：主营业务成本   1 000 000

  贷：库存商品——电饭煲   1 000 000

将企业拥有的房屋等资产无偿提供给职工使用的，应当根据受益对象，将该住房每期应计提的折旧计入相关资产成本或当期损益，同时确认应付职工薪酬，借记"生产成本""制造费用""管理费用"及"销售费用"等科目，贷记"应付职工薪酬——非货币性福利"科目，并且同时借记"应付职工薪酬——非货币性福利"科目，贷记"累计折旧"科目。租赁住房等资产供职工无偿使用的，应当根据受益对象，将每期应付的租金计入相关资产成本或当期损益，并确认应付职工薪酬，借记"生产成本""制造费用""管理费用"及"销售费用"等科目，贷记"应付职工薪酬——非货币性福利"科目。难以确定受益对象的非货币性福利，直接计入当期损益和应付职工薪酬。

例 10-10 兴华公司为总部各部门经理级别以上职工提供汽车免费使用，同时为副总裁级别以上高级管理人员每人租赁一套住房。兴华公司总部共有部门经理级别以上职工20名，每人提供一辆现代汽车免费使用，假设每辆现代汽车每月计提折旧1 000元；该公司共有副总裁级别以上高级管理人员5名，公司为其每人租赁一套面积为200平方米、带有家具和电器的公寓，月租金为每套8 000元。兴华公司应编制如下会计分录：

应确认的应付职工薪酬 =20×1 000+5×8 000=60 000（元）

将企业拥有的汽车供职工使用的非货币性福利 =20×1 000=20 000（元）

租赁住房供职工使用的非货币性福利 =5×8 000=40 000（元）

借：管理费用   60 000

  贷：应付职工薪酬——非货币性福利   60 000

借：应付职工薪酬——非货币性福利   20 000

  贷：累计折旧   20 000

每月支付副总裁级别以上高级管理人员住房租金时，兴华公司应编制如下会计分录：

借：应付职工薪酬——非货币性福利   40 000

  贷：银行存款   40 000

三、设定提存计划的核算

根据会计准则的有关规定，企业应当在职工为其提供服务的会计期间，将根据设定提存计划计算的应缴存金额确认为负债，并计入当期损益或相关资产成本，借记"生产成本""制造费用""管理费用"和"销售费用"等科目，贷记"应付职工薪酬——设定提存计划"科目。

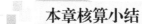 兴华公司 2020 年 11 月应付职工薪酬总额为 4 620 000 元，"工资费用分配汇总表"中列示的产品生产人员工资为 3 200 000 元，车间管理人员工资为 700 000 元，企业行政管理人员工资为 604 000 元，销售人员工资为 116 000 元。兴华股份根据所在地政府规定，按照职工工资总额的 12% 计提基本养老保险，缴存当地社会保险经办机构。兴华公司应编制如下会计分录：

```
借：生产成本——基本生产成本                     384 000
    制造费用                                    84 000
    管理费用                                    72 480
    销售费用                                    13 920
    贷：应付职工薪酬——设定提存计划——基本养老保险费  554 400
```

本章核算小结

职工薪酬的核算小结见表 10-1。

表 10-1　职工薪酬的核算小结

业 务 内 容		会 计 处 理
货币性职工薪酬	计提职工薪酬	借：生产成本〔车间生产工人〕 　　制造费用〔车间管理人员〕 　　管理费用〔行政管理人员〕 　　销售费用〔销售人员〕 　　在建工程〔工程人员〕 　　研发支出〔研发人员〕 　　合同履约成本〔履行合同人员〕 　　贷：应付职工薪酬——工资、奖金、津贴和补贴 　　　　　　　　　　——职工福利费 　　　　　　　　　　——社会保险费 　　　　　　　　　　——住房公积金 　　　　　　　　　　——工会经费和职工教育经费 　　　　　　　　　　——带薪缺勤——短期带薪缺勤 　　　　　　　　　　——非货币性福利 　　　　　　　　　　——职工教育经费等
	支付职工薪酬	借：应付职工薪酬 　　贷：银行存款 　　　　其他应付款〔代扣代缴应由个人负担的社保公积金〕 　　　　其他应收款〔为职工代垫的费用〕 　　　　应交税费——应交个人所得税〔代扣代缴个人所得税〕

（续）

业 务 内 容		会 计 处 理
非货币性职工薪酬	将自产产品发放给职工的	借：生产成本 　　制造费用 　　管理费用 　　销售费用 　　在建工程 　　研发支出等 　　贷：应付职工薪酬——非货币性福利 借：应付职工薪酬——非货币性福利 　　贷：主营业务收入 　　　　应交税费——应交增值税（销项税额） 借：主营业务成本 　　贷：库存商品
	将拥有的资产无偿提供给职工使用的	借：生产成本 　　制造费用 　　管理费用 　　销售费用 　　在建工程 　　研发支出等 　　贷：应付职工薪酬——非货币性福利 借：应付职工薪酬——非货币性福利 　　贷：累计折旧
	将租赁资产提供给职工无偿使用的	借：生产成本 　　制造费用 　　管理费用 　　销售费用 　　在建工程 　　研发支出等 　　贷：应付职工薪酬——非货币性福利 借：应付职工薪酬——非货币性福利 　　贷：其他应付款 借：其他应付款 　　贷：银行存款/库存现金等
设定提存计划		借：生产成本 　　制造费用 　　管理费用 　　销售费用 　　贷：应付职工薪酬——设定提存计划——基本养老保险费

同步强化训练

一、单项选择题

1. 下列各项中，不属于职工薪酬核算内容的是（　　）。

　　A. 住房公积金　　　　　　　　　　　　　B. 工会经费和职工教育经费

　　C. 职工因公出差的差旅费　　　　　　　　D. 因解除与职工的劳动关系给予的补偿

2. 下列各项有关短期带薪缺勤的说法中，正确的是（　　）。

　　A. 确认非累积带薪缺勤时，借记"管理费用"等科目

　　B. 病假期间的工资属于累积带薪缺勤

　　C. 短期带薪缺勤包括累积带薪缺勤和非累积带薪缺勤

　　D. 企业对累积带薪缺勤和非累积带薪缺勤的会计处理是一样的

3. 甲企业结算本月管理部门人员的应付职工工资共 500 000 元，代扣该部门职工个人所得税 30 000 元，实发工资 470 000 元，下列该企业会计处理中，不正确的是（　　）。

　　A. 借：管理费用　　　　　　　　　　　　　　　　　　500 000
　　　　　　贷：应付职工薪酬　　　　　　　　　　　　　　　　　500 000

　　B. 借：应付职工薪酬　　　　　　　　　　　　　　　　　30 000
　　　　　　贷：应交税费——应交个人所得税　　　　　　　　　　30 000

　　C. 借：其他应收款　　　　　　　　　　　　　　　　　30 000
　　　　　　贷：应交税费——应交个人所得税　　　　　　　　　　30 000

　　D. 借：应付职工薪酬　　　　　　　　　　　　　　　　　470 000
　　　　　　贷：银行存款　　　　　　　　　　　　　　　　　　470 000

4. 企业为高管租赁公寓免费使用，租赁费按月以银行存款支付。应编制的会计分录是（　　）。

　　A. 借记"管理费用"科目，贷记"银行存款"科目

　　B. 借记"管理费用"科目，贷记"应付职工薪酬"科目

　　C. 借记"管理费用"科目，贷记"应付职工薪酬"科目；同时借记"应付职工薪酬"科目，贷记"银行存款"科目

　　D. 借记"资本公积"科目，贷记"银行存款"科目；同时借记"应付职工薪酬"科目，贷记"资本公积"科目

5. 夏季即将到来，甲公司向职工发放其自产的产品——cool 牌空调，作为广大职工的一种福利，该产品的成本为每台 1 500 元，一共发放了 50 台，计税价格为每台 2 000 元，增值税税率为 13%，则甲公司实际发放时计入应付职工薪酬借方的金额为（　　）元。

　　A. 113 000　　　　　　B. 75 000　　　　　　C. 100 000　　　　　　D. 300 000

6. 丁公司累积带薪缺勤制度规定：每个职工每年可享受 5 个工作日带薪年假，未使用的年假只能向后结转一个公历年度，超过 1 年未使用的权利作废，不能在职工离开公司时获得现金支付；职工休年假以后进先出为基础，即首先从当年可享受的权利中扣除，再从上年结转的带薪年假余额中扣除。2020 年 12 月 31 日，每个职工当年平均未使用带薪年假为 2 天。

　　丁公司 1 000 名职工预计 2021 年有 950 名职工将享受不超过 5 天的带薪年假，不需要考虑带薪缺勤。剩余 50 名职工每人将平均享受 6 天半年假，假定这 50 名职工全部为总部各部门经理，

平均每名职工每个工作日工资为 300 元。2020 年 12 月 31 日的账务处理是（　　）。

 A．借：管理费用　　　　　　　　　　　　　　　　　　　22 500

   贷：应付职工薪酬——带薪缺勤——短期带薪缺勤——累积带薪缺勤

                    22 500

 B．借：管理费用　　　　　　　　　　　　　　　　　　　15 000

   贷：应付职工薪酬——带薪缺勤——短期带薪缺勤——累积带薪缺勤

                    15 000

 C．借：制造费用　　　　　　　　　　　　　　　　　　　22 500

   贷：应付职工薪酬——带薪缺勤——短期带薪缺勤——累积带薪缺勤

                    22 500

 D．借：制造费用　　　　　　　　　　　　　　　　　　　15 000

   贷：应付职工薪酬——带薪缺勤——短期带薪缺勤——累积带薪缺勤

                    15 000

7．下列有关离职后福利的说法中，不正确的是（　　）。

 A．离职后福利是指企业在职工提供相关服务的年度报告期间结束后 12 个月内需要全部予以支付的职工薪酬

 B．离职后福利计划包括设定提存计划、设定受益计划

 C．设定提存计划是指向独立的基金缴存固定费用后，企业不再承担进一步支付义务的离职后福利计划

 D．设定受益计划是指除设定提存计划以外的离职后福利计划

8．某纺织企业为增值税一般纳税人，适用的增值税税率为 13%。该企业以其生产的服装作为福利发放给 100 名生产车间管理人员，每人一套，每套服装不含税售价为 350 元，成本为 280 元。不考虑其他因素，下列各项中，该企业关于非货币性福利的会计处理结果正确的是（　　）。

 A．确认管理费用 39 550 元   B．确认应付职工薪酬 39 550 元

 C．确认主营业务收入 39 550 元   D．确认增值税销项税额 3 640 元

9．某企业以银行存款支付行政管理人员生活困难补助 2 000 元，下列各项中，会计处理正确的是（　　）。

 A．借：其他业务成本　　　　　　　　　　　　　　　　　2 000

   贷：银行存款　　　　　　　　　　　　　　　　　　　　　2 000

 B．借：营业外支出　　　　　　　　　　　　　　　　　　2 000

   贷：银行存款　　　　　　　　　　　　　　　　　　　　　2 000

 C．借：管理费用　　　　　　　　　　　　　　　　　　　2 000

   贷：银行存款　　　　　　　　　　　　　　　　　　　　　2 000

 D．借：应付职工薪酬——职工福利费　　　　　　　　　　2 000

   贷：银行存款　　　　　　　　　　　　　　　　　　　　　2 000

10．下列关于企业从应付职工薪酬中扣还的代垫家属药费的说法中，正确的是（　　）。

 A．该业务会导致企业应付职工薪酬增加 B．该业务会导致企业银行存款增加

 C．该业务会导致企业其他应收款减少 D．该业务会导致企业银行存款减少

二、多项选择题

1. 职工薪酬中所称的职工至少应当包括（　　　　）。

　　A. 与企业订立了固定期限、无固定期限的劳动合同的所有人员

　　B. 与企业订立了以完成一定工作为期限的劳动合同的所有人员

　　C. 未与企业订立劳动合同但由企业正式任命的人员，如所聘请的独立董事、外部监事等

　　D. 通过企业与劳务中介公司签订用工合同而向企业提供服务的人员

2. 下列各项中，生产部门人员的职工薪酬可能涉及的科目有（　　　　）。

　　A. 生产成本　　　　　B. 制造费用　　　　　C. 管理费用　　　　　D. 合同履约成本

3. 下列关于职工薪酬的处理中，说法正确的有（　　　　）。

　　A. 以自产产品作为非货币性福利的，应当按照含税公允价值计入相关资产成本或当期损益，同时确认应付职工薪酬

　　B. 企业应当将辞退福利分类为设定提存计划和设定受益计划

　　C. 短期薪酬是指企业在职工提供相关服务的年度开始 12 个月内需要全部支付的职工薪酬

　　D. 在职工提供服务从而增加了其未来享有的带薪缺勤权利时，企业应确认与累积带薪缺勤相关的职工薪酬

4. 下列各项中，属于"应付职工薪酬"科目核算内容的有（　　　　）。

　　A. 正式任命并聘请的独立董事津贴

　　B. 已订立劳动合同的全职职工的奖金

　　C. 已订立劳动合同的临时职工的工资

　　D. 向住房公积金管理机构缴存的住房公积金

5. 在核算生产车间人员的职工薪酬时，可能涉及的科目有（　　　　）。

　　A. 生产成本　　　　　B. 制造费用　　　　　C. 销售费用　　　　　D. 应付职工薪酬

6. 甲公司为增值税一般纳税人，适用的增值税税率为 13%。2020 年 5 月甲公司决定将本公司生产的 500 件产品分配给股东作为股利发放。该批产品的成本为每件 1.2 万元，市场销售价格为每件 2 万元（不含增值税）。假定不考虑其他相关税费。实际发放时，甲公司下列会计处理中正确的有（　　　　）。

　　A. 借记"应付股利"科目 1 130 万元

　　B. 确认主营业务收入 1 000 万元

　　C. 记入"应交税费——应交增值税（销项税额）"科目 130 万元

　　D. 影响当期损益的金额为 400 万元

7. 2020 年 6 月 5 日甲公司外购 200 部手机作为福利发放给直接从事生产的职工，取得增值税专用发票上注明的价款为 600 000 元，增值税税额为 78 000 元，款项以银行存款支付，增值税专用发票经税务机关认证为不可抵扣，甲公司应进行的会计处理中正确的有（　　　　）。

　　A. 外购手机时：

　　　　借：库存商品　　　　　　　　　　　　　　　　　　600 000

　　　　　　应交税费——待认证进项税额　　　　　　　　　78 000

　　　　　　　　贷：银行存款　　　　　　　　　　　　　　　　　678 000

　　B. 经税务机关认证不可抵扣时：

借：应交税费——应交增值税（进项税额）　　　　　78 000

　　贷：应交税费——待认证进项税额　　　　　　　　　　　78 000

同时：

借：库存商品　　　　　　　　　　　　　　　　　78 000

　　贷：应交税费——应交增值税（进项税额转出）　　　　78 000

C. 实际发放时：

借：应付职工薪酬——非货币性福利　　　　　　　678 000

　　贷：库存商品　　　　　　　　　　　　　　　　　　678 000

D. 实际发放时：

借：应付职工薪酬——非货币性福利　　　　　　　600 000

　　贷：库存商品　　　　　　　　　　　　　　　　　　600 000

8. 甲企业为高级管理人员提供企业自有公寓免费使用。计提公寓折旧时，应编制的会计分录有（　　　　）。

A. 借记"累计折旧"科目，贷记"固定资产"科目

B. 借记"管理费用"科目，贷记"固定资产"科目

C. 借记"管理费用"科目，贷记"应付职工薪酬——非货币性福利"科目

D. 借记"应付职工薪酬——非货币性福利"科目，贷记"累计折旧"科目

三、判断题

1. 应付职工薪酬包括职工在职期间和离职后提供给职工的全部货币性薪酬和非货币性福利，也包括解除劳务关系给予的补偿。　　　　　　　　　　　　　　　　　　　　（　　）

2. 资产负债表日企业按工资总额的一定比例计提的基本养老保险属于设定提存计划，应确认为应付职工薪酬。　　　　　　　　　　　　　　　　　　　　　　　　　　（　　）

3. 设定提存计划是指向独立的基金缴存固定费用后，企业不再承担进一步支付义务的离职后福利计划。　　　　　　　　　　　　　　　　　　　　　　　　　　　　　　（　　）

4. 只有企业在职工劳动合同到期之前解除与职工的劳动关系的情况下，职工才可以享受辞退福利。　　　　　　　　　　　　　　　　　　　　　　　　　　　　　　　　（　　）

5. 企业为职工给予的其他长期福利包括长期带薪缺勤、长期残疾福利、长期利润分享计划等。　　　　　　　　　　　　　　　　　　　　　　　　　　　　　　　　　　　（　　）

6. 企业提供给职工配偶、子女、受赠养人、已故员工遗属及其他受益人等的福利，不属于职工薪酬。　　　　　　　　　　　　　　　　　　　　　　　　　　　　　　　　（　　）

7. 企业应当在职工实际发生缺勤的会计期间确认与累积带薪缺勤相关的职工薪酬。　　　　　　　　　　　　　　　　　　　　　　　　　　　　　　　　　　　　　　（　　）

8. 企业将租赁的房屋无偿提供给职工使用的，每期应付的租金应作为应付职工薪酬计入相关资产成本或者当期损益。　　　　　　　　　　　　　　　　　　　　　　　　（　　）

四、不定项选择题

甲企业为增值税一般纳税人，适用的增值税税率为13%。2020年8月份该企业发生的有关职工薪酬的资料如下：

（1）当月应付职工工资总额为500万元，"工资费用分配汇总表"中列示的产品生产工人

工资为 350 万元，车间管理人员工资为 70 万元，企业行政管理人员工资为 50 万元，专设销售机构人员工资为 30 万元。

（2）根据"工资结算汇总表"，本月企业应付职工工资总额为 500 万元，扣回代垫的职工家属医疗费 6 万元，按税法规定代扣代缴职工个人所得税共计 15 万元；企业以银行存款支付工资 479 万元。

（3）根据国家规定的计提基础和计提标准，当月应计提的基本养老保险费为 60 万元，基本医疗保险费为 50 万元，其他保险费为 40 万元以及住房公积金为 50 万元。

（4）当月企业以其生产的电风扇作为福利发放给 500 名直接参加产品生产的职工，该型号电风扇市场销售价为每台 600 元，每台成本为 400 元。

要求：根据上述资料，不考虑其他因素，分析回答下列问题：

（1）根据资料（1），下列各项中，关于该企业分配工资费用会计处理正确的是（　　）。

    A．"制造费用"科目增加 70 万元　　　　B．"生产成本"科目增加 350 万元

    C．"销售费用"科目增加 30 万元　　　　D．"管理费用"科目增加 50 万元

（2）根据资料（2），下列各项中，关于企业发放工资会计处理正确的是（　　）。

    A．代扣个人所得税时：

        借：应付职工薪酬　　　　　　　　　　　　　　　15

          贷：其他应付款　　　　　　　　　　　　　　　　　15

    B．扣回代垫的家属医疗费时：

        借：应付职工薪酬　　　　　　　　　　　　　　　6

          贷：其他应收款——代垫医疗费　　　　　　　　　6

    C．通过银行发放工资时：

        借：应付职工薪酬　　　　　　　　　　　　　　479

          贷：银行存款　　　　　　　　　　　　　　　　　479

    D．代扣个人所得税时：

        借：应付职工薪酬　　　　　　　　　　　　　　　15

          贷：应交税费——应交个人所得税　　　　　　　　15

（3）根据资料（3），下列关于企业计提基本养老保险的会计处理表述正确的是（　　）。

    A．企业计提的基本养老保险费属于短期薪酬

    B．企业计提的基本养老保险费属于离职后福利

    C．应贷记"应付职工薪酬——社会保险费——基本养老保险"科目 60 万元

    D．应贷记"应付职工薪酬——设定提存计划——基本养老保险"科目 60 万元

（4）根据资料（4），下列各项中，关于该企业会计处理结果正确的是（　　）。

    A．主营业务收入增加 30 万元　　　　　B．主营业务成本增加 20 万元

    C．生产成本增加 20 万元　　　　　　　D．应付职工薪酬贷方发生额为 33.9 万元

（5）根据资料（1）～（4），下列各项中，该企业"应付职工薪酬"科目贷方发生额是（　　）万元。

    A．700　　　　　　　B．733.9　　　　　　　C．679　　　　　　　D．725.1

第十一章

应 交 税 费

扫码观看教学视频

企业根据税法规定应缴纳的各种税费包括：增值税、消费税、城市维护建设税、资源税、企业所得税、土地增值税、房产税、车船税、城镇土地使用税、教育费附加、矿产资源补偿费、印花税、耕地占用税、契税、车辆购置税等。

企业应通过"应交税费"科目，总括反映各种税费的应交、缴纳等情况。该科目贷方登记应缴纳的各种税费等，借方登记实际缴纳的税费；期末余额一般在贷方，反映企业尚未缴纳的税费，期末余额如在借方，反映企业多交或尚未抵扣的税费。该科目按应交的税费项目设置明细科目进行明细核算。

企业代扣代缴的个人所得税等，也通过"应交税费"科目核算，而企业缴纳的印花税、耕地占用税等不需要预计应交数的税金，不通过"应交税费"科目核算。

第一节　应交增值税

一、增值税概述

（一）增值税征税范围及纳税义务人

增值税是以商品（含应税劳务、应税行为）在流转过程中产生的增值额作为计税依据而征收的一种流转税。按照《中华人民共和国增值税暂行条例》的规定，在中华人民共和国境内销售货物或者加工、修理修配劳务，销售服务、无形资产、不动产以及进口货物的企业、单位和个人，为增值税的纳税人。其中，"服务"是指提供交通运输服务、建筑服务、邮政服务、电信服务、金融服务、现代服务、生活服务。

根据纳税人的经营规模及会计核算的健全程度，增值税纳税人分为一般纳税人和小规模纳税人。增值税一般纳税人计算增值税的方法一般采用一般计税方法，小规模纳税人计算增值税的方法一般采用简易计税方法。一般纳税人销售服务、无形资产或者不动产，符合规定的，也可以采用简易计税方法。

一般纳税人是指年应税销售额超过财政部、国家税务总局规定标准的增值税纳税人。小规模纳税人是指年销售额未超过规定标准，并且会计核算不健全，不能提供准确税务资料的增值税纳税人。

（二）增值税计税方法与采用的税率

1. 增值税一般计税方法

增值税一般计税方法是指按当期销售额和适用的税率计算出销项税额，然后以该销项税额对当期购进项目支付的税款（即进项税额）进行抵扣，从而间接算出当期的应纳税额。应纳税额的计算公式如下：

$$当期应纳增值税税额 = 当期销项税额 - 当期进项税额$$

公式中的"当期销项税额"是指纳税人当期销售货物、加工修理修配劳务、服务、无形资产和不动产时按照销售额和增值税税率计算并收取的增值税税额。其中，销售额是指纳税人销售货物、加工修理修配劳务、服务、无形资产和不动产向购买方收取的全部价款和价外费用，但不包括收取的销项税额。当期销项税额的计算公式如下：

$$当期销项税额 = 当期销售额 \times 增值税税率$$

公式中"当期进项税额"是指纳税人购进货物、加工修理修配劳务、应税服务、无形资产或者不动产，支付或者负担的增值税税额。下列进项税额准予从销项税额中抵扣：

（1）从销售方取得的增值税专用发票（含税控机动车销售统一发票，下同）上注明的增值税税额。

（2）从海关取得的海关进口增值税专用缴款书上注明的增值税税额。

（3）购进农产品，除取得增值税专用发票或者海关进口增值税专用缴款书外，按照农产品收购发票或者销售发票上注明的农产品买价和 9% 的扣除率计算的进项税额；如果用于生产税率为 13% 的产品，按照农产品收购发票或者销售发票上注明的农产品买价和 10% 的扣除率计算的进项税额。

（4）从境外单位或者个人购进服务、无形资产或者不动产，自税务机关或者扣缴义务人取得的解缴税款的完税凭证上注明的增值税税额。

（5）一般纳税人支付的道路、桥、闸通行费，凭取得的通行费发票上注明的收费金额和规定的计算方法计算的可抵扣的增值税进项税额。

当期销项税额小于当期进项税额不足抵扣时，其不足部分可以结转至下期继续抵扣。

2. 一般纳税人采用的税率

一般纳税人采用的税率分为 13%、9%、6% 和零税率。

一般纳税人销售或者进口货物、加工修理修配劳务、提供有形动产租赁服务的，税率为 13%。

一般纳税人销售或者进口粮食、食用植物油、自来水、暖气、冷气、热水、煤气、石油液化气、天然气、沼气、居民用煤炭制品、图书、报纸、杂志、饲料、化肥、农药、农机、农膜以及国务院及其有关部门规定的其他货物的，税率为 9%。

一般纳税人提供交通运输、邮政、基础电信、建筑、不动产租赁服务，销售不动产，转让土地使用权的，税率为 9%。

其他应税行为，税率为 6%。

一般纳税人出口货物，税率为零。但是，国务院另有规定的除外。境内单位和个人发生的跨境应税行为税率为零，具体范围由财政部和国家税务总局另行规定。

3. 增值税的简易计税方法

增值税的简易计税方法是按照销售额与征收率相乘计算应纳税额，不得抵扣进项税额。应纳税额的计算公式如下：

$$应纳税额 = 销售额 \times 征收率$$

公式中的"销售额"不包括应纳税额，如果纳税人采用销售额和应纳税额合并定价的方法，应按公式"销售额 = 含税销售额 ÷（1+ 征收率）"还原为不含税销售额后再计算。

采用简易计税方法的增值税征收率为 3%，财政部和国家税务总局另有规定的除外。

二、一般纳税人增值税业务的账务处理

（一）增值税核算应设置的会计科目

为了核算企业应交增值税的发生、抵扣、缴纳、退税及转出等情况，增值税一般纳税人应在"应交税费"科目下设置"应交增值税""未交增值税""预交增值税""待抵扣进项税额""待认证进项税额""待转销项税额""简易计税""转让金融商品应交增值税"及"代扣代交增值税"等明细科目。

（1）"应交增值税"明细科目，核算一般纳税人进项税额、销项税额抵减、已交税金、转出未交增值税、减免税款、出口抵减内销产品应纳税额、销项税额、出口退税、进项税额转出、转出多交增值税等情况。该明细账设置以下专栏：

1）"进项税额"专栏，记录一般纳税人购进货物、加工修理修配劳务、服务、无形资产或不动产而支付或负担的、准予从当期销项税额中抵扣的增值税额。

2）"销项税额抵减"专栏，记录一般纳税人按照现行增值税制度规定因扣减销售额而减少的销项税额。

3）"已交税金"专栏，记录一般纳税人当月已缴纳的应交增值税额。

4）"转出未交增值税"和"转出多交增值税额"专栏，分别记录一般纳税人月度终了转出当月应交未交和多交的增值税额。

5）"减免税款"专栏，记录一般纳税人按现行增值税制度规定准予减免的增值税额。

6）"出口抵减内销产品应纳税额"专栏，记录实行"免、抵、退"办法的一般纳税人按规定计算的出口货物的进项税额抵减内销产品的应纳税额。

7）"销项税额"专栏，记录一般纳税人销售货物、加工修理修配劳务、服务、无形资产或不动产应收取的增值税额。

8）"出口退税"专栏，记录一般纳税人出口货物、加工修理修配劳务、服务、无形资产按规定退回的增值税额。

9）"进项税额转出"专栏，记录一般纳税人购进货物、加工修理修配劳务、服务、无形资产或不动产等发生非正常损失以及其他原因而不应从销项税额中抵扣、按规定转出的进项税额。

（2）"未交增值税"明细科目，核算一般纳税人月度终了从"应交增值税"或"预交增值税"明细科目转入当月应交未交、多交或者预交的增值税额，以及当月缴纳以前期间未交的增值税额。

（3）"预交增值税"明细科目，核算一般纳税人转让不动产、提供不动产经营租赁服务、提供建筑服务、采用预收款方式销售自行开发的房地产项目等，以及其他按现行增值税制度规定应预缴的增值税额。

（4）"待抵扣进项税额"明细科目，核算一般纳税人已取得增值税扣税凭证并经税务机关认证，按照现行增值税制度规定准予以后期间从销项税额中抵扣的进项税额。

（5）"待认证进项税额"明细科目，核算一般纳税人由于未经税务机关认证而不得从当期销项税额中抵扣的进项税额。其包括：一般纳税人已取得增值税扣税凭证、按现行增值税制度规定准予从销项税额中抵扣，但尚未经税务机关认证的进项税额；一般纳税人已申请稽核但尚未取得稽核相符结果的海关缴款书进项税额。

（6）"待转销项税额"明细科目，核算一般纳税人销售货物、加工修理修配劳务、服务、

无形资产或不动产，已确认相关收入（或者利得）但尚未发生增值税纳税义务而需于以后期间确认为销项税额的增值税额。

（7）"简易计税"明细科目，核算一般纳税人采用简易计税方法发生的增值税计提、扣减、预缴、缴纳等业务。

（8）"转让金融商品应交增值税"明细科目，核算增值税纳税人转让金融商品发生的增值税额。

（9）"代扣代交增值税"明细科目，核算纳税人购进在境内未设经营机构的境外单位或个人在境内的应税行为代扣代缴的增值税。

（二）取得资产、接受劳务或服务

一般纳税人从国内购进货物、加工修理修配劳务、服务、无形资产或者不动产，根据增值税专用发票上记载的应计入采购成本或应计入加工、修理修配等物资成本的金额，借记"固定资产""无形资产""材料采购""在途物资""原材料""库存商品"或"生产成本""管理费用""制造费用"等科目；按当月已认证的可抵扣的增值税税额，借记"应交税费——应交增值税（进项税额）"科目；按当月未认证的可抵扣增值税税额，借记"应交税费——待认证进项税额"；按照应付或实际支付的总额，贷记"应付账款""应付票据"或"银行存款"等科目。购入货物发生的退货，如原增值税专用发票已做认证，应根据税务机关开具的红字增值税专用发票做相反的会计分录；如增值税专用发票未做认证，应将发票退回并做相反的会计分录。

企业购进农产品，除取得增值税专用发票或者海关进口增值税专用缴款书外，按照农产品收购发票或者销售发票上注明的农产品买价和9%的扣除率计算的进项税额，如用于生产税率为13%的产品，按照农产品收购发票或者销售发票上注明的农产品买价和10%的扣除率计算的进项税额，借记"应交税费——应交增值税（进项税额）"科目；按农产品买价扣除进项税额后的差额，借记"材料采购""在途物资""原材料"或"库存商品"等科目；按应付或者实际支付的价款，贷记"应付账款""应付票据"或"银行存款"等科目。

例 11-1 兴华公司是增值税一般纳税人，销售商品适用的增值税税率为13%，该企业采用计划成本对原材料进行核算，销售商品价格为不含增值税的公允价格。2020年9月份发生如下交易或事项：

（1）2日，购入原材料一批，增值税专用发票上注明的货款为150 000元、增值税税额为19 500元，货款和税款已用银行存款支付。货物已由顺达公司承运，运输公司开具的增值税专用发票上注明的运费为5 000元、增值税税额为450元，兴华公司已用银行存款支付了该笔款项，货物尚未到达。兴华公司应编制如下会计分录：

借：材料采购 155 000

应交税费——应交增值税（进项税额） 19 950

贷：银行存款 174 950

（2）12日，购入不需要安装设备一台，增值税专用发票上注明的价款为180 000元、增值税税额为23 400元，款项尚未支付。兴华公司应编制如下会计分录：

借：固定资产 180 000

应交税费——应交增值税（进项税额） 23 400

贷：应付账款 203 400

（3）22日，购入农产品一批，农产品收购发票上注明的价款为500 000元，规定的扣除率为9%，货物尚未到达，款项已用银行存款支付。兴华公司应编制如下会计分录：

进项税额 = 购买价款 × 扣除率 =500 000×9%=45 000（元）

借：材料采购 455 000
　　应交税费——应交增值税（进项税额） 45 000
　　　贷：银行存款 500 000

（4）26日，生产车间委托外单位修理机器设备，取得增值税专用发票上注明的修理费用为30 000元，增值税税额为3 900元，款项已用银行存款支付。兴华公司应编制如下会计分录：

借：管理费用 30 000
　　应交税费——应交增值税（进项税额） 3 900
　　　贷：银行存款 33 900

（三）进项税额转出

企业已单独确认进项税额的购进货物、加工修理修配劳务、服务、无形资产或者不动产事后改变用途（如用于简易计税方法计税项目、免征增值税税额、非增值税应税项目等），或者发生非正常损失，原已计入进项税额、待抵扣进项税额或者待认证进项税额，但按照现行增值税制度规定不得从销项税额中抵扣的，其进项税额应通过"应交税费——应交增值税（进项税额转出）"科目转入有关科目。根据现行增值税制度规定，"非正常损失"是指因管理不善造成货物被盗、丢失、霉烂变质，以及因违反法律法规造成货物或者不动产依法没收、销毁、拆除的情形。

发生需要将进项税额转出的经济业务时，借记"待处理财产损溢""在建工程""固定资产""无形资产"或"应付职工薪酬"等科目，贷记"应交税费——应交增值税（进项税额转出）""应交税费——待抵扣进项税额"或者"应交税费——待认证进项税额"科目。属于转作待处理财产损失的进项税额，应与遭受非正常损失的购进货物、在产品或库存商品的成本一并处理。

例 11-2 兴华公司为增值税一般纳税人，2020年11月份发生如下经济业务：

（1）10日，因管理不善发生火灾，毁损一批库存材料，该批材料实际成本为10 000元，相关增值税专用发票上注明的增值税税额为1 300元。兴华公司应编制如下会计分录：

借：待处理财产损溢——待处理流动资产损溢 11 300
　　贷：原材料 10 000
　　　　应交税费——应交增值税（进项税额转出） 1 300

（2）16日，兴华公司所属的职工医院维修领用原材料50 000元，相关增值税专用发票上注明的增值税税额为6 500元。兴华公司应编制如下会计分录：

借：应付职工薪酬——职工福利 56 500
　　贷：原材料 50 000
　　　　应交税费——应交增值税（进项税额转出） 6 500

一般纳税人购进货物、加工修理修配劳务、服务、无形资产或者不动产，用于简易计税方法计税项目、免征增值税项目、集体福利或个人消费等，即使取得的增值税专用发票上已注明增值税进项税额，该税额按照现行增值税制度规定也不得从销项税额中抵扣。取得增值税专用发票时，应将待认证的目前不可抵扣的增值税进项税额，借记"应交税费——待认证进项税额"科目，贷记"银行存款""应付账款"等科目。经税务机关认证为不可抵扣的增值税进项税额时，借记"应交税费——应交增值税（进项税额）"科目，贷记"应交税费——待认证进项税额"科目；同时，将增值税进项税额转出，借记相关成本费用或资产科目，贷记"应交税费——应交增值税（进项税额转出）"科目。

例 11-3 兴华公司为增值税一般纳税人，2020 年 12 月 20 日，外购一批移动硬盘作为职工福利发放。取得的增值税专用发票上注明的价款为 300 000 元、增值税税额为 39 000 元，全部款项已通过银行存款支付，增值税专用发票尚未经税务机关认证。兴华公司应编制如下会计分录：

（1）购入移动硬盘时：

借：库存商品	300 000
应交税费——待认证进项税额	39 000
贷：银行存款	339 000

（2）经税务机关认证不可抵扣增值税销项税额时：

借：应交税费——应交增值税（进项税额）	39 000
贷：应交税费——待认证进项税额	39 000

同时：

借：库存商品	39 000
贷：应交税费——应交增值税（进项税额转出）	39 000

（3）将移动硬盘发放给职工时：

借：应付职工薪酬——非货币性福利	339 000
贷：库存商品	339 000

（四）销售业务、提供应税劳务或服务

企业销售货物、加工修理修配劳务、服务、无形资产或不动产，应当按应收或已收的金额，借记"应收账款""应收票据""银行存款"等科目；按现行增值税制度规定计算的销项税额或采用简易计税方法计算的应纳增值税税额，贷记"应交税费——应交增值税（销项税额）"或"应交税费——简易计税"科目；按照取得的收益金额，贷记"主营业务收入""其他业务收入""固定资产清理"等科目。

企业销售货物发生销售退回，应根据税务机关开具的红字增值税专用发票，做相反的会计分录。按照会计准则相关规定的收入或利得的时点早于按照现行增值税制度确认增值税纳税义务发生时点的，应将相关销项税额记入"应交税费——待转销项税额"科目，待实际发生纳税义务时再转入"应交税费——应交增值税（销项税额）"或"应交税费——简易计税"科目。按照增值税制度确认增值税纳税义务发生时点早于按照国家统一的会计制度确认收入或利得的时点的，应将应纳增值税税额借记"应收账款"科目，贷记"应交税费——应交增值税（销项税额）"或"应交税费——简易计税"科目，按照会计准则相关规定确认收入

或利得时，应按扣除增值税销项税额后的金额确认收入或利得。

例 11-4　兴华公司 2020 年 12 月份发生如下经济业务：

（1）16 日，销售产品一批，开具增值税专用发票上注明的价款为 500 000 元，增值税税额为 65 000 元，提货单和增值税专用发票已交给买方，款项尚未收到。兴华公司应编制如下会计分录：

借：应收账款　　　　　　　　　　　　　　　　　　　565 000
　　贷：主营业务收入　　　　　　　　　　　　　　　　　500 000
　　　　应交税费——应交增值税（销项税额）　　　　　　65 000

（2）20 日，企业为外单位代加工包装物 4 000 个，每个收取加工费 100 元，已加工完成，开具的增值税专用发票上注明的价款为 400 000 元，增值税税额为 52 000 元，款项已收到并存入银行。兴华公司应编制如下会计分录：

借：银行存款　　　　　　　　　　　　　　　　　　　452 000
　　贷：主营业务收入　　　　　　　　　　　　　　　　　400 000
　　　　应交税费——应交增值税（销项税额）　　　　　　52 000

（五）视同销售行为

企业的有些交易和事项从会计角度看不属于销售行为，不能确认销售收入，但是按照现行增值税制度的规定，应视同对外销售处理，计算应交增值税。视同销售需要缴纳增值税的事项包括企业将资产或委托加工的货物用于非应税项目、集体福利或个人消费，将自产、委托加工或购买的货物作为投资、分配给股东或投资者、无偿赠送他人等。在这些情况下，企业应当根据视同销售的具体业务，借记"在建工程""长期股权投资""营业外支出"等科目，贷记"应交税费——应交增值税（销项税额）"或"应交税费——简易计税"科目。

例 11-5　兴华公司为增值税一般纳税人，2020 年 12 月 25 日，将自产的产品对外捐赠。该批产品的成本为 300 000 元，市场不含税价格为 400 000 元，开具的增值税专用发票上注明增值税税额为 52 000 元。12 月 30 日，兴华公司将一批自产产品对天马公司进行投资，该批商品的成本为 800 000 元，根据投资协议，该批商品不含税价值为 1 000 000 元，且符合公允价值的定义，开具的增值税专用发票上注明的增值税税额为 130 000 元。兴华公司应编制如下会计分录：

（1）企业将自产产品对外捐赠时：

借：营业外支出　　　　　　　　　　　　　　　　　　352 000
　　贷：库存商品　　　　　　　　　　　　　　　　　　　300 000
　　　　应交税费——应交增值税（销项税额）　　　　　　52 000

（2）企业将自产的产品对外投资时：

借：长期股权投资——天马公司　　　　　　　　　　1 130 000
　　贷：主营业务收入　　　　　　　　　　　　　　　　1 000 000
　　　　应交税费——应交增值税（销项税额）　　　　　130 000
借：主营业务成本　　　　　　　　　　　　　　　　　800 000
　　贷：库存商品　　　　　　　　　　　　　　　　　　　800 000

（六）缴纳增值税

企业缴纳的增值税，借记"应交税费——应交增值税（已交税金）"科目，贷记"银行存款"科目。"应交税费——应交增值税"科目的贷方余额表示企业应缴纳的增值税。

例 11-6 兴华公司为增值税一般纳税人，2020 年 10 月份，当月发生销项税额合计 142 800 元，增值税进项税额转出合计 2 550 元，增值税进项税额合计 80 950 元。兴华公司 10 月份应交增值税税额计算如下：

应交增值税税额 =142 800+2 550–80 950=64 400（元）

用银行存款缴纳增值税，兴华公司应编制如下会计分录：

借：应交税费——应交增值税（已交税金）　　　　　　　64 400
　　贷：银行存款　　　　　　　　　　　　　　　　　　　　　64 400

需要注意的是，企业购入材料不能取得增值税专用发票的，发生的增值税应计入材料采购成本，借记"材料采购""在途物资""原材料"等科目，贷记"银行存款"等科目。

月度终了了，企业应当将当月应交未交或多交的增值税税额自"应交增值税"明细科目转入"未交增值税"明细科目。对于当月应交未交的增值税，借记"应交税费——应交增值税（转出未交增值税）"科目，贷记"应交税费——未交增值税"科目；对于当月多交的增值税，借记"应交税费——未交增值税"科目，贷记"应交税费——应交增值税（转出多交增值税）"科目。

企业缴纳以前期间未交的增值税，借记"应交税费——未交增值税"科目，贷记"银行存款"科目。

例 11-7 兴华公司为增值税一般纳税人，2020 年 11 月 30 日，兴华公司将尚未缴纳的增值税税额 12 850 元进行转账，12 月 5 日，用银行存款缴纳 11 月份未交的增值税税款 12 850 元。兴华公司应编制如下会计分录：

（1）11 月 30 日，结转未交增值税税额时：

借：应交税费——应交增值税（转出未交增值税）　　　　12 850
　　贷：应交税费——未交增值税　　　　　　　　　　　　　　12 850

（2）12 月 5 日，缴纳 11 月份未交的增值税税款时：

借：应交税费——未交增值税　　　　　　　　　　　　　　12 850
　　贷：银行存款　　　　　　　　　　　　　　　　　　　　　12 850

三、小规模纳税人增值税的账务处理

小规模纳税人核算增值税采用简易计税方法，即购进货物、应税劳务或者应税行为，取得增值税专用发票上注明的增值税，一律不予抵扣，直接计入资产或成本费用。小规模纳税人销售货物、应税劳务或者应税行为时，按照不含税的销售额和规定的增值税征收率计算应缴纳的增值税（即应纳税额），但不得开具增值税专用发票。

如果小规模纳税人采用销售额和应纳税额合并定价的方法并向客户结算款项的，销售货物、应税劳务或者应税行为后，应进行价税分离，确定不含税的销售额。

小规模纳税人进行账务处理时，只需在"应交税费"科目下设置"应交增值税"明细科目，

该明细科目不再设置增值税专栏。"应交税费——应交增值税"科目贷方登记应缴纳的增值税，借方登记已缴纳的增值税；期末若为贷方余额，反映小规模纳税人尚未缴纳的增值税，期末若为借方余额，反映小规模纳税人多缴纳的增值税。

小规模纳税人购进货物、服务、无形资产或不动产，按照应付或实际支付的全部款项（包括支付的增值税税额），借记"材料采购""在途物资""原材料"或"库存商品"等科目，贷记"银行存款""应付票据"或"应付账款"等科目。小规模纳税人销售货物、服务、无形资产或不动产，应按全部价款（包括应交的增值税），借记"银行存款""应收账款"等科目；按不含税的销售额，贷记"主营业务收入"等科目；按应交增值税税额，贷记"应交税费——应交增值税"科目。

例 11-8　海达公司为增值税小规模纳税人，其所适用的增值税征收率为 3%，原材料按实际成本核算。该企业 2020 年 12 月发生如下经济业务：购入原材料一批，取得的专用发票中注明的货款为 50 000 元、增值税税额为 6 500 元，款项以银行存款支付。材料验收入库。销售产品一批，开具的普通发票上注明的货款（含税）为 61 800 元，款项已存入银行。用银行存款缴纳增值税 1 800 元。海达公司应编制如下会计分录：

（1）购入材料：

借：原材料　　　　　　　　　　　　　　　　　56 500
　　贷：银行存款　　　　　　　　　　　　　　　　56 500

（2）销售产品：

不含税销售额 = 含税销售额 ÷（1+ 征收率）=61 800÷（1+3%）=60 000（元）

应纳增值税 = 不含税销售额 × 征收率 =60 000×3%=1 800（元）

借：银行存款　　　　　　　　　　　　　　　　61 800
　　贷：主营业务收入　　　　　　　　　　　　　　60 000
　　　　应交税费——应交增值税　　　　　　　　　1 800

（3）缴纳增值税：

借：应交税费——应交增值税　　　　　　　　　　1 800
　　贷：银行存款　　　　　　　　　　　　　　　　1 800

四、差额征税的账务处理

根据财政部和国家税务总局的有关规定，对于企业发生的金融商品转让、经纪代理服务、融资租赁和融资性售后回租业务、一般纳税人提供客运场站服务、一般纳税人提供旅游服务、选择简易计税方法提供建筑服务等，无法通过抵扣机制避免重复征税的，应采用差额征税方式计算应交增值税。

1. 企业按规定相关成本费用允许扣减销售额的账务处理

按照现行增值税制度规定，企业发生相关成本费用允许扣减销售额的，发生成本费用时，应按应付或实际支付的金额，借记"主营业务成本""工程施工"等科目，贷记"应付账款""应付票据""银行存款"等科目。待取得合规的增值税扣税凭证且纳税义务发生时，按照允许抵扣的税额，借记"应交税费——应交增值税（销项税额抵减）"或"应交税费——简易计税"科目，贷记"主营业务成本""工程施工"科目。小规模纳税人应借记"应交税费——应交增值税"科目，贷记"主营业务成本""工程施工"科目。

例 11-9　畅行旅行社为增值税一般纳税人，应交增值税采用差额征税方式核算。2020年10月份，该旅行社为恒顺公司提供职工境内旅游服务，向恒顺公司收取含税价款424 000元，其中增值税税额24 000元，全部款项已通过银行收进入账。畅行旅行社以银行存款支付其他接团旅游企业的旅游费用和其他单位住宿费等相关费用共计318 000元，其中允许扣减销售额而减少的销项税额18 000元。畅行旅行社应编制如下会计分录：

（1）确认旅游服务收入时：

借：银行存款　　　　　　　　　　　　　　　　424 000
　　贷：主营业务收入　　　　　　　　　　　　400 000
　　　　应交税费——应交增值税（销项税额）　　24 000

（2）支付其他接团旅行企业旅游费，并取得增值税扣税凭证抵减增值税税额时：

借：主营业务成本　　　　　　　　　　　　　　300 000
　　应交税费——应交增值税（销项税额抵减）　18 000
　　贷：银行存款　　　　　　　　　　　　　　318 000

2. 企业转让金融商品按规定以盈亏相抵后的余额作为销售额

按照现行增值税制度规定，企业实际转让金融商品，月末，如果产生转让收益，则按应纳税额，借记"投资收益"等科目，贷记"应交税费——转让金融商品应交增值税"科目；如果产生转让损失，则按可结转下月抵扣税额，借记"应交税费——转让金融商品应交增值税"科目，贷记"投资收益"等科目。缴纳增值税时，借记"应交税费——转让金融商品应交增值税"科目，贷记"银行存款"科目。年末，"应交税费——转让金融商品应交增值税"科目若为借方余额，则借记"投资收益"等科目，贷记"应交税费——转让金融商品应交增值税"科目。

五、增值税税控系统专用设备和技术维护费用抵减增值税税额的账务处理

按照现行增值税制度规定，企业初次购买增值税税控系统专用设备支付的费用以及缴纳的技术维护费允许在增值税应纳税额中全额抵减。增值税税控系统专用设备包括增值税防伪税控系统设备（如金税卡、IC卡、读卡器或金税盘和报税盘）、货物运输业增值税专用发票税控系统设备（如税控盘和报税盘）、机动车销售统一发票税控系统和公路、内河货物运输业发票税控系统设备（如税控盘和传输盘）。

企业初次购入增值税税控系统专用设备，按实际支付或应付的金额，借记"固定资产"科目，贷记"银行存款""应付账款"等科目。按规定抵减的增值税应纳税额，借记"应交税费——应交增值税（减免税款）"科目，贷记"管理费用"等科目；小规模纳税人应借记"应交税费——应交增值税"科目，贷记"管理费用"等科目。

例 11-10　泰森公司为增值税一般纳税人，初次购买增值税税控系统专用设备，并将其作为固定资产核算。取得增值税专用发票上注明的价款为40 000元、增值税税额为5 200元，价款和税款均以银行存款支付。泰森公司应编制如下会计分录：

（1）购入设备，支付价税款时：

借：固定资产　　　　　　　　　　　　　　　　　45 200

　　贷：银行存款　　　　　　　　　　　　　　　　45 200

（2）按规定抵减增值税应纳税额时：

借：应交税费——应交增值税（减免税款）　　　　45 200

　　贷：管理费用　　　　　　　　　　　　　　　　45 200

　　小微企业在取得销售收入时，应当按照现行增值税制度的规定计算应交增值税，并确认为应交税费，在达到增值税制度规定的免征增值税条件时，将有关应交增值税转入当期损益。

第二节　应交消费税

一、消费税概述

　　消费税是指在我国境内生产、委托加工和进口应税消费品的单位和个人，按其流转额缴纳的一种税。消费税有从价定率、从量定额、从价定率和从量定额合计税（简称复合计税）三种征税方法。采用从价定率方法征收的消费税，以不含增值税的销售额为税基，按照税法规定的税率计算。企业的销售收入包含增值税的，应将其换算为不含增值税的销售额。采取从量定额计征的消费税，根据税法确定的企业应税消费品的数量和单位应税消费品应缴纳的消费税计算确定。采用复合计税计征的消费税，由以不含增值税的销售额为税基，按照税法规定的税率计算的消费税及按税法确定的企业应税消费品的数量和单位应税消费品应缴纳的消费税计算的消费税合计确定。

二、应交消费税的账务处理

　　企业应在"应交税费"科目下设置"应交消费税"明细科目，核算应交消费税的发生、缴纳情况。该科目贷方登记应缴纳的消费税，借方登记已缴纳的消费税；期末贷方余额反映企业尚未缴纳的消费税，借方余额反映企业多缴纳的消费税。

1. 销售应税消费品

　　企业销售应税消费品应缴纳的消费税，应借记"税金及附加"科目，贷记"应交税费——应交消费税"科目。

例 11-11　美达公司是增值税一般纳税人，2020 年 12 月 1 日，销售其所生产的化妆品，开具的增值税专用发票上注明的价款为 2 000 000 元、增值税税额为 260 000 元，适用的消费税税率为 30%。款项已存入银行。美达公司应编制如下会计分录：

（1）销售产品取得价款：

借：银行存款　　　　　　　　　　　　　　　　2 260 000

　　贷：主营业务收入　　　　　　　　　　　　　2 000 000

　　　　应交税费——应交增值税（销项税额）　　　260 000

（2）计算应缴纳的消费税：

应交消费税税额 =2 000 000×30%=600 000（元）

借：税金及附加 600 000

贷：应交税费——应交消费税 600 000

2. 自产自用应税消费品

企业将生产的应税消费品用于在建工程等非生产机构的，按规定应缴纳的消费税，借记"在建工程"等科目，贷记"应交税费——应交消费税"科目。

例 11-12 腾飞公司为增值税一般纳税人，2020 年 12 月 10 日，在建厂房工程领用自产无铅汽油，成本为 60 000 元，应纳消费税税额为 7 200 元。腾飞公司应编制如下会计分录：

借：在建工程 67 200

贷：库存商品 60 000

应交税费——应交消费税 7 200

例 11-13 美达公司是增值税一般纳税人，2020 年 12 月 1 日，将企业自产的护肤品作为职工福利发放给生产一线职工。该批产品的账面价值为 400 000 元，市场价格为 600 000 元（不含增值税），适用的消费税税率为 30%，增值税专用发票上注明的增值税税额为 78 000 元。美达公司应编制如下会计分录：

（1）核算应付职工薪酬：

借：生产成本 678 000

贷：应付职工薪酬——职工福利费 678 000

（2）发放职工福利：

借：应付职工薪酬——职工福利费 678 000

贷：主营业务收入 600 000

应交税费——应交增值税（销项税额） 78 000

借：主营业务成本 400 000

贷：库存商品 400 000

（3）计算应缴纳的消费税：

应交消费税税额 =600 000×30%=180 000（元）

借：税金及附加 180 000

贷：应交税费——应交消费税 180 000

3. 委托加工应税消费品

企业如有应交消费税的委托加工物资，一般应由受托方代收代缴税款。委托加工物资收回后直接用于销售的，应将受托方代收代缴的消费税计入委托加工物资的成本，借记"委托加工物资"等科目，贷记"应付账款""银行存款"等科目；委托加工物资收回后用于连续生产的，按规定准予抵扣消费税的，应按已由受托方代收代缴的消费税，借记"应交税费——应交消费税"科目，贷记"应付账款""银行存款"等科目，待用委托加工的应税消费品生产的应纳消费税的产品销售时，再缴纳消费税。

例 11-14　国安公司是增值税一般纳税人，原材料采用实际成本法进行日常核算，2020 年 12 月，委托达利公司代为加工一批应交消费税的材料（非金银首饰）。国安公司发出的材料实际成本为 1 000 000 元，加工费为 200 000 元，增值税税额为 26 000 元，由达利公司代收代缴的消费税为 80 000 元。材料已经加工完成，由国安公司收回并验收入库，加工费尚未支付。

（1）如果国安公司收回的委托加工物资用于继续生产应税消费品，国安公司应编制如下会计分录：

借：委托加工物资　　　　　　　　　　　　　　　　　　1 000 000
　　贷：原材料　　　　　　　　　　　　　　　　　　　　　　1 000 000
借：委托加工物资　　　　　　　　　　　　　　　　　　　200 000
　　应交税费——应交增值税（进项税额）　　　　　　　　26 000
　　　　　　——应交消费税　　　　　　　　　　　　　　　80 000
　　贷：应付账款　　　　　　　　　　　　　　　　　　　　　306 000
借：原材料　　　　　　　　　　　　　　　　　　　　　1 200 000
　　贷：委托加工物资　　　　　　　　　　　　　　　　　　　1 200 000

（2）如果国安公司收回的委托加工物资直接用于对外销售，国安公司应编制如下会计分录：

借：委托加工物资　　　　　　　　　　　　　　　　　　1 000 000
　　贷：原材料　　　　　　　　　　　　　　　　　　　　　　1 000 000
借：委托加工物资　　　　　　　　　　　　　　　　　　　280 000
　　应交税费——应交增值税（进项税额）　　　　　　　　26 000
　　贷：应付账款　　　　　　　　　　　　　　　　　　　　　306 000
借：库存商品　　　　　　　　　　　　　　　　　　　　1 280 000
　　贷：委托加工物资　　　　　　　　　　　　　　　　　　　1 280 000

4. 进口应税消费品

企业进口应税物资在进口环节缴纳的消费税，计入该项物资的成本，借记"材料采购"（计划成本法）"在途物资"（实际成本法）"原材料""固定资产"等科目，贷记"银行存款"等科目。

例 11-15　泰隆公司为增值税一般纳税人，2020 年 12 月 10 日，从国外进口一批需要缴纳消费税的商品，关税完税价格为 2 000 000 元，按规定应缴纳关税 700 000 元。假设该批进口应税消费品适用的消费税税率为 10%，增值税税率为 13%。货物报关后，自海关取得的"海关进口消费税专用缴款书"注明的消费税为 300 000 元、"海关进口增值税专用缴款书"注明的增值税税额为 390 000 元。采购的商品已经验收入库，全部款项已用银行存款支付。泰隆公司应编制如下会计分录：

借：库存商品　　　　　　　　　　　　　　　　　　　　3 000 000
　　应交税费——应交增值税（进项税额）　　　　　　　　390 000
　　贷：银行存款　　　　　　　　　　　　　　　　　　　　　3 390 000

本例中，进口商品的入账价值 =2 000 000+700 000+300 000=3 000 000（元）

$$进口商品应交消费税额 = \frac{2\,000\,000+700\,000}{1-10\%} \times 10\% = 300\,000（元）$$

$$应交增值税税额 =（2\,000\,000+700\,000+300\,000）\times 13\% = 390\,000（元）$$

第三节 其他应交税费

其他应交税费是指除上述应交税费以外的其他各种应上交国家的税费，包括应交资源税、应交城市维护建设税、应交土地增值税、应交企业所得税、应交房产税、应交城镇土地使用税、应交车船税、应交教育费附加、应交个人所得税等。企业应当在"应交税费"科目下设置明细科目进行核算，贷方登记应缴纳的有关税费，借方登记已缴纳的有关税费，期末贷方余额，反映尚未缴纳的有关税费。

一、应交资源税

资源税是对在我国境内开采应税矿产品和生产盐的单位和个人，就其应税数量征收的一种税。资源税按照应税产品的课税数量和规定的单位税额计算。开采或生产应税产品对外销售的，以销售数量为课税数量；开采或生产应税产品自用的，以自用数量为课税数量。对外销售应税产品应缴纳的资源税应记入"税金及附加"科目，借记"税金及附加"科目，贷记"应交税费——应交资源税"科目；自产自用应税产品缴纳的资源税应记入"生产成本""制造费用"等科目，贷记"应交税费——应交资源税"科目。

例 11-16 兴华公司为增值税一般纳税人，对外销售某种资源税应税矿产品 2 000 吨，将自产的资源税应税矿产品 500 吨用于企业的产品生产，每吨应交资源税 5 元。兴华公司应编制如下会计分录：

（1）对外销售应税矿产品应交的资源税：

企业对外销售应税矿产品应交的资源税 =2 000×5=10 000（元）

借：税金及附加　　　　　　　　　　　　　　　　10 000

　　贷：应交税费——应交资源税　　　　　　　　　　　10 000

（2）自产自用应税矿产品应交的资源税：

企业自产自用应税矿产品应交的资源税 =500×5=2 500（元）

借：生产成本　　　　　　　　　　　　　　　　　2 500

　　贷：应交税费——应交资源税　　　　　　　　　　　2 500

（3）缴纳资源税：

借：应交税费——应交资源税　　　　　　　　　　12 500

　　贷：银行存款　　　　　　　　　　　　　　　　　12 500

二、应交城市维护建设税

城市维护建设税是我国为了加强城市的维护建设，扩大和稳定城市维护建设资金的来源，对有经营收入的单位和个人征收的一个税种。其纳税人为缴纳增值税、消费税的单位和个人，以纳税人实际缴纳的增值税、消费税税额为计税依据，并分别与两项税金同时缴纳。税率因纳税人所在地不同从 1% ～ 7% 不等。公式为

$$应纳税额 = （应交增值税 + 应交消费税）\times 适用税率$$

企业按规定计算出应缴纳的城市维护建设税，借记"税金及附加"科目，贷记"应交税费——应交城市维护建设税"科目。企业缴纳城市维护建设税时，借记"应交税费——应交城市维护建设税"科目，贷记"银行存款"科目。

例 11-17 兴华公司为增值税一般纳税人，2020 年 12 月，兴华公司实际缴纳增值税 400 000 元、消费税 241 000 元。该公司适用的城市维护建设税税率为 7%。兴华公司应编制如下会计分录：

（1）计算应交的城市维护建设税：

应交的城市维护建设税 =（400 000+241 000）×7%=44 870（元）

借：税金及附加	44 870	
贷：应交税费——应交城市维护建设税		44 870

（2）用银行存款缴纳城市维护建设税时：

借：应交税费——应交城市维护建设税	44 870	
贷：银行存款		44 870

三、应交教育费附加

教育费附加是为了发展教育事业而向企业征收的附加费用。教育费附加以各单位实际缴纳的增值税、消费税的税额为计征依据，按其一定比例分别与增值税、消费税同时缴纳。企业按规定计算出应交的教育费附加，借记"税金及附加"科目，贷记"应交税费——应交教育费附加"科目。

例 11-18 兴华公司为增值税一般纳税人，2020 年 12 月，兴华公司实际缴纳交增值税 400 000 元、消费税 241 000 元。该公司适用的教育费附加的税率为 3%。款项已经用银行存款支付。兴华公司应编制如下会计分录：

（1）计算应交的教育费附加：

应交的教育费附加 =（400 000+241 000）×3%=19 230（元）

借：税金及附加	19 230	
贷：应交税费——应交教育费附加		19 230

（2）用银行存款缴纳教育费附加时：

借：应交税费——应交教育费附加	19 230	
贷：银行存款		19 230

四、应交土地增值税

土地增值税是对转让国有土地使用权、地上建筑物及其附着物（以下简称转让房地产）并取得增值性收入的单位和个人征收的一种税。

土地增值税按照转让房地产所取得的增值额和规定的税率计算征收。转让房地产的增值额是转让收入减去税法规定扣除项目金额后的余额。其中，转让收入包括货币收入、实物收入和其他收入，扣除项目主要包括取得土地使用权所支付的金额、房地产开发成本及费用、与转让房地产有关的税金、旧房及建筑物的评估价格、财政部确定的其他扣除项目等。土地增值税采用四级超率累进税率，其中最低税率为30%，最高税率为60%。

根据企业对房地产的核算方法不同，计算征收企业应交土地增值税的账务处理也有所区别：企业转让的土地使用权连同地上建筑物及其附着物一并在"固定资产"科目核算的，转让时按应交的土地增值税，借记"固定资产清理"科目，贷记"应交税费——应交土地增值税"科目；土地使用权在"无形资产"科目核算的，按实际收到的金额，借记"银行存款""累计摊销""无形资产减值准备"科目，按应交的土地增值税，贷记"应交税费——应交土地增值税"科目，同时冲销土地使用权的账面价值，贷记"无形资产"科目，按其差额，借记"营业外支出"科目或贷记"营业外收入"科目；房地产开发经营企业销售房地产应缴纳的土地增值税，借记"税金及附加"科目，贷记"应交税费——应交土地增值税"科目。企业缴纳土地增值税时，借记"应交税费——应交土地增值税"科目，贷记"银行存款"科目。

例 11-19　兴华公司对外转让一栋厂房，根据税法规定计算的应交土地增值税为 27 000 元。
兴华公司应编制如下会计分录：

（1）计算应缴纳的土地增值税：

借：固定资产清理	27 000
贷：应交税费——应交土地增值税	27 000

（2）用银行存款缴纳土地增值税税额：

借：应交税费——应交土地增值税	27 000
贷：银行存款	27 000

五、应交房产税、城镇土地使用税、车船税和矿产资源补偿费

房产税是国家对在城市、县城、建制镇和工矿区征收的由产权所有人缴纳的一种税。房产税依照房产原值一次性扣除10%～30%后的余值计算缴纳。没有房产原值作为依据的，由房产所在地税务机关参考同类房产核定；房产出租的，以房产租金收入为房产税的计税依据。

城镇土地使用税是以城市、县城、建制镇和工矿区范围内使用土地的单位和个人为纳税人，以其实际占用的土地面积和规定税额计算征收的一种税。

车船税由拥有并且使用车船的单位和个人按照适用税额计算缴纳。

矿产资源补偿费是对在我国领域和管辖海域开采矿产资源而征收的费用。矿产资源补偿费按照矿产品销售收入的一定比例计征，由采矿人缴纳。

企业应交的房产税、城镇土地使用税、车船税、矿产资源补偿费，记入"税金及附加"科目，借记"税金及附加"科目，贷记"应交税费—— 应交房产税、城镇土地使用税、车船税、矿产资源补偿费"科目。

例 11-20　兴华公司按税法规定本期应纳房产税 160 000 元，车船税 38 000 元，城镇土地使用税 45 000 元。兴华公司应编制如下会计分录：

（1）计算应缴纳的上述税金：

借：税金及附加　　　　　　　　　　　　　　　243 000
　　贷：应交税费——应交房产税　　　　　　　160 000
　　　　　　　　——应交城镇土地使用税　　　 45 000
　　　　　　　　——应交车船税　　　　　　　 38 000
（2）用银行存款缴纳上述税金：
借：应交税费——应交房产税　　　　　　　　　160 000
　　　　　　——应交城镇土地使用税　　　　　 45 000
　　　　　　——应交车船税　　　　　　　　　 38 000
　　贷：银行存款　　　　　　　　　　　　　　243 000

六、应交个人所得税

企业职工按规定应缴纳的个人所得税通常由单位代扣代缴。企业按规定计算的代扣代缴的职工个人所得税，借记"应付职工薪酬"科目，贷记"应交税费——应交个人所得税"科目；企业缴纳个人所得税时，借记"应交税费——应交个人所得税"科目，贷记"银行存款"等科目。

例 11-21　兴华公司本月应付职工薪酬总额为 200 000 元，代扣职工个人所得税共计 2 000 元，实发工资 198 000 元。兴华公司应编制如下会计分录：
（1）代扣个人所得税：
借：应付职工薪酬——工资　　　　　　　　　　2 000
　　贷：应交税费——应交个人所得税　　　　　2 000
（2）缴纳个人所得税：
借：应交税费——应交个人所得税　　　　　　　2 000
　　贷：银行存款　　　　　　　　　　　　　　2 000

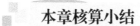

本章核算小结

应交税费的核算小结见表 11-1。

表 11-1　应交税费的核算小结

业 务 内 容		会 计 处 理
一般纳税人应交增值税	购进货物、应税劳务或者应税行为、无形资产或不动产	借：原材料 / 固定资产 / 库存商品等 　　应交税费——应交增值税（进项税额） 贷：银行存款等
	进项税额转出	借：待处理财产损溢 / 应付职工薪酬等 　　贷：应交税费——应交增值税（进项税额转出） 　　　　原材料等

（续）

业 务 内 容		会 计 处 理	
一般纳税人应交增值税	销售物资或提供应税劳务	借：银行存款等 　　贷：主营业务收入等 　　　　应交税费——应交增值税（销项税额）	
	视同销售	借：长期股权投资／营业外支出等 　　贷：主营业务收入／库存商品等 　　　　应交税费——应交增值税（销项税额）	
	缴纳增值税	（1）缴纳当月应交增值税税额： 借：应交税费——应交增值税（已交税金） 　　贷：银行存款 （2）缴纳以前月份未交增值税税额： 借：应交税费——未交增值税 　　贷：银行存款	
	月末结转多交、未交增值税税额	（1）月末结转未交增值税税额： 借：应交税费——应交增值税（转出未交增值税） 　　贷：应交税费——未交增值税 （2）月末结转多交增值税税额： 借：应交税费——未交增值税 　　贷：应交税费——应交增值税（转出多交增值税）	
小规模纳税人增值税核算	购进货物、服务、无形资产或不动产	借：材料采购／库存商品等 　　贷：银行存款等	
	销售货物、服务、无形资产或不动产	借：银行存款等 　　贷：主营业务收入 　　　　应交税费——应交增值税	
差额征税的账务处理	（1）发生相关成本费用允许扣减销售额时： 借：主营业务成本 　　应交税费——应交增值税（销项税额抵减） 　　贷：银行存款 （2）确认收入时： 借：银行存款 　　贷：主营业务收入 　　　　应交税费——应交增值税（销项税额）		
应交消费税	销售应税消费品	借：税金及附加 　　贷：应交税费——应交消费税	
	自产自用应税消费品	借：在建工程等 　　贷：应交税费——应交消费税	
	委托加工应税消费品	收回物资用于继续生产应税消费品	借：委托加工物资 　　贷：原材料 借：委托加工物资 　　应交税费——应交消费税 　　贷：应付账款等 借：原材料 　　贷：委托加工物资
		收回物资直接对外销售	借：委托加工物资 　　贷：原材料 借：委托加工物资〔加工费＋消费税〕 　　贷：应付账款等 借：原材料 　　贷：委托加工物资
	进口应税消费品	借：库存商品 　　应交税费——应交增值税（进项税额） 　　贷：银行存款 注：企业进口应税消费品应交的消费税计入所进口物资成本	

其他应交税费的核算小结见表11-2。

表 11-2　其他应交税费的核算小结

业 务 内 容		会 计 处 理
应交资源税	对外销售应税矿产品	借：税金及附加 　　贷：应交税费——应交资源税
	自用应税矿产品	借：生产成本 　　贷：应交税费——应交资源税
应交城市维护建设税 应交教育费附加 应交房产税 应交城镇土地使用税 应交车船税 应交矿产资源补偿费		借：税金及附加 　　贷：应交税费——应交城市维护建设税 　　　　　　　　——应交教育费附加 　　　　　　　　——应交房产税 　　　　　　　　——应交城镇土地使用税 　　　　　　　　——应交车船税 　　　　　　　　——应交矿产资源补偿费
应交土地增值税		借：固定资产清理 　　贷：应交税费——应交土地增值税
应交个人所得税		借：应付职工薪酬——职工工资、奖金、津贴和补贴 　　贷：应交税费——应交个人所得税
交纳税金		借：应交税费——应交资源税 　　　　　　　——应交城市维护建设税 　　　　　　　——应交教育费附加 　　　　　　　——应交房产税 　　　　　　　——应交城镇土地使用税 　　　　　　　——应交车船税 　　　　　　　——应交矿产资源补偿费 　　　　　　　——应交个人所得税 　　贷：银行存款

同步强化训练

一、单项选择题

1. 下列各项中，进项税不需要做转出处理的是（　　　）。

   A. 将外购的原计划用于产品生产的原材料发放给职工

   B. 购进货物由于管理不善发生非常损失

   C. 购进货物用于生产线建造

   D. 将购进的原计划用于产品生产的原材料转用于集体福利

2. XM 公司为增值税小规模纳税企业，销售产品一批，所开出的普通发票中注明的货款（含税）为 10 300 元，增值税征收率为 3%，款项已经存入银行。该企业应该确认的收入为（　　　）元。

   A. 10 600　　　　　B. 10 000　　　　　C. 9 400　　　　　D. 11 200

3. 某企业为增值税一般纳税人，下列各项中，关于该企业初次购入增值税税控系统专用设备按规定抵减增值税应纳税额的会计处理正确的是（　　）。

　　A. 借记"累计折旧"科目，贷记"应交税费——应交增值税（减免税款）"科目

　　B. 借记"应交税费——应交增值税（减免税款）"科目，贷记"累计折旧"科目

　　C. 借记"应交税费——应交增值税（减免税款）"科目，贷记"管理费用"科目

　　D. 借记"管理费用"科目，贷记"应交税费——应交增值税（减免税款）"科目

4. 交通运输服务适用增值税税率为9%，某月提供运输劳务的价税款合计为763 000元，则应确认的增值税税额是（　　）元。

　　A. 60 000　　　　　　B. 63 000　　　　　　C. 68 670　　　　　　D. 70 000

5. A公司系增值税一般纳税企业，2020年5月收购免税农产品一批，收购发票上注明的买价为950 000元，款项以现金支付，收购的免税农产品已验收入库，税法规定按9%的扣除率计算进项税额。该批免税农产品的入账价值为（　　）元。

　　A. 950 000　　　　　B. 827 000　　　　　C. 840 708　　　　　D. 864 500

6. 2020年12月6日，甲公司出售了持有的划分为交易性金融资产的价值100 000元的B上市公司股票，售价为206 000元，则该项业务转让金融商品应交增值税为（　　）元。

　　A. 6 000　　　　　　B. 11 660.38　　　　C. 12 360　　　　　　D. 60 000

7. 企业按规定计算缴纳的下列税金，不应当通过应交税费核算的是（　　）。

　　A. 房产税　　　　　　　　　　　　　B. 城镇土地使用税

　　C. 城市维护建设税　　　　　　　　　D. 印花税

8. 企业下列行为中，不应视同销售计算增值税销项税额的是（　　）。

　　A. 将自产货物作为福利发放给职工　　B. 将自产产品用于个人消费

　　C. 委托他人保管货物　　　　　　　　D. 将自产货物对外投资

9. 乙公司为增值税一般纳税人，2020年乙公司发出一批原材料，其成本为100万元，购入时支付的增值税为13万元。其中，作为职工个人福利领用该材料10万元，生产设备的安装工程领用该材料60万元，厂房的建造工程领用该材料30万元，厂房适用的增值税税率为9%。该企业的有关会计分录不正确的是（　　）。

　　A. 借记"应付职工薪酬——职工福利"科目11.3万元

　　B. 借记"在建工程——安装"科目60万元

　　C. 借记"在建工程——厂房"科目30万元

　　D. 贷记"应交税费——应交增值税（进项税额转出）"科目2.7万元

10. 2020年6月份甲公司发生销项税额合计120 000元，因管理不善导致原材料毁损从而进项税额转出合计2 000元，进项税额合计为40 000元，当月甲公司用银行存款缴纳增值税80 000元，则下列关于甲公司月末增值税的会计处理中，正确是（　　）。

　　A. 借：应交税费——应交增值税（转出未交增值税）　　　2 000

　　　　　贷：应交税费——未交增值税　　　　　　　　　　　　　　　2 000

　　B. 借：应交税费——应交增值税（转出未交增值税）　　　4 000

　　　　　贷：应交税费——未交增值税　　　　　　　　　　　　　　　4 000

　　C. "应交税费——应交增值税"科目余额为2 000元

D. 不需要进行会计处理

11. 某企业为增值税一般纳税人，适用的增值税税率为13%。该企业委托其他单位（增值税一般纳税人）加工一批属于应税消费品的原材料（非金银首饰），该批委托加工原材料收回后用于继续生产应税消费品。发出材料的成本为300万元，支付的不含增值税的加工费为100万元，支付的增值税为13万元，受托方代收代缴的消费税为30万元。该批原材料已加工完成并验收入库成本为（　　）万元。

    A. 400   B. 430   C. 413   D. 313

12. 甲公司为增值税一般纳税人，2020年5月甲公司生产的产品对外捐赠，该批商品的实际成本为100万元，售价为200万元，开具的增值税专用发票上注明的增值税税额为26万元，下列各项关于甲公司对该项业务的会计处理中正确的是（　　）。

    A. 借：营业外收入   226
        贷：主营业务收入   200
           应交税费——应交增值税（销项税额）   26

    B. 借：营业外支出   126
        贷：库存商品   100
           应交税费——应交增值税（销项税额）   26

    C. 借：营业外支出   226
        贷：主营业务收入   200
           应交税费——应交增值税（销项税额）   26

    D. 借：营业外支出   100
        贷：库存商品   100

13. 下列各项中，不需做增值税进项税额转出处理的是（　　）。

    A. 货物因暴雨导致的非常损失   B. 货物因管理不善而被盗
    C. 货物因违法而被没收   D. 货物因管理不善造成的变质

14. 某企业为增值税一般纳税人，2019年实际发生的税金情况如下：增值税850万元，销售应税消费品应交消费税150万元，房产税100万元，车船税0.5万元，印花税1.5万元，进口环节缴纳关税2万元。上述各项税金影响当期损益的金额为（　　）万元。

    A. 254   B. 252   C. 250   D. 1 104

二、多项选择题

1. 下列关于"应交税费"科目的表述中，正确的有（　　）。

    A. 借方登记实际缴纳的税费
    B. 贷方登记应缴纳的各种税费
    C. 期末余额一般是在贷方，反映企业尚未缴纳的税费
    D. 不可能出现借方余额

2. 一般纳税人企业发生的下列各项业务中，属于视同销售行为，要计算增值税销项税额的有（　　）。

    A. 将自产的产品用于建造办公楼   B. 将自产的产品分配给股东
    C. 将外购的材料用于建造厂房   D. 将自产的产品用于集体福利

3. 下列各项中，关于企业进口应税物资在进口环节应交的消费税，可能涉及的会计科目有（　　）。

    A. 材料采购   B. 固定资产

    C. 应交税费——应交消费税   D. 银行存款

4. 企业发生相关成本费用允许扣减销售额的，发生成本费用时应借记的科目有（　　）。

    A. 主营业务成本   B. 工程施工

    C. 管理费用   D. 工程物资

5. 企业购进货物发生的下列相关税费中，应计入货物取得成本的有（　　）。

    A. 签订购买合同缴纳的印花税

    B. 为购入货物支付的运杂费

    C. 进口商品支付的关税

    D. 一般纳税人企业购进生产用机械设备支付的增值税

6. 采用从量定额计征的消费税，根据按税法确定的（　　）计算确定。

    A. 含增值税的销售额   B. 不含增值税的销售额

    C. 应税消费品的数量   D. 单位应税消费品应缴纳的消费税

7. 下列各项中，关于相关税金的会计处理正确的有（　　）。

    A. 拥有产权房屋缴纳的房产税计入房屋成本

    B. 企业应交的城市维护建设税计入税金及附加

    C. 签订购销合同缴纳的印花税计入主营业务成本

    D. 商用货物缴纳的车船税计入税金及附加

8. 下列税金中，应计入存货成本的有（　　）。

    A. 由受托方代收代缴的委托加工直接用于对外销售的商品负担的消费税

    B. 由受托方代收代缴的委托加工继续用于生产应纳消费税的商品负担的消费税

    C. 进口原材料缴纳的进口关税

    D. 小规模纳税人购买原材料缴纳的增值税

9. 2020 年 12 月份，甲公司（一般纳税人，适用的增值税税率为 13%）将自产的一批商品捐赠给希望中学。该批产品的成本为 20 000 元，计税价格为 25 000 元。下列说法中正确的有（　　）。

    A. 计入主营业务收入 20 000 元

    B. 计入营业外支出 23 250 元

    C. 按计税价格转入营业外支出

    D. 按计税价格计算的销项税额需转入营业外支出

10. 2020 年 5 月份，甲公司（一般纳税人，适用的增值税税率为 13%）发生如下事项：① 10 日，库存材料因管理不善发生火灾损失，有关增值税专用发票注明的材料成本为 20 000 元、增值税税额为 2 600 元。② 18 日，领用一批外购原材料用于集体福利，该批原材料的成本为 60 000 元，购入时支付的增值税进项税额为 7 800 元。下列说法正确的有（　　）。

    A. 管理不善造成的材料毁损，进项税额应继续抵扣

    B. 转入"待处理财产损溢"科目的金额为 22 600 元

C. 借记"应付职工薪酬"科目 67 800 元

D. 应记入"应交税费——应交增值税（进项税额转出）"科目的金额为 7 800 元

11. 甲公司 2020 年 9 月 15 日由于暴雨毁损一批原材料，该批材料系 9 月 1 日购入的，增值税发票上注明的价款为 200 万元、增值税税额为 26 万元。报经批准后，由保险公司赔款 155 万元。甲公司下列会计处理中正确的有（　　　　）。

A. 计入营业外支出 45 万元

B. 计入管理费用 71 万元

C. 该批材料的增值税税额需转出

D. 该批材料的增值税税额不需转出

12. 下列有关小规模纳税人的说法中，正确的有（　　　　）。

A. 小规模纳税人在购进货物、应税服务或应税行为时，取得的增值税专用发票上注明的增值税，一律不予抵扣

B. "应交税费"期末借方余额，反映小规模纳税人尚未缴纳的增值税

C. 在进行账务处理时，只需在"应交税费"科目下设置"应交增值税"明细科目，该科目不再设置增值税专栏

D. 一般来说，小规模纳税人采用销售额和应纳税额合并定价的方法并向客户结算款项

三、判断题

1. "应交税费"科目贷方登记应缴纳的各种税费等，借方登记实际缴纳的税费，期末余额一般在贷方，反映企业尚未缴纳的税费。　　　　　　　　　　　　　　　　（　　）

2. 企业购进的货物发生非正常损失，以及将购进货物改变用途的（如用于集体福利或个人消费等），其进项税额应通过"应交税费——应交增值税（进项税额转出）"科目核算。

（　　）

3. 小微企业在取得销售收入时，应当按照现行增值税制度的规定计算应交增值税，并确认为应交税费，在达到增值税制度规定的免征增值税条件时，将有关应交增值税转入当期损益。

（　　）

4. 由于小规模纳税人增值税不能抵扣，因此需要用售价乘以征收率计算增值税。

（　　）

5. 企业发生的增值税税控系统专用设备技术维护费应按实际支付或应付的金额，借记"财务费用"科目，贷记"银行存款"等科目。　　　　　　　　　　　　　　　　　（　　）

6. 委托加工应税消费品收回后直接用于出售的，受托方代收代缴的消费税应计入"应交税费——应交消费税"科目。　　　　　　　　　　　　　　　　　　　　　　　（　　）

7. 一般纳税人购进货物、接受应税劳务或应税行为，用于简易计税方法计税项目、免征增值税项目、集体福利或个人消费等，其进项税额不得从销项税额中抵扣的，应将进项税额计入相关资产成本或当期损益。　　　　　　　　　　　　　　　　　　　　　　（　　）

8. 小规模纳税人购进货物、应税服务或应税行为，取得增值税专用发票上注明的增值税，一律不予抵扣，直接计入相关成本费用或资产。　　　　　　　　　　　　　　　（　　）

9. 企业进口应税物资在进口环节应交的消费税，记入"税金及附加"科目。

（　　）

10. 企业转让的土地使用权连同地上建筑物及其附着物一并在"固定资产"科目核算的，转让时应交的土地增值税，借记"税金及附加"科目，贷记"应交税费——应交土地增值税"科目。 （　　）

四、不定项选择题

1. 甲公司为增值税一般纳税人，适用的增值税税率为13%，小规模纳税人适用增值税征收率为3%。原材料按实际成本核算。2020年6月发生下列交易或事项：

（1）1日，购入原材料并验收入库，成本总额为200 000元，同日，与运输公司结清运输费用，增值税专用发票上注明的运输费为5 000元、增值税税额为450元，运输费用已用转账支票付讫。

（2）4日，购入农产品一批，农产品收购发票上注明的买价为15 000元，规定的扣除率为9%，货物尚未到达，价款已用银行存款支付。

（3）10日，领用一批外购原材料用于集体福利，该批原材料的实际成本为60 000元。

（4）13日，销售商品一批给乙公司，乙公司为小规模纳税人，不含税价款为300 000元，货物已发出，款项尚未收到。

（5）15日，甲公司委托丙公司代为加工一批应交消费税的原材料，原材料成本为40 000元，加工费为6 000元，由丙公司代收代缴的消费税为1 000元。材料已经加工完成，并由甲公司收回验收入库后进一步加工成应税消费品，加工费尚未支付。

（6）30日，缴纳5月份未交增值税68 000元。用银行存款缴纳当月增值税税款10 000元。甲公司将尚未缴纳的其余增值税税款转账。

要求：根据上述资料，不考虑其他因素，分析回答下列问题：

（1）根据资料（1）和资料（2），下列甲公司的账务处理中正确的是（　　）。

    A. 原材料增加205 000元　　　　　　　B. 应交税费增加36 500元

    C. 应交税费减少27 800元　　　　　　　D. 在途物资增加218 650元

（2）根据资料（3）和资料（4），甲公司账务处理正确的是（　　）。

    A. 借：应付职工薪酬——职工福利费　　　　　　67 800

         贷：原材料　　　　　　　　　　　　　　　　　60 000

           应交税费——应交增值税（进项税额转出）　7 800

    B. 借：应收账款　　　　　　　　　　　　　　　339 000

         贷：主营业务收入　　　　　　　　　　　　　300 000

           应交税费——应交增值税（销项税额）　　　39 000

    C. 借：应付职工薪酬——职工福利费　　　　　　67 800

         贷：原材料　　　　　　　　　　　　　　　　　60 000

           应交税费——应交增值税（销项税额）　　　　7 800

    D. 借：应收账款　　　　　　　　　　　　　　　309 000

         贷：主营业务收入　　　　　　　　　　　　　300 000

           应交税费——应交增值税（销项税额）　　　　9 000

（3）根据资料（5），下列甲公司的账务处理正确的是（　　）。

    A. 借：委托加工物资　　　　　　　　　　　　　40 000

         贷：原材料　　　　　　　　　　　　　　　　　40 000

B. 借：委托加工物资   6 000

应交税费——应交增值税（进项税额）   780

——应交消费税   1 000

贷：应付账款   7 780

C. 借：委托加工物资   6 000

应交税费——应交增值税（进项税额）   780

贷：应付账款   5 780

应交税费——应交消费税   1 000

D. 借：原材料   46 000

贷：委托加工物资   46 000

（4）根据资料（1）至资料（5），甲公司当月应交增值税（   ）元。

A. 13 900   B. 18 220   C. 19 000   D. 20 350

（5）根据资料（6），甲公司下列账务处理正确的是（   ）。

A. 借：应交税费——未交增值税   68 000

贷：银行存款   68 000

B. 借：应交税费——应交增值税（转出未交增值税）   8 220

贷：银行存款   8 220

C. 借：应交税费——应交增值税（已交税金）   78 000

贷：银行存款   78 000

D. 借：应交税费——应交增值税（已交税金）   10 000

贷：银行存款   10 000

2. 甲公司属于增值税一般纳税人，适用的增值税税率是13%，2020年9月发生了如下经济业务：

（1）1日，向乙公司购入原材料一批，增值税专用发票上注明的价款是300万元、增值税税额是39万元，乙公司承诺的现金折扣条件为2/10、1/20、N/30，甲公司于8日付清了该笔应付账款。

（2）5日，甲公司委托丙公司代为加工产品一批，材料成本是200万元，加工费为30万元（不含税），由丙公司代收代缴的消费税是10万元，甲公司将半成品收回后，继续用于生产应税消费品。

（3）15日，甲公司购进一栋办公楼作为固定资产核算，并于当月投入使用。取得增值税专用发票并通过认证，增值税专用发票上注明的价款为5 000 000元、增值税税额为450 000元，款项已用银行存款支付。

（4）25日，企业库存材料因管理不善发生火灾损失，材料的实际成本为100 000元，相关增值税专用发票上注明的增值税税额为13 000元。

要求：根据上述资料，不考虑其他因素，分析回答下列问题：

（1）下列关于现金折扣和商业折扣的说法，正确的是（   ）。

A. 赊购方应该按照扣除现金折扣后的金额计入应付账款

B. 企业销售商品涉及商业折扣的，应当按照扣除商业折扣后的金额确定销售商品收入金额

C. 赊购方在实际发生现金折扣时应该冲减营业外收入

D．赊购方在实际发生现金折扣时应冲减财务费用

（2）甲公司从乙公司购入的原材料的入账价值是（   ）万元。

    A．339   B．300   C．332.22   D．333

（3）甲公司收回的委托加工物资的成本是（   ）万元。

    A．230   B．200   C．240   D．210

（4）下列关于甲公司办公楼的说法中，正确的是（   ）。

    A．购入办公楼的入账价值为 5 000 000 元

    B．因购入该办公楼而计入进项税额的金额为 450 000 元

    C．因购入该办公楼的过程中所涉及的增值税均可以抵扣

    D．当期可以抵扣的增值税进项税额为 270 000 元

（5）根据资料（4），企业毁损材料在报经批准前的会计处理正确的是（   ）。

    A．借：待处理财产损溢   100 000

           贷：原材料   100 000

    B．借：待处理财产损溢   113 000

           贷：原材料   113 000

    C．借：待处理财产损溢   113 000

           贷：原材料   100 000

               应交税费——应交增值税（进项税额转出）   13 000

    D．借：待处理财产损溢   113 000

           贷：原材料   100 000

               应交税费——应交增值税（销项税额）   13 000

第十二章

所有者权益

扫码观看教学视频

所有者权益是指企业资产扣除负债后由所有者享有的剩余权益。所有者权益在数量上等于企业全部资产减去全部负债后的余额，即：资产－负债＝所有者权益。

所有者权益按其来源可分为所有者投入的资本、其他综合收益、留存收益等。通常由实收资本（或股本）、资本公积、盈余公积、未分配利润、其他权益工具、其他综合收益、专项储备构成。

第一节 实收资本（或股本）

一、实收资本（或股本）概述

实收资本（或股本）是指投资者按照企业章程或合同、协议的约定，实际投入企业并依法进行注册的资本，它体现了企业所有者对企业的基本产权关系。实收资本的构成或股东的股份比例，是确定所有者在企业所有者权益中所占份额的基础，也是企业进行利润或股利分配的主要依据。

我国《公司法》规定，投资者可以用货币资金，也可以用实物、知识产权、土地使用权等能用货币估价并可以依法转让的非货币财产作价出资。企业应当对作为出资的非货币财产评估作价，核实财产，不得高估或者低估作价。投资者应按期足额缴纳公司章程中规定的各自所认缴的出资额。投资者以货币出资的，应当将货币出资足额存入有限责任公司在银行开设的账户；以非货币财产出资的，应当依法办理财产权的转移手续。企业收到所有投资者投入企业的资本后，应根据有关原始凭证（如投资清单、银行通知单等），分别按不同的出资方式进行会计处理。

二、实收资本的账务处理

除股份有限公司以外的其他各类企业，如国有企业、有限责任公司和外商投资企业等企业，应设置"实收资本"科目，反映和监督企业投资者投入资本的增减变动情况。"实收资本"科目贷方登记企业实际收到投资者符合注册资本的出资额，借方登记企业按照法定程序报经批准减少的注册资本额；期末余额在贷方，反映企业实有的资本额。"实收资本"科目可按投资者设置明细账进行明细核算。

（一）接受现金资产投资

企业接受现金资产投资时，一般做如下会计处理：应当于实际收到或存入企业开户银行时，按实际收到的金额借记"银行存款"科目；同时，按投资合同或协议约定的投资者在企业注册资本中所占的份额，贷记"实收资本"科目；企业实际收到的金额超过投资者在企业注册资本中所占份额的部分，贷记"资本公积——资本溢价"科目。

例 12-1 兴华有限责任公司由 A、B、C 三位投资者共同设立，注册资本为 4 000 000 元，A、B、C 持股比例分别为 60%、30% 和 10%。按照章程规定，A、B、C 投入资本分别为 2 400 000 元、1 200 000 元和 400 000 元。兴华有限责任公司已如期收到各投资者一次缴足的款项。兴华有限责任公司应编制如下会计分录：

借：银行存款   4 000 000

    贷：实收资本——A   2 400 000

             ——B   1 200 000

             ——C   400 000

实收资本的构成比例即投资者的出资比例，通常是确定所有者在企业所有者权益中所占的份额和参与企业生产经营决策的基础，也是企业进行利润分配的依据，同时还是企业清算时确定所有者对净资产的要求权的依据。

（二）接受非现金资产投资

1. 接受固定资产投资

企业接受投资者作价投入的房屋、建筑物、机器设备等固定资产，应按投资合同或协议约定价值确定固定资产的入账价值（投资合同或协议约定价值不公允的除外）；按投资合同或协议约定的投资者在企业注册资本中所占份额的部分作为实收资本入账；投资合同或协议约定的价值（不公允的除外）超过投资者在企业注册资本中所占份额的部分，计入资本公积（资本溢价）。

例 12-2 华商有限责任公司于 2020 年 2 月设立时收到安达公司作为资本投入的不需要安装的机器设备一台，合同约定该机器设备的价值为 1 000 000 元，安达公司开具的增值税专用发票上注明的增值税税额为 130 000 元。经约定，华商有限责任公司接受安达公司的投入资本为 1 130 000 元。合同约定的固定资产价值与公允价值相符，假设不考虑其他因素。华商有限责任公司应编制如下会计分录：

借：固定资产   1 000 000

    应交税费——应交增值税（进项税额）   130 000

    贷：实收资本——安达公司   1 130 000

2. 接受材料物资投资

企业接受投资者作价投入的材料物资，应按投资合同或协议约定价值确定材料物资的入账价值（投资合同或协议约定价值不公允的除外）；按投资合同或协议约定的投资者在企业注册资本中所占份额的部分作为实收资本入账；投资合同或协议约定的价值（不公允的除外）超过投资者在企业注册资本中所占份额的部分，计入资本公积（资本溢价）。

例 12-3 2020 年 2 月 5 日，杭启有限责任公司于设立时收到海华公司作为资本投入的原材料一批，该批原材料在投资合同中约定价值为 200 000 元，海华公司开具的增值税专用发票上注明的进项税额为 26 000 元。假设合同约定的价值与公允价值相符，不考虑其他因素，原材料按照实际成本法进行日常核算。杭启有限责任公司应编制如下会计分录：

借：原材料   200 000

    应交税费——应交增值税（进项税额）   26 000

    贷：实收资本——海华公司   226 000

3. 接受无形资产投资

企业收到以无形资产方式投入的资本，应按投资合同或协议约定价值确定无形资产的入账价值（投资合同或协议约定价值不公允的除外）；按投资合同或协议约定的投资者在企业注册资本中所占份额的部分作为实收资本入账；投资合同或协议约定的价值（不公允的除外）超过投资者在企业注册资本中所占份额的部分，计入资本公积（资本溢价）。

例 12-4　2020 年 1 月 20 日，安邦有限责任公司于设立时收到海达公司作为资本投入的专利一项，该专利在投资合同中约定价值为 60 000 元，增值税专用发票上注明的增值税税额为 3 600 元；同时，收到杭亿公司作为资本投入的土地使用权一项，投资合同约定价值为 80 000 元，增值税专用发票上注明的增值税税额为 7 200 元。假设安邦有限责任公司接受该专利和土地使用权符合国家注册资本管理的有关规定，并且投资合同约定的价值与公允价值相符，不考虑其他因素。安邦有限责任公司应编制如下会计分录：

借：无形资产——专利　　　　　　　　　　　　　　60 000
　　　　　　——土地使用权　　　　　　　　　　　80 000
　　应交税费——应交增值税（进项税额）　　　　　10 800
　　贷：实收资本——海达公司　　　　　　　　　　　　　63 600
　　　　　　　　——杭亿公司　　　　　　　　　　　　　87 200

（三）实收资本的增减变动

一般情况下，企业的实收资本应相对固定不变，但在某些特殊情况下，实收资本也可能发生增减变化。我国有关法律法规规定，除国家另有规定外，企业的注册资本应与实收资本相一致，当实收资本比原注册资本增加或减少幅度超过 20% 时，应持资金使用证明或验资证明，向原登记机关申请变更登记。如擅自改变注册资本或抽逃资金，要受到工商行政管理部门的处罚。

1. 实收资本的增加

一般企业增加资本主要有三种途径：接受投资者追加投资、资本公积转增资本和盈余公积转增资本。

企业按规定接受投资者追加投资时，核算原则与投资者初次投入时相同。

需要注意的是，由于资本公积和盈余公积均属于所有者权益，用其转增资本时，如果是独资企业直接结转即可，如果是有限责任公司应该按照原投资者各自出资比例相应增加各投资者的出资额。

企业用资本公积或盈余公积转增资本时，应按转增资本金额确认实收资本。用资本公积转增资本时，借记"资本公积——资本溢价"科目，贷记"实收资本"科目。用盈余公积转增资本时，借记"盈余公积"科目，贷记"实收资本"科目。

例 12-5　飞达有限责任公司原注册资本为 4 000 000 元，由恒康公司和金石公司各出资 2 000 000 元设立。公司成立一年后，为扩大经营规模，经批准，引入新的投资者万顺公司，飞达有限责任公司注册资本增加到 6 000 000 元。按照投资协议，万顺公司需缴入现金 2 100 000 元，同时享有飞达有限责任公司增资后注册资本 1/3 的权益份额。飞达有限责任公司现已收到万顺公司的现金投资。假设不考虑其他因素，飞达有限责任公司应编制如下会计分录：

借：银行存款	2 100 000
贷：实收资本——万顺公司	2 000 000
资本公积——资本溢价	100 000

例 12-6 沿用【例 12-5】的资料，为扩大经营规模，经批准，飞达有限责任公司按原出资比例将资本公积 500 000 元转增资本，将盈余公积 400 000 元转增资本。飞达有限责任公司应编制如下会计分录：

借：资本公积——资本溢价	500 000
盈余公积	400 000
贷：实收资本——恒康公司	300 000
——金石公司	300 000
——万顺公司	300 000

2. 实收资本的减少

企业由于经营状况发生变化，如资本过剩或发生重大亏损等原因需要减少注册资本的，应按法定程序报经批准，按减少的注册资本金额减少实收资本，将注册资本按原投资比例返还给投资者时，借记"实收资本"科目，贷记"银行存款"科目。

三、股本的账务处理

股份有限公司应设置"股本"科目，反映和监督企业投资者投入资本的增减变动情况。该科目贷方登记已发行的股票面值，借方登记经批准核销的股票面值，期末贷方余额，反映发行在外的股票面值。"股本"科目应当按照股票的类别设置明细账进行明细核算。

（一）股份有限公司接受现金资产投资

股份有限公司接受现金资产投资通常是以发行股票的方式进行的。股份有限公司发行股票时，既可以按面值发行，也可以溢价发行（我国目前不允许折价发行股票）。股份有限公司在核定的股本总额及核定的股份总额的范围内发行股票时，应在实际收到现金资产时进行会计处理。

与其他类型的企业不同，股份有限公司在成立时可能会溢价发行股票，因此，在股份有限公司成立之初，就可能产生股本溢价。股本溢价的数额等于股份有限公司发行股票时实际收到的款额超过股票面值总额的部分。

在按面值发行股票的情况下，企业发行股票取得的收入，应全部作为股本处理；在溢价发行股票的情况下，企业发行股票的收入中等于股票面值的部分作为股本处理，超过股票面值的溢价部分应当作为股本溢价处理。

对于发行股票相关的手续费、佣金等交易费用，如果是溢价发行股票的，应从溢价中抵扣，冲减资本公积（股本溢价）；无溢价发行股票或溢价金额不足以抵扣的，应将不足以抵扣的部分冲减盈余公积和未分配利润。

例 12-7 国瑞股份有限公司发行普通股 20 000 000 股，每股面值 1 元，每股发行价格为 5 元。假定股票发行成功，发行过程中发生的相关税费为发行收入的 2‰，其余款项全部收到。根据上述资料，国瑞股份有限公司应编制如下会计分录：

股票发行收入 =20 000 000×5×（1−2‰）=99 800 000（元）

记入"资本公积"科目的金额 =99 800 000−20 000 000×1=79 800 000（元）

借：银行存款　　　　　　　　　　　　　　　　　　99 800 000

　　贷：股本　　　　　　　　　　　　　　　　　　20 000 000

　　　　资本公积——股本溢价　　　　　　　　　　79 800 000

（二）股本的减少

股份有限公司采用收购本公司股票方式减资的，通过"库存股"科目核算回购股份的金额。减资时，按股票面值和注销股份数量计算的股票面值总额冲减股本，借记"股本"科目；按注销库存股的账面余额，贷记"库存股"科目；按其与所冲减股本的差额冲减股本溢价，借记"资本公积——股本溢价"科目。股本溢价不足冲减的，应依次冲减"盈余公积""利润分配——未分配利润"等科目。如果回购股票支付的价款低于面值总额，按股票面值和注销股份数量计算的股票面值总额冲减股本，借记"股本"科目；按所注销库存股的账面余额，贷记"库存股"科目；按其与所冲减股本的差额作为资本公积（股本溢价）增加处理，贷记"资本公积——股本溢价"科目。

例 12-8 宏盛上市公司 2020 年 12 月 31 日的股本为 100 000 000 元（面值为 1 元），资本公积（股本溢价）为 30 000 000 元，盈余公积为 40 000 000 元。经股东大会批准，宏盛上市公司以现金回购本公司股票 20 000 000 股并注销。假设宏盛公司按每股 2 元回购股票，不考虑其他因素。宏盛上市公司应编制如下会计分录：

（1）回购本公司股份时：

库存股成本 =20 000 000×2=40 000 000（元）

借：库存股　　　　　　　　　　　　　　　　　　40 000 000

　　贷：银行存款　　　　　　　　　　　　　　　40 000 000

（2）注销本公司股份时：

借：股本　　　　　　　　　　　　　　　　　　　20 000 000

　　资本公积——股本溢价　　　　　　　　　　　20 000 000

　　贷：库存股　　　　　　　　　　　　　　　　40 000 000

例 12-9 沿用【例 12-8】的资料，假设宏盛上市公司按每股 3 元回购股票，其他条件不变，宏盛上市公司应编制如下会计分录：

（1）回购本公司股份时：

库存股成本 =20 000 000×3=60 000 000（元）

借：库存股　　　　　　　　　　　　　　　　　　60 000 000

　　贷：银行存款　　　　　　　　　　　　　　　60 000 000

（2）注销本公司股份时：

借：股本 20 000 000

　　资本公积——股本溢价 30 000 000

　　盈余公积 10 000 000

　　贷：库存股 60 000 000

本例中，由于应冲减的资本公积大于公司现有的资本公积，所以，只能冲减资本公积 30 000 000 元，剩余的 10 000 000 元应冲减盈余公积。

例 12-10　沿用【例 12-8】资料，假设宏盛上市公司按每股 0.9 元回购股票，其他条件不变，宏盛上市公司应编制如下会计分录：

（1）回购本公司股份时：

库存股成本 =20 000 000×0.9=18 000 000（元）

借：库存股 18 000 000

　　贷：银行存款 18 000 000

（2）注销本公司股份时：

借：股本 20 000 000

　　贷：库存股 18 000 000

　　　　资本公积——股本溢价 2 000 000

本例中，由于折价回购，股本与库存股成本的差额 2 000 000 元应作为资本公积增加处理。

第二节　资本公积

一、资本公积概述

1. 资本公积的来源

资本公积是企业收到投资者出资额超出其在注册资本（或股本）中所占的部分，以及其他资本公积等。资本公积包括资本溢价（或股本溢价）和其他资本公积等。

形成资本溢价（或股本溢价）的原因有溢价发行股票、投资者超额缴入资本等。

其他资本公积是指除资本溢价（或股本溢价）、净损益、其他综合收益和利润分配以外所有者权益的其他变动。

2. 资本公积与实收资本（股本）的区别

（1）从来源和性质看。实收资本（或股本）是指投资者按照企业章程或者合同、协议的约定，实际投入企业并依法进行注册的资本，它体现了企业所有者对企业的基本产权关系。资本公积是投资者的出资额超出其在注册资本中所占份额的部分，以及直接计入所有者权益的利得和损失，它不直接表明所有者对企业的基本产权关系。

（2）从用途上看。实收资本（或股本）的构成比例是确定投资者参与企业财务经营决策的基础，是企业进行利润分配或者股利分配的依据，同时也是企业清算时确定投资者对净资产的要求权的依据。资本公积的用途主要是用于转增资本（或股本）。资本公积不体现各投资者的占有比例，也不能作为投资者参与企业财务经营决策或进行利润分配（或股利分配）的依据。

3. 资本公积与留存收益的区别

资本公积的来源不是企业实现的利润，而主要来源于资本溢价（或股本溢价）等。留存收益是企业从历年实现的利润中提取或形成的留存于企业的内部积累，来源于企业生产经营活动实现的利润。

4. 资本公积与其他综合收益的区别

其他综合收益是指企业根据企业会计准则规定未在当期损益中确认的各项利得和损失。资本公积和其他综合收益都会引起企业所有者权益发生增减变动，资本公积不会影响损益，而部分其他综合收益项目在符合企业会计准则规定的条件下，可以重分类进损益，从而成为企业利润的一部分。

二、资本公积的账务处理

为了反映和监督企业资本公积的增减变动情况，企业应设置"资本公积"科目。该科目贷方登记资本公积的增加额，借方登记资本公积的减少额，期末贷方余额，反映企业资本公积的结余金额。该科目可按资本公积的类别设置明细账进行明细核算。

（一）资本溢价（或股本溢价）

除股份有限公司以外的其他类型的企业，在企业创立时，投资者认缴的出资额与注册资本一致，一般不会产生资本溢价。但在企业重组或有新的投资者加入时，常常会出现资本溢价。原因是在企业进入正常生产经营阶段后，其资本利润率通常高于企业初创阶段，另外，由于企业形成了内部积累，新投资者加入企业后，对这些积累也要求分享，所以新加入的投资者往往要付出大于原投资者的出资额，才能取得与原投资者相同的净资产分享权。投资者多缴的出资额部分就形成了资本溢价。

例 12-11　兴盛有限责任公司由两位投资者投资 4 000 000 元设立，每人各出资 2 000 000 元。公司经营进入发展期以后，为扩大经营规模，经批准，兴盛有限责任公司注册资本增加到 6 000 000 元，并引入万通公司作为新的投资者加入。按照投资协议，新投资者需缴入现金 2 200 000 元，同时享有该公司 1/3 的股份。兴盛有限责任公司已收到该现金投资。假定不考虑其他因素，兴盛有限责任公司应编制如下会计分录：

借：银行存款　　　　　　　　　　　　　　　　2 200 000
　　贷：实收资本　　　　　　　　　　　　　　　　2 000 000
　　　　资本公积——资本溢价　　　　　　　　　　　200 000

股份有限公司发行股票时，既可以按面值发行，也可以溢价发行，我国目前不允许折价发行股票。与其他类型的企业不同，股份有限公司在成立时可能会溢价发行股票，因此，在股份有限公司成立之初，就可能产生股本溢价。股本溢价的数额等于股份有限公司发行股票时实际收到的款额超过股票面值总额的部分。

例 12-12　兴发股份有限公司首次公开发行普通股 40 000 000 股，每股面值 1 元，每股发行价格为 5 元。兴发股份有限公司与证券公司约定，按发行收入的 3% 收取佣金，从发行收入中扣除。假定收到的股款已存入银行。兴发股份有限公司应编制如下会计分录：

股票发行收入 =40 000 000×5×（1–3%）=194 000 000（元）

借：银行存款　　　　　　　　　　　　　　　　　194 000 000

　　贷：股本　　　　　　　　　　　　　　　　　　40 000 000

　　　　资本公积——股本溢价　　　　　　　　　　154 000 000

（二）资本公积转增资本

经股东大会或类似机构决议，资本公积可转增资本。用资本公积转增资本时，应借记"资本公积"科目，同时，按照转增资本前实收资本（或股本）的结构比例，贷记"实收资本"科目，将转增的金额计入实收资本（或股本）各所有者明细分类账。

例 12-13　腾达有限责任公司由甲、乙、丙三位投资者设立，根据投资协议约定，三位投资者在注册资本中所占的份额分别为 60%、20%、20%。为扩大经营规模，经批准，腾达有限责任公司决定将资本公积 800 000 元转增资本。腾达有限责任公司应编制如下会计分录：

借：资本公积——资本溢价　　　　　　　　　　　800 000

　　贷：实收资本——甲　　　　　　　　　　　　　480 000

　　　　　　——乙　　　　　　　　　　　　　　　160 000

　　　　　　——丙　　　　　　　　　　　　　　　160 000

本例中，资本公积转增资本，按照转增资本前实收资本（或股本）的结构比例增加投资者在实收资本中的金额。

第三节　留存收益

留存收益是指企业从历年实现的利润中提取或形成的留存于企业的内部积累，包括盈余公积和未分配利润两类。

一、盈余公积

盈余公积是指企业按照有关规定从净利润中提取的积累资金。公司制企业的盈余公积包括法定盈余公积和任意盈余公积。法定盈余公积是指企业按照规定的比例从净利润中提取的盈余公积。任意盈余公积是根据公司章程及股东会的决议，从公司盈余中提取的公积金。

按照《中华人民共和国公司法》有关规定，公司制企业应按照净利润（减弥补以前年度亏损，下同）的 10% 提取法定盈余公积。《中华人民共和国企业所得税法》第十八条规定："企业纳税年度发生的亏损，准予向以后年度结转，用以后年度的所得弥补，但结转年限最长不得超过五年。"非公司制企业法定盈余公积的提取比例可超过净利润的 10%。法定盈余公积累计额已达注册资本的 50% 时可以不再提取。

如果以前年度未分配利润有盈余（即年初未分配利润余额为正数），在计算提取盈余公积的基数时，不应包括企业年初未分配利润；如果以前年度有亏损（即年初未分配利润余额为负数），应先弥补以前年度亏损再提取盈余公积。

公司制企业可根据股东会的决议提取任意盈余公积。非公司制企业经类似权力机构批准，也可提取任意盈余公积。法定盈余公积和任意盈余公积的区别在于其各自计提的依据不同，前者以国家的法律法规为计提依据，后者由企业的权力机构自行决定提取。

为了反映和监督盈余公积的增减变动情况，企业应设置"盈余公积"科目。该科目贷方登记按规定提取的盈余公积数额，借方登记用盈余公积弥补亏损和转增资本等的实际数额，期末贷方余额，反映企业盈余公积的结余金额。"盈余公积"科目应按盈余公积形成的来源设置"法定盈余公积"和"任意盈余公积"明细科目进行明细核算。

企业提取的盈余公积经批准可用于弥补亏损、转增资本等。企业按规定提取盈余公积时，应通过"利润分配"和"盈余公积"等科目核算。

例 12—14　兴华公司本年实现净利润 8 000 000 元，年初未分配利润为 300 000 元。经股东大会批准，兴华公司按当年净利润的 10% 提取法定盈余公积。假设不考虑其他因素，兴华公司应编制如下会计分录：

本年提取法定盈余公积金额 =8 000 000×10%=800 000（元）

借：利润分配——提取法定盈余公积　　　　　　　　　　800 000
　　贷：盈余公积——法定盈余公积　　　　　　　　　　　　800 000

例 12—15　经股东大会批准，万通公司用以前年度提取的盈余公积弥补当年亏损，当年弥补亏损的数额为 500 000 元。假设不考虑其他因素，万通公司应编制如下会计分录：

借：盈余公积　　　　　　　　　　　　　　　　　　　　500 000
　　贷：利润分配——盈余公积补亏　　　　　　　　　　　　500 000

例 12—16　兴华公司为有限责任公司，因扩大经营规模需要，经有关组织批准，兴华公司将盈余公积 500 000 元转增资本。假设不考虑其他因素，兴华公司应编制如下会计分录：

借：盈余公积　　　　　　　　　　　　　　　　　　　　500 000
　　贷：实收资本　　　　　　　　　　　　　　　　　　　　500 000

例 12—17　信达公司 2020 年 12 月 31 日普通股股本为 60 000 000 股，每股面值 1 元，可供投资者分配的利润为 8 000 000 元，盈余公积 30 000 000 元。2021 年 3 月 20 日，股东大会批准了 2020 年度利润分配方案，以 2020 年 12 月 31 日为登记日，按每股 0.2 元发放现金股利。信达公司用可供投资者分配的利润 6 000 000 元、盈余公积 6 000 000 元共计分派 12 000 000 元现金股利。假设不考虑其他因素，信达公司应编制如下会计分录：

（1）宣告发放现金股利时：

借：利润分配——应付现金股利或利润　　　　　　　　6 000 000

　　　盈余公积　　　　　　　　　　　　　　　　　　6 000 000

　　贷：应付股利　　　　　　　　　　　　　　　　　　　　　12 000 000

（2）支付股利时：

借：应付股利　　　　　　　　　　　　　　　　　　12 000 000

　　贷：银行存款　　　　　　　　　　　　　　　　　　　　　12 000 000

二、未分配利润

未分配利润是指企业实现的净利润经过弥补亏损、提取盈余公积和向投资者分配利润后留存在企业的、历年结存的利润。相对于所有者权益的其他部分来说，企业对于未分配利润的使用有较大的自主权。其计算公式为

未分配利润 = 期初未分配利润 + 本期净利润 – 本期已分配利润

企业在核算未分配利润时，应设置"利润分配"科目，用以核算企业未分配利润的增减变动情况。该科目应分"提取法定盈余公积""提取任意盈余公积""应付现金股利或利润""盈余公积补亏"和"未分配利润"等进行明细核算。企业未分配利润通过"利润分配——未分配利润"明细科目进行核算。年度终了，企业应将全年实现的净利润或发生的净亏损，自"本年利润"科目转入"利润分配——未分配利润"科目，并将"利润分配"科目所属其他明细科目的余额转入"未分配利润"明细科目。结转后，"利润分配——未分配利润"科目如为贷方余额，表示累计未分配的利润金额；如为借方余额，则表示累计未弥补的亏损金额。

本章核算小结

1. 实收资本、股本业务核算小结见表 12-1。

表 12-1　实收资本、股本业务核算小结

业 务 内 容		会 计 处 理
有限责任公司	设立时收到的资产投资	借：银行存款 　　原材料 / 固定资产 / 无形资产〔按投资合同或协议约定的价值，不公允的除外〕 　　应交税费——应交增值税（进项税额） 　贷：实收资本〔按投资合同或协议约定的份额〕
	追加投资	借：银行存款 　　原材料 / 固定资产 / 无形资产〔按投资合同或协议约定的价值，不公允的除外〕 　　应交税费——应交增值税（进项税额） 　贷：实收资本〔按投资合同或协议约定的份额〕 　　　资本公积——资本溢价
	资本公积转增资本	借：资本公积——资本溢价　　　　　【提示】由于资本公积和盈余公积均属于所有者权益，所以不影 　贷：实收资本　　　　　　　　　　响所有者权益总额。如果是有限责任公司，应该按照原投资者各
	盈余公积转增资本	借：盈余公积　　　　　　　　　　　自出资比例相应增加各投资者的出资额 　贷：实收资本

（续）

业 务 内 容		会 计 处 理
股份有限公司	设立时收到的资产投资	借：银行存款 　　原材料 / 固定资产 / 无形资产〔按投资合同或协议约定的价值，不公允的除外〕 　　应交税费——应交增值税（进项税额） 　　贷：股本〔按股票面值 × 发行股票数量〕
	追加投资	借：银行存款 　　原材料 / 固定资产 / 无形资产〔按投资合同或协议约定的价值，不公允的除外〕 　　应交税费——应交增值税（进项税额） 　　贷：股本〔按股票面值 × 发行股票数量〕 　　　　资本公积——股本溢价
股份有限公司	资本公积转增资本	借：资本公积——股本溢价 　　贷：股本
	盈余公积转增资本	借：盈余公积 　　贷：股本
		【提示】由于资本公积和盈余公积均属于所有者权益，所以不影响所有者权益总额。如果是股份有限公司，应该按照原投资者各自出资比例相应增加各投资者的出资额
	减资	（1）回购时： 借：库存股 　　贷：银行存款 （2）注销时，回购股票支付的价款高于面值总额的： 借：股本 　　资本公积——股本溢价 　　盈余公积 　　利润分配——未分配利润 　　贷：库存股 【提示】“库存股”借方表示减少，属于所有者权益备抵科目，注销时并不会影响所有者权益总额。 如果回购股票支付的价款低于面值总额的，会计处理为： 借：股本 　　贷：库存股 　　　　资本公积——股本溢价

2. 资本公积业务核算小结见表 12-2。

表 12-2　资本公积业务核算小结

业 务 内 容	会 计 处 理
有限责任公司接受新投资者投资	借：银行存款 　　贷：实收资本 　　　　资本公积——资本溢价
股份有限公司增发股票	借：银行存款 　　贷：股本 　　　　资本公积——股本溢价
资本公积转增资本	借：资本公积——资本溢价（或股本溢价） 　　贷：实收资本（或股本）

同步强化训练

一、单项选择题

1. 企业增资扩股时，投资者实际缴纳的出资额大于其按约定比例计算的其在注册资本中所占的份额部分，应作为（   ）。
    A. 资本溢价　　　　　B. 实收资本　　　　　C. 盈余公积　　　　　D. 营业外收入

2. A 股份有限公司委托券商代理发行股票 20 000 万股，每股面值 1 元，每股发行价格 1.1 元。按发行价格的 1% 向券商支付发行费用。该公司资本公积（股本溢价）账户的贷方余额为 120 万元，盈余公积账户的贷方余额为 160 万元。假定不考虑其他因素，该公司在收到股款后，应记入"资本公积"科目的金额为（   ）万元。
    A. 2 000　　　　　B. 120　　　　　C. 2 100　　　　　D. 1 780

3. 2021 年 1 月 1 日某企业所有者权益情况如下：实收资本 200 万元，资本公积 17 万元，盈余公积 38 万元，未分配利润 32 万元。当年实现净利润 80 万元，假定企业当年未进行利润分配，则该企业 2021 年 12 月 31 日留存收益为（   ）万元。
    A. 32　　　　　B. 38　　　　　C. 70　　　　　D. 150

4. 下列关于股份有限公司发行股票的账务处理，表述正确的是（   ）。
    A. 发行股票收到的现金资产按每股面值和发行股份总额的乘积计算得出
    B. 实际收到的金额与股本之间的差额，计入盈余公积
    C. 发生的手续费计入管理费用
    D. 发生的佣金从溢价中抵扣，冲减资本公积（股本溢价）

5. 甲公司收到投资者作为资本投入的固定资产，合同约定该固定资产的价值为 1 500 万元，公允价值是 1 528 万元。假定不考虑增值税、资本溢价因素，甲公司收到该投资时，应计入实收资本的金额是（   ）万元。
    A. 0　　　　　B. 28　　　　　C. 1 500　　　　　D. 1 528

6. 某企业 2021 年 1 月 1 日所有者权益构成情况如下：实收资本 1 000 万元，资本公积 600 万元，盈余公积 300 万元，未分配利润 200 万元。2021 年净利润为 1 000 万元，按 10% 计提法定盈余公积，按 5% 计提任意盈余公积，以未分配利润宣告发放现金股利 80 万元，资本公积转增资本 100 万元。下列有关所有者权益表述正确的是（   ）。
    A. 2021 年 12 月 31 日可供分配利润为 1 000 万元
    B. 2021 年 12 月 31 日资本公积为 700 万元
    C. 2021 年 12 月 31 日未分配利润为 970 万元
    D. 2021 年 12 月 31 日留存收益总额为 970 万元

7. 下列不属于实收资本增加途径的是（   ）。
    A. 接受投资者追加投资　　　　　　　B. 资本公积转增资本
    C. 盈余公积转增资本　　　　　　　　D. 当期实现的净利润

8. 乙股份有限公司 2020 年 12 月 31 日的资本公积——股本溢价为 1 800 万元，经股东大会批准，回购本公司股票 500 万股并注销，每股面值 1 元，为此支付银行存款 2 000 万元，下列会

计处理正确的是（　　）。

A. 回购股票时，企业库存股的入账金额是 500 万元

B. 注销回购的股票时，企业股本减少的金额是 2000 万元

C. 注销回购的股票时，"资本公积——股本溢价"科目的金额是 1500 万元

D. 回购股票，企业的所有者权益总额不变

9. 下列事项中，不涉及资本公积增减变动的是（　　）。

A. 发行股票过程中涉及的相关手续费、佣金等交易费用

B. 股票发行过程中的溢价收入

C. 交易性金融资产的公允价值变动

D. 资本公积转增资本

10. A 公司是由甲、乙、丙三方各出资 200 万元共同设立的，2020 年年末该公司所有者权益项目的余额为：实收资本 600 万元，资本公积 150 万元，盈余公积 60 万元，未分配利润 60 万元。为扩大经营规模，甲、乙、丙决定重组公司，吸收丁投资者加入。丁投资者投入不需要安装的设备一台，合同约定的价值为 300 万元（与公允价值相等），增值税税额为 39 万元。接受丁投资者后的注册资本为 800 万元，且四方投资比例均为 25%。则 A 公司接受丁投资者投资时应计入资本公积——资本溢价的金额为（　　）万元。

A. 339　　　　　　B. 300　　　　　　C. 139　　　　　　D. 100

11. MK 公司 2021 年年初所有者权益总额为 526 万元，当年实现净利润 2 100 万元，提取盈余公积 315 万元，以实现的净利润向投资者分配现金股利 300 万元，本年内以盈余公积转增资本 150 万元，以盈余公积分配现金股利 50 万元，投资者追加现金投资 450 万元，回购本公司股票 200 万元（暂时不作注销及其他处理）。则 MK 公司 2021 年年末所有者权益总额为（　　）万元。

A. 2 626　　　　　　B. 2 526　　　　　　C. 2 276　　　　　　D. 3 076

12. 下列关于计提法定盈余公积的说法不正确的是（　　）。

A. 公司制企业应该按照净利润（减弥补以前年度亏损）的 10% 提取法定盈余公积

B. 非公司制企业法定盈余公积的提取比例可超过净利润的 10%

C. 在计算本年提取法定盈余公积的基数时，应该包括企业年初盈余的未分配利润

D. 法定盈余公积累计额已达到注册资本的 50% 时可以不再提取

二、多项选择题

1. 所有者权益的来源包括（　　）。

A. 未分配利润　　　　　　　　　　B. 所有者投入的资本

C. 借入的款项　　　　　　　　　　D. 直接计入所有者权益的利得

2. 下列各项中，关于实收资本的表述中，正确的有（　　）。

A. 实收资本是指企业按照章程规定或合同、协议约定，接受投资者投入企业的资本

B. 实收资本的构成比例或股东的股份比例是确定所有者在企业所有者权益中份额的基础

C. 实收资本的构成比例或股东的股份比例是企业进行利润分配或股利分配的主要依据

D. 实收资本的构成比例或股东的股份比例不是企业进行利润分配或股利分配的主要依据

3. 下列有关股份有限公司的各事项中，会引起股本发生变动的有（　　）。

  A. 派发股票股利   B. 用盈余公积补亏

  C. 回购并注销本公司的股票   D. 接受外币资本投资

4. 下列各项中，可能引起资本公积变动的有（   ）。

  A. 用资本公积转增资本

  B. 发行股票实际收到的金额超过股本总额的部分（不考虑发行的手续费）

  C. 接受外部捐赠的部分

  D. 减资时，库存股与股本之间的差额

5. 下列各项中，最终不会引起留存收益总额发生增减变动的有（   ）。

  A. 资本公积转增资本   B. 盈余公积转增资本

  C. 盈余公积弥补亏损   D. 发生业务招待费

6. 下列项目中，最终能引起资产和所有者权益同时减少的项目有（   ）。

  A. 计提短期借款的利息   B. 计提行政管理部门固定资产折旧

  C. 计提坏账准备   D. 管理用无形资产摊销

7. 下列各项说法中正确的有（   ）。

  A. 股东的股份比例是企业进行股利分配的主要依据

  B. 股东可以用货币出资

  C. 股东不可以用实物、知识产权、土地使用权等可以用货币估价并可以依法转让的非货币财产作价出资

  D. 投资者投入的非现金资产，如果投资合同或协议约定的价值不公允，则按照公允价值入账

8. 甲公司属于增值税小规模纳税人，2020 年 9 月 1 日收到乙公司作为资本投入的原材料一批，该批原材料的合同约定价值是 1 500 万元，增值税的进项税额为 195 万元，假设合同约定的价值与公允价值相符，同时不考虑其他因素，则甲公司的以下会计处理中，正确的有（   ）。

  A. 应该计入原材料的金额是 1 500 万元   B. 应该计入原材料的金额是 1 695 万元

  C. 甲公司实收资本的数额是 1 500 万元   D. 甲公司实收资本的数额是 1 695 万元

9. 下列关于回购及注销股票的说法中，正确的有（   ）。

  A. 注销库存股时，按股票面值和注销股数计算的股票面值总额，借记"股本"科目

  B. 如果回购股票支付的价款高于面值总额，按注销库存股的账面余额，贷记"库存股"科目，按其库存股与股本的差额借记"资本公积——股本溢价"等科目

  C. 回购股票，将导致所有者权益减少

  D. 如果回购股票支付的价款低于面值总额的，应按股票面值总额借记"股本"科目，按所注销的库存股账面余额，贷记"库存股"科目，按其差额贷记"资本公积——股本溢价"科目

10. 下列关于盈余公积的说法中正确的有（   ）。

  A. 盈余公积是指企业按照有关规定从净利润中提取的积累资金

  B. 公司制企业的盈余公积包括法定盈余公积和任意盈余公积

  C. 法定盈余公积是指企业按照股东会或股东大会决议提取的盈余公积

  D. 任意盈余公积是指企业按照规定的比例从净利润中提取的盈余公积

11. A 公司 2020 年 12 月 31 日的股票为 5 000 万股,每股面值为 1 元,资本公积(股本溢价)为 1 500 万元,盈余公积为 1 500 万元。经股东大会批准,A 公司以银行存款回购本公司股票 500 万股并注销,假定 A 公司按每股 5 元的价格回购股票。不考虑其他因素,关于回购及注销本公司股票的会计处理正确的有( )。

A. 借:库存股　　　　　　　　　　　　　　　　　　　2 500
　　　贷:银行存款　　　　　　　　　　　　　　　　　　　　2 500

B. 借:股本　　　　　　　　　　　　　　　　　　　　　500
　　　资本公积——股本溢价　　　　　　　　　　　　　1 500
　　　盈余公积　　　　　　　　　　　　　　　　　　　　500
　　　贷:银行存款　　　　　　　　　　　　　　　　　　　　2 500

C. 借:股本　　　　　　　　　　　　　　　　　　　　　500
　　　资本公积——股本溢价　　　　　　　　　　　　　1 500
　　　盈余公积　　　　　　　　　　　　　　　　　　　　500
　　　贷:库存股　　　　　　　　　　　　　　　　　　　　2 500

D. 借:股本　　　　　　　　　　　　　　　　　　　　2 500
　　　贷:库存股　　　　　　　　　　　　　　　　　　　　2 500

12. 以下有关盈余公积用途的说法中恰当的有( )。

A. 弥补亏损　　　　　　　　　　　B. 转增资本
C. 实际发放现金股利　　　　　　　D. 发放利润

三、判断题

1. 企业接受的投资者以原材料投资,其增值税额不能计入实收资本。　　　　( )

2. 企业减少实收资本应按法定程序报经批准,股份有限公司采用收购本公司股票方式减资的,按股票面值和注销股数计算的股票面值总额冲减股本,按注销库存股的账面余额与所冲减股本差额冲减盈余公积。　　　　　　　　　　　　　　　　　　　　　　　　( )

3. 企业发行股票支付的手续费,如果是溢价发行股票的,应从溢价中抵扣,冲减资本公积(股本溢价),无溢价或溢价金额不足以抵扣的,应将不足抵扣的部分冲减盈余公积和未分配利润。　　　　　　　　　　　　　　　　　　　　　　　　　　　　　　　　　　( )

4. 资本公积是企业从历年实现的利润中提取或形成的留存于企业的,来源于企业生产经营活动实现的利润。　　　　　　　　　　　　　　　　　　　　　　　　　　　　　　( )

5. 所有者权益是所有者对企业净资产的要求权,负债是债权人对资产的要求权,二者的性质是相同的。　　　　　　　　　　　　　　　　　　　　　　　　　　　　　　　　( )

6. 我国《公司法》规定,股东可以用货币出资,也可以用实物、知识产权、土地使用权等可以用货币估价并可以依法转让的非货币财产作价出资,法律法规不允许的除外。　( )

7. 企业接受固定资产、无形资产等非现金资产投资时,应按照投资合同或协议约定的价值作为固定资产、无形资产的入账价值。如果投资合同或协议约定的价值不公允,应按照名义金额入账。　　　　　　　　　　　　　　　　　　　　　　　　　　　　　　　　( )

8. 库存股是资产类科目。　　　　　　　　　　　　　　　　　　　　　　　　( )

9. 除股份有限公司以外的其他类型的企业,在企业创立时,投资者认缴的出资额与注册资

本一致，一般不会产生资本溢价。 （ ）

10. 对于投资企业而言，实际收到的股票股利不做账务处理，但应在备查簿中登记。
（ ）

11. 盈余公积是指企业按照有关规定从净利润（减弥补以前年度亏损）中提取的累积资金。公司制企业的盈余公积不包括任意盈余公积。 （ ）

12. 出售固定资产的净损益计入资产处置损益，不影响所有者权益总额的增减变动。
（ ）

四、不定项选择题

1. 甲股份有限公司（以下简称甲公司），2020 年度所有者权益相关情况如下：

（1）2020 年年初未分配利润为 600 万元，资本公积（股本溢价）为 2 000 万元，盈余公积为 3 000 万元。

（2）2 月 1 日，为扩大经营规模，发行股票 500 万股，每股面值 1 元，每股发行价格为 4 元，按照发行收入的 3% 支付手续费和佣金。

（3）12 月 1 日，经股东大会批准，以现金回购本公司股票 600 万股并注销，每股回购价格为 3 元。

（4）2020 年甲公司共实现净利润 1 000 万元，按净利润的 10% 提取法定盈余公积，按净利润的 5% 提取任意盈余公积。

（5）2020 年年末甲公司宣告发放现金股利 100 万元。

要求：根据上述资料，不考虑其他相关因素，分析回答下列问题：

（1）下列各项中，能够引起甲公司所有者权益总额发生增减变动的是（ ）。

    A. 按净利润的 10% 计提法定盈余公积

    B. 向投资者宣告发放现金股利 100 万元

    C. 按净利润的 5% 计提任意盈余公积

    D. 注销本公司股票 600 万股

（2）2 月 1 日，甲公司因发行股票计入资本公积——股本溢价的金额为（ ）万元。

    A. 1 440   B. 1 500   C. 1 515   D. 2 000

（3）12 月 1 日，甲公司因注销库存股应该冲减的盈余公积为（ ）万元。

    A. 640   B. 0   C. 1 000   D. 540

（4）根据上述资料，2020 年年末甲公司未分配利润科目的余额为（ ）万元。

    A. 1 500   B. 1 000   C. 1 450   D. 1 350

2. A 股份有限公司（以下简称 A 公司）属于增值税一般纳税人，A 公司 2020 年 12 月份发生的有关交易或事项资料如下：

（1）以盈余公积转增资本 1 000 万元。

（2）以盈余公积补亏 500 万元。

（3）计提法定盈余公积 100 万元，计提任意盈余公积 50 万元。

（4）宣告发放现金股利 600 万元。

（5）因自然灾害毁损原材料一批，账面价值为 100 万元，增值税进项税额为 13 万元，尚未批准处理。

（6）持有的交易性金融资产公允价值上升 60 万元。

（7）回购本公司股票 300 万股并注销，每股面值 1 元，回购价格为 5 元，注销前"资本公积——股本溢价"科目的贷方余额为 1 600 万元。

要求：根据上述资料，不考虑其他相关因素，分析回答下列问题：

（1）下列各项中，表述正确的是（　　）。

    A. 盈余公积转增资本不会引起所有者权益总额的增减变动

    B. 盈余公积补亏会使得所有者权益减少

    C. 计提盈余公积不会引起所有者权益总额的增减变动

    D. 宣告发放现金股利会使得所有者权益减少

（2）对于自然灾害造成的材料毁损，在报经批准前的会计处理正确的是（　　）。

    A. 借：待处理财产损溢　　　　　　　　　　　100

        贷：原材料　　　　　　　　　　　　　　　　100

    B. 借：待处理财产损溢　　　　　　　　　　　113

        贷：原材料　　　　　　　　　　　　　　　　100

          应交税费——应交增值税（进项税额转出）　　13

    C. 借：营业外支出　　　　　　　　　　　　　100

        贷：原材料　　　　　　　　　　　　　　　　100

    D. 借：营业外支出　　　　　　　　　　　　　113

        贷：原材料　　　　　　　　　　　　　　　　100

          应交税费——应交增值税（进项税额转出）　　13

（3）下列有关 A 公司交易性金融资产公允价值上升的会计处理，正确的是（　　）。

    A. 应计入投资收益的金额为 60 万元

    B. 应计入公允价值变动损益的金额为 60 万元

    C. 应计入营业外收入的金额为 60 万元

    D. 应计入其他业务收入的金额为 60 万元

（4）下列关于 A 公司注销库存股的会计分录中，正确的是（　　）。

    A. 借：股本　　　　　　　　　　　　　　　　300

        资本公积——股本溢价　　　　　　　　1 200

        贷：库存股　　　　　　　　　　　　　　　1 500

    B. 借：股本　　　　　　　　　　　　　　　1 500

        贷：库存股　　　　　　　　　　　　　　　1 500

    C. 借：股本　　　　　　　　　　　　　　　　300

        营业外支出　　　　　　　　　　　　　1 200

        贷：库存股　　　　　　　　　　　　　　　1 500

    D. 借：库存股　　　　　　　　　　　　　　1 500

        贷：股本　　　　　　　　　　　　　　　　300

          资本公积——股本溢价　　　　　　　　　1 200

（5）上述交易或事项对 A 公司 2020 年度营业利润的影响是（　　）万元。

    A. 210　　　　　　　B. 300　　　　　　　C. 60　　　　　　　D. 50

第十三章

收　　入

扫码观看教学视频

第一节　收入概述

一、收入的概念

收入是指企业日常活动中形成的、会导致所有者权益增加的、与所有者投入资本无关的经济利益的总流入。其中，日常活动是指企业为完成其经营目标所从事的经常性活动以及与之相关的活动。工业企业制造并销售产品、商品流通企业销售商品、咨询公司提供咨询服务、软件公司为客户开发软件、安装公司为客户提供安装服务、建筑企业提供建造服务等，均属于企业的日常活动。日常活动所形成的经济利益的流入应当确认为收入。

本章的收入不涉及企业对外出租资产收取的租金、进行债权投资收取的利息、进行股权投资取得的现金股利以及保费收入等。本章所称的商品，既包括商品，也包括服务。

二、收入确认的原则

企业确认收入的方式应当反映其向客户转让商品的模式，收入的金额应当反映企业因转让这些商品而预期有权收取的对价金额。客户是指与企业订立合同以向该企业购买其日常活动产生的商品并支付对价的一方。如果合同对方与企业订立合同的目的是共同参与一项活动（如合作开发一项资产），合同对方和企业一起分担或分享该活动产生的风险或收益，而不是获取企业日常活动产生的商品，则该合同对方不是企业的客户。

企业应当在履行了合同中的履约义务，即在客户取得相关商品控制权时确认收入。

取得相关商品控制权是指客户能够主导该商品的使用并从中获得几乎全部经济利益，也包括有能力阻止其他方主导该商品的使用并从中获得经济利益。取得商品控制权包括以下三个要素：

（1）客户必须拥有现时权利，能够主导该商品的使用并从中获得几乎全部经济利益。如果客户只能在未来的某一期间主导该商品的使用并从中获益，则表明其尚未取得该商品的控制权。

（2）客户有能力主导该商品的使用，即客户在其活动中有权使用该商品，或者能够允许或阻止其他方使用该商品。

（3）客户能够获得商品几乎全部经济利益。商品的经济利益是指商品的潜在现金流量，既包括现金流入的增加，也包括现金流出的减少。客户可以通过使用、消耗、出售、处置、交换、抵押或持有等多种方式直接或间接地获得商品的经济利益。

第二节　收入的确认和计量

一、收入确认和计量的步骤

收入的确认和计量大致分为五步：

第一步，识别与客户订立的合同。

合同是指双方或多方之间订立有法律约束力的权利义务的协议。合同有书面形式、口头形式以及其他形式（如隐含于商业惯例或企业以往的习惯做法等）。合同的存在是企业确认客户合同收入的前提，企业与客户之间的合同同时满足下列五项条件的，企业应当在客户取得相关商品控制权时确认收入：

1）合同各方已批准该合同并承诺将履行各自义务。

2）该合同明确了合同各方与所转让商品相关的权利和义务。

3）该合同有明确的与所转让商品相关的支付条款。

4）该合同具有商业实质，即履行该合同将改变企业未来现金流量的风险、时间分布或金额。

5）企业因向客户转让商品而有权取得的对价很可能收回。

对于不符合上述五项条件的合同，企业只有在不再负有向客户转让商品的剩余义务（如合同已完成或取消），且已向客户收取的对价（包括全部或部分对价）无须退还时，才能将已收取的对价确认为收入；否则，应当将已收取的对价作为负债进行会计处理。

第二步，识别合同中的单项履约义务。

合同开始日（通常是指合同生效日），企业应当识别合同中所包含的各单项履约义务，并确定各单项履约义务是在某一时段内履行，还是在某一时点履行；然后，在履行各单项履约义务时分别确认收入。履约义务是指合同中企业向客户转让可明确区分商品（或商品的组合）的承诺。企业应当将向客户转让可明确区分商品（或商品的组合）的承诺以及向客户转让一系列实质相同且转让模式相同的、可明确区分商品的承诺作为单项履约义务。例如：企业与客户签订合同，向其销售商品并提供安装服务，若安装服务简单，除该企业外其他供应商也可以提供此类安装服务，该合同中销售商品和提供安装服务为两项单项履约义务；若该安装服务复杂且商品需要按客户定制要求修改，则合同中销售商品和提供安装服务合并为单项履约义务。

需要说明的是，企业向客户销售商品时，往往约定企业需要将商品运送至客户指定的地点。通常情况下，商品控制权转移给客户之前发生的运输活动不构成单项履约义务；商品控制权转移给客户之后发生的运输活动可能表明企业向客户提供了一项运输服务，企业应当考虑该项服务是否构成单项履约义务。

第三步，确定交易价格。

交易价格是指企业因向客户转让商品而有权收取的对价金额。企业代第三方收取的款项（如增值税额）以及企业预期将退还给客户的款项，应作为负债处理，不计入交易价格。合同标价不一定代表交易价格，企业应当根据合同条款，并结合以往的习惯做法等确定交易价格。企业与客户的合同中约定的对价金额可能是固定的，也可能会因折扣、价格折让、返利、退款、奖励积分等因素而变化。例如，企业售出商品但允许客户退货时，企业有权收取的对价金额将取决于客户是否退货，因此，该合同的交易价格是可变的。

第四步，将交易价格分摊至各单项履约义务。

当合同中包含两项或多项履约义务时，企业应当在合同开始日，按照各单项履约义务所承诺商品的单独售价的相对比例，将交易价格分摊至各单项履约义务。单独售价是指企业向客户单独销售商品的价格。企业在类似环境下向类似客户单独销售某商品的价格，应作为该商品的单独售价。

通过分摊交易价格，使企业分摊至各单项履约义务的交易价格能够反映其因向客户转让已承诺的相关商品而有权收取的对价金额。

第五步，履行各单项履约义务时确认收入。

企业应当在履行了合同中的履约义务，即客户取得相关商品控制权时确认收入，控制权转移是确认收入的前提。对于履约义务，企业首先判断履约义务是否满足在某一时段内履行的条件，如不满足，则该履约义务属于在某一时点履行的履约义务。

一般而言，确认和计量任何一项合同收入应考虑全部的五个步骤。但履行某些合同义务确认收入不一定都经过五个步骤，如企业按照第二步确定某项合同仅为单项履约义务时，可以从第三步直接进入第五步确认收入，不需要经过第四步分摊交易价格。

二、合同成本

企业与客户之间建立合同关系过程中发生的成本包括合同取得成本和合同履约成本。

（一）合同取得成本

企业为取得合同发生的增量成本预期能够收回的，应作为合同取得成本确认为一项资产。增量成本是指企业不取得合同就不会发生的成本，也就是企业发生的与合同直接相关，但又不是所签订合同的对象或内容本身直接发生的费用，如销售佣金等，如果销售佣金等预期可通过未来的相关服务收入予以补偿，该销售佣金等（即增量成本）应在发生时确认为一项资产，即合同取得成本。

企业取得合同发生的增量成本已经确认为资产的，应当采用与该资产相关的商品收入确认相同的基础进行摊销，计入当期损益。实务中，为了简化操作，该资产摊销期限不超过 1 年的，可以在发生时计入当期损益。

企业取得合同发生的、除预期能够收回的增量成本以外的其他支出，如无论是否取得合同均会发生的差旅费、投标费、为准备投标资料发生的相关费用等，应当在发生时计入当期损益，除非这些支出明确由客户承担。

例 13-1 普华公司为一家咨询公司，是增值税一般纳税人，为取得华南公司的一项咨询合同，普华公司聘请外部律师进行调查，支付相关费用 20 000 元，为投标而发生差旅费 12 000 元。最终，通过竞标赢得了该客户服务期为 5 年的合同，该客户每年年末支付给普华公司不含税咨询费 240 000 元及增值税税额 14 400 元，共计 254 400 元。普华公司支付销售人员佣金 60 000 元。普华公司预期这些支出未来均能收回。此外，普华公司根据其年度销售目标、整体盈利情况及个人业绩等，向销售部门经理支付年度奖金 20 000 元。普华公司应编制如下会计分录：

（1）支付相关费用：

借：合同取得成本	60 000
管理费用	32 000
销售费用	20 000
贷：银行存款	112 000

本例中，普华公司聘请外部律师进行调查发生的支出、为投标发生的差旅费以及向销售经理支付的年度奖金，均不能直接归属于可识别的合同，不属于增量成本，应当于发生时直接计入当期损益；普华公司因签订合同而向销售人员支付的佣金属于取得合同发生的增量成本，即不取得合同就不会发生的成本，应当将其作为合同取得成本确认为一项资产。

（2）每月确认服务收入，摊销销售佣金：

每月服务收入 =240 000÷12=20 000（元）

借：应收账款　　　　　　　　　　　　　　　　　　　　　　　　21 200

　　贷：主营业务收入　　　　　　　　　　　　　　　　　　　　　20 000

　　　　应交税费——应交增值税（销项税额）　　　　　　　　　　 1 200

每月摊销销售佣金金额 =60 000÷5÷12=1 000（元）

借：销售费用　　　　　　　　　　　　　　　　　　　　　　　　 1 000

　　贷：合同取得成本　　　　　　　　　　　　　　　　　　　　　 1 000

（二）合同履约成本

合同履约成本是指企业为履行当前或预期取得的合同所发生的各种成本。企业在确认收入的同时应当对这些成本进行分析，属于《企业会计准则第 14 号——收入》规范范围且同时满足下列条件的，应当作为合同履约成本确认为一项资产：

（1）该成本与一份当前或预期取得的合同直接相关。

预期取得的合同应当是企业能够明确识别的合同，如现有合同续约后的合同、尚未获得批准的特定合同等。

与合同相关的成本包括：直接人工，如支付给直接为客户提供所承诺服务的人员的工资、奖金等；直接材料，如为履行合同耗用的原材料、辅助材料、构配件、零件、半成品的成本和周转材料的摊销及租赁费用等；制造费用或类似费用，如组织和管理相关生产、施工、服务等活动而发生的费用，包括管理人员的职工薪酬、劳动保护费用、固定资产折旧费及修理费用、物料消耗、取暖费、水电费、办公费、差旅费、财产保险费、工程保修费、临时设施摊销费等；明确由客户承担的成本以及仅因该合同而发生的其他成本，如支付给分包商的成本、机械使用费、设计和技术援助费、施工现场二次搬运费、生产工具和用具使用费、检验测试费、工程定位复测费、工程点交费用、场地清理费等。

（2）该成本增加了企业未来用于履行（包括持续履行）履约义务的资源。

（3）该成本预期能够收回。

下列支出不属于合同履约成本，企业应当在其发生时，计入当期损益：①管理费用，除非这些费用明确由客户承担；②非正常消耗的直接材料、直接人工和制造费用（或类似费用），这些支出为履行合同发生，但未反映在合同价格中；③与履约义务中已履行（包括全部履行和部分履行）部分相关的支出，即该支出与企业过去的履约活动相关；④无法在尚未履行的与已履行（或部分履行）的履约义务之间区分的相关支出。

企业发生合同履约成本时，借记"合同履约成本"科目，贷记"银行存款""应付职工薪酬""原材料"等科目；对合同履约成本进行摊销时，借记"主营业务成本""其他业务成本"

等科目，贷记"合同履约成本"科目。涉及增值税的，还需要进行相应的处理。

例 13-2 锦华公司经营一家酒店，是增值税一般纳税人，该酒店是其自有资产。2020 年 12 月，锦华公司除发生餐饮、商品材料等成本外，计提酒店、客房及客房内的设备家具等折旧 100 000 元，计提财务部门相关资产折旧费 5 000 元，计提销售部门相关资产折旧费 4 000 元。酒店土地使用权摊销费 60 000 元。当月确认房费、餐饮等服务收入 530 000 元（含税），全部款项已存入银行。锦华公司应编制如下会计分录：

（1）计提资产折旧费、土地使用权摊销费：

借：合同履约成本	160 000
管理费用	5 000
销售费用	4 000
贷：累计折旧	109 000
累计摊销	60 000

本例中，锦华公司经营一家酒店，主要通过提供客房服务赚取收入，而客房服务的提供直接依赖于酒店物业（包括土地使用权）以及家具等相关资产，这些资产折旧和摊销属于锦华公司为履行与客户的合同而发生的合同履约成本，并在收入确认时对合同履约成本进行摊销，计入营业成本。另外，财务部门相关资产折旧费、销售部门相关资产折旧费，这些酒店物业等资产中与客房服务不直接相关的费用，不属于合同履约成本，应计入当期损益。

（2）12 月确认酒店服务收入并摊销合同履约成本：

当月不含税收入金额 =530 000 ÷（1+6%）=500 000（元）

增值税税额 =500 000 × 6%=30 000（元）

借：银行存款	530 000
贷：主营业务收入	500 000
应交税费——应交增值税（销项税额）	30 000
借：主营业务成本	160 000
贷：合同履约成本	160 000

三、收入核算应设置的会计科目

为了核算企业与客户之间的合同产生的收入及相关成本费用及收款情况，一般需要设置"主营业务收入""其他业务收入""主营业务成本""其他业务成本""发出商品""合同取得成本""合同履约成本""合同资产""合同负债"等科目。其中：

（1）"主营业务收入"科目，核算企业确认的销售商品、提供服务等主营业务的收入。该科目贷方登记企业主营业务活动确认的收入，借方登记期末转入"本年利润"科目的主营业务收入，结转后该科目应无余额。该科目可按主营业务的种类设置明细科目进行明细核算。

（2）"其他业务收入"科目，核算企业确认的除主营业务活动以外的其他经营活动实现的收入，包括出租固定资产、出租无形资产、出租包装物和商品、销售材料、用材料进行非货币性资产交换（非货币性资产交换具有商业实质且其公允价值能够可靠计量）或债务重组等实现的收入。

该科目贷方登记企业其他业务活动确认的收入，借方登记期末转入"本年利润"科目的其他业务收入，结转后该科目应无余额。该科目可按其他业务的种类设置明细科目进行明细核算。

（3）"主营业务成本"科目，核算企业确认销售商品、提供劳务等主营业务收入时应结转的成本。该科目借方登记企业应结转的主营业务成本，贷方登记期末转让"本年利润"科目的主营业务成本，结转后该科目应无余额。该科目可按主营业务的种类设置明细科目进行明细核算。

（4）"其他业务成本"科目，核算企业确认的除主营业务活动以外的其他业务活动所形成的成本，包括出租固定资产的折旧额、出租无形资产的摊销额、出租包装物的成本或摊销额、销售材料的成本等。该科目借方登记企业应结转的其他业务成本，贷方登记期末转让"本年利润"科目的其他业务成本，结转后该科目应无余额。该科目可按其他业务的种类设置明细科目进行明细核算。

（5）"发出商品"科目，核算企业商品已发出但客户没有取得商品的控制权的商品成本。该科目借方登记已发出但客户没有取得商品的控制权的商品成本，贷方登记已转销商品成本，期末借方余额，反映企业尚未转销的已发出但客户没有取得商品的控制权的商品成本。该科目可按商品种类进行明细核算。

（6）"合同取得成本"科目，核算企业取得合同发生的、预计能够收回的增量成本。该科目借方登记发生的合同取得成本，贷方登记摊销的合同取得成本，期末借方余额，反映企业尚未结转的合同取得成本。该科目可按合同进行明细核算。

（7）"合同履约成本"科目，核算企业为了履行当前或预期取得的合同所发生的、不属于其他企业会计准则规范范围且按照收入准则应当确认为一项资产的成本。该科目借方登记发生的合同履约成本，贷方登记摊销的合同履约成本，期末借方余额，反映企业尚未结转的合同履约成本。该科目可按合同类别设置"服务成本""工程施工"等明细科目进行明细核算。

（8）"合同资产"科目，核算企业已向客户转让商品而有权取得对价的权利，且该权利取得时间取决于时间流逝之外的其他因素（如履行合同中的其他履约义务）。该科目借方登记因已转让商品而有权取得的对价金额，贷方登记取得无条件收款权的金额，期末借方余额，反映企业已向客户转让商品而有权收取的对价金额。该科目可按合同进行明细核算。

应收款项是企业无条件收取合同对价的权利。只有在合同对价到期支付之前仅仅随着时间的流逝即可收款的权利，才是无条件的收款权。合同资产和应收款项都是企业拥有的有权收取对价的合同权利，二者的区别在于：应收款项代表的是无条件收取合同对价的权利，以及企业仅仅随着时间的流逝即可收款；而合同资产并不是一项无条件收款权，该权利除了时间流逝之外，还取决于其他条件才能收取相应的合同对价，如企业还需要履行合同中的其他履约义务才能收取相应的合同对价。

（9）"合同负债"科目，核算企业已收或应收客户对价而向客户转让商品的义务。该科目贷方登记企业在向客户转让商品之前，已经收到或已经取得无条件收取合同对价权利的金额；借方登记企业向客户转让商品时冲销的金额；期末贷方余额，反映企业在向客户转让商品之前，已经收到的合同对价或已经取得的无条件收取合同对价权利的金额。该科目可按合同进行明细核算。

四、履行履约义务确认收入的账务处理

对于在某一时点履行的履约义务，企业应当综合分析控制权转移的迹象，判断其转移时点；对于在某一时段内履行的履约义务，企业应当选取恰当的方法确定履约进度。

（一）某一时点履行履约义务确认收入

对于在某一时点履行的履约义务，企业应当在客户取得相关商品控制权时确认收入。在判断控制权是否转移时，企业应当综合考虑以下迹象：

（1）企业就该商品享有现时收款权利，即客户就该商品负有现时付款义务。当企业就该商品享有现时收款权利时，可能表明客户已经有能力主导该商品的使用并从中获得几乎全部的经济利益。

（2）企业已将该商品的法定所有权转移给客户，即客户已拥有该商品的法定所有权。当客户取得了商品的法定所有权时，可能表明客户可能已取得对该商品的控制权。如果企业仅仅是为了确保到期收回货款而保留商品的法定所有权，那么企业拥有的该权利通常不妨碍客户取得对该商品的控制权。

（3）企业已将商品实物转移给客户，即客户已占有该商品实物。客户占有了某项商品实物并不意味着其就一定取得了该商品的控制权，反之亦然。

（4）企业已将该商品所有权上的主要风险和报酬转移给了客户，即客户已取得该商品所有权上的主要风险和报酬。例如，房地产公司向客户销售商品房办理产权转移手续后，该商品房价格上涨或下跌带来的利益或损失全部属于客户，表明客户取得该商品房所有权上的主要风险和报酬。

（5）客户已接受该商品。当商品通过了客户的验收，通常表明客户已接受该商品。例如，企业向客户销售为其定制生产的商品，客户收到并验收合格后办理入库手续，表明客户已经接受该商品。客户验收通常有两种情况：①企业向客户转让商品时，能够客观地确定该商品符合合同约定的标准和条件，客户验收只是一项例行程序，不会影响企业判断客户取得该商品控制权的时点；②企业向客户转让商品时，无法客观地确定该商品是否符合合同规定的条件，在客户验收之前，企业不能认为已将商品的控制权转移给了客户，企业应当在客户完成验收该商品时才能确认收入。实务中，定制化程度越高的商品，越难以证明客户验收仅仅是一项例行程序。

需要说明的是，上述五个迹象中，没有哪一个或哪几个迹象是决定性的，企业应当根据合同条款和交易实质进行分析，综合判断是否将商品的控制权转移给客户以及转移的时点，从而确定收入确认的时点。此外，企业还应当从客户的角度进行评估，而不应当仅考虑企业自身的情况。

1. 一般销售商品业务收入的处理

在进行商品销售的会计处理时，首先要考虑销售商品收入是否符合收入确认条件。如果符合收入确认条件，企业应确认收入并结转相关销售成本。

例 13-3 兴华公司为增值税一般纳税人，2020 年 12 月 10 日，向万象公司销售一批商品，开具的增值税专用发票上注明的商品售价为 800 000 元、增值税税额为 104 000 元；同时，以银行存款代垫运费，增值税专用发票上注明的运费为 1 000 元、增值税税税额为 90 元，上述发票账单均已交付万象公司，款项尚未收到。该批商品成本为 400 000 元，万象公司收到该批商品并验收入库。兴华公司应编制如下会计分录：

（1）借：应收账款   905 090

    贷：主营业务收入   800 000

      应交税费——应交增值税（销项税额）   104 000

      银行存款   1 090

（2）借：主营业务成本 400 000
　　　贷：库存商品 400 000

本例中，客户万象公司已收到商品并验收入库，表明客户已取得相关商品的控制权，企业取得无条件收取合同对价的权利。该销售合同为单项履约义务且属于某一时点履行的履约义务。

2. 已发出商品但不符合收入确认条件的账务处理

企业按合同已将商品实物转移给客户，即客户已占有该商品实物。客户占有了某项商品实物并不意味着其就一定取得了该商品的控制权。例如，委托代销安排。这一安排是指委托方和受托方签订代销合同或协议，委托受托方向终端客户销售商品。受托方获得对商品控制权的，企业应当按销售商品进行会计处理，这种安排不属于委托代销安排。受托方没有获得对商品控制权的，企业通常应当在受托方售出商品后，按合同或协议的方法计算确定的手续费后确认收入。

企业在发出商品时，不应确认收入，借记"发出商品"科目，贷记"库存商品"科目。在受托方将商品转移给终端客户，企业收到货款或取得收取货款权利时，确认收入，借记"银行存款""应收账款"等科目，贷记"主营业务收入""应交税费——应交增值税（销项税额）"科目；同时，结转已销售商品成本，借记"主营业务成本"科目，贷记"发出商品"科目。

例 13-4 兴华公司与联华公司均为增值税一般纳税人，2020 年 12 月 1 日，兴华公司与联华公司签订委托代销合同，委托联华公司销售 H 商品 200 件，H 商品已经发出，每件商品成本为 50 元。合同约定联华公司应按每件 100 元对外销售，兴华公司按售价的 10% 向联华公司支付手续费。除非这些商品在联华公司存放期间内由于联华公司的责任发生毁损或灭失，否则在 H 商品对外销售之前，联华公司没有义务向兴华公司支付货款。同时，联华公司不承担包销责任，没有售出的 H 商品须退回给兴华公司，兴华公司也有权收回 H 商品或将其销售给其他客户。

至 2020 年 12 月 20 日，联华公司对外实际销售数量为 100 件，开出的增值税专用发票上注明的销售价款为 10 000 元、增值税税额为 1 300 元，款项已收到。兴华公司收到联华公司开具的代销清单后，向联华公司开具一张相同金额的增值税专用发票。假设除上述情况外，不考虑其他因素。兴华公司应编制如下会计分录：

（1）发出委托代销商品：
借：发出商品 10 000
　　贷：库存商品 10 000

（2）收到代销清单，同时发生增值税纳税义务：
借：应收账款 11 300
　　贷：主营业务收入 10 000
　　　　应交税费——应交增值税（销项税额） 1 300
借：主营业务成本 5 000
　　贷：发出商品 5 000
借：销售费用 1 000
　　应交税费——应交增值税（进项税额） 60
　　贷：应收账款 1 060

（3）收到联华公司支付的货款：

借：银行存款   10 240

  贷：应收账款   10 240

本例中，兴华公司将 H 商品发送至联华公司后，联华公司虽已占有该商品实物，但仅是接受兴华公司委托销售 H 商品，不能主导 H 商品的销售，商品对外销售与否、是否获利等均不由联华公司控制，联华公司并没有取得 H 商品的控制权。因此，兴华公司将 H 商品发送至联华公司时，不应确认收入，应当在联华公司将 H 商品销售给终端客户时确认收入。

3. 商业折扣、现金折扣、销售退回和销售折让的账务处理

企业在确定销售商品收入的金额时，应区分商业折扣和现金折扣。

（1）商业折扣。

商业折扣是指企业为促进商品销售而给予的价格扣除。例如，企业为鼓励客户多买商品，可能规定购买 100 件以上商品给予客户 10% 的折扣，或者每买 10 件送 1 件等。此外，企业为了尽快出售一些残次、陈旧、冷背的商品，也可能降价销售。

商业折扣在销售时即已发生，并不构成最终成交价格的一部分。企业销售商品涉及商业折扣的，应按照扣除商业折扣以后的金额确定销售商品收入金额，即按照实际成交价格确认收入。

例 13-5 兴华公司为增值税一般纳税人，2020 年 12 月 22 日销售给中通公司 A 产品 10 000 件，商品价目表上显示每件商品 20 元（不含增值税），由于是成批销售，兴华公司给予客户 10% 的商业折扣，该批产品的成本是每件 11 元，商品已经发出，兴华公司开具的增值税专用发票上注明的商品价款为 180 000 元、增值税税额为 23 400 元。中通公司收到该批商品并验收入库。12 月 25 日，兴华公司收到客户支付的全部款项。

兴华公司应做如下会计分录：

1）确认收入：

借：应收账款   203 400

  贷：主营业务收入   180 000

    应交税费——应交增值税（销项税额） 23 400

借：主营业务成本   110 000

  贷：库存商品   110 000

2）收取款项：

借：银行存款   203 400

  贷：应收账款   203 400

本例中，客户中通公司已收到商品并验收入库，表明客户已取得相关商品的控制权，企业取得无条件收取合同对价的权利。该销售合同为单项履约义务且属于某一时点履行的履约义务。企业销售商品涉及商业折扣的，应按实际成交价格确认收入。

（2）现金折扣。

现金折扣是指债权人为鼓励债务人在规定的期限内付款而向债务人提供的债务扣除。现金折扣发生在企业销售商品之后，企业销售商品后现金折扣是否发生以及发生多少要视买方的付款情

况而定，企业在确认销售商品收入时不能确定现金折扣金额。因此，企业销售商品涉及现金折扣的，应当按照扣除现金折扣前的金额确定销售商品收入金额。现金折扣实际上是销货企业为了尽快回笼资金而发生的理财费用，应在实际发生时计入当期财务费用。

企业在计算现金折扣时，还应注意销售方式是按不含增值税的价款提供现金折扣，还是按含增值税的价款提供现金折扣，两种情况下购买方享有的现金折扣金额不同。

例 13-6 兴华公司为增值税一般纳税人，2020 年 12 月 2 日向达利公司销售 A 商品 1 000 件，兴华公司开具的增值税专用发票上注明的商品价款为 200 000 元、增值税税额为 26 000 元。该批产品的成本为 140 000 元。销售合同中规定现金折扣条件为 2/10，1/20，N/30。同日，达利公司将收到的 A 商品验收入库。12 月 10 日，将上述购买 A 商品的全部款项支付给兴华公司。假设计算现金折扣时不考虑增值税税额。兴华公司应编制如下会计分录：

1）12 月 2 日确认收入：

借：应收账款 226 000
　贷：主营业务收入 200 000
　　　应交税费——应交增值税（销项税额） 26 000
借：主营业务成本 140 000
　贷：库存商品 140 000

2）12 月 10 日收到款项：

客户享有的现金折扣金额 =200 000 × 2%=4 000（元）

借：银行存款 222 000
　　财务费用 4 000
　贷：应收账款 226 000

本例中，如果客户于 12 月 20 日付款，则享受的现金折扣为 2 000 元（200 000 × 1%），收到货款时，兴华公司应编制如下会计分录：

借：银行存款 224 000
　　财务费用 2 000
　贷：应收账款 226 000

如果购货方于 12 月 30 日付款，则应按全额付款。收到货款时，兴华公司应编制如下会计分录：

借：银行存款 226 000
　贷：应收账款 226 000

（3）销售退回。

企业销售商品有发生销售退回的可能。企业售出商品发生销售退回，应当分不同情况进行会计处理：尚未确认销售收入的售出商品发生销售退回的，应当冲减"发出商品"科目，同时增加"库存商品"科目；已确认销售收入的售出商品发生销售退回的，除属于资产负债表日后事项外，一般应在发生时冲减当期销售商品收入，同时冲减当期销售商品成本，如按规定允许扣减增值税税额的，应同时冲减已确认的应交增值税销项税额。如该项销售退回已发生现金折扣，应同时调整相关财务费用的金额。

例 13-7 兴华公司为增值税一般纳税人，于 2020 年 11 月 2 日销售给滨海公司 B 商品 1 000 件，每件售价 500 元，开具的增值税专用发票上注明的商品售价为 500 000 元、增值税税额为 65 000 元；该批商品的成本为每件 300 元。B 商品于 11 月 2 日发出，同日，滨海公司将 B 商品验收入库，并用银行存款支付了上述全部款项。2020 年 11 月 20 日，滨海公司在领用 B 商品时，发现该批商品有 100 件不符合合同要求，将这 100 件商品退回。兴华公司同意该项退货，并按规定向滨海公司开具了红字增值税专用发票。退回的商品验收入库。假定不考虑其他因素，兴华公司应编制如下会计分录：

1）11 月 2 日，确认收入：

借：银行存款	565 000	
贷：主营业务收入		500 000
应交税费——应交增值税（销项税额）		65 000
借：主营业务成本	300 000	
贷：库存商品		300 000

2）11 月 20 日，销售退回：

借：主营业务收入	50 000	
应交税费——应交增值税（销项税额）	6 500	
贷：银行存款		56 500
借：库存商品	30 000	
贷：主营业务成本		30 000

（4）销售折让。

销售折让是指企业因售出商品质量不符合要求等原因而在售价上给予的减让。企业将商品售出后，如果买方发现商品在质量、规格等方面不符合要求，可能要求销货方在价格上给予一定的减让。

销售折让如果发生在确认销售收入之前，则应在确认销售收入时直接按扣除销售折让后的金额确认；已经确认销售收入的售出商品发生销售折让，且不属于资产负债表日后事项的，应在发生时冲减当期销售收入，如果按规定允许扣减增值税税额，还应冲减已确认的应交增值税销项税额。

例 13-8 兴华公司为增值税一般纳税人，销售一批商品给天华公司，开出的增值税专用发票上注明的商品价款为 100 000 元、增值税税额为 13 000 元。该批商品的成本为 70 000 元。货物到达天华公司后发现商品质量不符合合同要求，天华公司要求在价格上给予 5% 的折让。兴华公司同意并办妥了相关手续，并向税务机关索取销售折让证明单，开具红字增值税专用发票。假设兴华公司此前已经确认该批商品的销售收入，销售款项当时尚未收到。兴华公司应编制如下会计分录：

（1）销售实现时：

借：应收账款	113 000	
贷：主营业务收入		100 000
应交税费——应交增值税（销项税额）		13 000

| 借：主营业务成本 | 70 000 |
| 　　贷：库存商品 | 70 000 |

（2）发生销售折让时：

借：主营业务收入	5 000
应交税费——应交增值税（销项税额）	650
贷：应收账款	5 650

（3）实际收到款项时：

| 借：银行存款 | 107 350 |
| 　　贷：应收账款 | 107 350 |

本例中，假设发生折让前，因该项销售在货款回收上存在不确定性，兴华公司尚未确认该批商品的销售收入，纳税义务也未发生；发生折让后2个月，天华公司承诺近期付款。兴华公司应编制如下会计分录：

（1）发出商品时：

| 借：发出商品 | 70 000 |
| 　　贷：库存商品 | 70 000 |

（2）天华公司承诺付款，兴华公司确认销售收入时：

借：应收账款	107 350
贷：主营业务收入	95 000
应交税费——应交增值税（销项税额）	12 350
借：主营业务成本	70 000
贷：发出商品	70 000

（3）实际收到款项时：

| 借：银行存款 | 107 350 |
| 　　贷：应收账款 | 107 350 |

4. 销售材料等存货的账务处理

企业在日常活动中会发生对外销售不需用的原材料、随同商品出售单独计价的包装物等业务。企业销售原材料、包装物等存货取得收入的确认和计量原则比照商品销售收入的确认和计量原则。企业销售原材料、包装物等存货确认收入作为其他业务收入处理，结转的相关成本作为其他业务成本处理。

例 13-9　兴华公司为增值税一般纳税人，2020年12月10日向万通公司销售一批不需用原材料，开具的增值税专用发票上注明的材料价款为20 000元、增值税税额为2 600元。该批原材料的实际成本为15 000元。万通公司收到原材料并验收入库，兴华公司收到万通公司支付的全部款项存入银行。兴华公司应编制如下会计分录：

借：银行存款	22 600
贷：其他业务收入	20 000
应交税费——应交增值税（销项税额）	2 600
借：其他业务成本	15 000
贷：原材料	15 000

（二）某一时段履行履约义务确认收入

对于在某一时段内履行的履约义务，企业应当在该时段内按照履约进度确认收入，履约进度不能合理确定的除外。满足下列条件之一的，属于在某一时段内履行的履约义务：

（1）客户在企业履约的同时即取得并消耗企业履约所带来的经济利益。企业在履约过程中持续地向客户转移企业履约所带来的经济利益的，该履约义务属于在某一时段内履行的履约义务。企业在进行判断时，可以假定在企业履约的过程中更换为其他企业继续履行剩余履约义务，如果继续履行合同的其他企业实质上无须重新执行企业累计至今已完成的工作，则表明客户在企业履约的同时即取得并消耗了企业履约所带来的经济利益。例如，甲企业承诺将客户的货物从 A 市运到 B 市，假定该批货物在途经 C 市时，由乙运输公司接替甲企业继续提供运输服务，由于 A 市到 C 市之间的运输服务无须重新执行，表明客户在甲企业履约的同时即取得并消耗了甲企业履约所带来的经济利益，因此，甲企业提供的运输服务属于在某一时段内履行的履约义务。

（2）客户能够控制企业履约过程中在建的商品。企业在履约过程中在建的商品包括在产品、在建工程、尚未完成的研发项目、正在进行的服务等。由于客户控制了在建的商品，客户在企业提供商品的过程中获得其利益，因此，该履约义务属于在某一时段内履行的履约义务，应当在该履约义务履行期间内确认收入。

（3）企业履约过程中所产出的商品具有不可替代用途，且企业在整个合同期间内有权就累计至今已完成的履约部分收取款项。

企业应当考虑商品的性质，采用实际测量的完工进度、评估已实现的结果、时间进度、已完工或交付的产品等产出指标，或采用投入的材料数量、花费的人工工时或机器工时、发生的成本和时间进度等投入指标确定恰当的履约进度，并且在确定履约进度时，应当扣除那些控制权尚未转移给客户的商品和服务。资产负债表日，企业按照合同的交易价格总额乘以履约进度扣除以前会计期间累计已确认的收入后的金额，确认为当期收入。

例 13-10　昌盛公司为增值税一般纳税人，2020 年 12 月 1 日，昌盛公司与大宇公司签订了一项装修合同，合同期限为 3 个月，合同约定装修价款为 600 000 元，增值税税额为 54 000 元，装修款每月末按完工进度支付。截至 2020 年 12 月 31 日，昌盛公司为完成该合同累计发生劳务成本 100 000 元，均为装修人员薪酬，估计还将发生劳务成本 300 000 元。2020 年 12 月 31 日，经专业测量师测量后，确定该项装修服务完工程度为 25%，大宇公司按完工进度支付了装修款及相应的增值税税款。

假定该业务属于昌盛公司的主营业务，全部由其自行完成；该装修服务构成单项履约义务，并属于在某一时段内履行的履约义务，昌盛公司按照实际测量的完工进度确定履约进度。昌盛公司应编制如下会计分录：

（1）实际发生劳务成本：

借：合同履约成本　　　　　　　　　　　　　　　　　　　　100 000
　　贷：应付职工薪酬　　　　　　　　　　　　　　　　　　　100 000

（2）2020 年 12 月 31 日，根据完工进度确定的履约进度确认劳务收入并结转劳务成本：

2020 年 12 月 31 日确认的劳务收入 =600 000×25%=150 000（元）

借：银行存款	163 500	
贷：主营业务收入		150 000
应交税费——应交增值税（销项税额）		13 500
借：主营业务成本	100 000	
贷：合同履约成本		100 000

2021 年 1 月 31 日，经专业测量师测量后，确定该项劳务的完工程度为 75%，大宇公司按完工进度支付了装修款及相应的增值税税款。本月为完成该合同发生劳务成本 200 000 元，均为装修人员薪酬，为完成该合同估计还会发生劳务成本 100 000 元。昌盛公司应编制如下会计分录：

（1）实际发生劳务成本：

借：合同履约成本	200 000	
贷：应付职工薪酬		200 000

（2）2021 年 1 月 31 日，根据完工进度确定的履约进度确认劳务收入并结转劳务成本：

2021 年 1 月 31 日确认的劳务收入 =600 000×75%–150 000=300 000（元）

借：银行存款	327 000	
贷：主营业务收入		300 000
应交税费——应交增值税（销项税额）		27 000
借：主营业务成本	200 000	
贷：合同履约成本		200 000

2021 年 2 月 28 日，装修完工，大宇公司验收合格后，支付了全部剩余装修款及相应的增值税税款。本月为完成该合同发生劳务成本 100 000 元，均为装修人员薪酬。昌盛公司应编制如下会计分录：

（1）实际发生劳务成本：

借：合同履约成本	100 000	
贷：应付职工薪酬		100 000

（2）2021 年 2 月 28 日，根据完工进度确定的履约进度确认劳务收入并结转劳务成本：

2021 年 2 月 28 日确认的劳务收入 =600 000–150 000–300 000=150 000（元）

借：银行存款	163 500	
贷：主营业务收入		150 000
应交税费——应交增值税（销项税额）		13 500
借：主营业务成本	100 000	
贷：合同履约成本		100 000

例 13-11　健达公司为增值税一般纳税人，该公司经营一家健身俱乐部。2020 年 1 月 1 日，健达公司与甲客户签订合同，吸收甲客户成为公司会员，并收取会员费 4 800 元，合同约定，甲客户可在未来的 1 年内在该俱乐部健身，且没有次数限制。该业务适用的增值税税率为 6%。健达公司应编制如下会计分录：

（1）2020 年 1 月 1 日收取会员费：

借：银行存款　　　　　　　　　　　　　　　　　　　4 800

　　贷：合同负债　　　　　　　　　　　　　　　　　　4 800

（2）2020 年 1 月 31 日确认收入，开具增值税专用发票并收取税款：

借：合同负债　　　　　　　　　　　　　　　　　　　400

　　银行存款　　　　　　　　　　　　　　　　　　　24

　　贷：主营业务收入　　　　　　　　　　　　　　　400

　　　　应交税费——应交增值税（销项税额）　　　　24

2020 年 2 ～ 12 月，每月确认收入同上。

本例中，甲客户可在未来的 1 年内随时在该俱乐部健身，客户在企业履约的同时即取得并消耗企业履约所带来的经济利益，并且该履约义务在会员的会籍期间内随时间的流逝而被履行，因此，该业务属于在某一时段内履行的履约义务，健达公司按照直线法确认收入，每月应确认的收入为 400 元（4 800 ÷ 12）。

对于在某一时段内履行的履约义务，企业应当在该时段内按照履约进度确认收入，履约进度不能合理确定的，企业已经发生的成本预计能够得到补偿的，应当按照已经发生的成本金额确认收入，直到履约进度能够合理确定为止。

本章核算小结

收入核算小结见表 13-1。

表 13-1　收入核算小结

业务内容		会计处理
在某一时点履行履约义务确认收入	一般销售商品业务收入	借：银行存款 / 应收账款等 　　贷：主营业务收入 　　　　应交税费——应交增值税（销项税额） 借：主营业务成本 　　贷：库存商品 借：应收账款〔代垫运杂费〕 　　贷：银行存款
	已经发出商品但不能确认收入（以委托代销安排为例）	（1）委托方交付商品时： 借：发出商品 　　贷：库存商品 【提示】"发出商品"科目核算企业商品已发出但客户没有取得商品的控制权的商品成本 （2）当收到货款或取得收取货款权利，如收到受托方开具的代销清单时： 借：银行存款 / 应收账款等 　　贷：主营业务收入 　　　　应交税费——应交增值税（销项税额） 借：主营业务成本 　　贷：发出商品 借：销售费用〔代销手续费〕 　　应交税费——应交增值税（进项税额） 　　贷：银行存款 / 应收账款等

（续）

业 务 内 容		会 计 处 理
在某一时点履行履约义务确认收入	商业折扣	在销售时已经发生，应当按照扣除商业折扣后的金额确定销售商品收入金额 销售时： 借：银行存款 / 应收票据 / 应收账款 　　贷：主营业务收入〔扣除商业折扣〕 　　　　应交税费——应交增值税（销项税额） 借：主营业务成本 　　贷：库存商品
	现金折扣	（1）销售时： 借：应收票据 / 应收账款 　　贷：主营业务收入〔不扣除现金折扣〕 　　　　应交税费——应交增值税（销项税额） 借：主营业务成本 　　贷：库存商品 （2）收到货款时： 借：银行存款 　　财务费用 　　贷：应收票据 / 应收账款
	销售退回	（1）尚未确认销售收入的售出商品发生销售退回 借：库存商品 　　贷：发出商品 （2）已确认销售商品收入的售出商品发生销售退回（不含资产负债表日后事项） 收到退货时： 借：主营业务收入 　　应交税费——应交增值税（销项税额） 　　贷：银行存款 / 应收票据 / 应收账款 　　　　财务费用〔现金折扣〕 借：库存商品 　　贷：主营业务成本
	销售折让	（1）尚未确认销售收入的售出商品发生销售折让： 发出商品时： 借：发出商品 　　贷：库存商品 按折让后价格确认销售收入时： 借：应收账款 　　贷：主营业务收入 　　　　应交税费——应交增值税（销项税额） 借：主营业务成本 　　贷：发出商品 （2）已确认销售商品收入的售出商品发生销售折让（不含资产负债表日后事项）： 借：主营业务收入 　　应交税费——应交增值税（销项税额） 　　贷：银行存款 / 应收票据 / 应收账款
在某一时段内履行履约义务确认收入		（1）实际发生成本时： 借：合同履约成本 　　贷：银行存款 / 应付职工薪酬等 （2）确认收入并结转成本时： 借：银行存款 　　贷：主营业务收入 　　　　应交税费——应交增值税（销项税额） 借：主营业务成本 　　贷：合同履约成本

同步强化训练

一、单项选择题

1. 企业与客户之间的合同同时满足收入确认条件的情况下，企业通常应当在（ ）确认收入。

A. 商品运抵客户时　　　　　　　　　B. 双方签订合同时

C. 客户取得相关商品控制权时　　　　D. 双方制订购销计划时

2. 2020年9月10日，某企业与客户签订销售合同并预收货款55 000元，9月20日商品发出，增值税专用发票上注明的价款为50 000元、增值税税额为6 500元，当月发出商品的同时收到货款。该项销售业务属于在某一时点履行的履约义务。该企业应确认的商品销售收入金额为（ ）元。

A. 50 000　　　　B. 3 500　　　　C. 56 500　　　　D. 55 000

3. 2020年5月份，丁公司委托甲公司代销商品一批，代销价款为300万元，本期收到代销清单，代销清单中列明已销售代销商品的50%，丁公司收到代销清单时向甲公司开具增值税专用发票。甲公司按代销价款的5%收取手续费，该批商品的实际成本为180万元。不考虑其他因素，丁公司本期因此业务应确认的销售收入为（ ）万元。

A. 300　　　　B. 180　　　　C. 150　　　　D. 90

4. 甲公司赊销商品一批，商品的销售价款为2 000元，商业折扣为10%，增值税税率为13%，现金折扣条件为2/10、1/20、N/30。甲公司销售商品时为对方代垫运费150元（不考虑运费的增值税抵扣问题）。该项销售业务属于在某一时点履行的履约义务。假定甲公司已发出商品，则应收账款的入账金额为（ ）元。

A. 2 490　　　　B. 2 184　　　　C. 2 106　　　　D. 2 260

5. 企业2021年1月售出产品并已确认收入，2021年3月发生销售退回时，其冲减的销售收入应在退回当期记入（ ）科目的借方。

A. 营业外收入　　　　　　　　　　　B. 营业外支出

C. 利润分配　　　　　　　　　　　　D. 主营业务收入

6. 采用支付手续费方式委托代销商品时，委托方应将支付的手续费记入（ ）科目。

A. 管理费用　　　　　　　　　　　　B. 财务费用

C. 销售费用　　　　　　　　　　　　D. 其他业务成本

7. 下列各项中，应计入其他业务收入的是（ ）。

A. 销售材料收到的价款　　　　　　　B. 销售商品收到的价款

C. 销售固定资产收到的价款　　　　　D. 销售无形资产收到的价款

8. 当合同中包含两项或多项履约义务时，企业应当在合同开始日，将交易价格分摊至各单项履约义务。具体分摊时采用的方法是（ ）。

A. 直线法平均摊销

B. 各单项履约义务所承诺商品的成本的相对比例

C. 各单项履约义务所承诺商品的净收益的相对比例

D. 各单项履约义务所承诺商品的单独售价的相对比例

9. 某企业为增值税一般纳税人，增值税税率为13%。本月销售一批材料，价税合计为5 876元。该批材料计划成本为4 200元，材料成本差异率为2%。该项销售业务属于在某一时点履行的履约义务。不考虑其他因素，该企业销售材料应确认的损益为（　　）元。

  A. 916   B. 1 084   C. 1 884   D. 1 968

10. 甲公司是一家装潢设计公司，其通过竞标赢得一个新客户。公司为取得该客户的合同发生的下列支出中，属于为取得合同发生的增量成本的是（　　）。

  A. 因投标发生的投标费和差旅费3万元

  B. 聘请外部律师进行尽职调查的支出6万元

  C. 如果取得该新客户，将支付市场拓展部员工佣金2万元，甲公司预期这些支出未来能够收回

  D. 根据其年度盈利目标、整体盈利情况及个人业绩等向业务部门经理支付年度奖金30万元

11. 下列各项中，不符合会计要素收入定义的是（　　）。

  A. 出售材料收入   B. 出售单独计价的包装物收取的价款

  C. 销售商品收入   D. 固定资产报废净收益

12. 下列各项会计科目中，期末通常有余额的是（　　）。

  A. 合同履约成本   B. 主营业务收入

  C. 其他业务收入   D. 管理费用

13. 企业对于已经发出但不符合收入确认条件的商品，按其成本应贷记的科目是（　　）。

  A. 在途物资   B. 发出商品

  C. 库存商品   D. 主营业务成本

14. 当履约进度不能合理确定时，企业已经发生的成本预计能够得到补偿的，应当按照（　　）金额确认收入，直到履约进度能够合理确定为止。

  A. 预计能够得到补偿的成本   B. 已经发生的成本

  C. 预计将发生的成本   D. 合同总价款

15. 甲公司2020年10月承接了一项安装服务，合同总收入为1 000万元，合同预计总成本为500万元，合同价款已收取，甲公司按照履约进度确认收入。2020年已经确认400万元的收入，至2021年年底，该安装服务的履约进度累计为70%。2021年甲公司应确认的收入为（　　）万元。

  A. 1 000   B. 700   C. 300   D. 500

二、多项选择题

1. 下列项目中，一般应记入企业的"其他业务收入"科目的有（　　）。

  A. 销售原材料的收入

  B. 经营性出租固定资产的租金收入

  C. 随同商品出售不单独计价的包装物取得的收入

  D. 出租包装物取得的收入

2. 企业判断客户是否取得商品控制权时，应考虑的迹象有（　　　　）。

　　A. 客户就该商品负有现时付款义务

　　B. 客户已拥有该商品的法定所有权

　　C. 客户已占用和接受该商品

　　D. 客户已取得该商品所有权上的主要风险和报酬

3. 下列各项关于现金折扣、商业折扣、销售折让的会计处理的表述中，不正确的有（　　　　）。

　　A. 现金折扣在实际发生时计入财务费用

　　B. 现金折扣在确认销售收入时计入财务费用

　　C. 已确认收入的售出商品发生销售退回的，通常应当在发生时冲减当期销售商品收入和成本

　　D. 商业折扣在确认销售收入时计入销售费用

4. 下列关于合同取得成本的表述中，正确的有（　　　　）。

　　A. 增量成本预期能收回的，应确认为一项资产

　　B. 已确认为资产的增量成本，应当采用与其相关的商品收入确认相同的基础进行摊销

　　C. 企业在取得合同过程中发生的差旅费，应记入"合同取得成本"科目

　　D. 企业为取得合同发生的、除预期能够收回的增量成本之外的其他支出，即使这些支出由客户承担，也应计入当期损益

5. 下列各项中，不应计入商品销售收入的有（　　　　）。

　　A. 销售商品取得的销售价款　　　　　　　B. 应收取的增值税销项税额

　　C. 实际发生的商业折扣　　　　　　　　　D. 应收取的代垫运杂费

6. 企业履约过程中发生的下列支出中，应计入当期损益的有（　　　　）。

　　A. 企业承担的管理费用

　　B. 明确应由客户承担的管理费用

　　C. 非正常消耗的直接材料、直接人工和制造费用（或类似费用）

　　D. 与履约义务中已履行（包括已全部履行或部分履行）部分相关的支出

7. 下列各项中，关于收入确认表述正确的有（　　　　）。

　　A. 已确认收入的商品发生销售退回，除属于资产负债表日后事项外，一般应在发生时冲减当期销售收入

　　B. 采用支付手续费方式委托代销商品的，应在发出商品时确认收入

　　C. 销售商品发生商业折扣的，销售收入应按扣除商业折扣后的金额确认

　　D. 对于在某一时点履行的履约义务，在客户取得相关商品控制权时确认收入

8. B公司2020年12月5日收到A公司因质量不合格而被退回的商品100件，每件商品的成本为200元，该批商品于2019年9月3日出售给A公司，每件商品的售价为300元，适用的增值税税率是13%，货款尚未收到，B公司未确认销售收入。A公司提出的退货要求合理，B公司同意退货，并向A公司开具了增值税专用发票（红字），以下描述中错误的有（　　　　）。

　　A. B公司应冲减发出商品20 000元

　　B. B公司应增加库存商品20 000元

　　C. B公司应冲减当月主营业务收入30 000元

　　D. B公司应冲减当月主营业务成本20 000元

9. 下列各项中，为判断是否属于在某一时段内履行的履约义务，应满足的条件有（　　　）。

　　A. 客户在企业履约的同时即取得并消耗企业履约所带来的经济利益

　　B. 客户能够控制企业履约过程中在建的商品

　　C. 企业履约过程中所产出的商品具有不可替代用途，且该企业在整个合同期间内有权就累计至今已完成的履约部分收取款项

　　D. 企业履约过程中所产出的商品具有不可替代用途，且该企业在整个合同期间内有权收取全部合同价款

10. 下列为取得合同发生的各项支出，应计入当期损益的有（　　　）。

　　A. 明确由客户承担的场地清理费

　　B. 增加企业未来用于履行履约义务资源的成本

　　C. 该支出与过去的履约合同相关

　　D. 应由企业负担的关联费用

三、判断题

1. 企业采用支付手续费方式委托代销，应将支付的手续费计入其他业务成本。（　　）

2. 企业出售商品时不单独计价的包装物的收入，应记在"其他业务收入"科目中。

（　　）

3. 采用支付手续费委托代销方式下，委托方在发出商品时，商品的控制权并未转移，委托方不应确认销售商品收入。（　　）

4. 资产负债表日，企业应按合同的交易价格总额乘以履约进度确认当期收入。（　　）

5. 应当在确认销售商品收入、提供服务收入等时，将已销售商品、已提供服务的成本确认为营业成本。（　　）

6. 与履约义务中已履行（包括已全部履行或部分履行）部分相关的支出，应计入合同履约成本。（　　）

7. 当履约进度不能合理确定时，企业不应确认收入。（　　）

8. 企业确认和计量收入的基本原则是确认收入的方式应当反映其向客户转让商品或提供服务的模式，收入的金额应当反映企业因转让商品或提供服务而预期有权收取的对价金额。

（　　）

9. 确定交易价格时，代第三方收取的款项不应计入交易价格。（　　）

10. 企业销售原材料、包装物等存货也视同商品销售，其收入确认和计量原则比照商品销售，其实现的收入应该作为主营业务收入处理。（　　）

11. 企业出租无形资产的租金收入，一般通过"其他业务收入"科目核算；所出租的无形资产计提的摊销额等，一般通过"其他业务成本"科目核算。（　　）

12. 企业已完成销售手续但购买方在月末尚未提取的商品，不应确认收入的实现。

（　　）

四、不定项选择题

1. 甲公司为增值税一般纳税人，适用增值税税率为13%、所得税税率为25%，2020年甲公司发生如下经济活动：

（1）5月10日，甲公司向乙公司销售一批商品，售价为500万元，该批商品实际成本为300万元。甲公司给予乙公司15%的商业折扣并开具了增值税专用发票，合同中规定的现金折扣为2/10、1/20、N/30，甲公司于当日发出商品，乙公司于5月25日付款，假定计算现金折扣时不考虑增值税。

（2）6月，销售一批商品给丙公司，开出的增值税专用发票上注明的售价为100万元、增值税税额为13万元。该批商品的成本为50万元。丙公司收到货后发现质量不符合要求，要求在价格上给予10%的折让。甲公司检测后同意丙公司提出的要求。假定此前甲公司已经确认了该批商品的收入，尚未收到货款，发生的销售折让允许扣减当期的增值税销项税额。

（3）7月，甲公司销售原材料收入10万元（不含税），成本为8万元。

（4）8月，出租包装物租金收入2万元，出租无形资产租金收入6万元，罚款收入3万元。

要求：根据上述资料，不考虑其他相关因素，分析回答下列问题：

（1）针对资料（1），甲公司下列会计处理中正确的是（　　）。

    A. 确认主营业务收入425万元

    B. 确认主营业务成本300万元

    C. 在收到货款时确认财务费用4.25万元

    D. 在收到货款时确认银行存款476万元

（2）根据资料（2），下列说法中正确的是（　　）。

    A. 销售实现时确认主营业务收入113万元

    B. 销售实现时结转主营业务成本50万元

    C. 发生销售折让时冲减主营业务收入10万元

    D. 实际收到货款时应确认银行存款113万元

（3）针对资料（3），下列关于甲公司销售原材料的会计处理正确的是（　　）。

    A. 贷记"主营业务收入"科目10万元

    B. 贷记"其他业务收入"科目10万元

    C. 借记"主营业务成本"科目8万元

    D. 借记"其他业务成本"科目8万元

（4）根据资料（4），下列说法中正确的是（　　）。

    A. 应计入主营业务收入的金额为8万元

    B. 应计入其他业务收入的金额为8万元

    C. 应计入其他业务收入的金额为3万元

    D. 应计入营业外收入的金额为3万元

（5）根据上述资料，甲公司应确认的营业收入为（　　）万元。

    A. 528.75   B. 536   C. 543   D. 533

2. 甲公司为增值税一般纳税人，适用的增值税税率为13%，商品售价中不包含增值税。销售商品和提供服务均符合收入确认条件，其成本在确认收入时逐笔结转。2020年12月，甲公司发生如下交易或事项：

（1）6日，向乙公司销售A商品一批，商品售价为200万元，增值税税额为26万元，该批商品的成本为120万元。商品已发出，款项已收到并存入银行，开出增值税专用发票。销售前，该批商品已计提了 20 万元的存货跌价准备。

（2）18 日，因资金周转困难，急需资金一笔，将购买成本为 30 万元的原材料出售，售价 28 万元，当月收到款项。

（3）19 日，与丙公司签订销售协议，采用预收款方式向丙公司销售一批商品，实际成本 90 万元。销售协议约定，售价 120 万元，相关增值税税额 15.6 万元，丙公司预付 60% 的货款（按不含增值税价格计算），其余款项于 2020 年 12 月 31 日发货时结算。

（4）28 日，与戊公司签订为期 3 个月的服务合同，合同总价款为 70 万元。至 12 月 31 日，已经预收合同款 50 万元，实际发生服务成本 30 万元，估计为完成该合同还将发生服务成本 20 万元，该公司按实际发生的成本占估计总成本的比例确定合同履约进度。

要求：根据上述资料，不考虑其他因素，分析回答下列问题：

（1）根据资料（1），下列说法中正确的是（　　　　）。

A. 应确认主营业务收入 200 万元　　　B. 应确认主营业务收入 180 万元

C. 应确认主营业务成本 120 万元　　　D. 应确认主营业务成本 100 万元

（2）根据资料（2），甲企业应将销售原材料结转的成本计入（　　　　）。

A. 主营业务成本　　　　　　　　　　B. 其他业务成本

C. 生产成本　　　　　　　　　　　　D. 制造费用

（3）根据资料（3），下列分录中正确的是（　　　　）。

A. 借：银行存款　　　　　　　　　　　　　　　　　72

　　　贷：合同负债　　　　　　　　　　　　　　　　　　72

B. 借：银行存款　　　　　　　　　　　　　　　　　135.6

　　　贷：主营业务收入　　　　　　　　　　　　　　　　120

　　　　　应交税费——应交增值税（销项税额）　　　　　15.6

C. 借：合同负债　　　　　　　　　　　　　　　　　135.6

　　　贷：主营业务收入　　　　　　　　　　　　　　　　120

　　　　　应交税费——应交增值税（销项税额）　　　　　15.6

D. 借：主营业务成本　　　　　　　　　　　　　　　　90

　　　贷：库存商品　　　　　　　　　　　　　　　　　　90

（4）根据资料（4），关于甲公司 12 月 31 日会计处理结果正确的是（　　　　）。

A. 结转提供服务成本 30 万元　　　B. 确认提供服务收入 50 万元

C. 确认提供服务收入 42 万元　　　D. 结转提供服务成本 50 万元

（5）根据资料（1）～（5），甲公司本期应结转的营业成本的金额是（　　　　）万元。

A. 270　　　　　B.180　　　　　C.250　　　　　D.160

第十四章

费　用

扫码观看教学视频

第一节　费用概述

　　费用是指企业在日常活动中发生的、会导致所有者权益减少的、与向所有者分配利润无关的经济利益的总流出。

　　费用有狭义和广义之分。广义的费用泛指企业各种日常活动发生的所有耗费；狭义的费用仅指与本期营业收入相配比的那部分耗费。费用应按照权责发生制和配比原则确认，凡是应属于本期发生的费用，不论其款项是否支付，均确认为本期费用；反之，不属于本期发生的费用，即使其款项已在本期支付，也不确认为本期费用。

　　在确认费用时，首先应当分清生产费用和非生产费用的界限。生产费用是指企业日常生产经营活动有关的费用，如生产产品所发生的原材料费用、人工费用等；非生产费用是指不属于生产费用的费用，如用于购建固定资产所发生的费用。其次，应当分清生产费用与产品成本的界限。生产费用与一定的期间相联系，而与生产的产品无关；产品成本与一定品种和数量的产品相联系，而不论发生在哪一期。第三，应当区分生产费用与期间费用的界限。生产费用应当计入产品成本；而期间费用直接计入当期损益。

　　在确认费用时，对于确认为期间费用的费用，应进一步划分为管理费用、销售费用和财务费用。对于确认为生产费用的费用，应根据费用发生的实际情况分不同的费用性质将其确认为不同产品所负担的费用；对于几种产品共同发生的费用，应当按受益原则，采用一定方法和程序将其分配计入相关产品的成本。

　　本章所涉及的费用主要是指企业为取得营业收入进行商品销售等营业活动所发生的营业成本、税金及附加和期间费用。

第二节　营业成本

　　营业成本是指企业为生产产品、提供服务等发生的可归属于产品成本、服务成本等的费用，应当在确认销售商品收入、提供服务收入等时，将已销售商品、已提供服务的成本等计入当期损益。

　　营业成本包括主营业务成本和其他业务成本。

一、主营业务成本

　　主营业务成本是指企业销售商品、提供服务等经常性活动所发生的成本。企业在确认销售商品、提供服务等主营业务收入时，或在月末，将已销售商品、已提供服务的成本转入主营业务成本。企业应当设置"主营业务成本"科目，用于核算企业因销售商品、提供服务等日常活动而发生的实际成本，该科目按主营业务的种类进行明细核算。企业结转已销售商品或提供服务成本时，借记"主营业务成本"科目，贷记"库存商品""合同履约成本"等科目。期末，将主营业务成本的余额转入"本年利润"科目，借记"本年利润"科目，贷记"主营业务成本"科目，结转后，"主营业务成本"科目无余额。

例 14-1 兴华公司为增值税一般纳税人，2020 年 12 月 20 日，向通达公司销售一批产品，开出的增值税专用发票上注明的价款为 300 000 元、增值税税额为 39 000 元；兴华公司已收到通达公司支付的款项 339 000 元，并将提货单送交通达公司；该批产品成本为 200 000 元。该项销售业务属于某一时点履行的履约义务，兴华公司应编制如下会计分录：

（1）销售实现时：

借：银行存款　　　　　　　　　　　　　　　　　339 000

　　贷：主营业务收入　　　　　　　　　　　　　　　300 000

　　　　应交税费——应交增值税（销项税额）　　　　 39 000

借：主营业务成本　　　　　　　　　　　　　　　200 000

　　贷：库存商品　　　　　　　　　　　　　　　　　200 000

（2）期末，将主营业务成本结转至本年利润：

借：本年利润　　　　　　　　　　　　　　　　　200 000

　　贷：主营业务成本　　　　　　　　　　　　　　　200 000

二、其他业务成本

其他业务成本是指企业确认的除主营业务活动以外的其他日常经营活动所发生的支出。其他业务成本包括销售材料的成本、出租固定资产的折旧额、出租无形资产的摊销额、出租包装物的成本或摊销额等。

企业应当设置"其他业务成本"科目，用于核算企业确认的除主营业务活动以外的其他日常活动所发生的支出，该科目按其他业务的种类进行明细核算。企业发生其他业务成本时，借记"其他业务成本"科目，贷记"原材料""周转材料""累计折旧""累计摊销""应付职工薪酬""银行存款"等科目。期末，将其他业务成本的余额转入"本年利润"科目，借记"本年利润"科目，贷记"其他业务成本"科目，结转后，"其他业务成本"科目无余额。

例 14-2 兴华公司为增值税一般纳税人，2020 年 12 月 1 日，由于产品转型，将生产原产品的一批剩余材料进行销售，开具增值税专用发票上注明的材料价款为 20 000 元、增值税税额为 2 600 元，款项均已通过银行收到。该批材料的成本为 15 000 元。该项销售属于某一时点履行的履约义务。兴华公司应编制如下会计分录：

（1）销售实现时：

借：银行存款　　　　　　　　　　　　　　　　　 22 600

　　贷：其他业务收入　　　　　　　　　　　　　　　 20 000

　　　　应交税费——应交增值税（销项税额）　　　　　2 600

| 借：其他业务成本 | 15 000 | |
| 　　贷：原材料 | | 15 000 |

（2）期末，将其他业务成本结转至本年利润：

| 借：本年利润 | 15 000 | |
| 　　贷：其他业务成本 | | 15 000 |

例 14-3　兴华公司为增值税一般纳税人，将自行开发完成的一项专利技术出租给永兴公司，该专利技术成本为 480 000 元，双方约定的租赁期限为 10 年。兴华公司每月摊销该专利技术成本时，应编制如下会计分录：

该专利技术每月应摊销 =480 000÷10÷12=4 000（元）

| 借：其他业务成本 | 4 000 | |
| 　　贷：累计摊销 | | 4 000 |

例 14-4　兴华公司为增值税一般纳税人，2020 年 12 月 10 日，领用随同商品出售而单独计价的包装物实际成本 50 000 元，开具的增值税专用发票上注明的价款为 80 000 元、增值税税额为 10 400 元，款项已存入银行。销售商品领用单独计价包装物属于销售商品和包装物两项履约义务，且属于某一时点履行的履约义务。兴华公司确认商品销售收入的同时应编制如下会计分录：

（1）出售包装物：

借：银行存款	90 400	
贷：其他业务收入		80 000
应交税费——应交增值税（销项税额）		10 400

（2）结转出售包装物成本：

| 借：其他业务成本 | 50 000 | |
| 　　贷：周转材料——包装物 | | 50 000 |

（3）期末，将其他业务成本结转至本年利润：

| 借：本年利润 | 50 000 | |
| 　　贷：其他业务成本 | | 50 000 |

第三节　税金及附加

　　税金及附加是指企业经营活动应负担的相关税费，包括消费税、城市维护建设税、教育费附加、资源税、环境保护税、土地增值税、房产税、城镇土地使用税、车船税、印花税等。

　　企业应当设置"税金及附加"科目，核算企业经营活动发生的消费税、城市维护建设税、教育费附加、资源税、环境保护税、土地增值税、房产税、城镇土地使用税、车船税、印花税等相关税费。其中，按规定计算确定的与经营活动相关的消费税、城市维护建设税、教育费附加、房产税、城镇土地使用税、车船税、环境保护税等税费，企业应借记"税金及附加"科目，贷记"应交税费"科目。期末，应将"税金及附加"科目余额转入"本年利润"科目，结转后，"税金及附加"科目无余额。企业缴纳的印花税，不会发生应付未付税款的情况，不需要预计应纳税金额，同时也不存在与税务机关结算或者清算的问题，因此，企业缴纳的印花税不通过"应交税费"科目核算，于购买印花税票时，直接借记"税金及附加"科目，贷记"银行存款"科目。

例 14-5　兴华公司为增值税一般纳税人，2020 年 12 月份发生如下纳税业务：

（1）取得应交消费税的销售商品收入 5 000 000 元，该产品适用的消费税税率为 25%。

（2）公司拥有自主产权的一幢房产的原值为 2 000 000 元，已知房产税税率为 1.2%，当地规定的房产税扣除比例为 30%。

（3）当月实际缴纳增值税 500 000 元，销售应税消费品实际缴纳消费税 200 000 元，兴华公司适用的城市维护建设税税率为 7%，教育费附加为 3%。

（4）当月按规定应交车船税 36 000 元，应交城镇土地使用税 30 000 元。

以上税款均已通过银行支付。兴华公司应编制如下会计分录：

（1）计算确认应交消费税税额 =5 000 000×25%=1 250 000（元）

借：税金及附加　　　　　　　　　　　　　　1 250 000
　　贷：应交税费——应交消费税　　　　　　　　　　　1 250 000

实际缴纳消费税时：

借：应交税费——应交消费税　　　　　　　　1 250 000
　　贷：银行存款　　　　　　　　　　　　　　　　　　1 250 000

（2）计算应交房产税税额 =2 000 000×（1-30%）×1.2%=16 800（元）

借：税金及附加　　　　　　　　　　　　　　　　16 800
　　贷：应交税费——应交房产税　　　　　　　　　　　　16 800

实际缴纳房产税时：

借：应交税费——应交房产税　　　　　　　　　　16 800
　　贷：银行存款　　　　　　　　　　　　　　　　　　　16 800

（3）计算应交城市维护建设税 =（500 000+200 000）×7%=49 000（元）

　　计算应交教育费附加 =（500 000+200 000）×3%=21 000（元）

借：税金及附加　　　　　　　　　　　　　　　　70 000
　　贷：应交税费——应交城市维护建设税　　　　　　　　49 000
　　　　　　　　——应交教育费附加　　　　　　　　　　21 000

实际缴纳城市维护建设税和教育费附加时：

借：应交税费——应交城市维护建设税　　　　　49 000
　　　　　　　——应交教育费附加　　　　　　　21 000
　　贷：银行存款　　　　　　　　　　　　　　　　　　　70 000

（4）按规定确认应交车船税、城镇土地使用税：

借：税金及附加　　　　　　　　　　　　　　　　66 000

$\qquad$ 贷：应交税费——应交车船税   36 000

$\qquad$ ——应交城镇土地使用税   30 000

实际缴纳车船税、城镇土地使用税时：

$\qquad$ 借：应交税费——应交车船税   36 000

$\qquad$ ——应交城镇土地使用税   30 000

$\qquad$ 贷：银行存款   66 000

例 14-6 兴华公司 2020 年 12 月 31 日将"税金及附加"科目余额 1 402 800 元转入"本年利润"科目。兴华公司应编制如下会计分录：

$\qquad$ 借：本年利润   1 402 800

$\qquad$ 贷：税金及附加   1 402 800

第四节 期间费用

期间费用是指企业日常活动中发生的不能计入特定核算对象的成本，而应计入发生当期损益的费用。期间费用是企业日常活动中所发生的经济利益的流出，之所以不计入特定的成本核算对象，主要是因为期间费用是企业为组织和管理整个经营活动所发生的费用，与可以确定特定成本核算对象的材料采购、产成品生产等没有直接关系，因而期间费用不计入有关核算对象的成本，而是直接计入当期损益。

期间费用包含以下两种情况：①企业发生的支出不产生经济利益，或者即使产生经济利益但不符合或者不再符合资产确认条件的，应当在发生时确认为费用，计入当期损益；②企业发生的交易或者事项导致其承担了一项负债，而又不确认为一项资产的，应当在发生时确认为费用，计入当期损益。

一、管理费用

管理费用是指企业为组织和管理生产经营发生的各种费用，包括企业在筹建期间内发生的开办费、行政管理部门在企业的经营管理中发生的应由企业统一负担的公司经费（包括行政管理部门职工工资及福利费、物料消耗、低值易耗品摊销、办公费和差旅费等）、行政管理部门负担的工会经费、董事会会费（包括董事会成员津贴、会议费和差旅费等）、聘请中介机构费、咨询费（含顾问费）、诉讼费、业务招待费、技术转让费、研究费用、排污费等。企业生产车间（部门）和行政管理部门发生的固定资产修理费等后续支出，也作为管理费用核算。

企业应设置"管理费用"科目核算管理费用的发生和结转情况。该科目借方登记企业发生的各项管理费用，贷方登记期末转入"本年利润"科目的管理费用，结转后该科目应无余额。该科目按管理费用的费用项目进行明细核算。商品流通企业管理费用不多的，可不设置该科目，相关核算内容可并入"销售费用"科目核算。

例 14-7　兴华公司为增值税一般纳税人，2020 年 12 月 2 日为拓展产品销售市场发生业务招待费 60 000 元，取得的增值税专用发票上注明的增值税税额为 3 600 元，均已用银行存款支付。兴华公司应编制如下会计分录：

借：管理费用——业务招待费　　　　　　　　　　　　　60 000
　　应交税费——应交增值税（进项税额）　　　　　　　　3 600
　　　贷：银行存款　　　　　　　　　　　　　　　　　　　　　63 600

例 14-8　兴华公司行政部 2020 年 12 月份共发生如下费用：行政人员薪酬 150 000 元，管理部门固定资产折旧费 80 000 元，摊销管理部门用无形资产成本 50 000 元，用银行存款支付行政人员差旅费 20 000 元及其他办公、水电费 10 000 元。假设不考虑增值税等因素，兴华公司应编制如下会计分录：

借：管理费用　　　　　　　　　　　　　　　　　　　　310 000
　　　贷：应付职工薪酬　　　　　　　　　　　　　　　　　　　150 000
　　　　　累计折旧　　　　　　　　　　　　　　　　　　　　　80 000
　　　　　累计摊销　　　　　　　　　　　　　　　　　　　　　50 000
　　　　　银行存款　　　　　　　　　　　　　　　　　　　　　30 000

例 14-9　兴华公司 2020 年 12 月 31 日将"管理费用"科目余额 370 000 元转入"本年利润"科目。兴华公司应编制如下会计分录：

借：本年利润　　　　　　　　　　　　　　　　　　　　370 000
　　　贷：管理费用　　　　　　　　　　　　　　　　　　　　　370 000

二、销售费用

销售费用是指企业在销售商品、自制半成品和提供劳务等过程中发生的各项费用，包括保险费、包装费、展览费、广告费、商品维修费、预计产品质量保证损失、运输费、装卸费等，以及为销售本企业商品而专设的销售机构（含销售网点、售后服务网点等）的职工薪酬、业务费、折旧费等经营费用。企业发生的与专设销售机构相关的固定资产修理费用等后续支出也属于销售费用。

销售费用是与企业销售商品活动有关的费用，但不包括销售商品本身的成本。销售商品的成本属于"主营业务成本"。

企业应通过"销售费用"科目核算销售费用的发生和结转情况。该科目借方登记企业所发生的各项销售费用，贷方登记期末转入"本年利润"科目的销售费用，结转后该科目应无余额。该科目应按销售费用的费用项目进行明细核算。

例 14-10　兴华公司为增值税一般纳税人，2020 年 12 月 1 日为宣传新产品发生广告费 80 000 元，取得增值税专用发票上注明的增值税税额为 4 800 元，全部款项已用银行存款支付。兴华公司应编制如下会计分录：

借：销售费用——广告费　　　　　　　　　　　　　　　80 000
　　应交税费——应交增值税（进项税额）　　　　　　　　4 800
　　　贷：银行存款　　　　　　　　　　　　　　　　　　　　84 800

例 14-11　兴华公司为增值税一般纳税人，2020 年 12 月 30 日销售一批产品，销售过程中发生运输费 5 000 元，取得的增值税专用发票上注明的增值税税额为 450 元；发生所销售商品保险费 2 000 元，取得的增值税专用发票上注明的增值税税额为 120 元，取得的增值税普通发票上注明的装卸费价税合计为 4 000 元，上述款项均用银行存款支付。兴华公司应编制如下会计分录：

借：销售费用——运输费	5 000	
——保险费	2 000	
——装卸费	4 000	
应交税费——应交增值税（进项税额）	570	
贷：银行存款		11 570

例 14-12　兴华公司为增值税一般纳税人，公司销售部 2020 年 12 月份发生如下费用：销售人员薪酬 140 000 元，销售部专用办公设备折旧费 30 000 元，用银行存款支付业务费 80 000 元。假设不考虑其他因素，兴华公司应编制如下会计分录：

借：销售费用	250 000	
贷：应付职工薪酬		140 000
累计折旧		30 000
银行存款		80 000

例 14-13　兴华公司 2020 年 12 月 31 日将本月发生的销售费用 341 000 元结转到"本年利润"科目。兴华公司应编制如下会计分录：

借：本年利润	341 000	
贷：销售费用		341 000

三、财务费用

财务费用是指企业为了筹集生产经营资金而发生的筹资费用，包括利息支出（减利息收入）、汇兑损益及相关的手续费、企业发生的现金折扣等。

企业应通过"财务费用"科目核算财务费用的发生和结转情况。该科目借方登记企业发生的各项财务费用，贷方登记转入"本年利润"科目的财务费用，结转后该科目应无余额。该科目应按财务费用的费用项目进行明细核算。

例 14-14　兴华公司 2020 年 11 月 1 日向银行借入生产经营用短期借款 720 000 元，期限 6 个月，年利率 5%，该借款本金到期后一次归还，利息分月预提，按季支付。兴华公司应编制如下会计分录：

每月末，计提当月应计利息：720 000×5%÷12=3 000（元）

借：财务费用——利息支出	3 000	
贷：应付利息		3 000

例 14-15　2020 年 12 月 25 日，兴华公司在购买材料的业务中，根据对方规定的现金折扣条件提前付款，获得对方给予的现金折扣 1 000 元。兴华公司应编制如下会计分录：

　　　借：应付账款　　　　　　　　　　　　　　　　1 000
　　　　　贷：财务费用　　　　　　　　　　　　　　　　　1 000

例 14-16　2020 年 12 月 31 日，兴华公司接到银行通知，本季度公司存款利息收入 800 元已划入公司银行存款账户。假设不考虑其他因素，兴华公司应编制如下会计分录：

　　　借：银行存款　　　　　　　　　　　　　　　　800
　　　　　贷：财务费用　　　　　　　　　　　　　　　　　800

例 14-17　2020 年 12 月 31 日，兴华公司将"财务费用"科目余额 1 200 元结转到"本年利润"科目。兴华公司应编制如下会计分录：

　　　借：本年利润　　　　　　　　　　　　　　　　1 200
　　　　　贷：财务费用　　　　　　　　　　　　　　　　　1 200

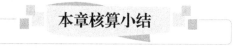

本章核算小结

1. 营业成本核算小结见表 14-1。

表 14-1　营业成本核算小结

业 务 内 容	会 计 处 理
主营业务成本	销售业务发生时： 借：主营业务成本 　　贷：库存商品 / 合同履约成本 期末： 借：本年利润 　　贷：主营业务成本
其他业务成本	相关业务发生时： 借：其他业务成本 　　贷：原材料 / 累计折旧 / 累计摊销 / 周转材料——包装物 期末： 借：本年利润 　　贷：其他业务成本

2. 税金及附加核算小结见表 14-2。

表 14-2　税金及附加核算小结

业 务 内 容	会 计 处 理
计算应交税费	借：税金及附加 　　贷：应交税费——应交消费税、城市维护建设税等
实际缴纳税费	借：应交税费——应交消费税、城市维护建设税等 　　贷：银行存款

3. 期间费用核算小结见表 14-3。

表 14-3 期间费用核算小结

业 务 内 容	会 计 处 理
销售费用	销售过程中发生的运杂费、广告费等： 借：销售费用 　　贷：银行存款等
	专设销售机构发生的工资、福利费、折旧费等： 借：销售费用 　　贷：银行存款 　　　　应付职工薪酬 　　　　累计折旧
	期末转入"本年利润"科目： 借：本年利润 　　贷：销售费用
管理费用	发生的各项管理费用： 借：管理费用 　　贷：库存现金 　　　　应付职工薪酬 　　　　累计折旧 　　　　累计摊销 　　　　应交税费等
	期末转入"本年利润"科目： 借：本年利润 　　贷：管理费用
财务费用	发生的各项财务费用： 借：财务费用 　　贷：银行存款 　　　　应付利息
	期末转入"本年利润"科目： 借：本年利润 　　贷：财务费用

同步强化训练

一、单项选择题

1. 以下不应该确认为费用的是（　　）。

　　A. 长期待摊费用　　B. 业务招待费　　C. 销售费用　　D. 财务费用

2. 下列各项中，应计入工业企业主营业务成本的是（　　）。

　　A. 随同商品出售单独计价的包装物成本　　B. 出租无形资产的摊销额

　　C. 生产车间固定资产日常修理费　　D. 销售货物应结转的销售成本

3. 某企业某月销售生产的商品确认销售成本 100 万元，销售原材料确认销售成本 10 万元，本月发生现金折扣 1.5 万元。不考虑其他因素，该企业该月计入其他业务成本的金额为（　　）万元。

　　A. 100　　　　B. 110　　　　C. 10　　　　D. 11.5

4. 某工业企业为增值税一般纳税人，2020 年应交的各种税金如下：增值税 700 万元，消费税（全部为销售应税消费品发生）300 万元，城市维护建设税 60 万元，教育及附加费 10 万元，所得税费用 500 万元。上述各项税金应计入税金及附加的金额为（　　　）万元。

    A. 70　　　　　　　　B. 370　　　　　　　　C. 90　　　　　　　　D. 460

5. 某公司 2020 年支付广告费 300 000 元，银行借款利息费用 20 000 元，以上业务贷记银行存款 320 000 元，可以借记（　　　）。

    A. 财务费用 320 000 元　　　　　　　　B. 销售费用 300 000 元

    C. 管理费用 320 000 元　　　　　　　　D. 销售费用 320 000 元

6. 下列各项中，不应计入其他业务成本的是（　　　）。

    A. 经营出租设备计提的折旧额

    B. 出借包装物的成本摊销额

    C. 出售原材料结转的成本

    D. 随同商品出售单独计价的包装物成本

7. 甲企业 2021 年 3 月份发生的费用有：计提车间管理人员工资费用 50 万元，发生管理部门人员工资 30 万元，支付广告宣传费用 40 万元，筹集外币资金发生汇兑损失 10 万元，支付固定资产维修费用 15 万元，则该企业当期的期间费用总额为（　　　）万元。

    A. 95　　　　　　　　B. 130　　　　　　　　C. 140　　　　　　　　D. 145

8. 下列关于费用和损失的表述中，不正确的是（　　　）。

    A. 工业企业销售产品结转的成本属于费用

    B. 损失是在企业日常活动中发生的

    C. 商品维修费、向咨询公司支付的咨询费用、业务费等属于费用

    D. 因违约支付的罚款、对外捐赠等属于企业的损失

9. 某企业 2020 年 12 月份发生如下事项：A 材料的实际成本为 20 万元，销售 A 材料的同时出售单独计价的包装物的成本为 5 万元；生产车间固定资产的修理费用为 2 万元；出租无形资产的摊销额为 1 万元，出借包装物的摊销额为 0.5 万元。该企业 2020 年 12 月份应计入其他业务成本的金额为（　　　）万元。

    A. 28.5　　　　　　　B. 26　　　　　　　　C. 8　　　　　　　　D. 6

10. 2020 年 11 月甲公司发生如下税费：增值税 60 万元，消费税 80 万元，销售产品应交资源税 5 万元，印花税 2 万元，适用的城市维护建设税和教育费附加的税率分别为 7% 和 3%。假定不考虑其他因素，下列关于甲公司 11 月份相关税费计算的说法中，正确的是（　　　）。

    A. 城市维护建设税为 7.7 万元　　　　　　B. 教育费附加为 3.3 万元

    C. 教育费附加为 4.2 万元　　　　　　　　D. 税金及附加为 99 万元

11. 下列各项中，应计入期间费用的是（　　　）。

    A. 计提车间管理用固定资产的折旧费　　　B. 预计产品质量保证损失

    C. 车间管理人员的工资费用　　　　　　　D. 销售商品发生的商业折扣

12. 2020 年 12 月份，甲公司管理部门使用的固定资产累计折旧金额为 30 万元，车间管理部门使用固定资产累计折旧金额为 15 万元，销售部门发生的业务费为 26 万元，财务部门人员的职工薪酬为 10 万元，则 2020 年 12 月份甲公司计入管理费用的金额为（　　　）万元。

　　A. 81　　　　　　　　B. 71　　　　　　　　C. 45　　　　　　　　D. 40

二、多项选择题

1. 下列各项中，属于企业营业成本核算内容的有（　　　　）。
　　A. 处置固定资产的净损失　　　　　　　B. 销售材料成本
　　C. 销售商品成本　　　　　　　　　　　D. 经营租出固定资产折旧额

2. 下列各项中，关于管理费用会计处理表述正确的有（　　　　）。
　　A. 无法查明原因的现金短缺应计入管理费用
　　B. 转销确实无法支付的应付账款应冲减管理费用
　　C. 行政管理部门负担的工会经费应计入管理费用
　　D. 企业在筹建期间内发生的开办费应计入管理费用

3. 下列各项，可以记入利润表"税金及附加"项目的有（　　　　）。
　　A. 增值税　　　　　　　　　　　　　　B. 城市维护建设税
　　C. 矿产资源补偿费　　　　　　　　　　D. 进口环节应该缴纳的消费税

4. 某企业 2020 年 12 月份发生的费用有：外设销售机构办公费用 40 万元，销售人员工资 30 万元，计提车间用固定资产折旧 20 万元，发生车间管理人员工资 60 万元，支付委托代销商品手续费 60 万元，汇兑收益 40 万元，支付行政部门的业务招待费 20 万元，行政管理人员工资 10 万元。下列说法正确的有（　　　　）。
　　A. 该企业 12 月发生财务费用 –40 万元
　　B. 该企业 12 月发生销售费用 130 万元
　　C. 该企业 12 月发生制造费用 20 万元
　　D. 该企业 12 月发生管理费用 30 万元

5. 下列各项中，属于费用的有（　　　　）。
　　A. 生产车间管理人员的工资　　　　　　B. 专设售后服务网点的职工薪酬
　　C. 支付的城镇土地使用税　　　　　　　D. 企业负担的生产职工养老保险费

6. 以下关于营业成本的表述中，正确的有（　　　　）。
　　A. 营业成本是日常活动形成的
　　B. 营业成本由主营业务成本和其他业务成本组成
　　C. 营业成本会导致利润总额减少
　　D. 企业在确认销售商品收入时，应将已销售的商品的成本计入营业外支出

7. 下列企业发生的事项中，通过"主营业务成本"核算的有（　　　　）。
　　A. 工业企业销售产品结转的产品成本　　B. 安装公司提供安装服务发生的支出
　　C. 工业企业出租固定资产发生的折旧　　D. 租赁公司出租固定资产发生的折旧

8. 下列各项中，不应计入工业企业其他业务成本的有（　　　　）。
　　A. 短期租入的固定资产计提的折旧额
　　B. 行政管理部门使用的固定资产计提的折旧额
　　C. 专设销售机构使用的固定资产计提的折旧额
　　D. 经营租出的固定资产计提的折旧额

9. 下列各项中，不通过"税金及附加"科目核算的有（　　　　）。

　　A. 委托加工物资受托方代收代缴的消费税

　　B. 厂部车辆应交车辆购置税

　　C. 销售矿产品应交的资源税

　　D. 销售应税消费品交纳的消费税

10. 下列各项中，应计入销售费用的有（　　　　）。

　　A. 销售商品时发生的包装费

　　B. 销售商品时发生的装卸费

　　C. 为宣传产品发生的广告费

　　D. 与专设销售机构相关的固定资产的后续支出

11. 下列各项中，应计入管理费用的有（　　　　）。

　　A. 诉讼费　　　　　　　　　　　　B. 聘请中介机构费

　　C. 城镇土地使用税　　　　　　　　D. 车船税

12. 2020 年 10 月 1 日，甲公司购入一台不需要安装的生产设备，增值税专用发票上注明的价款为 600 万元、增值税税额为 78 万元。同时，甲公司开出银行承兑汇票一张，面值为 678 万元，期限 3 个月，缴纳银行承兑手续费 0.3 万元。下列各项中，甲公司的会计处理正确的有（　　　　）。

　　A. "应付票据"科目增加 678 万元　　B. "其他货币资金"科目增加 678 万元

　　C. "财务费用"科目增加 0.3 万元　　D. "固定资产"科目增加 600 万元

三、判断题

1. 主营业务成本按主营业务的种类进行明细核算，期末，将"主营业务成本"科目余额转入"本年利润"科目，结转后该科目无余额。　　　　　　　　　　　　　　（　　　）

2. 期间费用包括管理费用、销售费用、财务费用、营业外支出。　　　　　　（　　　）

3. 企业销售商品确认收入后，对于客户实际享受的现金折扣应当确认为当期财务费用。　　　　　　　　　　　　　　　　　　　　　　　　　　　　　　　（　　　）

4. 税金及附加是指企业经营活动应负担的相关税费，包括消费税、城市维护建设税、增值税和资源税等。　　　　　　　　　　　　　　　　　　　　　　　　　　（　　　）

5. 导致经济利益流出的支出都构成费用。　　　　　　　　　　　　　　　（　　　）

6. 随同商品出售单独计价的包装物成本通过"其他业务成本"科目核算。　（　　　）

7. 期间费用是指企业日常活动发生的不能计入特定核算对象的成本，应在发生时计入当期损益。　　　　　　　　　　　　　　　　　　　　　　　　　　　　　　（　　　）

8. 企业发生的与专设销售机构相关的固定资产修理费用属于期间费用。　（　　　）

9. 某公司将聘请甲会计师事务所审计其 2020 年度财务报告发生的相关审计费用计入管理费用。　　　　　　　　　　　　　　　　　　　　　　　　　　　　　（　　　）

10. 企业筹建期间的开办费、销售商品发生的商业折扣以及支付银行承兑汇票的手续费均通过"财务费用"科目核算。　　　　　　　　　　　　　　　　　　　　　（　　　）

四、不定项选择题

1. 2020 年，甲公司发生有关经济业务如下：

（1）1月10日，接受乙公司作为资本投入的M非专利技术，投资合同约定价值为300万元（与公允价值一致），该出资在甲公司注册资本中享有份额的金额为250万元。不考虑相关税费。合同规定M非专利技术的受益年限为10年。该非专利技术用于行政管理，采用直线法进行摊销。

（2）1月15日，开始自行研发一项N专利技术，1～4月发生不符合资本化条件的研究支出320万元，5～10月共发生开发支出800万元，其中符合资本化条件的支出为600万元。10月31日，N专利技术达到预定用途，并直接用于产品的生产，其有效期为10年，采用直线法进行摊销。

（3）11月5日，为宣传应用N专利技术生产的新产品，以银行存款支付广告宣传费10万元（不考虑增值税）。

（4）12月26日，为适用公司经营战略调整，将M非专利技术出售，取得增值税专用发票注明的价款为260万元、增值税税额为15.6万元。该非专利技术已计提摊销额27.5万元，未计提资产减值准备。

要求：根据上述资料，不考虑其他因素，分析回答下列问题：

（1）根据资料（1），下列各项中，关于接受M非专利技术作为资本投入的会计处理表述正确的是（　　）。

A. 确认盈余公积50万元　　　　　B. 确认无形资产300万元

C. 确认实收资本250万元　　　　　D. 确认资本公积50万元

（2）根据资料（2），下列各项中，甲公司N专利技术会计处理正确的是（　　）。

A. 无形资产按月摊销时：
借：制造费用　　　　　5
贷：累计摊销　　　　　5

B. 无形资产按月摊销时：
借：管理费用　　　　　5
贷：累计摊销　　　　　5

C. 10月31日，研发活动结束确认无形资产时：
借：无形资产　　　　　600
贷：研发支出——资本化支出　　　　　600

D. 10月31日，研发活动结束确认无形资产时：
借：无形资产　　　　　800
贷：研发支出——资本化支出　　　　　800

（3）根据资料（3），下列各项中，支付广告宣传费对甲公司财务状况和经营成果的影响是（　　）。

A. 管理费用增加10万元　　　　　B. 无形资产增加10万元

C. 营业利润减少10万元　　　　　D. 销售费用增加10万元

（4）根据资料（1）和（4），下列各项中，关于甲公司出售M非专利技术对当期损益影响表述正确的是（　　）。

A. 其他业务成本增加12.5万元　　　B. 营业利润减少12.5万元

C. 营业外支出增加12.5万元　　　　D. 利润总额减少12.5万元

（5）根据资料（1）～（4），上述业务对该公司 2020 年度管理费用的影响金额是（　　）万元。

    A．547.5   B．42.5   C．542.5   D．27.5

2．乙公司为增值税一般纳税人，适用的增值税税率为 13%、城市维护建设税税率为 5%、教育费附加征收率为 3%、企业所得税税率为 25%。销售商品和提供安装服务均为乙公司的主营业务，商品售价均不含增值税，销售实现时结转成本，乙公司 2020 年度发生如下经济业务活动：

（1）5 月 3 日，对丙公司出售商品一批并开出增值税专用发票，发票金额注明的销售价款为 500 万元、增值税税额为 65 万元，该批商品成本为 280 万元，为了尽早收回货款，乙公司给予丙公司现金折扣条件为 2/10、1/20、N/30（假定计算现金折扣时不考虑增值税的因素），丙公司于 5 月 15 日支付货款。

（2）6 月，销售一批原材料，销售收入为 60 万元，增值税税额为 7.8 万元，材料的成本为 40 万元。

（3）7 月，乙公司应缴纳的增值税为 26 万元，消费税为 27 万元。

（4）12 月，乙公司支付商品展览费和广告费共 10 万元，发生售后服务网点的职工薪酬 15 万元，因销售商品纠纷而发生的诉讼费 2 万元，为扩展市场而发生的业务招待费 4 万元，汇兑损失 3 万元。

要求：根据上述资料，不考虑其他相关因素，不考虑纳税调整事项，分析回答下列问题：

（1）根据资料（1），乙公司做出的下列会计处理中正确的是（　　）。

    A．5 月 3 日确认主营业务收入 500 万元

    B．5 月 3 日确认主营业务收入 495 万元

    C．5 月 15 日确认财务费用 5 万元

    D．5 月 15 日确认财务费用 5.65 万元

（2）根据资料（2），下列说法中错误的是（　　）。

    A．乙公司应确认主营业务收入 60 万元

    B．乙公司应确认其他业务收入 60 万元

    C．乙公司应确认主营业务成本 40 万元

    D．乙公司应确认其他业务成本 40 万元

（3）根据资料（3），下列各项中正确的是（　　）。

    A．乙公司应确认税金及附加的金额为 57.24 万元

    B．乙公司应确认城市维护建设税金额为 2.65 万元

    C．乙公司应确认的教育费附加金额为 1.59 万元

    D．乙公司应确认税金及附加的金额为 31.24 万元

（4）根据资料（4），乙公司下列会计处理中正确的是（　　）。

    A．确认销售费用 27 万元   B．确认管理费用 6 万元

    C．确认财务费用 3 万元   D．确认期间费用 34 万元

（5）根据上述资料，乙公司计算的营业利润和所得税费用的金额正确的是（　　）。

    A．营业利润为 169.76 万元   B．营业利润 163.94 万元

    C．所得税费用 42.44 万元   D．所得税费用 40.99 万元

第十五章

利润及利润分配

扫码观看教学视频

第一节 利润

任何一个企业要在市场经济环境下求得生存与发展，并为投资者提供一定的投资收益，就必须有能力以自身的经营收入抵补各项成本费用，并且实现盈利。企业盈利的大小在很大程度上反映企业生产经营的经济效益，表明企业在每一会计期间的最终经营成果。

一、利润的构成

利润是指企业在一定会计期间的经营成果。利润包括收入减去费用后的净额、直接计入当期利润的利得和损失等。未计入当期利润的利得和损失扣除所得税影响后的净额计入其他综合收益项目。净利润与其他综合收益的合计金额为综合收益总额。利得是指由企业非日常活动所形成的、会导致所有者权益增加的、与所有者投入资本无关的经济利益的流入。损失是指由企业非日常活动所发生的、会导致所有者权益减少的、与向所有者分配利润无关的经济利益的流出。

与利润相关的计算公式主要有：

（一）营业利润

营业利润的计算公式为

营业利润＝营业收入－营业成本－税金及附加－销售费用－管理费用－研发费用－财务费用＋其他收益＋投资收益（－投资损失）＋净敞口套期收益（－净敞口套期损失）＋公允价值变动收益（－公允价值变动损失）－信用减值损失－资产减值损失＋资产处置收益（－资产处置损失）

其中：

营业收入是指企业经营业务所确认的收入总额，包括主营业务收入和其他业务收入。

营业成本是指企业经营业务所发生的实际成本总额，包括主营业务成本和其他业务成本。

研发费用是指企业进行研究与开发过程中发生的费用化支出，以及计入管理费用的自行开发无形资产的摊销。

其他收益主要是指与企业日常活动相关，除冲减相关成本费用以外的政府补助。

投资收益（或损失）是指企业以各种方式对外投资所取得的收益（或损失）。

公允价值变动收益（或损失）是指企业以各种资产，如交易性金融资产等公允价值变动形成的应计入当期损益的利得（或损失）。

信用减值损失是指企业计提各项金融工具信用减值准备所确认的信用损失。

资产减值损失是指企业计提各项资产减值准备所形成的损失。

资产处置收益（或损失）是指企业出售划分为持有待售的非流动资产（金融工具、长期股权投资和投资性房地产除外）或处置组（子公司和业务除外）时确认的处置利得或损失，以及处置未划分为持有待售的固定资产、在建工程、生产性生物资产及无形资产而产生的处置利得或损失，还包括债务重组中因处置非流动资产产生的利得或损失和非货币性资产交换中换出非流动资产产生的利得和损失。

（二）利润总额

利润总额的计算公式为

$$利润总额 = 营业利润 + 营业外收入 - 营业外支出$$

其中：

营业外收入是指企业发生的与其日常活动无直接关系的各项利得。

营业外支出是指企业发生的与其日常活动无直接关系的各项损失。

（三）净利润

净利润的计算公式为

$$净利润 = 利润总额 - 所得税费用$$

其中，所得税费用是指企业确认的应从当期利润总额中扣除的所得税。

二、营业外收支

（一）营业外收入

1. 营业外收入核算的内容

营业外收入是指企业确认的与其日常活动无直接关系的各项利得。营业外收入并不是企业经营资金耗费所产生的，实际上是经济利益的净流入，不需要与有关的费用进行配比。营业外收入主要包括非流动资产毁损报废收益、与企业日常活动无关的政府补助、盘盈利得、捐赠利得、债务重组利得等。其中：

（1）非流动资产毁损报废收益是指因自然灾害等发生毁损、已丧失使用功能而报废非流动资产所产生的清理收益。

（2）与企业日常活动无关的政府补助是指企业从政府无偿取得货币性资产或非货币性资产，且与企业日常活动无关的利得。

（3）盘盈利得是指企业对于现金等资产清查盘点时发生盘盈，报经批准后计入营业外收入的金额。

（4）捐赠利得是指企业接受捐赠产生的利得。

（5）债务重组利得是指重组债务的账面价值超过清偿债务的资产账面价值、权益工具确认金额或重组后债务账面价值之间的差额。

2. 营业外收入的账务处理

企业应通过"营业外收入"科目核算营业外收入的取得及结转情况。该科目贷方登记企业确认的营业外收入，借方登记期末将"营业外收入"科目余额转入"本年利润"科目的营业外收入，结转后，"营业外收入"科目无余额。该科目可按营业外收入项目进行明细核算。

（1）企业确认处置非流动资产毁损报废收益。企业确认处置非流动资产毁损报废收益时，借记"固定资产清理""无形资产"等科目，贷记"营业外收入"科目。

例 15-1　兴华公司将固定资产报废清理的净收益 8 000 元转作营业外收入。兴华公司应编制如下会计分录：

借：固定资产清理　　　　　　　　　　　　　　　　　　　8 000
　　贷：营业外收入——非流动资产毁损报废收益　　　　　　　　8 000

（2）盘盈利得、捐赠利得。企业确认的盘盈利得、捐赠利得计入营业外收入，借记"库存现金""待处理财产损溢"等科目，贷记"营业外收入"科目。

例 15-2　兴华公司在现金清查中盘盈 200 元，按管理权限报经批准后转入营业外收入。兴华公司应编制如下会计分录：

1）现金盘盈时：

借：库存现金　　　　　　　　　　　　　　　　　　　　　200
　　贷：待处理财产损溢——待处理流动资产损溢　　　　　　　　200

2）批准转入营业外收入时：

借：待处理财产损溢——待处理流动资产损溢　　　　　　　200
　　贷：营业外收入　　　　　　　　　　　　　　　　　　　　200

（3）期末，应将"营业外收入"科目余额转入"本年利润"科目，借记"营业外收入"科目，贷记"本年利润"科目，结转后，"营业外收入"科目应无余额。

例 15-3　兴华公司本期营业外收入总额为 200 000 元，期末结转至本年利润。兴华公司应编制如下会计分录：

借：营业外收入　　　　　　　　　　　　　　　　　　　200 000
　　贷：本年利润　　　　　　　　　　　　　　　　　　　　200 000

（二）营业外支出

1. 营业外支出的核算内容

营业外支出是指企业发生的与其日常活动无直接关系的各项损失，主要包括非流动资产毁损报废损失、捐赠支出、盘亏损失、非常损失、罚款支出、债务重组损失等。其中：

（1）非流动资产毁损报废损失是指因自然灾害等发生毁损、已丧失使用功能而报废非流动资产所发生的清理损失。

（2）捐赠支出是指企业对外进行捐赠发生的支出。

（3）盘亏损失主要指对于财产清查盘点中盘亏的资产，查明原因并报经批准计入营业外支出的损失。

（4）非常损失是指企业对于因客观因素（如自然灾害等）造成的损失，扣除保险公司赔偿后应计入营业外支出的净损失。

（5）罚款支出是指企业支付的行政罚款、税务罚款，以及其他违反法律规定、合同协议等而支付的罚款、违约金、赔偿金等支出。

2. 营业外支出的账务处理

企业应通过"营业外支出"科目核算营业外支出的发生及结转情况。该科目借方登记确认的营业外支出，贷方登记期末将"营业外支出"科目余额转入"本年利润"科目的营业外支出，结转后，"营业外支出"科目无余额。该科目可按营业外支出项目进行明细核算。

（1）企业确认非流动资产毁损报废损失时，借记"营业外支出"科目，贷记"固定资产清理""无形资产"等科目。

例 15-4　2020 年 12 月 1 日，兴华公司一项专利技术被其他新技术所取代，公司决定将其转入报废处理。该专利技术取得时成本为 2 000 000 元，报废时已累计摊销 1 600 000 元，未计提减值准备。假设不考虑其他因素，兴华公司应编制如下会计分录：

借：累计摊销　　　　　　　　　　　　　　　　　1 600 000
　　营业外支出——非流动资产毁损报废损失　　　　400 000
　　　贷：无形资产　　　　　　　　　　　　　　　　　　2 000 000

（2）企业确认盘亏、罚款支出时，借记"营业外支出"科目，贷记"待处理财产损溢""银行存款"等科目。

例 15-5　兴华公司为增值税一般纳税人，因自然灾害导致原材料毁损 300 000 元，经批准全部转作营业外支出，不考虑相关税费。兴华公司应编制如下会计分录：

1）发生原材料自然灾害损失时：
借：待处理财产损溢——待处理流动资产损溢　　　300 000
　　贷：原材料　　　　　　　　　　　　　　　　　　300 000
2）批准处理时：
借：营业外支出　　　　　　　　　　　　　　　　300 000
　　贷：待处理财产损溢——待处理流动资产损溢　　　300 000

例 15-6　兴华公司用银行存款支付税款滞纳金 50 000 元，兴华公司应编制如下会计分录：
借：营业外支出　　　　　　　　　　　　　　　　50 000
　　贷：银行存款　　　　　　　　　　　　　　　　　50 000

（3）期末，应将"营业外支出"科目余额转入"本年利润"科目，借记"本年利润"科目，贷记"营业外支出"科目，结转后，"营业外支出"科目应无余额。

例 15-7　兴华公司本期营业外支出总额为 750 000 元，期末结转至本年利润。兴华公司应编制如下会计分录：

借：本年利润　　　　　　　　　　　　　　　　　750 000
　　贷：营业外支出　　　　　　　　　　　　　　　　750 000

三、所得税费用

《企业会计准则第 18 号——所得税》采用了资产负债表债务法核算所得税。

资产负债表债务法是从资产负债表出发，通过对比资产负债表上列示的资产、负债按照会计准则规定确定的账面价值与按照税法和相关法规规定确定的计税基础，对于两者之间的差异分别应纳税暂时性差异与可抵扣暂时性差异，确认相关的递延所得税资产与递延所得税负债，并在此基础上确定每一会计期间利润表中的所得税费用。

企业的所得税费用包括当期所得税和递延所得税两个部分。其中，当期所得税是指当期应交所得税。递延所得税包括递延所得税资产和递延所得税负债。递延所得税资产是指对于可抵扣暂时性差异，以未来期间很可能取得用来抵扣可抵扣暂时性差异的应纳税所得额为限确认的一项资产。递延所得税负债是指根据应纳税暂时性差异计算的未来期间应付所得税的金额。

（一）应交所得税

应交所得税是指企业按照税法规定计算确定的针对当期发生的交易和事项，应缴纳给税务部门的所得税金额，即当期应交所得税。应纳税所得额是在企业税前会计利润（即利润总额）的基础上调整确定的，计算公式为

$$应纳税所得额 = 税前会计利润 + 纳税调整增加额 - 纳税调整减少额$$

纳税调整增加额主要包括税法规定允许扣除项目中，企业已计入当期费用但超过税法规定扣除标准的金额（如超过税法规定标准的职工福利费、工会经费、职工教育经费、业务招待费、公益性捐赠支出、广告费和业务宣传费等），以及企业已计入当期损失但税法规定不允许扣除项目的金额（如税收滞纳金、罚金、罚款）。

纳税调整减少额主要包括按税法规定允许弥补的亏损和准予免税的项目，如前五年内的未弥补亏损和国债利息收入等。

企业当期所得税的计算公式为

$$应交所得税 = 应纳税所得额 \times 所得税税率$$

例 15-8 兴华公司 2020 年度按企业会计准则计算的税前会计利润为 19 800 000 元，所得税税率为 25%。兴华公司全年实发工资、薪金 2 000 000 元，职工福利费 300 000 元，工会经费 50 000 元，职工教育经费 100 000 元；经查，兴华公司当年营业外支出中有 120 000元为税收滞纳金。假定兴华公司全年无其他纳税调整因素。

兴华公司当期所得税的计算如下：

纳税调整数 =（300 000–280 000）+（50 000–40 000）

　　　　　　 +（100 000–50 000）+120 000=200 000（元）

应纳税所得额 =19 800 000+200 000=20 000 000（元）

当期应交所得税 =20 000 000×25%=5 000 000（元）

企业所得税法规定，在计算企业应交所得税金额时，企业发生的合理的工资、薪金支出准予据实扣除；企业发生的职工福利费支出，不超过工资、薪金总额 14% 的部分准予扣除；企业拨缴的工会经费，不超过工资、薪金总额 2% 的部分准予扣除；除国务院财政、税务主管部门另有规定外，企业发生的职工教育经费支出，不超过工资、薪金总额 2.5%的部分准予扣除，超过部分准予结转以后纳税年度扣除。

本例中，按税法规定，企业在计算当期应纳税所得额时，可以扣除工资、薪金支出 2 000 000 元，职工福利费支出 280 000 元（2 000 000×14%），工会经费支出 40 000 元（2 000 000×2%），职工教育经费支出 50 000 元（2 000 000×2.5%）。兴华公司有两种纳税调整因素：①已计入当期费用但超过税法规定标准的费用支出；②已计入当期营业外支出但按税法规定不允许扣除的税收滞纳金。这两种因素均应调整增加应纳税所得额。

例 15-9 永泰公司 2020 年全年利润总额（即税前会计利润）为 10 500 000 元，其中包括本年收到的国债利息收入 500 000 元，所得税税率为 25%。假设永泰公司全年无其他纳税调整因素。永泰公司当期所得税的计算如下：

应纳税所得额 =10 500 000–500 000=10 000 000（元）

当期应交所得税 =10 000 000×25%=2 500 000（元）

按照税法的有关规定，企业购买国债的利息收入免交所得税，即在计算应纳税所得额时可将其扣除。

（二）所得税费用的账务处理

根据企业会计准则的规定，计算确定的当期所得税和递延所得税之和，即为应从当期利润总额中扣除的所得税费用，即：

所得税费用 = 当期所得税 + 递延所得税

企业通过"所得税费用"科目核算企业所得税费用的确认及结转情况。期末，应将"所得税费用"科目的余额转入"本年利润"科目，借记"本年利润"科目，贷记"所得税费用"科目，结转后该科目应无余额。

例 15-10 沿用【例 15-8】的资料，兴华公司递延所得税负债年初数为 400 000 元，年末数为 500 000 元；递延所得税资产年初数为 250 000 元，年末数为 200 000 元。兴华公司应编制如下会计分录：

兴华公司所得税费用的计算如下：

递延所得税 =（500 000–400 000）+（250 000–200 000）=150 000（元）

所得税费用 = 当期所得税 + 递延所得税 =5 000 000+150 000=5 150 000（元）

兴华公司应编制如下会计分录：

借：所得税费用   5 150 000

   贷：应交税费——应交所得税   5 000 000

      递延所得税负债   100 000

      递延所得税资产   50 000

四、本年利润

（一）结转本年利润的方法

1. 表结法

在表结法下，各损益类科目每月月末只需结计出本月发生额和月末累计余额，不结转到"本年利润"科目，只有在年末时才将全年累计余额转入"本年利润"科目。但每月月末要将损益类科目的本月发生额合计数填入利润表的本月数栏，同时将本月末累计余额填入利润表的本年累计数栏，通过利润表计算反映各期的利润（或亏损）。在表结法下，年中损益类科目无须结转入"本年利润"科目，从而减少了转账环节和工作量，同时并不影响利润表的编制及有关损益指标的利用。

2. 账结法

在账结法下，每月月末均需编制转账凭证，将在账上结计出的各损益类科目的余额转入"本年利润"科目。结转后"本年利润"科目的本月合计数反映当月实现的利润或发生的亏损，"本年利润"科目的本年累计数反映本年累计实现的利润或发生的亏损。账结法在各月均可通过"本年利润"科目提供当月及本年累计的利润（或亏损）额，但增加了转账环节和工作量。

（二）结转本年利润的账务处理

企业应设置"本年利润"科目，核算企业本年度实现的净利润（或发生的净亏损）。

会计期末，企业应将"主营业务收入""其他业务收入""营业外收入"等科目的余额分别转入"本年利润"科目的贷方，将"主营业务成本""其他业务成本""税金及附加""销售费用""管理费用""财务费用""信用减值损失""资产减值损失""营业外支出"及"所得税费用"等科目的余额分别转入"本年利润"科目的借方。企业还应将"公允价值变动损益""投资收益"科目的净收益转入"本年利润"科目的贷方，将"公允价值变动损益""投资收益"科目的净损失转入"本年利润"科目的借方。结转后"本年利润"科目如为贷方余额，表示当年实现的净利润；如为借方余额，表示当年发生的净亏损。

年度终了，企业还应将"本年利润"科目的本年累计余额转入"利润分配——未分配利润"科目。如"本年利润"为贷方余额，借记"本年利润"科目，贷记"利润分配——未分配利润"科目；如为借方余额，做相反的会计分录。结转后"本年利润"科目应无余额。

例 15-11 兴华公司 2020 年有关损益类科目的年末余额见表 15-1。该企业采用表结法年末一次结转损益类科目，所得税税率为 25%。

表 15-1 2020 年有关损益类科目的年末余额   单位：元

科 目 名 称	借 或 贷	结账前余额
主营业务收入	贷	6 000 000
其他业务收入	贷	700 000
公允价值变动损益	贷	150 000
投资收益	贷	600 000
营业外收入	贷	50 000
主营业务成本	借	4 000 000
其他业务成本	借	400 000
税金及附加	借	80 000
销售费用	借	500 000
管理费用	借	770 000
财务费用	借	200 000
资产减值损失	借	100 000
营业外支出	借	250 000

兴华公司 2020 年年末结转本年利润应编制如下会计分录：

（1）将各损益类科目年末余额结转入"本年利润"科目：

1）结转各项收入、利得类科目：

借：主营业务收入 6 000 000

其他业务收入 700 000

公允价值变动损益 150 000

投资收益 600 000

营业外收入 50 000

贷：本年利润 7 500 000

2）结转各项费用、损失类科目：

借：本年利润 6 300 000

贷：主营业务成本 4 000 000

其他业务成本 400 000

税金及附加 80 000

销售费用 500 000

管理费用 770 000

财务费用 200 000

资产减值损失 100 000

营业外支出 250 000

（2）经过上述结转后，"本年利润"科目的贷方发生额合计 7 500 000 元减去借方发生额合计 6 300 000 元即为税前会计利润 1 200 000 元。

（3）假设兴华公司 2020 年度不存在所得税纳税调整因素。

（4）应交所得税 =1 200 000×25%=300 000（元）

1）确认所得税费用：

借：所得税费用 300 000

贷：应交税费——应交所得税 300 000

2）将所得税费用结转至"本年利润"科目：

借：本年利润 300 000

贷：所得税费用 300 000

（5）将"本年利润"科目年末余额 900 000 元（7 500 000–6 300 000–300 000）转入"利润分配——未分配利润"科目：

借：本年利润 900 000

贷：利润分配——未分配利润 900 000

第二节 利润分配

利润分配是指企业根据国家有关规定和企业章程、投资者协议等，对企业当年可供分配的利润所进行的分配。其计算公式为

$$可供分配的利润 = \frac{当年实现的净利润}{（或净亏损）} + \frac{年初未分配利润}{（或-年初未弥补亏损）} + 其他转入$$

利润分配的顺序依次是：①提取法定盈余公积；②提取任意盈余公积；③向投资者分配利润。

企业通过"利润分配"科目核算企业利润的分配（或亏损的弥补）和历年分配（或弥补）后的未分配利润（或为弥补亏损）。该科目应分"提取法定盈余公积""提取任意盈余公积""应付现金股利或利润""盈余公积补亏"和"未分配利润"等进行明细核算。企业未分配利润通过"利润分配——未分配利润"明细科目进行核算。年度终了，企业应将全年实现的净利润或发生的净亏损，自"本年利润"科目转入"利润分配——未分配利润"科目，并将"利润分配"科目所属其他明细科目的余额转入"未分配利润"明细科目。结转后，"利润分配——未分配利润"科目如为贷方余额，表示累计未分配的利润金额；如为借方余额，则表示累计未弥补的亏损金额。

例 15-12 兴华公司 2020 年年初未分配利润为 800 000 元，本年度实现净利润 4 000 000 元，本年提取法定盈余公积 400 000 元，宣告发放现金股利 1 000 000 元。假设不考虑其他因素，兴华公司应编制如下会计分录：

（1）结转本年利润：

借：本年利润 　　　　　　　　　　　　　　　　4 000 000

　　贷：利润分配——未分配利润 　　　　　　　　　　　4 000 000

如企业当年发生亏损，则应借记"利润分配——未分配利润"科目，贷记"本年利润"科目。

（2）提取法定盈余公积、宣告发放现金股利：

借：利润分配——提取法定盈余公积 　　　　　　400 000

　　　　　　——应付现金股利或利润 　　　　　1 000 000

　　贷：盈余公积 　　　　　　　　　　　　　　　　400 000

　　　　应付股利 　　　　　　　　　　　　　　　1 000 000

同时，

借：利润分配——未分配利润 　　　　　　　　　1 400 000

　　贷：利润分配——提取法定盈余公积 　　　　　　　400 000

　　　　　　　　——应付现金股利或利润 　　　　　1 000 000

本例中，"利润分配——未分配利润"科目的余额为贷方余额，贷方余额 3 400 000 元（年初未分配利润 800 000+ 本年利润 4 000 000- 提取法定盈余公积 400 000- 应付现金股利 1 000 000）。

本章核算小结

1. 营业外收支核算小结见表 15-2。

表 15-2　营业外收支核算小结

业 务 内 容	会 计 处 理
营业外收入	发生营业外收入： 借：固定资产清理 　　待处理财产损溢 　　银行存款 / 库存现金 　贷：营业外收入
	期末转入"本年利润"科目： 借：营业外收入 　贷：本年利润
营业外支出	发生营业外支出： 借：营业外支出 　贷：银行存款 / 库存现金 　　待处理财产损溢等
	期末转入"本年利润"科目： 借：本年利润 　贷：营业外支出

2. 所得税费用核算小结见表 15-3。

表 15-3　所得税费用核算小结

业 务 内 容	会 计 处 理
计算应交所得税	借：所得税费用 　　递延所得税资产〔根据其增加还是减少判断借贷方向〕 　贷：应交税费——应交所得税 　　递延所得税负债〔根据其增加还是减少判断借贷方向〕
月末转入本年利润	借：本年利润 　贷：所得税费用
缴纳所得税	借：应交税费——应交所得税 　贷：银行存款

3. 利润形成核算小结见表 15-4。

表 15-4　利润形成核算小结

业 务 内 容	会 计 处 理
费用、损失结转至"本年利润"科目	借：本年利润 　贷：主营业务成本 　　其他业务成本 　　税金及附加 　　资产减值损失 　　信用减值损失 　　管理费用 　　销售费用 　　研发费用 　　财务费用 　　公允价值变动损益〔借方余额〕 　　投资收益〔借方余额〕 　　资产处置损益 　　营业外支出 　　所得税费用等

（续）

业 务 内 容	会 计 处 理
收入、利得结转至"本年利润"科目	借：主营业务收入 　　其他业务收入 　　投资收益〔贷方余额〕 　　公允价值变动损益〔贷方余额〕 　　资产处置损益 　　营业外收入等 　　贷：本年利润

4. 利润分配核算小结见表 15-5。

表 15-5 利润分配核算小结

业 务 内 容		会 计 处 理
本年利润结转	盈利时	借：本年利润 　　贷：利润分配——未分配利润
	亏损时	借：利润分配——未分配利润 　　贷：本年利润
利润分配	提取盈余公积	借：利润分配——提取法定盈余公积 　　　　　　　——提取任意盈余公积 　　贷：盈余公积——法定盈余公积 　　　　　　　——任意盈余公积
	应付普通股股利	借：利润分配——应付现金股利或利润 　　贷：应付股利
	盈余公积弥补亏损	借：盈余公积 　　贷：利润分配——盈余公积补亏
结转利润分配		借：利润分配——未分配利润 　　贷：利润分配——提取法定盈余公积 　　　　　　　——提取任意盈余公积 　　　　　　　——应付现金股利或利润

同步强化训练

一、单项选择题

1. 下列各项，不影响企业利润总额的是（　　　）。

　　A. 营业外收入　　　　B. 营业外支出　　　　C. 所得税费用　　　　D. 投资收益

2. 某企业 2020 年度的利润总额为 900 万元，其中包括本年收到的国库券利息收入 10 万元；税法规定当期允许扣除的业务招待费为 300 万元，企业当期实际发生业务招待费 410 万元，企业所得税税率为 25%。假定不考虑其他因素，该企业 2020 年应交所得税为（　　　）万元。

　　A. 202.5　　　　　　B. 225　　　　　　　C. 250　　　　　　　D. 252.5

3. 某企业 2020 年发生亏损 200 万元，2021 年实现税前会计利润 500 万元，其中包括国债利息收入 20 万元；在营业外支出中有税收滞纳金罚款 30 万元；所得税税率为 25%。该企业 2021 年的所得税费用为（　　）万元。

  A．112.5   B．130   C．150   D．77.5

 4．下列各项中，不能转入"本年利润"科目借方的是（　　）。

  A．生产成本   B．主营业务成本   C．管理费用   D．财务费用

 5．甲公司当期应交所得税为 500 万元；递延所得税负债年初数为 40 万元，年末数为 50 万元；递延所得税资产年初数为 25 万元，年末数为 20 万元。甲公司当期所得税费用为（　　）万元。

  A．515   B．500   C．15   D．505

 6．下列各项中，不影响企业营业利润的是（　　）。

  A．销售商品收入   B．出售不单独计价包装物成本

  C．毁损报废固定资产的净损失   D．确认的存货跌价准备

 7．下列各项中，计入营业外支出的是（　　）。

  A．结转售出材料的成本   B．采购原材料运输途中合理损耗

  C．管理原因导致的原材料盘亏净损失   D．自然灾害导致的原材料净损失

 8．某企业年初未分配利润为 160 万元，本年度实现净利润 300 万元，以资本公积转增资本 50 万元，按 10% 提取盈余公积，向投资者分配现金股利 20 万元，实际发放股票股利 10 万元。假设不考虑其他因素，该企业年末未分配利润为（　　）万元。

  A．410   B．400   C．440   D．350

 9．某企业年初所有者权益构成情况如下：实收资本 1 500 万元，资本公积 100 万元，盈余公积 300 万元，未分配利润为 200 万元，本年实现利润总额为 600 万元，按净利润的 10% 计提法定盈余公积，按 5% 计提任意盈余公积，宣告发放现金股利 80 万元。企业所得税税率为 25%。假定不存在纳税调整事项及其他因素，该企业年末未分配利润为（　　）万元。

  A．650   B．582.5   C．502.5   D．605

 10．甲上市公司 2020 年 1 月 1 日所有者权益构成情况如下：股本 1 500 万元，资本公积 100 万元，盈余公积 300 万元，未分配利润 400 万元。2020 年度发生亏损 200 万元，盈余公积弥补亏损 100 万元。假定不存在纳税调整事项及其他因素，甲上市公司 2020 年 12 月 31 日可供分配利润为（　　）万元。

  A．500   B．400   C．300   D．1 300

 二、多项选择题

 1．下列各项中，可能会影响本期所得税费用的有（　　）。

  A．期末在产品成本   B．本期应交所得税

  C．本期递延所得税资产借方发生额   D．本期递延所得税负债借方发生额

 2．会计期末结转本年利润的方法主要有（　　）。

  A．表结法   B．账结法   C．品种法   D．分批法

 3．下列错误的会计事项中，对"营业利润"和"利润总额"都不造成影响的有（　　）。

  A．将罚款支出错登为"其他业务成本"

  B．将投资收益错登为"其他业务收入"

  C．将定额内损耗的存货盘亏错登为"营业外支出"

D. 将出售原材料的成本错登为"主营业务成本"

4. 下列各项中，表述正确的有（   ）。

A. 企业出租包装物的成本应通过"主营业务成本"科目核算

B. 销售材料的成本应通过"其他业务成本"科目核算

C. 其他业务收入核算企业确认的除主营业务活动以外的其他经营活动实现的收入

D. 主营业务收入核算企业确认的销售商品、提供服务等主营业务的收入

5. 下列各项中，影响企业当期营业利润的有（   ）。

A. 生产车间使用固定资产的日常修理费用

B. 计提的车间机器设备减值损失

C. 出租机器设备取得的收入

D. 车间使用固定资产的折旧费

6. 以下有关利润的计算公式中，表达正确的有（   ）。

A. 利润总额 = 营业收入 - 营业成本 - 税金及附加 - 期间费用

B. 利润总额 = 营业收入 - 营业成本 - 税金及附加 - 销售费用 - 管理费用 - 财务费用 - 信用减值损失 - 资产减值损失 + 公允价值变动收益（- 公允价值变动损失）+ 投资收益（- 投资损失）+ 净敞口套期收益（- 净敞口套期损失）+ 其他收益 + 资产处置收益（- 资产处置损失）+ 营业外收入 - 营业外支出

C. 净利润 = 营业利润 + 营业外收入 - 营业外支出

D. 净利润 = 利润总额 - 所得税费用

7. 下列各项中，影响企业净利润的有（   ）。

A. 计提生产车间固定资产折旧

B. 交易性金融资产公允价值上升

C. 购买交易性金融资产时支付的相关交易费用

D. 年末缴纳的所得税费用

8. 下列各项中，属于纳税调减项目的有（   ）。

A. 收到的国债利息收入　　　　　　B. 超过税法规定标准的广告费支出

C. 弥补前五年内的未弥补亏损额　　D. 支付的行政罚款

9. 甲企业在 2020 年发生的下列经济业务中，能影响年末未分配利润数额的有（   ）。

A. 出售一项固定资产实现收益 150 万元

B. 将盈余公积中 225 万元用于转增资本

C. 交易性金融资产持有期间发生的宣告发放的现金股利 100 万元

D. 接受一项无形资产捐赠，价值 221 万元

10. 甲公司 2021 年年初未分配利润是 300 万元，本年实现净利润 500 万元，按照 10% 提取法定盈余公积，按照 5% 提取任意盈余公积，宣告发放现金股利 100 万元，则以下说法中，正确的有（   ）。

A. 甲公司年末未分配利润是 625 万元

B. 甲公司年末可供分配利润是 800 万元

C. 甲公司年末未分配利润是 725 万元

D．甲公司年末可供分配利润是 700 万元

三、判断题

1．企业当期所得税可能等于所得税费用。 （ ）

2．企业本年实现利润总额 100 万元，发生业务招待费 50 万元，税务部门核定的业务招待费税前扣除标准是 30 万元，假定无其他纳税调整事项，企业在计算本年应纳税所得额时，应该做纳税调减处理。 （ ）

3．某企业年初有未弥补亏损 20 万元（亏损弥补已经超过五年），当年实现净利润 15 万元。按有关规定，该年不得提取法定盈余公积。 （ ）

4．企业发生毁损的固定资产的净损失，应计入营业外支出，影响营业利润的计算。
（ ）

5．应纳税所得额是在企业税前会计利润（即利润总额）的基础上调整确定的。 （ ）

6．利润是指企业在一定会计期间的经营成果，因此包括收入减去费用后的净额，不包括计入当期利润的利得和损失等。 （ ）

7．"营业外收入"科目核算企业除主营业务活动以外的其他经营活动实现的收入。
（ ）

8．期初未分配利润有贷方余额，期末获利的情况下，计提盈余公积时，要包含期初的贷方余额。 （ ）

9．非年末资产负债表中的未分配利润的金额是由"本年利润"及"利润分配"科目的余额合计填入；年末，由于"本年利润"已转入"利润分配"，所以年末资产负债表的未分配利润的金额等于"利润分配"科目的余额。 （ ）

10．可供分配利润与可供投资者分配利润是一个概念。 （ ）

11．企业在计算确定提取法定盈余公积的基数时，应包括年初未分配利润的贷方余额。
（ ）

12．年末，"利润分配"科目下的明细科目除"未分配利润"明细科目外应当无余额。
（ ）

四、不定项选择题

A 股份有限公司（以下简称 A 公司）2020 年度的有关资料如下：

（1）本年利润总额为 480 万元，适用的企业所得税税率为 25%。按税法规定本年度准予扣除的业务招待费为 30 万元，实际发生业务招待费 50 万元，支付税收罚款 20 万元，国债利息收入 10 万元，其他纳税调整增加额 20 万元，其他纳税调整减少额 30 万元。递延所得税资产年初余额 30 万元，年末余额 35 万元。递延所得税负债年初余额 40 万元，年末余额 47.5 万元。

（2）A 公司年初未分配利润为贷方 80 万元。

（3）按税后利润的 10% 和 5% 分别提取法定盈余公积和任意盈余公积。

（4）向投资者宣告分配现金股利 100 万元。

要求：根据上述资料，不考虑其他因素，分析回答下列问题：

（1）2020 年 A 公司应交所得税的金额为（ ）万元。

    A．125   B．127.5   C．130   D．132.5

（2）下列关于 2020 年 A 公司应确认的递延所得税金额的表述正确的是（　　　）。

A．2020 年递延所得税资产增加 5 万元

B．2020 年递延所得税资产减少 5 万元

C．2020 年递延所得税负债增加 7.5 万元

D．2020 年递延所得税负债减少 7.5 万元

（3）下列有关 A 公司 2020 年所得税费用的表述正确的是（　　　）。

A．2020 年 A 公司所得税费用金额为 125 万元

B．2020 年 A 公司所得税费用金额为 127.5 万元

C．2020 年 A 公司确认所得税费用的分录为：

借：所得税费用	127.5
递延所得税资产	5
贷：递延所得税负债	7.5
应交税费——应交所得税	125

D．2020 年 A 公司确认所得税费用的分录为：

借：所得税费用	125
贷：应交税费——应交所得税	125

（4）下列各项中，A 公司会计处理正确的是（　　　）。

A．A 公司向投资者宣告分配现金股利的会计分录为：

借：利润分配——应付现金股利	100
贷：应付股利	100

B．A 公司 2020 年净利润为 352.5 万元

C．A 公司提取盈余公积的会计分录为：

借：利润分配——提取法定盈余公积	35.25
——提取任意盈余公积	17.625
贷：盈余公积——法定盈余公积	35.25
——任意盈余公积	17.625

D．A 公司 2020 年提取盈余公积为 52.875 万元

（5）2020 年年末 A 公司未分配利润余额为（　　　）万元。

A．279.625　　　　B．281.75　　　　C．379.625　　　　D．432.5

第十六章

财 务 报 告

扫码观看教学视频

第一节 资产负债表

资产负债表是指反映企业在某一特定日期财务状况的报表（静态报表）。依据"资产 = 负债 + 所有者权益"平衡式，资产负债表主要反映资产、负债、所有者权益三方面的内容。通过资产负债表，可以反映企业在某一特定日期所拥有或者控制的经济资源、所承担的现时义务和所有者对净资产的要求权，帮助财务报表使用者全面了解企业的财务状况、分析企业的偿债能力等情况，从而为其做出经济决策提供依据。

一、资产负债表的结构

资产负债表一般由表头、表体两部分组成。表头部分应列明报表名称、编制单位名称、资产负债表日、报表编号和计量单位；表体部分是资产负债表的主体，列示了用以说明企业财务状况的各个项目。资产负债表的表体格式一般有两种：报告式资产负债表和账户式资产负债表。报告式资产负债表是上下结构，上半部分列示资产各项目，下半部分列示负债和所有者权益各项目。账户式资产负债表是左右结构，左边是资产各项目，反映全部资产的分布及存在形态；右边列示负债和所有者权益各项目，反映全部负债和所有者权益的内容及构成情况。无论什么格式的资产负债表，资产各项目的合计一定等于负债和所有者权益各项目的合计。

我国企业的资产负债表采用账户式结构。左方资产项目大体按资产的流动性大小排列，流动性大的资产如"货币资金""交易性金融资产"等排在前面，流动性小的资产如"长期股权投资""固定资产"等排在后面。右方负债及所有者权益项目一般按要求清偿的时间先后顺序排列："短期借款""应付票据""应付账款"等需要在一年以内或者长于一年的一个正常营业周期内偿还的流动负债排在前面，"长期借款"等在一年以上才需偿还的非流动负债排在中间，在企业清算之前不需要偿还的所有者权益项目排在后面。

资产负债表中的资产项目的合计等于负债和所有者权益各项目的合计，即资产负债表左方和右方平衡。因此，通过账户式资产负债表，可以反映资产、负债、所有者权益之间的内在关系，即"资产 = 负债 + 所有者权益"。

我国企业资产负债表格式见表 16-1。

表 16-1 资产负债表 会企 01 表

编制单位：　　　　　　　　　　　　年　月　日　　　　　　　　　　　　单位：元

资　产	年初余额	期末余额	负债和所有者权益（或股东权益）	年初余额	期末余额
流动资产：			流动负债：		
货币资金			短期借款		
交易性金融资产			交易性金融负债		
衍生金融资产			衍生金融负债		
应收票据			应付票据		
应收账款			应付账款		
应收账款融资			预收款项		

（续）

资　产	年初余额	期末余额	负债和所有者权益（或股东权益）	年初余额	期末余额
预付款项			合同负债		
其他应收款			应付职工薪酬		
存货			应交税费		
合同资产			其他应付款		
持有待售资产			持有待售负债		
一年内到期的非流动资产			一年内到期的非流动负债		
其他流动资产			其他流动负债		
流动资产合计			流动负债合计		
非流动资产：			非流动负债：		
债权投资			长期借款		
其他债权投资			应付债券		
长期应收款			其中：优先股		
长期股权投资			永续债		
其他权益工具投资			租赁负债		
其他非流动金融资产			长期应付款		
投资性房地产			预计负债		
固定资产			递延收益		
在建工程			递延所得税负债		
生产性生物资产			其他非流动负债		
油气资产			非流动负债合计		
使用权资产			负债合计		
无形资产			所有者权益（或股东权益）：		
开发支出			实收资本（或股本）		
商誉			其他权益工具		
长期待摊费用			其中：优先股		
递延所得税资产			永续债		
其他非流动资产			资本公积		
非流动资产合计			减：库存股		
			其他综合收益		
			专项储备		
			盈余公积		
			未分配利润		
			所有者权益（或股东权益）合计		
资产总计			负债和所有者权益（或股东权益）总计		

单位负责人：　　　　　　财会负责人：　　　　　　复核：　　　　　　制表：

二、资产负债表的编制

（一）资产负债表项目的填列方法

资产负债表的各项目均需填列"年初余额"和"期末余额"两栏。

资产负债表"年初余额"栏内各项数字，应根据上年年末资产负债表的"期末余额"栏内所列数字填列。如果上年度资产负债表规定的各个项目的名称和内容与本年度不一致，应对上年年末资产负债表各项目的名称和数字按照本年度的规定进行调整，填入本表"年初余额"栏内。

资产负债表的"期末余额"栏内各项数字，其填列方法如下：

1. 根据总账科目的余额填列

资产负债表中的有些项目，可直接根据有关总账科目的余额填列，如"短期借款"等项目；有些项目，则需根据几个总账科目的余额计算填列，如"货币资金"项目，需根据"库存现金""银行存款"和"其他货币资金"三个总账科目余额合计填列。

2. 根据有关明细科目的余额计算填列

资产负债表中的有些项目，需要根据明细科目余额填列，如"应付账款"项目，需要根据"应付账款"和"预付账款"两个科目所属的相关明细科目的期末贷方余额计算填列。

3. 根据总账科目和明细科目的余额分析计算填列

资产负债表中的有些项目，需要根据总账科目和明细科目两者的余额分析填列，如"长期借款"项目，应根据"长期借款"总账科目余额扣除"长期借款"科目所属的明细科目中将在资产负债表日起一年内到期且企业不能自主地将清偿义务展期的长期借款后的金额填列。

4. 根据有关科目余额减去其备抵科目余额后的净额填列

如资产负债表中"应收票据""应收账款""长期股权投资""在建工程"等项目，应当根据"应收票据""应收账款""长期股权投资""在建工程"等科目的期末余额减去"坏账准备""长期股权投资减值准备""在建工程减值准备"等备抵科目余额后的净额填列；"固定资产"项目，应根据"固定资产"科目期末余额减去"累计折旧""固定资产减值准备"科目余额后的净额填列；"无形资产"项目，应根据"无形资产"科目期末余额减去"累计摊销""无形资产减值准备"科目余额后的净额填列。

5. 综合运用上述填列方法分析填列

如资产负债表中的"存货"项目，需根据"原材料""库存商品""委托加工物资""周转材料""材料采购""在途物资""发出商品"及"材料成本差异"等总账科目期末余额的分析汇总数，再减去"存货跌价准备"等科目余额后的金额填列。

（二）资产负债表项目的填列说明

资产负债表中资产、负债和所有者权益主要项目的填列说明如下：

1. 资产项目的填列说明

（1）"货币资金"项目，反映企业库存现金、银行结算户存款、外埠存款、银行汇票存款、银行本票存款、信用卡存款、信用证保证金存款等的合计数。该项目应根据"库存现金""银行存款"及"其他货币资金"科目期末余额的合计数填列。

（2）"交易性金融资产"项目，反映资产负债表日企业分类为以公允价值计量且其变动计入当期损益的金融资产，以及企业持有的指定为以公允价值计量且其变动计入当期损益的金融资产。该项目应当根据"交易性金融资产"科目的相关明细科目期末余额分析填列。自资产负债表日起超过一年到期且预期持有超过一年的以公允价值计量且其变动计入当期损益的非流动金融资产的期末账面价值，在"其他非流动金融资产"项目反映。

（3）"应收票据"项目，反映资产负债表日以摊余成本计量、企业因销售商品、提供服务等收到的商业汇票，包括银行承兑汇票和商业承兑汇票。该项目应根据"应收票据"科目的期末余额，减去"坏账准备"科目中相关坏账准备期末余额后的金额分析填列。

（4）"应收账款"项目，反映资产负债表日以摊余成本计量、企业因销售商品、提供服务等经营活动应收取的款项。该项目应根据"应收账款"科目的期末余额，减去"坏账准备"科目中相关坏账准备期末余额后的金额分析填列。

（5）"应收款项融资"项目，反映资产负债表日以公允价值计量且其变动计入其他综合收益的应收票据和应收账款等。

（6）"预付款项"项目，反映企业按照购货合同规定预付给供应单位的款项等。该项目应根据"预付账款"和"应付账款"科目所属各明细科目的期末借方余额合计数，减去"坏账准备"科目中有关预付款项计提的坏账准备期末余额后的净额填列。如"预付账款"科目所属各明细科目期末有贷方余额的，应在资产负债表"应付账款"项目内填列。

（7）"其他应收款"项目，反映企业除应收票据、应收账款、预付款项等经营活动以外的其他各种应收、暂付的款项。该项目应根据"应收利息""应收股利"和"其他应收款"科目的期末余额合计数，减去"坏账准备"科目中有关坏账准备期末余额后的金额填列。其中"应收利息"仅反映相关金融工具已到期可收取但于资产负债表日尚未收取的利息。基于实际利率计提的金融工具的利息应包含在相应金融工具的账面余额中。

（8）"存货"项目，反映企业期末在库、在途和在加工中的各种存货的可变现净值或成本（成本与可变现净值孰低）。存货包括各种材料、商品、在产品、半成品、包装物、低值易耗品、委托代销商品等。该项目应根据"材料采购""原材料""库存商品""周转材料""委托加工物资""发出商品""委托代销商品""生产成本""受托代销商品"等科目的期末余额合计，减去"受托代销商品款""存货跌价准备"科目期末余额后的净额填列。材料采用计划成本核算，以及库存商品采用计划成本核算或售价核算的企业，还应按加或减材料成本差异、商品进销差价后的金额填列。

（9）"合同资产"项目，反映企业按照《企业会计准则第14号——收入》的相关规定，根据本企业履行履约义务与客户付款之间的关系在资产负债表中列示的合同资产。"合同资产"项目应根据"合同资产"科目的相关明细科目期末余额分析填列，同一合同下的合同资产和合同负债应当以净额列示，其中净额为借方余额的，应当根据其流动性在"合同资产"或"其他非流动资产"项目中填列，已计提减值准备的，还应以减去"合同资产减值准备"科目中相关的期末余额后的金额填列；其中净额为贷方余额的，应当根据其流动性在"合同负债"或"其他非流动负债"项目中填列。

（10）"持有待售资产"项目，反映资产负债表日划分为持有待售类别的非流动资产及划分为持有待售类别的处置组中的流动资产和非流动资产的期末账面价值。该项目应根据"持有待售资产"科目的期末余额，减去"持有待售资产减值准备"科目的期末余额后的金额填列。

（11）"一年内到期的非流动资产"项目，反映企业将于一年内到期的非流动资产项目金额。该项目应根据有关科目的期末余额分析填列。

（12）"债权投资"项目，反映资产负债表日企业以摊余成本计量的长期债权投资的期末账面价值。该项目应根据"债权投资"科目的相关明细科目期末余额，减去"债权投资减值准备"

科目中相关减值准备的期末余额后的金额分析填列。自资产负债表日起一年内到期的长期债权投资的期末账面价值，在"一年内到期的非流动资产"项目反映。企业购入的以摊余成本计量的一年内到期的债权投资的期末账面价值，在"其他流动资产"项目反映。

（13）"其他债权投资"项目，反映在资产负债表日企业分类为以公允价值计量且其变动计入其他综合收益的长期债权投资的期末账面价值。该项目应根据"其他债权投资"科目的相关明细科目期末余额分析填列。自资产负债表日起一年内到期的长期债权投资的期末账面价值，在"一年内到期的非流动资产"项目反映。企业购入的以公允价值计量且其变动计入其他综合收益的一年内到期的债权投资的期末账面价值，在"其他流动资产"项目反映。

（14）"长期应收款"项目，反映企业融资租赁产生的应收款项和采用递延方式分期收款、实质上具有融资性质的销售商品和提供劳务等经营活动产生的应收款项。该项目应根据"长期应收款"科目的期末余额，减去相应的"未实现融资收益"科目和"坏账准备"科目所属相关明细科目期末余额后的金额填列。

（15）"长期股权投资"项目，反映投资方对被投资单位实施控制、重大影响的权益性投资，以及对其合营企业的权益性投资。该项目应根据"长期股权投资"科目的期末余额，减去"长期股权投资减值准备"科目期末余额后的净额填列。

（16）"其他权益工具投资"项目，反映资产负债表日企业指定为以公允价值计量且其变动计入其他综合收益的非交易性权益工具投资的期末账面价值。该项目应根据"其他权益工具投资"科目的期末余额填列。

（17）"投资性房地产"项目，反映为赚取租金或资本增值或者两者兼有而持有的房地产，主要包括已经出租的土地使用权、持有并准备增值后转让的土地使用权和已经出租的建筑物。该项目应根据"投资性房地产"科目的期末余额，减去"投资性房地产累计折旧（摊销）"和"投资性房地产减值准备"科目期末余额后的净额填列。

（18）"固定资产"项目，反映资产负债表日企业固定资产的期末账面价值和企业尚未清理完毕的固定资产清理净损益。该项目应根据"固定资产"科目的期末余额，减去"累计折旧"和"固定资产减值准备"科目的期末余额后的金额以及"固定资产清理"科目的期末余额填列。

（19）"在建工程"项目，反映资产负债表日企业尚未达到预定可使用状态的在建工程的期末账面价值和企业为在建工程准备的各种物资的期末账面价值。该项目应根据"在建工程""工程物资"科目的期末余额，减去"在建工程减值准备"以及"工程物资减值准备"科目期末余额后的净额填列。

（20）"使用权资产"项目，反映资产负债表日承租人企业持有的使用权资产的期末账面价值。该项目应根据"使用权资产"科目的期末余额，减去"使用权资产累计折旧"和"使用权资产减值准备"科目的期末余额后的金额填列。

（21）"无形资产"项目，反映企业持有的无形资产，包括专利权、非专利技术、商标权、著作权、土地使用权等无形资产的成本减去累计摊销和减值准备后的净额。该项目应根据"无形资产"的期末余额，减去"累计摊销"和"无形资产减值准备"科目期末余额后的金额填列。

（22）"开发支出"项目，反映企业开发无形资产过程中能够资本化形成无形资产成本的支出部分。该项目应当根据"研发支出"科目中所属的"资本化支出"明细科目期末余额填列。

（23）"长期待摊费用"项目，反映企业已经发生但应由本期和以后各期负担的分摊期限在一年以上的各项费用。长期待摊费用中在一年内（含一年）摊销的部分，在资产负债表"一年内到期的非流动资产"项目填列。该项目应根据"长期待摊费用"科目的期末余额减去将于一年内（含一年）摊销的数额后的金额分析填列。

（24）"递延所得税资产"项目，反映企业根据所得税准则确认的可抵扣暂时性差异产生的所得税资产。该项目应根据"递延所得税资产"科目的期末余额填列。

（25）"其他非流动资产"项目，反映企业除上述非流动资产以外的其他非流动资产。该项目应根据有关科目的期末余额填列。

2. 负债项目的填列说明

（1）"短期借款"项目，反映企业向银行或其他金融机构等借入的期限在一年以下（含一年）的各种借款。该项目应根据"短期借款"科目的期末余额填列。

（2）"交易性金融负债"项目，反映企业资产负债表日承担的交易性金融负债，以及企业持有的直接指定为以公允价值计量且其变动计入当期损益的金融负债的期末账面价值。该项目应根据"交易性金融负债"科目的相关明细科目期末余额填列。

（3）"应付票据"项目，反映资产负债表日以摊余成本计量的、企业因购买材料、商品和接受劳务供应等而开出、承兑的商业汇票，包括银行承兑汇票和商业承兑汇票。该项目应根据"应付票据"科目的期末余额填列。

（4）"应付账款"项目，反映资产负债表日以摊余成本计量的、企业因购买材料、商品和接受服务等经营活动应支付的款项。该项目应根据"应付账款"和"预付账款"科目所属的相关明细科目的期末贷方余额合计数填列。

（5）"预收款项"项目，反映企业按照销货合同规定预收供应单位的款项。该项目应根据"预收账款"和"应收账款"科目所属各明细科目的期末贷方余额合计数填列。如"预收账款"科目所属各明细科目期末有借方余额，应在资产负债表"应收账款"项目内填列。

（6）"合同负债"项目，反映企业按照《企业会计准则第14号——收入》的相关规定，根据本企业履行履约义务与客户付款之间的关系在资产负债表中列示的合同负债。该项目应根据"合同负债"科目的相关明细科目余额分析填列。

（7）"应付职工薪酬"项目，反映企业为获得职工提供的服务或解除劳动关系而给予的各种形式的报酬或补偿。企业提供给职工配偶、子女、受赡养人、已故职工遗属及其他受益人等的福利，也属于职工薪酬。职工薪酬主要包括短期薪酬、离职后福利、辞退福利和其他长期职工薪酬。该项目应根据"应付职工薪酬"科目所属各明细科目的期末贷方余额分析填列。外商投资企业按规定从净利润中提取的职工奖励及福利基金，也在该项目列示。

（8）"应交税费"项目，反映企业按照税法规定计算应缴纳的各种税费，包括增值税、消费税、企业所得税、资源税、土地增值税、城市维护建设税、房产税、城镇土地使用税、车船税、教育费附加等。企业代扣代缴的个人所得税，也通过该项目列示。企业所缴纳的税金不需要预计应交数的，如印花税、耕地占用税等，不在该项目列示。该项目应根据"应交税费"科目的期末贷方余额填列；如"应交税费"科目期末为借方余额，应以"−"号填列。

"应交税费"科目下的"应交增值税""未交增值税""待抵扣进项税额""待认证进项税额""增值税留抵税额"等明细科目期末借方余额应根据情况，在资产负债表中"其他流动资产"或"其他非流动资产"项目列示；"应交税费——待转销项税额"等科目贷方余额应根据情况，在资产负债表中的"其他流动资产"或"其他非流动资产"项目列示;"应交税费"科目下的"未交增值税""简易计税""转让金融商品应交增值税""代扣代交增值税"等科目期末贷方余额应在资产负债表中的"应交税费"项目列示。

（9）"其他应付款"项目，反映企业除应付票据、应付账款、预收账款、应付职工薪酬、应交税费等经营活动以外的其他各项应付、暂收的款项。该项目应根据"应付利息""应付股利""其他应付款"科目的期末余额合计数填列。其中，"应付利息"科目仅反映相关金融工具已到期应付但资产负债表日尚未支付的利息。基于实际利率法计提的金融工具的利息应包含在相应金融工具的账面余额中。

（10）"持有待售负债"项目，反映资产负债表日处置组中与划分为持有待售类别的资产直接相关的负债的期末账面价值。该项目应根据"持有待售负债"科目的期末余额填列。

（11）"一年内到期的非流动负债"项目，反映企业非流动负债中将于资产负债表日后一年内到期部分的金额，如将于一年内偿还的长期借款。该项目应根据有关科目的期末余额分析填列。

（12）"长期借款"项目，反映企业向银行或其他金融机构借入的期限在一年以上（不含一年）的各项借款。该项目应根据"长期借款"科目的期末余额，扣除"长期借款"科目所属的明细科目中将在资产负债表日起一年内到期且企业不能自主地将清偿义务展期的长期借款后的金额计算填列。

（13）"应付债券"项目，反映企业为筹集长期资金而发行的债券本金及应付的利息。该项目应根据"应付债券"科目的期末余额填列。对于资产负债表日企业发行的金融工具，分类为金融负债的，应在该项目填列，对于优先股和永续债还应在该项目下的"优先股"项目和"永续债"项目分别填列。

（14）"租赁负债"项目，反映资产负债表日承租人企业尚未支付的租赁付款额的期末账面价值。该项目应根据"租赁负债"科目的期末余额填列。自资产负债表日起一年内到期应予以清偿的租赁负债的期末账面价值，在"一年内到期的非流动负债"项目反映。

（15）"长期应付款"项目，反映资产负债表日企业除长期借款和应付债券以外的其他各种长期应付款的期末账面价值。该项目应根据"长期应付款"科目的期末余额，减去相关的"未确认融资费用"科目的期末余额后的金额，以及"专项应付款"科目的期末余额填列。

（16）"预计负债"项目，反映企业根据或有事项等相关准则确认的各项预计负债，包括对外提供担保、未决诉讼、产品质量保证、重组义务以及固定资产和矿区权益弃置义务等产生的预计负债。该项目应根据"预计负债"科目的期末余额填列。企业按照《企业会计准则第22号——金融工具确认和计量》的相关规定，对贷款承诺等项目计提的损失准备，也在该项目中填列。

（17）"递延收益"项目，反映尚待确认的收入或者收益。该项目核算包括企业根据政府补助准则确认的应在以后期间计入当期损益的政府补助金额、售后租回形成融资租赁的售价与资产账面价值差额等其他递延性收入。该项目应根据"递延收益"科目的期末余额填列。该项目中摊销期限只剩一年或不足一年的，或预计在一年内（含一年）进行摊销的部分，不得归类为流动资产，仍在该项目中填列，不转入"一年内到期的非流动负债"项目。

（18）"递延所得税负债"项目，反映企业根据所得税准则确认的应纳税暂时性差异产生的所得税负债。该项目应根据"递延所得税负债"科目的期末余额填列。

（19）"其他非流动负债"项目，反映企业除长期借款、应付债券等项目以外的其他非流动负债。该项目应根据有关科目的期末余额填列。其他非流动负债项目应根据有关科目期末余额减去将于一年内（含一年）到期偿还数后的余额分析填列。非流动负债各项目中将于一年内（含一年）到期的非流动负债，应在"一年内到期的非流动负债"项目内反映。

3. 所有者权益项目的填列说明

（1）"实收资本"（或"股本"）项目，反映企业各投资者实际投入的资本（或股本）总额。该项目应根据"实收资本"（或"股本"）科目的期末余额填列。

（2）"其他权益工具"项目，反映企业发行的除普通股以外的归类为权益工具的优先股、永续绩的价值。该项目应根据"其他权益工具"科目的期末余额填列。"其他权益工具"项目下设的"优先股"和"永续债"两个项目，分别反映企业发行的分类为权益工具的优先股和永续债的账面价值。

（3）"资本公积"项目，反映企业收到投资者出资超出其在注册资本或股本中所占份额以及直接计入所有者权益的利得和损失等。该项目应根据"资本公积"科目的期末余额填列。

（4）"其他综合收益"项目，反映企业其他综合收益的期末余额。该项目应根据"其他综合收益"科目的期末余额填列。

（5）"专项储备"项目，反映高危行业企业按国家规定提取的安全生产费的期末账面价值。该项目应根据"专项储备"科目的期末余额填列。

（6）"盈余公积"项目，反映企业盈余公积的期末余额。该项目应根据"盈余公积"科目的期末余额填列。

（7）"未分配利润"项目，反映企业尚未分配的利润。该项目应根据"本年利润"科目和"利润分配"科目的余额计算填列。未弥补的亏损在该项目内以"–"号填列。

例 16-1 兴华公司 2020 年 12 月 31 日部分科目余额表见表 16-2。

表 16-2　2020 年 12 月 31 日部分科目余额表

编制单位：兴华公司　　　　　　　　　　　　　　　　　　　　　　单位：元

总分类科目	明细分类科目	借 或 贷	余 额
原材料		借	320 000
在途物资		借	60 000
生产成本		借	100 000
库存商品		借	280 000
应收账款	总账	借	186 000
	天华公司	借	210 000
	诚信公司	贷	24 000
应付账款	总账	贷	210 000
	联华公司	贷	230 000
	海达公司	借	20 000
预收账款	总账	贷	80 000
	百通公司	贷	100 000
	华盛公司	借	20 000
预付账款	总账	借	49 000
	昌联公司	借	67 000
	天翼公司	贷	18 000

（续）

总分类科目	明细分类科目	借 或 贷	余 额
固定资产		借	500 000
累计折旧		贷	160 000
应交税费		借	2 400
本年利润		贷	270 000
利润分配		借	108 000

兴华公司资产负债表中"存货""应收账款""预付款项""应付账款""预收款项""固定资产""应交税费""未分配利润"等项目的金额如下：

（1）"存货"项目＝"原材料"＋"在途物资"＋"生产成本"＋"库存商品"－"存货跌价准备"=320 000+60 000+100 000+280 000=760 000（元）

（2）"应收账款"项目＝"应收账款"所属明细科目借方余额＋"预收账款"所属明细科目借方余额－坏账准备 =210 000+20 000=230 000（元）

（3）"预付款项"项目＝"预付账款"所属明细科目借方余额＋"应付账款"所属明细科目借方余额－坏账准备 =67 000+20 000=87 000（元）

（4）"应付账款"项目＝"应付账款"所属明细科目贷方余额＋"预付账款"所属明细科目贷方余额 =230 000+18 000=248 000（元）

（5）"预收款项"项目＝"预收账款"所属明细科目贷方余额＋"应收账款"所属明细科目贷方余额 =100 000+24 000=124 000（元）

（6）"固定资产"项目＝科目余额－备抵项目 =500 000-160 000=340 000（元）

（7）"应交税费"项目＝总分类科目余额 =-2 400（元）

（8）"未分配利润"项目＝"本年利润"科目余额－"利润分配"科目余额 =270 000-108 000=162 000（元）

第二节 利润表

利润表是反映企业在一定会计期间的经营成果的报表。

通过利润表，可以反映企业在一定会计期间收入、费用、利润（或亏损）、其他综合收益的数额、构成情况，帮助财务报表使用者全面了解企业的经营成果，分析企业的获利能力及盈利增长趋势，从而为其做出经济决策提供依据。

一、利润表的结构

利润表由表首、正表两部分组成。其中，表首的内容有报表名称、编制单位、编报日期、报表编号、货币名称和计量单位；正表是利润表的主体，反映形成经营成果的各个项目和计算过程。正表的内容主要包括两部分：①企业在生产经营过程中获得的各种收入；②与收入相配比的投入及各项费用。两部分相配比，反映利润的计算过程与结果。

正表的格式一般有两种：单步式和多步式。

（1）单步式利润表的格式在排列上完全按照"收入－费用＝利润"这一会计等式及顺序，用本期所有收入合计数减去本期所有费用成本合计数，计算出当期净利润或净亏损。单步式利润表结构比较简单，但不便于分析利润的形成过程及各项目的配比关系。因此，我国《企业会计准则》规定利润表采用多步式格式。

（2）多步式利润表通过对当期收入、费用、支出项目按性质加以归类，按利润形成的主要环节列示一些中间性利润指标，如营业利润、利润总额、净利润，分步计算当期净损益。

利润表的结构和内容见表 16-3。

表 16-3　利润表　　　　　　　　　　　会企 02 表

编制单位：　　　　　　　　　　　年　　月　　　　　　　　　单位：元

项　　目	本 期 金 额	上 期 金 额
一、营业收入		
减：营业成本		
税金及附加		
销售费用		
管理费用		
研发费用		
财务费用		
其中：利息费用		
利息收入		
加：其他收益		
投资收益（损失以"－"号填列）		
其中：对联营企业和合营企业的投资收益		
以摊余成本计量的金融资产终止确认收益（损失以"－"号填列）		
净敞口套期收益（损失以"－"号填列）		
公允价值变动收益（损失以"－"号填列）		
信用减值损失（损失以"－"号填列）		
资产减值损失（损失以"－"号填列）		
资产处置收益（损失以"－"号填列）		
二、营业利润（亏损以"－"号填列）		
加：营业外收入		
减：营业外支出		
三、利润总额（亏损总额以"－"号填列）		
减：所得税费用		
四、净利润（净亏损以"－"号填列）		
（一）持续经营净利润（净亏损以"－"号填列）		
（二）终止经营净利润（净亏损以"－"号填列）		
五、其他综合收益的税后净额		
（一）不能重分类进损益的其他综合收益		
1. 重新计量设定受益计划变动额		
2. 权益法下不能转损益的其他综合收益		
3. 其他权益工具投资公允价值变动		
4. 企业自身信用风险公允价值变动		
……		

（续）

项　　目	本 期 金 额	上 期 金 额
（二）将重分类进损益的其他综合收益		
1. 权益法下可转损益的其他综合收益		
2. 其他债权投资公允价值变动		
3. 金融资产重分类计入其他综合收益的金额		
4. 其他债权投资信用减值准备		
5. 现金流量套期储备		
6. 外币财务报表折算差额		
……		
六、综合收益总额		
七、每股收益		
（一）基本每股收益		
（二）稀释每股收益		

二、利润表的编制

利润表的编制原理是"收入－费用＝利润"的会计平衡公式和收入与费用的配比原则。企业在生产经营中不断地取得各项收入，同时发生各种费用，收入减去费用剩余部分为企业的盈利。如果企业经营不善，发生的生产经营费用超过取得的收入，超过部分为企业的亏损。将取得的收入和发生的相关费用进行对比，对比结果表现为企业的经营成果。企业将经营成果的核算过程和结果编制成报表，即利润表。

（一）利润表项目的填列方法

我国一般企业利润表的主要编制步骤和内容如下：

第一步，以营业收入为基础，减去营业成本、税金及附加、销售费用、管理费用、研发费用、财务费用，加上其他收益、投资收益（或减去投资损失）、净敞口套期收益（或减去净敞口套期损失）、公允价值变动收益（或减去公允价值变动损失）、资产减值损失、信用减值损失、资产处置收益（或减去资产处置损失），计算出营业利润。

第二步，以营业利润为基础，加上营业外收入，减去营业外支出，计算出利润总额。

第三步，以利润总额为基础，减去所得税费用，计算出净利润（或净亏损）。

第四步，以净利润（或净亏损）为基础，计算每股收益。

第五步，以净利润（或净亏损）和其他综合收益为基础，计算综合收益总额。

利润表各项目均需填列"本期金额"和"上期金额"两栏。其中"上期金额"栏内各项数字，应根据上年该期利润表的"本期金额"栏内所列数字填列。"本期金额"栏内各项数字，除"基本每股收益"和"稀释每股收益"项目外，应当按照相关科目的发生额分析填列。

（二）利润表项目的填列说明

（1）"营业收入"项目，反映企业经营主要业务和其他业务所确认的收入总额。该项目应根据"主营业务收入"和"其他业务收入"科目的发生额分析填列。

（2）"营业成本"项目，反映企业经营主要业务和其他业务所发生的成本总额。该项目应根据"主营业务成本"和"其他业务成本"科目的发生额分析填列。

（3）"税金及附加"项目，反映企业经营业务应负担的消费税、城市维护建设税、教育费附加、资源税、土地增值税、房产税、车船税、城镇土地使用税、印花税等相关税费。该项目应根据"税金及附加"科目的发生额分析填列。

（4）"销售费用"项目，反映企业在销售商品过程中发生的包装费、广告费等费用和为销售本企业商品而专设的销售机构的职工薪酬、业务费等经营费用。该项目应根据"销售费用"科目的发生额分析填列。

（5）"管理费用"项目，反映企业为组织和管理生产经营发生的管理费用。该项目应根据"管理费用"科目的发生额分析填列。

（6）"研发费用"项目，反映企业进行研究与开发过程中发生的费用化支出以及计入管理费用的自行开发无形资产的摊销。该项目应根据"管理费用"科目下的"研发费用"明细科目的发生额以及"管理费用"科目下"无形资产摊销"明细科目的发生额分析填列。

（7）"财务费用"项目，反映企业筹集生产经营所需资金等而发生的应予以费用化的利息支出。该项目应根据"财务费用"相关明细科目的发生额分析填列。其中："利息费用"项目，反映企业为筹集生产经营所需资金等而发生的应予费用化的利息支出。该项目应根据"财务费用"科目的相关明细科目的发生额分析填列。"利息收入"项目，反映企业冲减财务费用的利息收入，该项目应根据"财务费用"科目的相关明细科目的发生额分析填列。

（8）"其他收益"项目，反映计入其他收益的政府补助，以及其他与日常活动相关且计入其他收益的项目。该项目应根据"其他收益"科目的发生额分析填列。企业作为个人所得税的扣缴义务人，根据《中华人民共和国个人所得税法》收到的扣缴税款手续费，应作为其他与日常活动相关的收益在该项目中填列。

（9）"投资收益"项目，反映企业以各种方式对外投资所取得的收益。该项目应根据"投资收益"科目的发生额分析填列。如为投资损失，该项目用"-"号填列。

（10）"净敞口套期收益"项目，反映净敞口套期项目累计公允价值变动转入当期损益的金额或现金流量套期储备转入当期损益的金额。该项目应根据"净敞口套期损益"科目的发生额分析填列；如为套期损失，该项目以"-"号填列。

（11）"公允价值变动收益"项目，反映企业应当计入当期损益的资产或负债公允价值变动收益。该项目应根据"公允价值变动损益"科目的发生额分析填列；如为净损失，该项目以"-"号填列。

（12）"信用减值损失"项目，反映企业按照《企业会计准则第22号——金融工具确认和计量》的要求计提的各项金融工具信用减值准备所确认的信用损失。该项目应根据"信用减值损失"科目的发生额分析填列。

（13）"资产减值损失"项目，反映企业有关资产发生的减值损失。该项目应根据"资产减值损失"科目的发生额分析填列。

（14）"资产处置收益"项目，反映企业出售划分为持有待售的非流动资产（金融工具、长期股权投资和投资性房地产除外）或处置组（子公司和业务除外）时确认的处置利得或损失，以及处置未划分为持有待售的固定资产、在建工程、生产性生物资产及无形资产而产生的处置利得或损失。债务重组中因处置非流动资产（金融工具、长期股权投资和投资性房地产除外）产生的利得或损失和非货币性资产交换中换出非流动资产（金融工具、长期股权投资和投资性房地产除外）产生的利得或损失也包含在该项目内。该项目应根据"资产处置损益"科目的发生额分析填列；如为处置损失，该项目以"-"号填列。

（15）"营业利润"项目，反映企业实现的营业利润。如为亏损，该项目以"-"号填列。

（16）"营业外收入"项目，反映企业发生的除营业利润以外的收益，主要包括与企业日常活动无关的政府补助、盘盈利得、捐赠利得（企业接受股东或股东的子公司直接或间接的捐赠，经济实质属于股东对企业的资本性投入的除外）等。该项目应根据"营业外收入"科目的发生额分析填列。

（17）"营业外支出"项目，反映企业发生除营业利润以外的支出，主要包括捐赠支出、非常损失、盘亏损失、非流动资产毁损报废损失等。该项目应根据"营业外支出"科目的发生额分析填列。

（18）"利润总额"项目，反映企业实现的利润。如为亏损，该项目以"-"号填列。

（19）"所得税费用"项目，反映企业应从当期利润总额中扣除的所得税费用。该项目应根据"所得税费用"科目的发生额分析填列。

（20）"净利润"项目，反映企业实现的净利润。如为亏损，该项目以"-"号填列。

（21）"其他综合收益的税后净额"项目，反映企业根据会计准则规定未在损益中确认的各项利得和损失扣除所得税影响后的净额。

（22）"综合收益总额"项目，反映企业净利润与其他综合收益（税后净额）的合计金额。

（23）"每股收益"项目，包括基本每股收益和稀释每股收益两项指标，反映普通股或潜在普通股已公开交易的企业，以及正处在公开发行普通股或潜在普通股过程中的企业的每股收益信息。

例 16-2 根据兴华公司 2020 年 1～12 月份损益类科目累计发生额（见表 16-4），计算兴华公司 2020 年的营业利润、利润总额和净利润。

表 16-4 损益类科目累计发生额   单位：元

科 目 名 称	1～12 月累计发生额
主营业务收入	2 250 000
主营业务成本	1 560 000
税金及附加	152 000
销售费用	160 000
其他业务收入	82 000
其他业务成本	71 000
管理费用	120 000
财务费用	-5 800
投资收益	180 000
营业外收入	48 300
营业外支出	27 600
所得税费用	118 875

兴华公司 2020 年的营业利润、利润总额和净利润计算如下：

（1）
$$营业利润 = 主营业务收入 + 其他业务收入 - 主营业务成本 - 其他业务成本 - 税金及附加 - 销售费用 - 管理费用 - 财务费用 + 投资收益$$
$$=2\,250\,000+82\,000-1\,560\,000-71\,000-152\,000-160\,000-120\,000-（-5\,800）$$
$$+180\,000=454\,800（元）$$

（2）利润总额 = 营业利润 + 营业外收入 - 营业外支出 =454 800+48 300-27 600= 475 500（元）

（3）净利润 = 利润总额 - 所得税费用 =475 500-118 875=356 625（元）

第三节 现金流量表

一、现金流量表概述

现金流量表是反映企业在一定会计期间现金和现金等价物流入和流出情况的报表。

通过现金流量表，可以为报表使用者提供企业一定会计期间内现金和现金等价物流入和流出的信息，便于使用者了解和评价企业获取现金和现金等价物的能力，据以预测企业未来的现金流量。

现金流量是一定会计期间内企业现金和现金等价物的流入和流出。企业从银行提取现金、用现金购买短期到期的国库券等现金和现金等价物之间的转换不属于现金流量。

现金是企业库存现金以及可以随时用于支付的存款，包括库存现金、银行存款和其他货币资金（如外埠存款、银行汇票存款、银行本票存款）等。不能随时用于支付的存款不属于现金。

现金等价物是企业持有的期限短、流动性强、易于转换为已知金额现金、价值变动风险很小的投资。期限短一般是指从购买日起三个月内到期。现金等价物通常包括三个月内到期的债券投资等。权益性投资变现的金额通常不确定，因而不属于现金等价物。企业应当根据具体情况，确定现金等价物的范围，一经确定不得随意变更。

企业产生的现金流量分为三类：

（一）经营活动产生的现金流量

经营活动是企业投资活动和筹资活动以外的所有交易和事项。经营活动主要包括销售商品或提供劳务、购买商品、接受劳务、支付工资和缴纳税款等流入和流出现金及现金等价物的活动或事项。

（二）投资活动产生的现金流量

投资活动是企业长期资产的购建和不包括在现金等价物内的投资及其处置活动。投资活动主要包括购建固定资产、处置子公司及其他营业单位等流入和流出现金及现金等价物的活动或事项。

（三）筹资活动产生的现金流量

筹资活动是导致企业资本及债务规模和构成发生变化的活动。筹资活动主要包括吸收投资、发行股票、分配利润、发行债券、偿还债务等流入和流出现金及现金等价物的活动或事项。偿付应付账款、应付票据等商业应付款属于经营活动，不属于筹资活动。

二、现金流量表的结构

我国企业现金流量表采用报告式结构，分类反映经营活动产生的现金流量、投资活动产生的现金流量和筹资活动产生的现金流量，最后汇总反映企业某一期间现金及现金等价物的净增加额。现金流量表结构见表 16-5，其补充资料见表 16-6。

表 16-5　现金流量表　　　　　　　　　　会企 03 表

编制单位：　　　　　　　　年度　　　　　　　　　　单位：元

项　　目	本 期 金 额	上 期 金 额
一、经营活动产生的现金流量：		
销售商品、提供劳务收到的现金		
收到的税费返还		
收到其他与经营活动有关的现金		
经营活动现金流入小计		
购买商品、接受劳务支付的现金		
支付给职工以及为职工支付的现金		
支付的各项税费		
支付其他与经营活动有关的现金		
经营活动现金流出小计		
经营活动产生的现金流量净额		
二、投资活动产生的现金流量：		
收回投资收到的现金		
取得投资收益收到的现金		
处置固定资产、无形资产和其他长期资产收回的现金净额		
处置子公司及其他营业单位收到的现金净额		
收到其他与投资活动有关的现金		
投资活动现金流入小计		
购建固定资产、无形资产和其他长期资产支付的现金		
投资支付的现金		
取得子公司及其他营业单位支付的现金净额		
支付其他与投资活动有关的现金		
投资活动现金流出小计		
投资活动产生的现金流量净额		
三、筹资活动产生的现金流量：		
吸收投资收到的现金		
取得借款收到的现金		
收到其他与筹资活动有关的现金		

（续）

项　　目	本　期　金　额	上　期　金　额
筹资活动现金流入小计		
偿还债务支付的现金		
分配股利、利润或偿付利息支付的现金		
支付其他与筹资活动有关的现金		
筹资活动现金流出小计		
筹资活动产生的现金流量净额		
四、汇率变动对现金及现金等价物的影响		
五、现金及现金等价物净增加额		
加：期初现金及现金等价物余额		
六、期末现金及现金等价物余额		

表 16-6　现金流量表补充资料

补　充　资　料	本　期　金　额	上　期　金　额
1. 将净利润调节为经营活动的现金流量：		
净利润		
加：资产减值准备		
信用损失准备		
固定资产折旧、油气资产折耗、生产性生物资产折旧		
无形资产摊销		
长期待摊费用摊销		
处置固定资产、无形资产和其他长期资产的损失（收益以"-"号填列）		
固定资产报废损失（收益以"-"号填列）		
净敞口套期损失（收益以"-"号填列）		
公允价值变动损失（收益以"-"号填列）		
财务费用（收益以"-"号填列）		
投资损失（收益以"-"号填列）		
递延所得税资产减少（增加以"-"号填列）		
递延所得税负债增加（减少以"-"号填列）		
存货的减少（增加以"-"号填列）		
经营性应收项目的减少（增加以"-"号填列）		
经营性应付项目的增加（减少以"-"号填列）		
其他		
经营活动产生的现金流量净额		
2. 不涉及现金收支的重大投资和筹资活动：		
债务转为资本		
一年内到期的可转换公司债券		
融资租入固定资产		
3. 现金及现金等价物净变动情况：		
现金的期末余额		
减：现金的期初余额		
加：现金等价物的期末余额		
减：现金等价物的期初余额		
现金及现金等价物净增加额		

三、现金流量表的编制

（一）现金流量表的填制方法

编制现金流量表时，列示经营活动现金流量的方法有两种：一是直接法；二是间接法。这两种方法通常也称为编制现金流量表的直接法和间接法。直接法和间接法各有特点。

在直接法下，一般是以利润表的营业收入为起算点，调节与经营活动有关项目的增减变动，然后计算出经营活动产生的现金流量。在间接法下，则是以净利润为起算点，调整不涉及现金的收入、费用、营业外收支等项目，剔除投资活动、筹资活动对现金流量的影响，据此计算出经营活动产生的现金流量。相对而言，采用直接法编制的现金流量表，便于分析企业经营活动产生的现金流量的来源，预测企业现金流量的未来前景；而采用间接法不易做到这一点。

我国《企业会计准则》规定，企业应当采用直接法列示经营活动产生的现金流量。采用直接法具体编制现金流量表时，可以采用工作底稿法或 T 形账户法，也可以根据有关科目记录分析填列。这里仅介绍工作底稿法。

工作底稿法是以工作底稿为手段，以利润表和资产负债表数据为基础，结合有关科目的记录，对现金流量表的每一项目进行分析并编制调整分录，从而编制现金流量表的一种方法。工作底稿法的步骤包括：第一步，将资产负债表项目的年初数和期末数过入工作底稿中与之对应项目的期初数栏和期末数栏。第二步，对当期业务进行分析并编制调整分录。编制调整分录时，要以利润表项目为基础，从"营业收入"开始，结合资产负债表项目逐一进行分析。在调整分录中，有关现金和现金等价物的事项，并不直接借记或贷记"库存现金"，而是分别计入"经营活动产生的现金流量""投资活动产生的现金流量""筹资活动产生的现金流量"有关项目，借记表示现金流入，贷记表示现金流出。第三步，将调整分录过入工作底稿中的相应部分。第四步，核对调整分录，借方、贷方合计数均已经相等，资产负债表项目期初数加减调整分录中的借贷金额以后，也等于期末数。第五步，根据工作底稿中的现金流量表项目部分编制正式的现金流量表。

现金流量表各项目均需填列"本期金额"和"上期金额"两栏。现金流量表"上期金额"栏内各项数字，应根据上一期间现金流量表"本期金额"栏内所列数字填列。

（二）现金流量表主要项目说明

1. 经营活动产生的现金流量

（1）"销售商品、提供劳务收到的现金"项目，反映企业本期销售商品、提供劳务实际收到的现金，以及前期销售商品、提供劳务本期收到的现金（包括应向购买者收取的增值税销项税额）和本期预收的款项，减去本期销售本期退回的商品和前期销售本期退回的商品支付的现金。企业销售材料和代购代销业务收到的现金，也在该项目反映。

（2）"收到的税费返还"项目，反映企业收到返还的各种税费，如收到的增值税、所得税、消费税、关税和教育费附加等各种税费的返还款。

（3）"收到其他与经营活动有关的现金"项目，反映企业经营租赁收到的租金等其他与经营活动有关的现金流入，金额较大的应当单独列示。

（4）"购买商品、接受劳务支付的现金"项目，反映企业购买商品、接受劳务实际支付的现金（包括增值税进项税额），以及本期支付前期购买商品、接受劳务的未付款项和本期预付款项，减去本期发生的购货退回收到的现金。企业购买材料和代购代销业务支付的现金也在该项目反映。

（5）"支付给职工以及为职工支付的现金"项目，反映企业实际支付给职工的现金以及为职工支付的现金，包括企业为获得职工提供的服务，本期实际给予职工的各种形式的报酬以及其他相关支出（包括代扣代缴的职工个人所得税），如支付给职工的工资、奖金、各种津贴和补贴等，以及为职工支付的其他费用。

（6）"支付的各项税费"项目，反映企业按规定支付的各项税费，包括本期发生并支付的税费，以及本期支付以前各期发生的税费和预交的税费，如支付的所得税、增值税、消费税、印花税、房产税、土地增值税、车船税、教育费附加等。

（7）"支付其他与经营活动有关的现金"项目，反映企业除上述各项目外，支付的其他与经营活动有关的现金，如罚款支出，支付的差旅费、业务招待费、保险费、经营租赁租金等。其他与经营活动有关的现金，如果金额较大的，应单列项目反映。

2. 投资活动产生的现金流量

（1）"收回投资收到的现金"项目，反映企业出售、转让或到期收回除现金等价物以外的短期投资、长期股权投资而收到的现金，但处置子公司及其他营业单位收到的现金净额除外。

（2）"取得投资收益收到的现金"项目，反映企业除现金等价物以外的对其他企业的长期股权投资等分回的现金股利和利息等。

（3）"处置固定资产、无形资产和其他长期资产收回的现金净额"项目，反映企业出售、报废固定资产、无形资产和其他长期资产所取得的现金（包括因资产毁损而收到的保险赔偿收入），减去为处置这些资产而支付的有关费用后的净额。

（4）"处置子公司及其他营业单位收到的现金净额"项目，反映企业处置子公司及其他营业单位所取得的现金，减去子公司或其他营业单位持有的现金和现金等价物以及相关处置费用后的净额。

（5）"购建固定资产、无形资产和其他长期资产支付的现金"项目，反映企业购买、建造固定资产、取得无形资产和其他长期资产支付的现金（含增值税税款等），包括购买机器设备所支付的现金、建造工程支付的现金、支付在建工程人员的工资等现金支出。

（6）"投资支付的现金"项目，反映企业取得除现金等价物以外的对其他企业的长期股权投资等所支付的现金以及支付的佣金、手续费等附加费用，但取得子公司及其他营业单位支付的现金净额除外。

（7）"取得子公司及其他营业单位支付的现金净额"项目，反映企业取得子公司及其他营业单位购买出价中以现金支付的部分，减去子公司或其他营业单位持有的现金和现金等价物后的净额。

（8）"收到其他与投资活动有关的现金""支付其他与投资活动有关的现金"项目，反映企业除上述（1）～（7）项目外收到或支付的其他与投资活动有关的现金，金额较大的应当单独列示。

3. 筹资活动产生的现金流量

（1）"吸收投资收到的现金"项目，反映企业以发行股票、债券等方式筹集资金实际收到的款项（发行收入减去支付的佣金等发行费用后的净额）。

（2）"取得借款收到的现金"项目，反映企业举借各种短期、长期借款而收到的现金，以及发行债券实际收到的款项净额（发行收入减去直接支付的佣金等发行费用后的净额）。

（3）"偿还债务支付的现金"项目，反映企业以现金偿还债务的本金，包括归还金融企业的借款本金、偿付企业到期的债券本金等。

（4）"分配股利、利润或偿付利息支付的现金"项目，反映企业实际支付的现金股利、支付给其他投资单位的利润或用现金支付的借款利息、债券利息。

（5）"收到其他与筹资活动有关的现金""支付其他与筹资活动有关的现金"项目，反映企业除上述（1）~（4）项目外收到或支付的其他与筹资活动有关的现金，金额较大的应单独列示。

4. 汇率变动对现金及现金等价物的影响

"汇率变动对现金及现金等价物的影响"项目，反映下列两个金额之间的差额：

（1）企业在将外币现金流量折算为记账本位币时，采用现金流量发生日的即期汇率或按照系统合理的方法确定的、与现金流量发生日即期汇率近似的汇率折算的金额（编制合并现金流量表时折算境外子公司的现金流量，应当比照处理）。

（2）企业外币现金及现金等价物净增加额按资产负债表日即期汇率折算的金额。

第四节　所有者权益变动表

所有者权益变动表是指反映构成所有者权益各组成部分当期增减变动情况的报表。

通过所有者权益变动表，既可以为报表使用者提供所有者权益总量增减变动的信息，也能为其提供所有者权益增减变动的结构性信息，特别是能够让报表使用者理解所有者权益增减变动的根源。

一、所有者权益变动表的结构

在所有者权益变动表上，企业至少应当单独列示反映下列信息的项目：①综合收益总额；②会计政策变更和差错更正的累积影响金额；③所有者投入资本和向所有者分配利润等；④提取的盈余公积；⑤实收资本（或股本）、资本公积、盈余公积、未分配利润的期初和期末余额及调节情况。

所有者权益变动表以矩阵的形式列示：一方面，列示导致所有者权益变动的交易或事项，即按所有者权益变动的来源对一定时期所有者权益的变动情况进行全面反映；另一方面，按照所有者权益各组成部分（即实收资本、资本公积、盈余公积、未分配利润和库存股）及其总额列示交易或事项对所有者权益的影响。

所有者权益变动表见表16-7。

二、所有者权益变动表的编制

（一）所有者权益变动表各项目的填列方法

所有者权益变动表各项目均需填列"本年金额"和"上年金额"两栏。

所有者权益变动表"上年金额"栏内各项数字应根据上年度所有者权益变动表"本年金额"

栏内所列数字填列。上年度所有者权益变动表规定的各个项目的名称和内容同本年度不一致的，应对上年度所有者权益变动表各项目的名称和数字按照本年度的规定进行调整，填入所有者权益变动表的"上年金额"栏内。

表 16-7　所有者权益变动表　　　　　　　　　　会企 04 表

编制单位：　　　　　　　　　　　　　　年度　　　　　　　　　　　单位：元

项　目	本　年　金　额											上　年　金　额										
	实收资本（或股本）	其他权益工具			资本公积	减：库存股	其他综合收益	专项储备	盈余公积	未分配利润	所有者权益合计	实收资本（或股本）	其他权益工具			资本公积	减：库存股	其他综合收益	专项储备	盈余公积	未分配利润	所有者权益合计
		优先股	永续债	其他									优先股	永续债	其他							
一、上年年末余额																						
加：会计政策变更																						
前期差错更正																						
其他																						
二、本年年初余额																						
三、本年增减变动金额（减少以"-"号填列）																						
（一）综合收益总额																						
（二）所有者投入和减少资本																						
1. 所有者投入的普通股																						
2. 其他权益工具持有者投入资本																						
3. 股份支付计入所有者权益的金额																						
4. 其他																						
（三）利润分配																						
1. 提取盈余公积																						
2. 对所有者（或股东）的分配																						
3. 其他																						
（四）所有者权益内部结转																						
1. 资本公积转增资本（或股本）																						
2. 盈余公积转增资本（或股本）																						
3. 盈余公积弥补亏损																						
4. 设定受益计划变动额结转留存收益																						
5. 其他综合收益结转留存收益																						
6. 其他																						
四、本年年末余额																						

　　所有者权益变动表"本年金额"栏内各项数字一般应根据"实收资本（或股本）""资本公积""其他综合收益""盈余公积""利润分配""库存股"及"以前年度损益调整"科目的发生额分析填列。

　　企业的净利润及其分配情况作为所有者权益变动表的组成部分，不需要单独编制利润分配表列示。

（二）所有者权益变动表主要项目说明

　　（1）"上年年末余额"项目，反映企业上年资产负债表中实收资本（或股本）、资本公积、盈余公积、未分配利润等的年末余额。

　　（2）"会计政策变更"和"前期差错更正"项目，分别反映企业采用追溯调整法处理的会计政策变更的累积影响金额和采用追溯重述法处理的会计差错更正的累积影响金额。

　　（3）"本年增减变动金额"项目：

　　1）"综合收益总额"项目，反映净利润和其他综合收益扣除所得税影响后的净额相加后的合计金额。

　　2）"所有者投入和减少资本"项目，反映企业当年所有者投入的资本和减少的资本。

　　①"所有者投入的普通股"项目，反映企业接受投资者投入形成的实收资本（或股本）和资本溢价（或股本溢价）。

　　②"其他权益工具持有者投入资本"项目，反映持有的优先股、永续债等转入的股份，对应列示在"优先股""永续债"等栏。

　　③"股份支付计入所有者权益的金额"项目，反映企业处于等待期中的权益结算的股份支付当年计入资本公积的金额。

　　3）"利润分配"项目，反映企业当年的利润分配金额。

　　4）"所有者权益内部结转"项目，反映企业构成所有者权益的各组成部分之间的增减变动情况。

　　①"资本公积转增资本（或股本）"项目，反映企业以资本公积转增资本（或股本）的金额。

　　②"盈余公积转增资本（或股本）"项目，反映企业以盈余公积转增资本（或股本）的金额。

　　③"盈余公积弥补亏损"项目，反映企业以盈余公积弥补亏损的金额。

　　④"设定受益计划变动额结转留存收益"项目，反映企业因重新计量设定受益计划净负债或净资产所产生的变动计入其他综合收益，结转至留存收益的金额。

　　⑤"其他综合收益结转留存收益"项目，主要反映：①企业指定为以公允价值计量且其变动计入其他综合收益的非交易性权益工具投资终止确认时，之前计入其他综合收益的累计利得或损失从其他综合收益中转入留存收益的金额；②企业指定为以公允价值计量且其变动计入当期损益的金融负债终止确认时，之前由企业自身信用风险变动引起而计入其他综合收益的累计利得或损失从其他综合收益中转入留存收益的金额等。

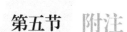

第五节　附注

一、附注概述

附注是对资产负债表、利润表、现金流量表和所有者权益变动表等报表中列示项目的文字描述或明细资料，以及对未能在这些报表中列示项目的说明等。附注主要起到下列两方面的作用：

（1）附注的披露，是对资产负债表、利润表、现金流量表和所有者权益变动表列示项目含义的补充说明，以帮助财务报表使用者更准确地把握其含义。例如，通过阅读附注中披露的固定资产折旧政策的说明，使用者可以掌握报告企业与其他企业在固定资产折旧政策上的异同，以便进行正确的比较。

（2）附注提供了对资产负债表、利润表、现金流量表和所有者权益变动表中列示项目的详细说明。例如，通过阅读附注中披露的存货增减变动情况，财务报表使用者可以了解资产负债表中未单列的存货分类信息。

通过附注与资产负债表、利润表、现金流量表和所有者权益变动表列示项目的相互参照关系，以及对未能在财务报表中列示项目的说明，可以使财务报表使用者全面了解企业的财务状况、经营成果和现金流量以及所有者权益的情况。

二、附注的主要内容

附注是财务报表的重要组成部分。根据企业会计准则的规定，企业应当按照如下顺序披露附注的内容：

（一）企业的基本情况

（1）企业注册地、组织形式和总部地址。

（2）企业的业务性质和主要经营活动。

（3）母公司以及集团最终母公司的名称。

（4）财务报告的批准报出者和财务报告的批准报出日。

（5）营业期限有限的企业，还应披露有关营业期限的信息。

（二）财务报表的编制基础

财务报表的编制基础是指财务报表是在持续经营基础上还是非持续经营基础上编制的。企业一般是在持续经营基础上编制财务报表，清算、破产属于非持续经营基础。

（三）遵循企业会计准则的声明

企业应当声明编制的财务报表符合企业会计准则的要求，真实、完整地反映了企业的财务状况、经营成果和现金流量等有关信息，以此明确企业编制财务报表所依据的制度基础。

（四）重要会计政策和会计估计

企业应当披露采用的重要会计政策和会计估计，不重要的会计政策和会计估计可以不披露。在披露重要会计政策和会计估计时，企业应当披露重要会计政策的确定依据和财务报表项目的计量基础，以及会计估计中所采用的关键假设和不确定因素。

会计政策的确定依据，主要是指企业在运用会计政策过程中所做的对报表中确认的项目金额最具影响的判断，有助于财务报表使用者理解企业选择和运用会计政策的背景，增加财务报表的可理解性。财务报表项目的计量基础，是指企业计量该项目所采用的是历史成本、重置成本、可变现净值、现值还是公允价值，这直接影响财务报表使用者对财务报表的理解和分析。

在确定财务报表中确认的资产和负债的账面价值过程中，企业需要对不确定的未来事项在资产负债表日对这些资产和负债的影响加以估计，如企业预计固定资产未来现金流量采用的折现率和假设。这类假设的变动对这些资产和负债项目金额的确定影响很大，有可能会在下一个会计年度内做出重大调整，因此，强调这一披露要求，有助于提高会计报表的可理解性。

（五）会计政策和会计估计变更以及差错更正的说明

企业应当按照会计政策、会计估计变更和差错更正会计准则的规定，披露会计政策和会计估计变更以及差错更正的有关情况。

（六）报表重要项目的说明

企业对财务报表重要项目的说明，应当按照资产负债表、利润表、现金流量表和所有者权益变动表及其项目列示的顺序，采用文字和数字描述相结合的方式进行披露。报表重要项目的明细金额合计应当与报表项目金额相衔接，主要包括以下重要项目：应收款项、存货、长期股权投资、投资性房地产、固定资产、无形资产、职工薪酬、应交税费、短期借款、长期借款、应付债券、长期应付款、营业收入、公允价值变动损益、投资收益、资产减值损失、营业外收入、营业外支出、所得税费用、其他综合收益、政府补助、借款费用。

（七）或有和承诺事项、资产负债表日后非调整事项、关联方关系及其交易等需要说明的事项

企业如果存在或有和承诺事项、资产负债表日后非调整事项、关联方关系及其交易等需要说明的事项，应当按照相关会计准则的规定进行披露。

（八）有助于财务报表使用者评价企业管理资本的目标、政策及程序的信息

根据企业财务报表列报准则的规定，企业应当基于可获得的信息充分披露以下内容：

（1）企业资本管理的目标、政策及程序的定性信息，包括企业资本管理的说明；受制于外部强制性资本要求的企业，应当披露这些要求的性质以及企业如何将这些要求纳入其资本管理之中；企业如何实现其资本管理的目标等。

（2）资本结构的定量数据摘要，包括资本与所有者权益之间的调节关系等。

（3）自前一会计期间开始上述（1）和（2）中的所有变动。

（4）企业当期是否遵循了其受制的外部强制性资本要求，以及当企业未遵循外部强制性资本要求时，其未遵循的后果。

企业按总体对上述信息披露不能提供有用信息时，还应当对每项受管制的资本要求单独披露上述信息。

同步强化训练

一、单项选择题

1. 下列关于财务报表的说法中，不恰当的是（　　）。

A. 一套完整的财务报表至少应当包括资产负债表、利润表、现金流量表和所有者权益（或股东权益）变动表

B. 资产负债表反映企业在某一特定日期的财务状况

C. 利润表反映企业在一定会计期间的经营成果

D. 所有者权益变动表反映构成所有者权益各组成部分当期增减变动的情况

2. 2020 年 12 月 31 日，A 公司有关科目余额如下："工程物资"科目的借方余额为 100 万元，"发出商品"科目借方余额为 300 万元，"生产成本"科目借方余额为 200 万元，"原材料"科目借方余额为 50 万元，"委托加工物资"科目借方余额为 40 万元，"材料成本差异"科目的贷方余额为 20 万元，"存货跌价准备"科目贷方余额为 10 万元，"受托代销商品"科目借方余额为 150 万元，"受托代销商品款"科目贷方余额为 150 万元。2020 年 12 月 31 日，A 公司资产负债表中"存货"项目"期末余额"的列报金额为（　　）万元。

A. 660　　　　　　B. 260　　　　　　C. 560　　　　　　D. 360

3. 下列关于企业的固定资产在资产负债表中填列的方法的表述中正确的是（　　）。

A. 固定资产期末余额 – 累计折旧期末余额 – 固定资产减值准备期末余额 + 固定资产清理期末余额

B. 固定资产期末余额 + 固定资产清理期末余额

C. 固定资产期末余额 + 在建工程期末余额

D. 固定资产期末余额 + 工程物资期末余额

4. 自资产负债表日起超过一年到期，且预计持有超过一年的，以公允价值计量且其变动计入当期损益的非流动金融资产的期末账面价值，应在（　　）项目中反映。

A. 交易性金融资产　　　　　　　　　B. 长期股权投资

C. 一年内到期的非流动资产　　　　　D. 其他非流动金融资产

5. 2020 年 12 月 31 日甲公司"应付账款"科目贷方余额为 300 万元，其中明细账借方余额 100 万元，贷方余额 400 万元；"坏账准备"科目中与应收账款有关的金额为 30 万元，与预付账款有关的金额为 10 万元。假定不考虑其他因素，2020 年 12 月 31 日甲公司资产负债表中"预付款项"项目的列示金额为（　　）万元。

A. 70　　　　　　B. 90　　　　　　C. 290　　　　　　D. 270

6. A 公司 2020 年年末有关明细科目余额如下："应收账款——甲"科目借方余额 80 万元，"预收账款——丙"科目借方余额 20 万元，"预收账款——丁"科目贷方余额 35 万元，与"应收账款"科目有关的"坏账准备"科目贷方余额为 3 万元。假定不考虑其他因素，A 公司 2020

年 12 月 31 日资产负债表中"预收款项"项目的期末余额是（　　）万元。

    A. 115 　　　　　　 B. 112 　　　　　　 C. 35 　　　　　　 D. 55

7. 下列各项中，不应在资产负债表"负债"项目中列示的是（　　）。

    A. 长期待摊费用 　　　 B. 应付账款 　　　 C. 递延收益 　　　 D. 应付职工薪酬

8. 我国企业的资产负债表、利润表分别采用（　　）结构。

    A. 单步式、多步式 　　　　　　　　　　 B. 单步式、报告式

    C. 账户式、多步式 　　　　　　　　　　 D. 账户式、单步式

9. 2020 年 10 月 A 公司销售产品实际应缴纳增值税 76 万元、消费税 70 万元，适用的城市维护建设税税率为 7%，教育费附加税率为 3%。假定不考虑其他因素，A 公司当月应列入利润表"税金及附加"项目的金额为（　　）万元。

    A. 14.6 　　　　　　 B. 77 　　　　　　 C. 84.6 　　　　　　 D. 160.6

10. A 公司 2020 年度"资产减值损失"科目的发生额如下：存货减值损失合计 25 万元，坏账损失合计 10 万元，固定资产减值损失合计 200 万元，无形资产减值损失合计 100 万元。A 公司 2020 年利润表中"资产减值损失"项目"本期金额"的列报金额为（　　）万元。

    A. 300 　　　　　　 B. 325 　　　　　　 C. 35 　　　　　　 D. 335

11. 下列各项中，关于财务报表附注的表述不正确的是（　　）。

    A. 附注中包括财务报表重要项目的说明

    B. 对未能在财务报表中列示的项目在附注中说明

    C. 如果没有需要披露的重大事项，企业不必编制附注

    D. 附注中包括会计政策和会计估计变更以及差错更正的说明

12. A 公司 2020 年度"财务费用"科目的发生额如下：银行长期借款利息支出合计 10 万元，银行短期借款利息支出 3 万元，银行存款利息收入 1 万元，银行手续费支出合计 0.5 万元。A 公司 2020 年度利润表中"财务费用"项目"本期金额"的列报金额为（　　）万元。

    A. 12 　　　　　　 B. 13.5 　　　　　　 C. 12.5 　　　　　　 D. 11

二、多项选择题

1. 下列资产负债表项目中，需要根据明细科目的期末余额计算填列的有（　　）。

    A. 预付款项 　　　 B. 短期借款 　　　 C. 资本公积 　　　 D. 应付账款

2. 下列资产负债表项目的"期末余额"栏内各项数字的填列，应根据有关科目余额减去其备抵科目余额后的净额填列的有（　　）。

    A. 长期股权投资 　　　 B. 固定资产 　　　 C. 在建工程 　　　 D. 无形资产

3. 下列各项中，影响资产负债表日"在建工程"项目金额的有（　　）。

    A. "在建工程"科目期末余额 　　　　　　 B. "在建工程减值准备"科目期末余额

    C. "工程物资"科目期末余额 　　　　　　 D. "工程物资减值准备"科目期末余额

4. 下列各项中，不应在资产负债表"预付款项"项目列示的有（　　）。

    A. "应付账款"科目所属明细科目的借方余额

    B. "应付账款"科目所属明细科目的贷方余额

    C. "预付账款"科目所属明细科目的借方余额

    D. "预付账款"科目所属明细科目的贷方余额

5. "应交税费"项目核算的内容包括（　　　　）。

   A. 企业所得税　　　　B. 资源税　　　　C. 土地增值税　　　　D. 耕地占用税

6. 2020 年 12 月 31 日甲公司账上有三笔长期借款，具体情况见表 16-8。

表 16-8　甲公司账上三笔长期借款具体情况

序　号	借入时间	金额（万元）	时间（年）
（1）	2017 年 9 月 15 日	100	4
（2）	2019 年 5 月 1 日	200	3
（3）	2020 年 12 月 1 日	150	5

假定甲公司对于这些借款均不能自主地将清偿义务展期，则下列说法中正确的有（　　　　）。

   A. 长期借款属于非流动负债

   B. "长期借款"项目应根据"长期借款"总账科目余额填列

   C. 2020 年 12 月 31 日甲公司资产负债表中"一年内到期的非流动负债"项目的列示金额为 100 万元

   D. 2020 年 12 月 31 日甲公司资产负债表中"长期借款"项目的列示金额为 350 万元

7. 下列各项中，不列入工业企业利润表"营业收入"项目的有（　　　　）。

   A. 出售专利技术净收益　　　　　　　B. 销售商品取得收入

   C. 接受捐赠利得　　　　　　　　　　D. 债券投资利息收入

8. 下列各项中，不影响利润表中"营业利润"项目的有（　　　　）。

   A. 盘亏固定资产净损失　　　　　　　B. 计提固定资产减值准备

   C. 发生的所得税费用　　　　　　　　D. 出售无形资产的净损失

9. 下列各项中，关于利润表项目本期金额填列方法表述不正确的有（　　　　）。

   A. "其他收益"项目应根据"其他收益"科目的发生额分析填列

   B. "营业利润"项目应根据"本年利润"科目的本期发生额分析填列

   C. "税金及附加"项目应根据"应交税费"科目的本期发生额分析填列

   D. "营业收入"项目应根据"主营业务收入"和"其他业务收入"科目的发生额分析填列

10. 下列各资产负债表项目中，需要根据有关科目余额减去备抵科目后的净额填列的有（　　　　）。

   A. 应收账款　　　　B. 其他应收款　　　　C. 预付账款　　　　D. 固定资产

三、判断题

1. 资产负债表是根据"资产＝负债＋所有者权益"这一平衡公式，按照一定的分类标准和一定的次序，将某一特定日期的资产、负债、所有者权益的具体项目予以适当的排列编制而成。　　　　　　　　　　　　　　　　　　　　　　　　　　　　　　（　　）

2. 如果企业研发的无形资产在资产负债表日尚未达到预定用途，其中符合资本化条件支出的部分，记入资产负债表"开发支出"项目下。　　　　　　　　　　　　（　　）

3. 企业期末各项原材料、包装物、在途物资、周转材料、工程物资都需要记入"存货"项目。　　　　　　　　　　　　　　　　　　　　　　　　　　　　　　　（　　）

4. 如果"生产成本""制造费用"科目存在期末余额，则应在资产负债表"存货"项目下列示。 （ ）

5. "其他应收款"项目，根据"应收利息""应收股利""其他应收款"科目的期末余额合计数在资产负债表中填列。 （ ）

6. 预付账款属于资产类的会计科目，预付款项属于资产类的报表项目。 （ ）

7. "其他应付款"项目应根据"应付利息""应付股利""其他应付款"科目的期末余额合计数填列。 （ ）

8. 资产负债表中列示的是企业各项资产、负债和所有者权益的本期发生额，利润表列示的是企业各项损益类科目的期初余额和期末余额。 （ ）

9. 出售单独计价的包装物结转的成本应填列在利润表中的"营业成本"项目中。 （ ）

10. 企业利润表中，"资产处置收益""公允价值变动收益"和"投资收益"项目金额均可能以"-"列示。 （ ）

11. 所有者权益变动表是反映构成所有者权益各组成部分当期增减变动情况的报表。 （ ）

12. 附注是财务报表不可或缺的组成部分，是对在资产负债表、利润表、现金流量表和所有者权益变动表等报表中列示项目的文字描述或明细资料，以及对未能在这些报表中列示项目的说明等。 （ ）

四、不定项选择题

某公司为增值税一般纳税人，采用备抵法确认应收账款减值准备。2020 年 11 月 30 日，该公司合同负债和应收账款有关明细科目余额见表 16-9。

表 16-9　合同负债和应收账款有关明细科目余额表　　　（单位：万元）

	借 方 余 额	贷 方 余 额
合同负债——甲		60
应收账款——乙	116	
应收账款——丙	10	
坏账准备——应收账款		14

2020 年 12 月该公司发生有关经济业务如下：

（1）15 日，向甲公司发出一批产品，开具的增值税专用发票上注明的价款为 100 万元、增值税税额为 13 万元，符合收入确认条件。18 日，甲公司以银行存款结清余款。

（2）17 日，经确认应收乙公司账款发生坏账损失 6 万元。20 日，收回上月已核销的丁公司坏账 12 万元，并存入银行。

（3）20 日，采用托收承付方式向丙公司销售产品，开具的增值税专用发票上注明的价款为 200 万元、增值税税额为 26 万元，已办理托收手续，协议规定现金折扣条件为 2/10、1/20、N/30（计算现金折扣不考虑增值税），截至 12 月 31 日尚未收到丙公司应付的款项。

（4）21 日，与甲公司签订协议，向甲公司销售一批产品，三个月后交货，该批商品不含税价款为 500 万元，增值税税额为 65 万元，在协议签订后的 1 周内，收到甲公司按不含税价款 30% 预付的订金，剩余款项于交货后结清。

（5）31日，经减值测试，该公司期末"坏账准备——应收账款"科目应保留的贷方余额为34万元。

要求：

根据上述资料，不考虑其他因素，分析回答下列问题：

（1）根据期初资料和资料（1），下列各项中，该公司销售产品会计处理正确的是（　　　）。

    A. 收到补付的货款时：

        借：银行存款　　　　　　　　　　　　　　　53

          贷：预付账款——甲公司　　　　　　　　　　　53

    B. 收到补付的货款时：

        借：银行存款　　　　　　　　　　　　　　　53

          贷：应收账款——甲公司　　　　　　　　　　　53

    C. 发出货物时：

        借：合同负债——甲公司　　　　　　　　　　60

          应收账款——甲公司　　　　　　　　　　53

          贷：主营业务收入　　　　　　　　　　　　　100

            应交税费——应交增值税（销项税额）　　13

    D. 发出货物时：

        借：预付账款——甲公司　　　　　　　　　　113

          贷：主营业务收入　　　　　　　　　　　　　100

            应交税费——应交增值税（销项税额）　　13

（2）根据资料（2），下列各项中，关于该公司坏账准备会计处理结果表述正确的是（　　　）。

    A. 确认乙公司坏账损失时，坏账准备减少6万元

    B. 确认乙公司坏账损失时，信用减值损失增加6万元

    C. 收回已转销的丁公司账款时，信用减值损失减少12万元

    D. 收回已转销的丁公司账款时，坏账准备增加12万元

（3）根据资料（3）和（4），下列各项中，该公司会计处理结果表述正确的是（　　　）。

    A. 与甲公司签订协议时，借记"应收账款"科目565万元

    B. 向丙公司销售商品时，借记"应收账款"科目226万元

    C. 收到甲公司订金时，贷记"合同负债"科目150万元

    D. 向丙公司销售商品时，借记"应收账款"科目224万元

（4）根据期初资料、资料（2）和（5），2020年12月31日该公司应计提的坏账准备金额是（　　　）万元。

    A. 8　　　　　　　　B. 14　　　　　　　　C. 26　　　　　　　　D. 20

（5）根据期初资料、资料（1）~（5），2020年12月31日该公司资产负债表中"应收账款"项目期末余额应列示的金额是（　　　）万元。

    A. 352　　　　　　　B. 468　　　　　　　C. 312　　　　　　　D. 168

参 考 文 献

[1] 中华人民共和国财政部. 企业会计准则：合订本 [M]. 北京：经济科学出版社，2020.

[2] 孔德兰. 企业财务会计 [M]. 4 版. 北京：高等教育出版社，2019.

[3] 财政部会计资格评价中心. 初级会计实务 [M]. 北京：中国财政经济出版社，2019.

[4] 财政部会计资格评价中心. 中级会计实务 [M]. 北京：中国财政经济出版社，2020.

[5] 中国注册会计师协会. 会计 [M]. 北京：中国财政经济出版社，2020.

[6] 企业会计准则编审委员会. 企业会计准则详解与实务 [M]. 北京：人民邮电出版社，2020.

[7] 中华人民共和国财政部. 企业会计准则应用指南 [M]. 上海：立信会计出版社，2020.

[8] 戴德明，林钢，赵西卜. 财务会计学：立体化数字教材版 [M]. 12 版. 北京：中国人民大学出版社，2019.